Dolores Cannon

AS TRÊS ONDAS DE VOLUNTÁRIOS E A NOVA TERRA

TRADUÇÃO :
Susana C.V. Silbermann
Jussara Ungari

© 2011 por Dolores Cannon
2021 Primeira Tradução Portuguesa

Todos os direitos reservados. Nenhuma parte deste livro, em parte ou no todo, pode ser reproduzida, transmitida ou utilizada de forma alguma ou de modo algum, eletronico, fotográfico ou mecânico, inclusive fotocópia, gravação, ou por nenhum armazenamento de informações e sistema de recuperação sem a permissão por escrito de Ozark Mountain Publishing, Inc., exceto para breve citações incorporadas a artigos literários e revisões.

Para permissão, serialização, condensação, adaptações, ou para nosso catálogo de outras publicações, escreva para Ozark Mountain Publishing, Inc., P.O. Box 754, Huntsville, AR 72740, U.S.A. ATTN: Permissions Department.

Livraria do Congresso Catalogação em Dados de Publicação
Cannon, Dolores, 1931 - 2014
    As Três Ondas de Voluntários e a Nova Terra, por Dolores Cannon
As três ondas de voluntários que vieram de outras dimensões, planetas, naves espaciais e da Fonte para ajudar na elevação das energias da Terra para que esta ascenda para a próxima dimensão.

1. Nova Terra   2. 2012   3. Ascensão   4. Voluntários   5. Metafísica
I. Cannon, Dolores, 1931-2014   II. Nova Terra   III. Ascensão   IV. Metafísica
IV. Título

Catálogo da Livraria do Congresso Cartão Número: 2021930439
ISBN: 978-1-950608-20-1

    TRADUÇÃO : Susana C.V. Silbermann & Jussara Ungari
    Arte da Capa e Layout: Victoria Cooper Art
    Livro na fonte : Times New Roman
    Design do Livro: Nancy Vernon
    Publicado por:

Huntsville, AR 72740 USA
www.ozarkmt.com
impresso nos estados unidos da américa

ÍNDICE

Parte I: Os Voluntários

Introdução	3
1: A Descoberta das Três Ondas	7
2: Um Novato	19
3: Um Ser de Energia	34
4: O Observador se Torna Físico	40
5: O Protetor	45
6: Um Voluntário Cansado	54
7: Checando as Crianças	67
8: O Exílio	76
9: Um Ser do Conselho	86
10: A Destruição de um Planeta	96
11: Outro Planeta Destruído	108
12: Mais Destruição	120
13: Vida Como Uma Árvore & Lemúria	132
14: O Conselho	145

Parte II: ETs e Seres de Luzes

15: Mais Voluntários	159
16: A Família	179
17: Outro Encontro	185
18: Ajustes	196
19: ET Voluntário	204
20: Cuidando dos Seus	215
21: Um Encontro de Infância	228
22: Outro Observador	248
23: O Melhor Plano para a Terra	255
24: Um Alienígena é Abduzido por um Alienígena	265
25: Um Ser Alienígena Incomum	271
26: O Farol	281
27: Entrada	291
28: Outro Aspecto (Mais Avançado?) Fala	303
29: Uma Professora é Morta	318

30: Enxurrada de Informação 327
31: Os Guardiões da Rede 347

Parte II: A Nova Terra

32: A Nova Terra 368
33: A Velha Terra 373
34: Uma Transição Anterior 388
35: Efeitos Físicos Á Medida Que O Corpo Muda 399
36: Os Novos Corpos 416
37: Os Que Ficaram Para Trás 442
Sobre a Autora 455

O autor deste livro não dispensa conselhos médicos nem prescreve o uso de qualquer técnica como forma de tratamento para problemas físicos ou médicos. A informação médica incluída neste livro foi retirada das consultas e sessões individuais de Dolores Cannon com seus clientes. Não se destina a diagnósticos médicos de qualquer tipo, nem a substituir o aconselhamento ou tratamento médico pelo seu médico. Portanto, o autor e a editora não assumem qualquer responsabilidade pela interpretação ou utilização da informação por parte de qualquer indivíduo.

Todos os esforços foram feitos para proteger a identidade e a privacidade dos clientes envolvidos nestas sessões. O local onde as sessões foram realizadas é correto, mas apenas os primeiros nomes foram usados, e estes foram alterados.

PARTE I

OS VOLUNTÁRIOS

INTRODUÇÃO

Desde quando iniciei minha aventura neste mundo do desconhecido, há mais de quarenta anos, me considero a repórter, a investigadora, a pesquisadora do "conhecimento perdido". Na realidade, sou uma hipnoterapeuta especializada em terapia de vidas passadas, investigando a causa de problemas provenientes de outras vidas. À medida que meu trabalho cresceu e se expandiu, desenvolvi minha própria técnica hipnótica que permite a cura instantânea, e agora a estou ensinando ao mundo. Os resultados têm sido surpreendentes. Quando senti pela primeira vez a vontade de ensinar o meu método, não sabia se seria possível, porque, quando você desenvolve algo, sabe como funciona. No entanto, eu seria capaz de ensiná-lo aos outros de uma maneira compreensível? Esse foi meu dilema. Mas eu sabia que nunca saberia se não tentasse. Muitas pessoas (e alguns dos meus clientes) têm tanto medo de falhar que nunca tentam. Então comecei a ensiná-lo em 2002 e ele se espalhou por todo o mundo. Para minha satisfação, meus alunos estão relatando os mesmos milagres que experimentei. Alguns deles estão até tentando maneiras de usar a técnica que eu nunca teria pensado. Que melhor gratificação um professor poderia ter do que fazer com que seus alunos usassem o que lhes foi ensinado e não terem medo de ir além e explorar caminhos desconhecidos? Meu método não é como os outros métodos de hipnose desatualizados, que pregam que você deve fazer exatamente o que lhe ensinam. Que você não pode desviar nem uma palavra do roteiro. No meu método, quero que o aluno entenda o que está sendo feito para que ele possa pensar por si mesmo. Enquanto o cliente não estiver sendo prejudicado, ele estará livre para experimentar. Acho meu método extremamente flexível. É algo vivo e evolutivo. Muitas vezes, depois de todos esses anos, ainda volto para casa e digo à minha filha Júlia: "Adivinha o que aprendi que posso fazer hoje!" "Eles" me disseram muitas vezes que não há limitações, a menos que você as crie. Tudo é possível. Você está limitado apenas pela sua própria imaginação.

Eu acho que é o medo do desconhecido que detém muitos terapeutas. Eles têm medo de tentar algo novo, de pensar por si mesmos. A principal coisa que torna minha técnica diferente é que eu trabalho no nível mais profundo possível de transe, o nível sonambúlico. A maioria das outras técnicas mantém o cliente nos níveis mais leves de transe, nelas a mente consciente pode causar interferência. Quando você leva a pessoa ao nível mais profundo, somos capazes de nos comunicar diretamente com a maior fonte de poder e cura que existe. Encontrei uma maneira de contatar a Fonte de todo o conhecimento. É daí que vem a informação que escrevo, e esta é a parte que realiza as curas instantâneas. É extremamente amorosa e clemente. Eu a chamo de Subconsciente porque não sabia como chamá-la quando comecei. Quando me pedem para defini-la, eu digo que podem chamá-la de Eu Superior, Consciência Superior ou Alma Suprema. É tão grande e imensa que tem as respostas para tudo. "Eles" dizem não se importar com nomes porque, de qualquer maneira, não os têm. Alguns de meus alunos sugeriram chamá-lo de "Superconsciente" e não de "Subconsciente". Não sei se isso seria mais eficaz ou não. Eu só sei que o que eu faço funciona, então: "Se não está quebrado, não conserte". Para o propósito deste livro, vou encurtá-lo para "SC" para facilitar a leitura.

Nos primeiros anos do meu trabalho, vinha esporadicamente e com sutileza, e eu realmente não sabia com quem estava falando. Levou vários anos de trabalho para que eu percebesse o que havia descoberto. Depois veio o processo de elaborar um método para chamá-lo durante todas as sessões. Isso provou ser inestimável para o meu trabalho. As pessoas dizem: "Você não sabe que está fazendo milagres?" Digo a eles: "*Eu* não estou fazendo nada! *Eles* estão! Sou apenas a facilitadora, eles estão fazendo o trabalho". Essa parte magnífica e maravilhosa sabe tudo sobre todos. E se importa profundamente com cada pessoa. Não há segredos, "eles" o conhecem melhor do que você mesmo. Então, quando um cliente vem me ver, eu sei que eles vão conseguir o que precisam saber. O que quer que o Subconsciente ache que seja apropriado para entenderem. Eu nunca sei o que vai acontecer, então não posso controlar ou manipular a sessão. Eu tenho trabalhado com eles por tanto tempo que geralmente sei quais serão algumas das respostas, porque elas são sempre as mesmas, mas nunca é o que eu teria pensado logicamente. "Eles" têm uma lógica própria. Então eu digo ao cliente que nunca sei o que vai surgir durante a sessão. É diferente a cada vez, mas nunca será mais do que podem suportar. Eu nunca sei se a resposta vai se relacionar com problemas cármicos ou outra coisa. Agora as respostas parecem estar mais focadas na "outra coisa", e meu conceito das Três Ondas de Voluntários foi formado. Eu sou a primeira a admitir que essa visão da transformação planetária é tanto alucinante quanto inspiradora.

Por vinte e cinco anos eu também tenho investigado avistamentos de OVNIs e casos suspeitos de abdução. Muito desse assunto foi relatado em meus livros, principalmente em *The Custodians*, e encontrei muitas informações e respostas a perguntas que os outros pesquisadores só conseguiram contornar. Os ETs generosamente me deram as respostas para qualquer pergunta que eu pudesse imaginar. Eu pensei que não havia mais nada para explorar neste campo. Mais uma vez "eles" me surpreenderam. Durante os últimos anos, comecei a ter uma breve visão de uma história muito maior por trás dos avistamentos e exames, etc. Achei que tinha finalmente resolvido o enigma de seu envolvimento com a raça humana. Mas, durante uma sessão em 2009, finalmente recebi o que eu considero ser a "peça que faltava" para todo o enigma dos OVNIs. A proverbial "lâmpada" continuou, e as peças começaram a se juntar. Logo percebi que eu tinha todas as peças o tempo todo. Elas estavam espalhadas por todo o meu trabalho, especialmente no livro *The Custodians* e na série *The Convoluted Universe*. Elas passaram por muitos milhares de clientes durante nossas sessões de terapia de regressão. Eu juntei parte da história e achei que tinha a visão completa. Agora, de repente, descobri que havia mais e que estava na minha frente há anos. Provavelmente ainda não tenho toda a história. Tenho certeza de que continuará havendo surpresas ao longo do caminho, mas, finalmente, chegou a hora de retirar o véu. O véu tem ficado mais fino nos últimos anos, e notei isso na minha prática terapêutica. Mais pessoas estão se conscientizando de que a vida mundana pela qual estão se arrastando não é a razão pela qual vieram à Terra. As mensagens continuam chegando, sessão após sessão: "É hora de despertar!" "Você tem uma missão! É hora de começar!" "Pare de perder tempo! O tempo está diminuindo para você realizar o que veio fazer na Terra!"

Nos quarenta anos em que estive envolvida em regressão e terapia de vidas passadas, o padrão era sempre o mesmo. Claro, sempre houve a exceção à regra, e foi sobre isso que escrevi meus livros. Mas, via de regra, o cliente voltaria à vida passada apropriada para explicar os problemas que estava tendo em sua vida presente. Quer se trate de problemas de relacionamento, problemas associados ao trabalho ou problemas de saúde, a resposta geralmente poderia ser rastreada até uma única vida passada ou uma série (padrão) de vidas semelhantes, e eles estavam repetindo o mesmo carma com as mesmas pessoas. Eu sabia que a resposta era interromper o ciclo, e isso poderia ser feito quando o subconsciente deles mostrasse a conexão. Então eles poderiam ter cura e encerramento. No entanto, durante os últimos anos, o padrão do meu trabalho começou a mudar e eu estava continuamente encontrando um tipo diferente de cliente. Deve-se enfatizar que, superficialmente, não há nada de incomum nessas pessoas. Eles são seres humanos perfeitamente normais que vivem a vida como todos os outros. Eles me procuram para ajudá-los a encontrar soluções para seus problemas. As respostas que surgiram nessas sessões foram a última coisa que suas mentes conscientes poderiam imaginar. Parece que somos verdadeiramente humanos multifacetados. Nós vemos nossas vidas através de uma perspectiva, nunca conhecendo as outras camadas que estão logo abaixo da superfície. Desconhecidas para nossas mentes conscientes, mas com grande influência sobre nossas vidas. Há muito mais para nós do que podemos imaginar. Aí reside a ilusão. Nós achamos que nos conhecemos, será?

CAPÍTULO UM

A DESCOBERTA DAS TRÊS ONDAS

Minha pesquisa no campo da hipnose me levou a viagens inimagináveis através do tempo e do espaço para explorar a história do passado e as possibilidades do futuro. Quando iniciei minhas investigações pela terapia de vidas passadas, achei que só encontraria pessoas lembrando de vidas na Terra, porque naturalmente isso era tudo o que sabíamos. Meu sistema de crenças tem realmente se estendido e se ampliado nos últimos quarenta anos. Conforme o meu trabalho progrediu, recebi uma grande quantidade de informações sobre o início da vida na Terra. Disseram-me que este é o momento para esse conhecimento surgir. Estamos nos movendo para um novo mundo, uma nova dimensão, na qual esta informação será apreciada e aplicada.

Durante o meu trabalho, ouvi coisas como tudo ser composto de energia; a figura e a forma são determinadas apenas pela frequência e vibração. A energia nunca morre; só muda. Foi-me dito que a Terra está mudando sua vibração e frequência e se preparando para se elevar a uma nova dimensão. Que existem inúmeras dimensões ao nosso redor o tempo todo e que não podemos vê-las porque, conforme suas vibrações se aceleram, elas são invisíveis aos nossos olhos. É importante para nós sabermos mais sobre essa transição para uma nova dimensão porque estamos no meio dela agora, e seu clímax chegará em breve.

A Terra é uma escola que frequentamos e onde aprendemos lições, mas não é a única escola. Você viveu em outros planetas e em outras dimensões. Você fez muitas, muitas coisas que você nem imagina. Muitas das pessoas com quem trabalhei nos últimos anos regrediram a vidas em que eram seres de luz vivendo em estado de êxtase. Elas não tinham razão para entrar na densidade e negatividade da Terra. Elas se *voluntariaram* para vir ajudar a humanidade e a Terra neste momento. Eu encontrei o que considero ser três ondas dessas novas almas que estão vivendo na Terra. Elas vieram neste momento porque a maioria das pessoas que estavam aqui, vida após vida, ficaram presas em carma e não estão avançando. Elas perderam de vista seu propósito de viver na Terra.

Nos primeiros dias do meu trabalho (e nos meus primeiros livros), eu achava que seria impossível para uma pessoa estar experimentando sua primeira vida no planeta Terra durante o nosso tempo presente. Eu pensava que tinha que ser um processo gradual: passando pelas várias formas de vida antes de se tornar humano: ar, rochas, solo, plantas, animais, espíritos da natureza e, finalmente, humanos. Que, quando uma alma decidisse que estava pronta para tentar a vida como um humano, seria em uma sociedade primitiva para que pudesse se ajustar lentamente. Eu achava que nunca poderia ser subitamente despejada em nossa agitada sociedade moderna com toda a sua energia caótica. Seria absolutamente demais para uma alma recém-evoluída suportar. Mas então, em 1986, escrevi o livro *Keepers of the Garden*, sobre uma alma gentil que vivenciava sua primeira vida na Terra. Ela sempre teve vidas em outros planetas e dimensões. Contudo, em nossas primeiras sessões, ela descreveu várias aparentes vidas passadas na Terra. E me perguntei o que estava acontecendo. Ou a reencarnação era verdadeira ou não era. Foi, então, que recebi minha primeira explicação da teoria da "impressão". Pessoas que viveram na Terra por incontáveis vidas têm as memórias dessas experiências em seus bancos de memória subconscientes. Desconhecidas para a mente consciente do indivíduo, essas memórias enterradas são essenciais para orientá-los no seu caminho através da confusão de viver como um ser humano. Sem algum tipo de conhecimento prévio, ele não seria capaz de agir. O bebê recém-nascido parece chegar puro, sem nada com o que se relacionar, até ser ensinado por seus pais e pela sociedade. Mas isso está longe de ser verdade. O chamado "bebê" é na verdade uma alma muito antiga que teve centenas de jornadas no complicado cenário que chamamos de "vida". Isso lhe dá algo para usar como referência (inconscientemente) sobre como viver como um humano. Novas almas para a Terra, sem esse conhecimento prévio, estariam totalmente perdidas. Exceto por um conceito engenhoso que foi desenvolvido no mundo do espírito chamado "impressão". Quando a alma está no mundo espiritual, lhe é mostrado o tipo de vida no qual ela estará entrando em seguida, e faz um plano do que ela *espera* ser capaz de realizar. Também faz contratos com várias almas para resolver qualquer carma prolongado. Se a alma não tem experiência em que se basear na Terra, ela é levada para a Biblioteca. Muitos, muitos dos meus clientes descreveram essa biblioteca da mesma maneira. É onde todo o conhecimento é mantido, tudo o que é conhecido e será conhecido. Ela também tem os Registros Akáshicos, que são os registros de todas as vidas que já foram vividas desde a criação. Através de muita conversa e aconselhamento com o Bibliotecário, a alma escolhe vidas que deseja imprimir em seu padrão de alma. Estas foram comparadas a uma sobreposição ou a um filme. É como ir a uma biblioteca para fazer pesquisa e se debruçar sobre incontáveis volumes ou livros para achar a informação correta. Essa impressão se torna uma parte essencial da memória das novas almas. Eu perguntei como eu seria capaz de saber, quando trabalhando com um cliente, se as memórias que surgissem durante a regressão seriam "reais" ou uma impressão. Disseram-me que eu não seria capaz de saber a diferença, porque *tudo*, não apenas memórias, mas emoções e tudo o que compunha o tempo de vida também seria impresso. Eles disseram que, por estar sendo usado apenas como uma referência para a alma, isso não importava. Como muitas vidas de pessoas famosas costumam ser usadas como uma impressão, isso explica a crítica dos céticos de que a reencarnação não existe porque muitas pessoas afirmam ser a mesma pessoa importante. A impressão responde a esse argumento. Eu perguntei a eles: "Isso significa que a reencarnação não existe, se qualquer um pode imprimir uma vida ao invés de viver a experiência real?" Eles disseram que não, porque tem que haver vidas sendo vividas para ter material ou memórias para colocar nos registros.

    Isso fazia sentido e era um método desenvolvido para que almas inocentes e puras pudessem se adaptar a um mundo estranho e caótico. Seria impossível vir à Terra sem preparação. A alma terna não teria nada com o que se relacionar e seria totalmente incapaz de lidar com isso. Depois da minha primeira experiência com Phil, o jovem em *Keepers of the Garden*, comecei a encontrar essas novas almas com mais frequência. Esses casos são descritos nos livros *The Convoluted Universe*. Então, o que eu pensava ser uma ocorrência rara, agora estava se tornando mais comum. Elas estavam se escondendo atrás de suas impressões de outras vidas, e isso era o que estava sendo apresentado a outros hipnotizadores e investigadores (especialmente aqueles que só trabalham nos níveis leves de transe). Como as impressões são escolhidas para um propósito a ser usado durante sua vida, a vida passada "aparente" dará as respostas, mas não as mais importantes. O SC, em sua infinita sabedoria, só dará ao cliente algo com o qual ele possa lidar. E o mesmo acontece com os hipnotizadores; se eles estão apenas dando seus "passos de bebê" para o desconhecido, eles não receberão respostas complexas. Eu não recebi essa informação até estar pronta para aumentar minha curiosidade. Até recentemente, eu ainda achava que esses "novatos" puros e inocentes eram raros. Mas agora eles estão se tornando a norma. O SC não está nem mesmo se incomodando mais em escondê-los. Muitas vezes o cliente não consegue encontrar uma vida passada, não importa quantas variações da minha técnica eu tente. Então, quando entro em contato com o SC para esclarecimento, sempre pergunto por que não conseguimos encontrar nada. Às vezes dirá, "Poderíamos ter mostrado algo a ele, mas teria sido apenas uma 'impressão'". Depois, continua a dizer-lhes de onde vieram e o propósito deles no planeta Terra desta vez. Houve alguns poucos casos em que o Subconsciente disse que a pessoa recusou as impressões pouco antes de entrar no corpo do bebê. E isso causou uma vida caótica sem um plano ou propósito. Então parece que "eles" realmente sabem o que estão fazendo. Somos nós, os humanos, que não compreendemos ou não somos capazes de compreender.

Para entender completamente a teoria (e a "peça que falta") que estou prestes a propor, é necessário voltar ao início, à "semeadura" da raça humana.

COMO A VIDA NA TERRA COMEÇOU

Para entender por que essas três ondas de voluntários chegaram neste tempo, temos que voltar ao início - ao começo da vida em nosso mundo. Eu sei que esta informação é controversa, mas quando a mesma informação chegou a mim repetidas vezes em milhares de regressões, sinto que não podemos ignorá-la.

Éons atrás não havia vida na Terra. Havia muitos vulcões e a atmosfera estava cheia de amônia. O planeta teve que ser mudado para a vida começar. Em minha pesquisa, aprendi que há Conselhos que fazem as regras e regulamentos para criar vida em todo o universo. Existem Conselhos sobre o sistema solar, Conselhos sobre a galáxia e Conselhos sobre o universo. É um sistema muito ordenado. Esses seres superiores percorrem o universo em busca de planetas adequados à vida. Dizem que quando um planeta atinge o ponto em que pode sustentar vida, é uma ocasião muito significativa na história desse planeta. É então lhe dado seu Atestado de Vida.

Então vários grupos de ETs ou seres superiores recebem a tarefa de iniciar a vida naquele planeta. Esses seres são chamados de Os Arcaicos ou Os Anciãos. Eles vêm fazendo isso desde o começo dos tempos. Isso não coloca Deus fora de cena de maneira alguma – Ele está em todo o cenário. Esses seres primeiro trazem organismos unicelulares para fazê-los dividir e formar organismos multicelulares. Depende das condições do planeta de quais organismos formar. Depois de terem semeado um planeta, eles voltam para verificar as células de tempos em tempos, por éons. Muitas vezes, as células não sobrevivem e eles encontram o planeta sem vida novamente. Esses seres me disseram: "Você não tem ideia de como a vida é frágil".

Então, através do tempo, eles fizeram isso na Terra e, depois de um tempo, as plantas começaram a se formar, porque você tem que ter plantas antes de poder introduzir animais. Conforme a vida começou a se desenvolver, eles continuaram voltando para ver e cuidar dela. Eles formaram os oceanos e limparam o ar para que várias formas de vida pudessem evoluir. Por fim, os seres superiores começaram a criar um ser inteligente. Isso aconteceu em todos os planetas; é assim que a vida é formada.

Em meus livros, chamei esses seres de "guardiões do jardim" porque somos o jardim; somos seus filhos. Para criar um ser inteligente, eles tinham que pegar um animal com um cérebro grande o suficiente para ter a capacidade de aprender, e um que tivesse mãos de forma a poder desenvolver ferramentas. É por isso que eles escolheram o macaco. Algumas pessoas não concordam com isso, mas a verdade é que somos 98% geneticamente compatíveis. Você poderia doar sangue a um macaco e ele viveria; tão próximos estamos geneticamente. Mas, mesmo assim, criar o ser humano exigia manipulações genéticas e mistura em outras células e genes trazidos de todo o universo. Eles disseram que nunca encontraremos o elo perdido; ele não existe. Nossa evolução pulou gerações. Isso não aconteceu por acaso.

Ao longo do tempo, sempre que algo precisava ser passado à

humanidade, esses seres vinham e viviam com os humanos e lhes passavam o que eles precisavam. Todas as culturas do mundo têm lendas do "portador da cultura". Os índios têm a mulher do milho que os ensinou a plantar. Há lendas dos que nos ensinaram sobre o fogo e como desenvolver a agricultura. Em todas as lendas do mundo esses seres vêm do céu ou do outro lado do mar. Estes eram os mestres, e eles podiam viver o quanto quisessem. Eles são os que chegaram até nós como lendas de deuses e deusas. Ainda está acontecendo agora, mas eles não podem viver entre nós; eles seriam evidentes demais. Então, quando eles querem nos dar novas ideias para acelerar nossa evolução, eles agora as colocam na atmosfera. Quem captar essa ideia é quem vai inventá-la. Eles não se importam com quem inventa, desde que esteja na linha do tempo. Todos sabemos de pessoas diferentes trabalhando na mesma invenção ao mesmo tempo. Um exemplo disso é a energia livre, sobre a qual estou ouvindo em minhas viagens, que muitas pessoas estão desenvolvendo no mundo todo.

O JARDIM PERDIDO DO EDEN

Quando um ser inteligente foi criado na Terra, o Conselho decidiu nos dar livre arbítrio e ver o que fazemos com ele. Há planetas onde não existe livre arbítrio. A diretriz de não interferência de Star Trek é muito, muito real. Isso faz parte das diretrizes do Conselho: eles não podem interferir no desenvolvimento de uma espécie inteligente. Eles podem ajudar nos ensinando e nos dando conhecimento, mas não podem interferir. Eu perguntei, não seria interferência quando eles vieram e nos deram o que precisaríamos para continuar evoluindo (fogo, plantio, etc.)? Eles disseram: "Não, é um presente que damos a você uma vez para ajudá-lo no próximo estágio de seu desenvolvimento. O que você faz com isso é o seu livre-arbítrio". Muitas vezes pegamos o presente deles e o usamos para algo negativo ou destrutivo; o que não era a intenção deles. Eu disse: "Então você não poderia voltar e dizer que eles não estavam usando da maneira correta?" Eles disseram: "Não, *isso* seria interferência. Nós o damos a vocês. O que vocês fazem com isso é o seu livre arbítrio. Nós só podemos ficar perto e sacudir nossas cabeças, abismados com a complexidade dos humanos, mas não podemos interferir". A única exceção a essa regra seria se chegássemos ao estágio de desenvolvimento em que poderíamos destruir o mundo. Isso não poderia ser permitido porque reverberaria pelas galáxias, perturbando planetas demais e até mesmo a vida em outras dimensões. Você não pensaria que um pequeno planeta deliberadamente isolado nesta parte do nosso sistema solar teria tanto impacto. Mas eles disseram que os resultados seriam extremamente devastadores e de longo alcance.

Nós deveríamos ser uma espécie perfeita que nunca ficaria doente e que poderia viver o tempo que quiséssemos. A Terra deveria ser como um Jardim do Éden, um lugar perfeito, mas algo inesperado aconteceu e mudou todo o plano. Quando a vida estava começando a se desenvolver, um meteorito atingiu a Terra e trouxe bactérias que causaram doenças. Esta foi a primeira vez que a doença foi introduzida na Terra. Quando isso aconteceu, os seres que supervisionaram a evolução da Terra voltaram para o Conselho. Eles perguntaram o que fazer agora que sua experiência perfeita fora estragada. Houve uma grande tristeza. A questão era destruir tudo e começar de novo, ou permitir que a vida continuasse a se desenvolver. O Conselho decidiu deixá-la ir em frente e evoluir pelo tempo e esforço envolvidos. Eles permitiram mesmo sabendo que, por causa da doença, a vida na Terra nunca seria perfeita como originalmente planejado.

Esses seres superiores continuaram a observar nossa evolução de longe, mas algo aconteceu em 1945 que *realmente* chamou sua atenção: a explosão da bomba atômica no final da Segunda Guerra Mundial. Nós não deveríamos ter poder atômico naquele estágio de nossa evolução. Eles sabiam que não seríamos capazes de controlá-lo, que o usaríamos para destruição.

Quando a energia atômica fosse introduzida em nossa linha do tempo, ela deveria ser usada para o bem. Eu disse que estávamos usando-a para o bem, eletricidade e tal. Eles explicaram que, por ter sido primeiramente criada como uma arma, ela sempre carregaria aquela aura negativa e nunca teria o grande benefício que deveria ter. Nós tínhamos acabado de passar pela horrível Segunda Guerra Mundial, então, eles sabiam que nunca seríamos capazes de controlar algo tão poderoso quanto o poder atômico. Era apenas a natureza humana, e eles estavam extremamente preocupados que isso pudesse levar à destruição. Durante o desenvolvimento da bomba atômica, os cientistas não sabiam realmente com o que estavam lidando. Foi um elemento desconhecido. Eles foram informados de que poderiam concebivelmente acender todos os átomos de hidrogênio na atmosfera e causar uma explosão maciça que poderia destruir o nosso mundo. Mas os cientistas ignoraram esse conselho e a curiosidade os manteve experimentando. Tudo isso é contado em meu livro, *A Soul Remembers Hiroshima*, para o qual fiz anos de pesquisas sobre o desenvolvimento da bomba. E após o fim da guerra, a desconfiança entre os países causou o acúmulo de estoques nucleares. Então as preocupações dos seres superiores eram bem fundadas. Nós não sabíamos com o que estávamos brincando. Foi um período extremamente perigoso e volátil.

Foi durante esse tempo, no final da década de 1940 e início da década de 1950, que os avistamentos de OVNIs começaram a ser divulgados. Os seres superiores voltaram ao Conselho e perguntaram o que fazer, uma vez que não lhes é permitido interferir no livre arbítrio da humanidade. Foi quando o Conselho apresentou o que penso ser um plano brilhante. Eles disseram: "Não podemos interferir de fora, mas e se ajudarmos de dentro?" Não é interferência quando você pede que voluntários entrem e ajudem. Foi assim que o chamado foi dado em todo o universo para que as almas viessem ajudar a Terra.

As pessoas na Terra ficam presas no ciclo da reencarnação, na roda do carma, por centenas e centenas de vidas, voltando e cometendo os mesmos erros repetidas vezes. Deveríamos estar evoluindo, mas não estamos. Esta foi a principal razão pela qual Jesus e os outros grandes Profetas vieram à Terra: ensinar as pessoas a sair da roda do carma, ajudar a humanidade a evoluir. Mas ainda estamos repetindo os mesmos erros repetidas vezes: criando guerras e tanta violência. Então as pessoas na Terra não seriam capazes de salvá-la. Como elas poderiam ajudar a Terra quando elas nem sequer podiam ajudar a si mesmas? Seriam necessárias almas puras que não foram apanhadas na roda do carma, que nunca estiveram na Terra antes.

Nos últimos cinco anos de meu trabalho, tenho encontrado mais e mais almas que vieram diretamente de Deus e nunca estiveram em *nenhum* tipo de corpo físico. Eu tive pessoas voltando para onde eram ETs, vivendo em espaçonaves ou em outros planetas, de outras dimensões, onde eram seres de luz e não precisavam de um corpo. Os voluntários entram com uma capa ou proteção sobre suas almas para não acumular carma, porque uma vez que acumulem carma, precisam renascer várias vezes. Agora existem dezenas de milhares dessas novas almas em todo o mundo, e os seres superiores disseram que não precisam se preocupar conosco destruindo a Terra. Eles dizem que finalmente conseguimos. Nós *vamos* ser capazes de salvar o mundo.

Os mais puros e mais inocentes de todos são aquelas almas que vêm diretamente da Fonte ou Deus. Eu pedi para saber o que é Deus. Eles disseram que nossa concepção é apenas um minúsculo fio do que Ele realmente é. Não podemos nem *começar* a conceituar o que Ele é. Todos eles descrevem Deus da mesma maneira: Ele não é um homem – se alguma coisa, ele teria sido uma mulher porque as mulheres são a força criativa. Mas Deus não é homem nem mulher. Ele é uma imensa Fonte de toda a energia, descrita como um gigantesco Fogo ou Luz. Alguns chamam a Deus o Grande Sol Central, uma enorme Fonte de energia, e ainda assim tão cheio de amor, amor total. Um cliente descreveu a Fonte como "O coração do Sol. O coração de Deus". Quando os seres puros que vieram diretamente de Deus voltam para a Fonte durante a sessão, eles não querem sair. Este é o lugar onde todos nós começamos; nós éramos originalmente um com essa Fonte. As almas que vieram diretamente de Deus dizem que não há separação; é tudo um. Eu perguntei: "Se você amava tanto, por que você saiu de lá?" Todos disseram a mesma coisa: "Eu ouvi o chamado. A Terra está em apuros. Quem quer ir e ajudar?" Mesmo aqueles que são ETs disseram a mesma coisa. E quando eles entram no corpo, como todos nós, suas memórias são apagadas. Eu perguntei, "Não seria mais fácil se nós nos lembrássemos por que viemos?" Eles disseram que não seria um teste se você soubesse as respostas.

AS TRÊS ONDAS

Portanto, o propósito das três ondas é duplo. Um: para mudar a energia da Terra para evitar catástrofes. E dois: para ajudar a elevar a energia das pessoas para que elas possam ascender com a Terra para a próxima dimensão. A estimativa das idades aproximadas das três ondas surgiu durante sessões com centenas de pessoas. Todos disseram as mesmas coisas sobre suas vidas atuais, e todos voltaram às mesmas situações durante a sessão. Então eu comecei a classificá-los grosseiramente de acordo com sua idade atual.

A primeira onda dessas almas, entre o final dos 40 e início dos 60 anos (após o lançamento da bomba no final da década de 1940), teve a maior dificuldade em se ajustar. Elas não gostam da violência e da feiura que encontram neste mundo e querem retornar "para casa" - mesmo que não tenham ideia, conscientemente, de onde isso possa ser. Emoções as perturbam e até as paralisam, especialmente as fortes como raiva e ódio. Elas não podem lidar com pessoas que as expressam. Isso as afeta dramaticamente, como se as emoções lhes fossem estranhas. Elas estão acostumadas com a paz e o amor, porque foi isso que elas experimentaram de onde vieram. Mesmo que essas pessoas pareçam ter uma boa vida, amando a família e um bom trabalho, muitas delas tentam se suicidar. Parece não haver razão lógica, mas são tão infelizes que não querem estar aqui.

A segunda onda está agora no final dos 20 e 30 anos. Elas estão se movendo pela vida muito mais facilmente. Geralmente se concentram em ajudar os outros, sem criar carma e normalmente, passam despercebidos. Elas foram descritas como antenas, faróis, geradores, canais de energia. Vieram com uma energia única que afeta muito os outros. Não precisam *fazer* nada. Apenas têm que *ser*. Foi-me dito que, apenas ao caminhar por um shopping lotado ou mercearia, sua energia afeta todos os que entram em contato com elas. É tão forte, tão claro, mas não percebem isso conscientemente. O paradoxo é que, embora devam estar afetando as pessoas com sua energia, realmente não se sentem confortáveis em estar no meio de pessoas. Muitas estão em casa, reclusas, para evitar misturar-se; chegando mesmo a trabalhar em suas casas. Assim, estão derrotando seu propósito. Muitas da primeira e da segunda onda não desejam ter filhos. Inconscientemente percebem que crianças criam carma e não querem que nada as prenda aqui. Só querem fazer o seu trabalho e sair daqui. Muitas não se casam, a menos que tenham a sorte de encontrar alguém de sua própria espécie.

A terceira onda são as novas crianças, muitas das quais estão agora na adolescência. Vieram com todo o conhecimento necessário, em um nível inconsciente. O DNA de todos na Terra está sendo alterado no momento presente e modificado para se ajustar às novas vibrações e frequências. Mas o DNA dos novos filhos já foi alterado e estão preparados para prosseguir com pouco ou nenhum problema. Naturalmente, as crianças são incompreendidas pelas escolas e estão infelizmente sendo medicadas. Um relatório médico recente anunciou que 100 milhões de crianças foram *mal* diagnosticadas com TDAH, e colocadas sob Ritalina e outras drogas. Mas não há nada errado com essas crianças. Elas são apenas mais avançadas e estão operando em uma frequência diferente. Por serem tão inteligentes, ficam facilmente entediadas na escola. Foi-me dito que elas precisam de desafios para mantê-las interessadas. Esse grupo tem sido chamado de "esperança do mundo". Algumas dessas crianças têm apenas nove ou dez anos e já se formaram na faculdade. Elas estão formando organizações e, surpreendentemente, são organizações para ajudar as crianças do mundo!

Eu "lhes" perguntei uma vez porque a primeira onda teve a maior dificuldade. Disseram que alguns teriam que ser os pioneiros, os desbravadores, os que mostram o caminho. Eles abriram o caminho que tornaria mais fácil para os outros que os seguiram.

Nos últimos anos (2008 a 2010) fui entrevistada várias vezes no popular programa de rádio "Coast to Coast". Eu também participei do Projeto Camelot e outros programas de internet populares. Também tenho meu próprio programa de rádio no BBSradio.com há quase seis anos, que é transmitido ao mundo todo. A quantidade de e-mails e cartas que recebo após cada uma dessas transmissões é inacreditável. Meu escritório é inundado depois de cada uma delas. Agora meus livros também foram traduzidos para mais de vinte idiomas. A correspondência vem do mundo todo e sempre são muito gratos pelas informações. Eles pensaram que eram os únicos no mundo que tinham esses sentimentos de não querer estar aqui, de não entender a violência no mundo, de querer ir para "casa", de pensamentos seriamente cultivados de suicídio, a fim de sair daqui. Ajudou-os tremendamente saber que não são loucos, que não estão sozinhos. Que eles são um dos muitos que se ofereceram para vir e ajudar a Terra em seu momento de crise. Eles simplesmente não estavam preparados para as repercussões em suas almas gentis.

Pelas cartas, percebe-se que pode ter havido uma dispersão de algumas almas que são mais velhas (nascidas nas décadas de 1930 e 1940) que vieram antes do massacre, após o final dos anos 1940 e início dos anos 1950. Suas cartas dizem que são mais velhos, mas têm todos os sintomas da Primeira Onda. É possível que alguns tenham sido enviados como pioneiros antes da insurgência em massa no final da década de 1940. Sempre acreditei na teoria de que um aumento de nascimentos sempre segue uma guerra ou uma catástrofe em que muitos são mortos, como forma da natureza substituir e ajustar a população. Mas essa outra teoria também poderia ser uma explicação para os Baby boomers. Muitos deles são voluntários.

Em todas as cartas dizem a mesma coisa, são gratos por uma explicação que faça sentido. Eu até vi alguns se aproximarem, depois de uma de minhas palestras, chorando e dizendo: "Obrigado. Agora eu entendo". Mesmo que eles ainda não gostem da violência e vibração da Terra, agora que sabem que têm uma missão, estão determinados a permanecer e completá-la. E isso fez uma grande diferença em suas vidas.

Quero citar um dos milhares de e-mails que recebi em 2010 depois de um dos meus programas de rádio. "Eu gostaria de agradecer a você por falar sobre as '3 ondas' porque eu acredito que sou uma das pessoas da Primeira Onda, nascida em 1961. Meu irmão, muito mais novo, eu acredito, é da Segunda Onda, nascido em 1980. Nós falamos sobre isso muitas vezes e concordamos que nós somos de fato Extraterrestres e não somos da Terra! Eu tive uma visão extrema uma vez sobre uma sessão efetiva de planejamento para as 3 ondas, que ocorreu antes de eu ter encarnado. Foi bastante detalhada e interessante. Você também pode estar interessada em saber que este plano foi de fato tentado uma vez antes, e falhou porque o número de voluntários não era alto o suficiente! Foi então que 'nós' decidimos abrir as comportas e 'empilhar o convés' com tantas almas superiores quantas pudessem ser reunidas. Desta vez, acho que o plano está funcionando!"

CAPÍTULO DOIS

UM NOVATO

Conforme tenho dito, ao longo dos anos, descobri muitas almas novas e puras que estão vindo para a Terra no tempo presente com um objetivo diferente daquelas que ficaram presas na roda cármica por incontáveis vidas. Elas não têm carma acumulado, estão livres para buscar sua verdadeira missão. O principal problema é o processo de esquecimento ou amnésia que afeta as almas quando chegam à Terra. "Elas" disseram que o nosso é o único planeta no universo que esquece sua conexão com Deus. E temos que tropeçar na vida com olhos vendados até que a descubramos novamente. As outras civilizações lembram de sua conexão e de seus contratos e planos. Elas nos admiram muito por aceitar esse desafio de esquecer e pensar que estamos sozinhos. E ter que redescobrir tudo por conta própria.

Acho que seria muito mais fácil se *nós* pudéssemos vir com pleno conhecimento de nossa missão, nossa tarefa, mas os poderes superiores não estão de acordo. Eles dizem que é melhor ter toda a memória apagada e nos permitir que nos redescubramos, assim como à nossa missão. Eles disseram que não seria um teste se soubéssemos as respostas. Então, mesmo aqueles que vêm com motivos e intenções puristas estão sujeitos às mesmas regras que o resto de nós. Eles devem esquecer por que vieram e de onde vieram. Tudo o que resta é um anseio secreto de que haja algo mais que eles não conseguem entender, que algo está faltando. Têm que se encontrar novamente, tropeçarem pela vida como o resto de nós até que a luz e a memória comecem a penetrar através das vendas. É aí que esse processo de hipnose ajuda a trazer as lembranças de volta. Agora é hora de lembrar, afastar o véu e redescobrir nossa razão para vir a este planeta conturbado neste momento preciso da história.

Aqueles que classifico como a Segunda Onda parecem ser observadores e não participantes. Eles estão aqui para facilitar as mudanças sem seu conhecimento ou participação consciente. Eles devem ser canais de energia. Devem apenas *ser*. Não precisam *fazer* nada, e isso, às vezes, pode ser irritante para alguns dos meus clientes. Na lista de perguntas que eles trazem para a sessão, está sempre o que eu chamo de "eterna pergunta". "Qual é o meu propósito? Por que estou aqui? O que eu deveria estar fazendo? Estou no caminho certo?" Todo mundo que vem me ver quer saber a mesma coisa. Os que não têm essa pergunta em sua lista dizem: "Ah, eu não preciso perguntar isso. Eu sei o que deveria estar fazendo". Esses indivíduos são raros. A maioria ainda está pesquisando, sabendo que há algo fora do alcance de sua mente consciente. Quando atendo aos que classifiquei como Segunda Onda, eles geralmente ouvem do SC que não precisam *fazer* nada. Eles estão realizando seu objetivo apenas *sendo*. Depois de uma sessão, um cliente ficou chateado: "Mas eu quero fazer alguma coisa!" Eles não percebem que *estão* cumprindo sua missão, apenas por *estarem* aqui.

Há muitos casos de iniciantes em meus outros livros. Uma seção inteira no *Convoluted Universe, o Livro Três,* é dedicada aos que trouxeram à tona memórias de ter vindo diretamente da Fonte de Deus. Nesse livro, há algumas partes de sessões recentes (2009-2010) que ilustram o quão complexo foi esse processo de decisão que os trouxe aqui para a Terra.

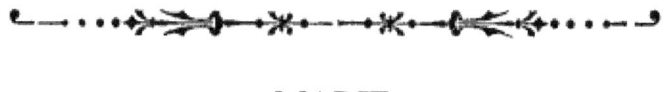

MARIE

Em minha técnica de hipnose, uso um método para fazer com que o cliente passe para uma vida passada através de uma nuvem. Eu achei que é 98% eficaz, então eu o uso com frequência. Quando Marie estava em transe profundo, ela não queria *descer* da nuvem. Em vez disso, ela queria *subir*. Quando isso acontece, permito que o cliente faça o que quiser. Eu nunca sei aonde isso vai levar. Quando ela se moveu para cima, encontrou-se num espaço negro cercada por muitas estrelas. "Eu vejo quão pequena eu sou, e quão grande é lá fora." Ela parecia estar pairando, suspensa no ar. "Está tudo ao meu redor e sinto que sou parte disso tudo. Eu gostaria de me aproximar das estrelas. Apenas me aproximar da estrela mais próxima que eu puder e ver se consigo olhar para dentro dela."

D: Em que direção você quer ir?
M: A estrela veio até mim. Não tive que ir até ela. Está logo ali. Estou olhando através dela e vendo dentro dela, eu acho. São como que gases, vapores. Nada está parado. Tudo são vapores, gases e cores, como água iridescente, como uma mancha de óleo na água. Não estou mais no negrume do céu. Estou nas cores. São apenas luzes piscando.
D: Então a estrela não é nada do que você pensou que seria.
M: Não, eu pensei que seria como grandes estrelas me cegando, mas não.
D: Você quer ver se tem uma superfície?
M: Sinto-me bem, rodeada, envolta. Flutuando através dos gases. Minha cabeça está girando, vejo tudo ao meu redor. Tento ver o lado de fora ... mas estou apenas vendo o seu interior.
D: Então não tem que ter uma superfície sólida?
M: Não. Eu me sinto perfeita dentro dela. Eu sou uma com ela. (Risos) Eu não me sinto estranha a ela. Ela me aceita como parte dela. Não há rejeição. Faço parte dessa estrela e ela não foi perturbada com minha aparição. Tudo continua igual e eu sou parte dela. Sem estrutura. Sem forma.
D: Você sente que tem um corpo ou como se sente?
M: Sinto-me envolta. Como se sussurrassem ao redor do meu corpo. Muito grata, muito satisfeita, muito aconchegada... parte dos vapores. Suspensa. Me sinto suspensa, você sente que tem um corpo quando está suspensa? Você sente apenas que está pendurada. Está tudo à minha volta.
D: Sente-se sozinha?
M: Estou completamente sozinha. Bem, eu não sinto que estou sozinha porque estou com *ela*. Eu não me sinto sozinha.
D: Eu quis dizer se não há outros.
M: Não, ninguém além de mim. Nada de pessoas. Nem mesmo em pensamento. Estou no cosmos. Eu me sinto uma com ela, não separada dela. Se eu tentar flutuar para fora e olhá-la, talvez me sinta separada dela. Eu não sei.
D: Você tem algum desejo de fazer mais alguma coisa?

Eu estava tentando fazer com que ela continuasse com a história.

M: Não, eu não preciso fazer nada além de estar bem aqui. (Risos)

Eu não quero ir para outro lugar. (Risos)

Isso poderia ter continuado por um bom tempo, então eu a movi adiante para um momento em que ela decidiu deixar aquele lugar e ir para outro. Quando fiz isso, ela não estava mais no espaço. Ela se viu em um penhasco muito alto. Havia uma saliência, uma parte que se projetava sobre um enorme abismo.

M: Eu posso ver lá embaixo. É como se eu pudesse ver muitas formiguinhas. (Risos) Pode ser gente. Mas são tão pequenos. Vejo pequenos pontos que poderiam ser árvores. Poderiam ser carros. Poderiam ser pessoas. Eles estão se movendo, parece que estou vendo algo de longe. Acho que posso estar no topo de uma montanha... sim. Não é assustador. Estou acima de todos. Provavelmente são pessoas. A primeira coisa em que pensei foi em formigas... formiguinhas. Estão bem longe.

D: *Tome consciência do seu corpo. Como é seu corpo?*

M: Não acho que estou em um corpo.

D: *Você quer ficar lá ou quer sair?*

M: Preciso ficar lá só mais um pouco ao invés de descer a montanha. (Risos) Eu sinto que estou meio que nos céus, como se o chão fosse apenas uma pequena camada fina e estou acima de tudo. Como se tudo o mais estivesse ao meu redor. Mas me sinto mais no céu do que na terra. Eu sinto que poderia simplesmente sair voando se eu quisesse.

D: *Sem restrições. Sem responsabilidades. Liberdade total.* (Sim)

Decidi movê-la novamente, então eu a fiz sair dali e ir para outro lugar. Desta vez, tivemos outra surpresa. Ela ainda não estava em um corpo físico.

M: É como uma rocha nua. Não existe grama. Não existem flores. É apenas rocha pura. Eu estou no granito. Existem cores na rocha. Cinza e preto, não vejo outras cores. Estou surpresa.

D: *Como você se sente ao ser parte de uma rocha?*

M: Aquela mesma sensação de ser cercada como se tudo estivesse ao meu redor. Ainda sou livre. Eu posso me levantar e partir a qualquer hora.

D: *Parece que você pode ser parte de qualquer coisa.*

M: Sim. Eu não me sinto rejeitada. Estou sendo aceita, apoiada ou abraçada. Sou parte disso.

D: *Parece que você pode simplesmente escolher qualquer forma que quiser e experimentá-la. (Sim) Isso é interessante. Você sente que aprende alguma coisa quando se torna esses objetos diferentes?*
M: Eu me sinto parte de algo, e isso é reconfortante para mim, ser aceita, amada e parte disso. Nenhum afastamento. Sem separação. Nenhuma separatividade, mas um sentimento de estar englobada. Quando faço parte de algo, aprendo a me sentir um com ele, em vez de separada.
D: *Você acha que estará em um corpo físico algum dia?*
M: Não, a menos que você me diga. (Risos). É uma sensação limitante estar em um corpo. (Risos) Eu me sinto rodeada e parece que colocar um corpo sobre isso iria ancorá-lo e detê-lo do fluxo que está ocorrendo.

Passei uma boa parte do tempo movendo-a para tentar encontrar uma vida que pudéssemos examinar. Em vez disso, ela continuava se percebendo como *parte* de algo sólido: uma pedra, uma árvore, uma flor. Ou ela se via voando de lugar em lugar, sendo o observador invisível. Ela gostava de ver as pessoas em um parque, os animais, os insetos. Ela amava a liberdade de ir e vir como quisesse, sem responsabilidades. Cada lugar que ela via, dizia que estava apenas visitando, não era realmente seu "lar". Eu sabia que ela tinha acabado de entrar em um corpo físico porque era com ele que eu estava falando, que estava deitado na cama. Houve uma hora em que achei que tínhamos conseguido, mas ela foi novamente a observadora vendo as pessoas. "Eu não sei com o que o corpo se parece. Nem parece que está lá. (Risos) Eu tenho algum peso porque estou no chão. Eu me sinto mais em casa com a grama." Ela se sentia mais como uma parte de tudo, e se concentrar em si mesma só a confundia.

Eu estava me preparando para movê-la novamente quando um ser apareceu ao lado dela. Ela se sentiu confortável com ele, então pensei que poderíamos fazê-lo responder a algumas perguntas e esclarecer tudo.

Frequentemente, quando uma entidade aparece de repente, pode ser o guia ou o anjo da guarda do cliente. Eles podem aparecer como quiserem, mas normalmente são vistos de maneira não ameaçadora. Então eu pensei que poderia seguir essa linha de pensamento por enquanto ao invés de chamar o SC. Às vezes, essas entidades podem fornecer algumas respostas.

D: *Pergunte a ele: Nós estávamos à deriva por várias vidas, nas quais ela não estava em um corpo físico. Marie já teve outras vidas?*

Marie preferiu responder em vez de permitir que ele o fizesse, mas ela estava fornecendo respostas importantes.

M: Sinto que estive mais no espaço do que em um corpo na maior parte da minha vida. É quase estranho me sentir "eu mesma" e não estar misturada a tudo o mais. Eu estou acostumada a total liberdade ... livre fluir. Eu não entendo como partir do nada e sentir-me espaçosa e com o exterior à minha volta, para me sentir sozinha, em um corpo e tendo que estar em algum lugar.

D: *Esta foi a primeira vez dela em um corpo humano? O que ele diz?*

M: O que você quiser que seja. (Nós rimos) Ele diz que eu preciso sair do céu e me sentir sólida e sentir o chão e a terra debaixo de mim. Eu realmente não sei como é ser mais do que parte de vapores e parte de algo sólido. Descer para a terra. Tocar o chão e sentir que estou em alguma coisa. Ficar quieta e tocar o chão com as mãos e tocar as árvores.

D: *Ela pode pegar coisas e senti-las e saber que ela tem um corpo real. É isso que você quer dizer?*

M: Sim, eu acho que sim. Eu tenho que me sentar, deitar e me sentir ancorada. E eu não quero que isso me limite a sentir que estou sendo encapsulada porque na outra me senti como se eu fosse "uma" com tudo e misturada a tudo. Agora que me sinto sólida me sinto separada. Eu sinto que não sou parte disso. Talvez seja por isso que eu quero ser sólida. Não parece certo estar sempre flutuando como um balão de hélio que está sempre subindo, subindo. Eu quero algo parecido com um fio para alguém me prender e amarrá-lo a alguma coisa, para que eu possa sempre ficar aqui no chão em vez de buscar "lá em cima", e ver isso como algo bom, não como uma limitação. Como algo oposto a flutuar, mas que seja tão bom quanto flutuar. É tão bom flutuar em vez de ficar parado lá. Liberdade...talvez seja muito disso. Ao flutuar me sinto livre.

Eu sugeri que ela pudesse ter os dois. Ela poderia flutuar livre à noite quando ela dormisse e depois ficaria no solo durante o dia.

Dessa forma, ela nunca perderia aquela parte.

Marie tinha um problema físico grave que era uma das principais razões dessa sessão. Ela desenvolvera eczema na maior parte do corpo, o que a deixava infeliz com a constante coceira e ardor. Ela se coçava a ponto de sangrar. Os médicos não podiam fazer nada além de lhe dar alívio temporário. Então decidi chamar o SC. O guia tinha ajudado, mas eu senti que ele estava limitado quanto a saber se poderia ou não responder a essas perguntas.

D: É verdade que ela teve muitas vidas apenas como formas e partes de coisas? (Sim) *Esta é sua primeira vez no corpo físico?*
M: Sim. Aceitar o corpo. Aceitar esse corpo. É do que ela precisa.

A causa do eczema foi uma tentativa de provar a ela que ela era física. Realmente lhe chamava a atenção para o corpo para que pudesse ter certeza de que estava em um corpo e que tinha que aceitar isso. Nós trabalhamos para remover os sintomas, fazendo-a perceber que ela tinha que viver aqui e que esse corpo era necessário. Ela não era mais o observador não-físico, mas um participante ativo.

M: Eu sei que estou ancorada. Meu próprio peso vai me prender ao chão. Estou ancorada. Eu quero experimentar como é estar no chão ao invés de estar no ar o tempo todo. (Risos) Para sentir o que é estar em um corpo... não apenas flutuando. Eu não preciso de nada para me fazer sentir humana. Eu *sou* humana. Eu não sou etérea.

Este é um dos principais problemas enfrentados pelos iniciantes. Eles nunca estiveram em um corpo humano antes e se sentem muito limitados e confinados. Eles desenvolverão problemas físicos e, muitas vezes, inconscientemente, tentarão destruir o corpo (por meio de várias doenças) porque não querem estar aqui. A principal coisa para eles entenderem é que eles se voluntariaram para vir neste momento importante da história da Terra e devem ficar para cumprir sua tarefa, sua missão. Não há atalhos, a menos que eles queiram correr o risco de voltar para o outro lado como um fracasso.

Quando Marie foi pela primeira vez para a bela estrela gasosa, pensei que ela tivesse ido a outro planeta, mas não tinha forma e nem ela. Eu acho que foi uma descrição diferente de voltar para a Fonte. Geralmente é descrito como estando em uma luz brilhante ou grande sol, mas sempre com cores bonitas. Sempre dá a sensação de amor completo e as pessoas não querem sair de lá porque lá são muito felizes. Por fim eles começam sua jornada, e é comum experimentá-lo primeiro como formas mais simples de vida, como rochas, plantas. Isso os agrada porque a vida é curta, e eles podem ir e vir muito mais rápido. No entanto, é o começo do saber como é se perceber, mesmo que eles não gostem de perder a sensação de liberdade.

OS CINTILANTES

Outro caso semelhante veio de Hope, que se ofereceu para ser a demonstração para minha turma em Perth, na Austrália. Não foi apenas por curiosidade, ela tinha alguns problemas físicos. Ela queria ajuda com a leucemia tão desesperadamente que estava disposta a permitir que a sala cheia de estudantes testemunhasse a regressão. Quando começamos a sessão, ela não esperou que eu completasse a indução. Ela já estava descrevendo algo incomum. Ela se lembrou das montanhas cobertas de neve do Tibete. Descreveu-as como bonitas, isoladas, quietas e pacíficas, majestosas e poderosas. O ar estava fresco e absolutamente não poluído. Então ela descreveu algo no ar que foi totalmente inesperado. Mas estou tão acostumada com o inesperado que continuo fazendo perguntas. "O ar é como cristais vivos que se desenvolveram em pequenos pedaços. Eles estão em todo o lugar no ar, mas não no chão. Eles estão no ar. Eu os estou respirando." Meu primeiro pensamento foi que seria impossível respirar cristais. "Ah, são pequenas, partículas minúsculas. É um lugar muito bonito, como uma outra dimensão. Estou tão no alto que é possível ver as coisas e manifestá-las e projetá-las na Terra. É fácil. É o meu trabalho. Estou ligada a tudo, mas, para manifestar isso, não posso falar com as pessoas. Você entende o que quero dizer? Algumas coisas precisam ser aprendidas. É realmente uma intrusão. – Bem, não há pessoas aqui onde estou. – No lugar das pessoas ... energia. Você não acreditaria nisso."

D: *Então não há outras pessoas ao seu redor?*
H: Elas estão na Terra. Eu não acho que sou uma pessoa. Eu sou esse cintilar. – Na verdade, agora que você mencionou, existem muitos seres. Eu estava pensando em pessoas? Não são pessoas. Eles são meus colegas. Eles são feitos de pequenas coisas de

prótons.
D: *Então você realmente não tem uma forma. Você está apenas se movendo? É isso?*
H: Sim, na verdade pensando, manifestando. Estou manifestando situações para estar na Terra. Nós todos estamos manifestando. É o que estamos fazendo.
D: *Você disse que este era o seu trabalho?*
H: Sim, mas tenho que descer. Eu decidi descer e ser um desses humanos porque nós manifestamos. Todos nós fazemos... os cintilantes. Existem muitos deles. Então eles descem porque vocês os criam, vocês os ancoram, e os entregam. Nós o ancoramos na Terra.
D: *Seus colegas também vão descer?*
H: É opção de cada um. É uma escolha sua. Alguém tem que ficar para manter a energia aqui, sabe? Alguns cintilantes descem. E eu sou um deles.
D: *Por que você decidiu descer se você estava tão feliz lá?*
H: A palavra "dever" vem para mim. Porque todos nós desempenhamos nossos papéis. Nós sabemos nosso papel. Todos nós. Estou descendo. Tudo bem?
D: *Faça como quiser, mas parece que você não quer descer. Certo?*
H: Você me entende bem.
D: *Você estava mostrando emoção como se você realmente não quisesse descer.*
H: Não é uma questão de querer. É uma questão do que deve ser feito.
D: *Alguém te diz o que você tem que fazer?*
H: Não se é forçado. Não é assim. Não há professor de escola aqui. Nos reunimos, refletimos e decidimos. Ficamos ou descemos.
D: *Diga-me o que acontece quando você decide descer.*
H: Bem, a Terra é muito, muito diferente. Onde está o amor? (Chateada) Eu não entendo. É tudo tão denso. Não podemos respirar cristais.
D: *Não, não existem cristais lá, existem?*
H: Tudo isso está escondido. É duro... e as pessoas são ... eu vou te dizer uma coisa. - Você quer ouvir isso? – Cá embaixo, onde estou, aqui, eles não acreditam nos cintilantes. (Nós duas rimos.) Se você fala sobre os cintilantes, seu corpo fica dilacerado assim... puxado de uma ponta à outra. Não fale dos cintilantes. (Ela colocou o dedo nos lábios e emitiu um som para se calar.) Você sabe o que eles fazem com as pessoas daqui? (Ela

começou a chorar.) Eles as separam. Eles não percebem o que foi feito para criar um corpo físico. Eles apenas o destroem e não têm ligação com os cintilantes. Preciso encontrar um lugar onde eles se conectem.

Aparentemente, quando ela decidiu vir para a Terra, foi em um momento em que havia muito preconceito contra as pessoas que eram diferentes. Como uma pura alma inocente, ela não percebeu o perigo de dizer às pessoas de onde vinha.

H: Eu não sabia que isso aconteceria. Nós nos encontramos secretamente em pequenos grupos. Se eles nos encontrarem, todos aqui ... é só (Fazendo barulho de puxão) rápido.

Durante toda esta sessão, Hope estava usando muitos movimentos da mão que eram impossíveis para a mulher que fazia a transcrição descrever porque ela não podia vê-los. Eu gostaria de ter uma câmera de vídeo. Os movimentos pareciam estar se referindo a algum tipo de tortura. Ela fez movimentos cortantes na frente de seu corpo e através de sua garganta. Também um tipo de separação de seu corpo. Durante a sessão, foi como se ela não quisesse ser realmente explícita sobre o que aconteceu com ela enquanto estava no físico. Mas eu podia sentir pelos movimentos e emoções que ela havia sido torturada e morta por suas crenças. O SC aparentemente achou que era mais gentil para ela contar a história sem entrar em detalhes. Isso foi bem mais agradável para Hope. Eu só posso imaginar como isso deve ter afetado uma alma gentil e pura vindo à Terra pela primeira vez, cujo único desejo era ajudar as pessoas. Isso teria sido totalmente inesperado para uma alma vinda diretamente de um lugar de amor divino e altruísta. O lugar dos cintilantes.

D: *Quando você desce, você está em um corpo físico?*
H: Sim, porque você tem que existir. Você tem que ter um corpo aqui embaixo. Eles fazem coisas para o corpo. E o corpo é denso, pesado como chumbo.
D: *Não é confortável, mas você escolheu entrar no corpo para fazer um trabalho. É isso?*
H: Sim, eu me esqueci por um minuto. É para contar às pessoas sobre os cintilantes. Vou te dizer o que é. As pobres pessoas da Terra foram afastadas disso. E aqui é muito denso por causa do medo. Nosso trabalho é dissipar o medo e realmente conectá-las

ao brilho do qual vieram. E as possibilidades variam porque o cintilante pode ser comprimido para se manifestar. Mas não é tão fácil quanto eu pensava. Porque eu não tinha limitações, não, eu não tinha. Eles sussurram isso no vento. É sussurrado, mas você não sabe, sabe? Então surge a pergunta, como fazemos isso? Como faço para terminar o que vim fazer? Como? Estou procurando uma resposta. Às vezes, penso: "Para quê?" Não há nada de bom.

D: *Mas você sabe que nem todos são assim. Há alguns que vão ouvir.*

H: Não é com eles que você tem que lidar. Eles também vêm do brilho. Eles trabalham. É com aqueles – e são tantos – que se esqueceram de onde vieram. Sua conexão e seu poder e sua beleza. É tão pesado que você esquece.

D: *Existe uma maneira de ajudá-los a lembrar?*

H: É para isso que estou aqui. Estou pesquisando - acho que falhei – chamar mais cintilantes. Chamar mais cintilantes para aumentar a energia. Está acontecendo agora... mais luz. E mais gravações.

D: *O que você quer dizer com gravação?*

H: Mais foram chamados.

D: *E aqueles que já estavam aqui na Terra? Eles são capazes de fazer essas coisas?*

H: Eles estão cintilando aqui como pessoas.

D: *Então você quer dizer que todos se esqueceram?*

H: Eu acho que aconteceu mais comigo. Acho que eu me esqueci. Eu esperava que não, mas sim, definitivamente sou eu, porque há muitos outros que eu posso ver agora; muitos outros fazendo o seu trabalho. Muitos se esqueceram. Muitos não. Eu sou um deles e sinto que não correspondi às expectativas. Eu não consegui.

D: *Mas você sabe que quando você entra no corpo físico, as coisas são diferentes.*

H: Não para algumas pessoas... para mim.

D: *Quando você está num corpo físico, começa a viver a vida de uma pessoa física.*

H: Aparentemente sim, para tristeza minha.

D: *Você acha que existe uma maneira de trazer as memórias de volta para esse corpo pelo qual você está falando?*

H: Esse seria o meu maior desejo.

D: *Você está ciente de que está falando através de um corpo físico?*

H: Sim, e que está com dor.

D: *Por que o corpo está com dor?*
H: Tristeza... é apenas muita tristeza por ter esquecido o trabalho que veio fazer. Uma desolação.

O SC disse que a tristeza era porque Hope não estava fazendo o que ela veio fazer. Ela havia esquecido e isso estava causando a dor em seu corpo. Eu conversei com ele sobre devolver o equilíbrio e a harmonia ao corpo para que ela pudesse fazer seu trabalho. Eu disse: "Ela não sabe conscientemente que ela parou o processo".

H: Ah, ela é muito inteligente. Ela tem uma ideia. Ela está chegando lá.

Havia também muito medo originado das vidas passadas quando ela foi brutalmente ferida.

H: Há muitas camadas de vidas de zombaria, dor, humilhação.
D: *Por que ela escolheu ter vidas de dor e humilhação?*
H: Pela causa. Esqueceu o uso da energia, que está perdida no planeta. – Eu acho que ela está permitindo que os outros a impeçam.
D: *Quem são esses outros que ela permite que a impeçam?*
H: Eu acho que a igreja, esse Deus e tudo isso acumulado em cima dela. É muita coisa em cima dela, paralisando-a. – São livros. São livros de conhecimentos incorretos. São apenas palavras.
D: *Nós podemos simplesmente jogá-los fora. Ela não precisa mais deles.*

Eu fiz muito trabalho para que ela visualizasse a remoção dos livros e das camadas e os jogasse fora. Fiz também muitas sugestões para recuperar a confiança dela porque nada lhe aconteceria nesta vida se ela decidisse falar o que pensava. Isto tudo se relacionava às vidas passadas e não tem nada a ver com o presente. Ela foi concordando comigo e achei que estávamos fazendo progressos.

H: Ela está um pouco confusa porque quando trabalhava sozinha em espírito, ela tinha tudo o que precisava, estava sozinha e feliz por ser assim como um cintilante. Como pessoa, ela fica sozinha. Ela de fato se mantém sozinha. Ela estaria muito melhor trabalhando em grupos para que tivesse apoio. Ela está acostumada a ser um cintilante sozinha em um isolamento glorioso. Se você pudesse dizer a ela que não é o mesmo na Terra, que não se pode ficar isolada e sobreviver. Nós não gostamos de criticar, mas é uma falha, se essa é a palavra que se pode usar. Ela precisa ser social, mas ela está escondida. Em um grupo, ela não estaria sozinha.

Então fiz a "eterna" pergunta: Qual era o propósito da Hope? O que eles queriam que ela fizesse?

H: Que ela apenas desse crédito a si mesma, a seu trabalho e a seu tempo sozinha, e não se preocupasse tanto com os outros. Ela está tentando ser normal. O que é um grande erro. Ela nunca pode ser normal. Você quer trabalhar, e a maioria das pessoas nesta sala não é normal.
D: *Você está ciente de que há outros na sala (minha turma)?* (Ah, sim.) *Muitos de nós não são o que você considera normal?*
H: Ninguém aqui é normal nos termos dos humanos. Eu não quero dizer isso de maneira grosseira. Considero isso a maior honra. Ela precisa do apoio. É como nos velhos tempos. Esse é o problema dela. Ela passou pela igreja, mas a igreja de fato lhe deu um grupo. Ela não tem um grupo.

Durante todo o tempo em que ela se referia aos "cintilante", eu a via apenas como outra palavra para a forma espiritual e a maneira como eles se pareciam naquele outro mundo.

Agora nos concentramos nos problemas físicos que ela tinha: leucemia e tumores na garganta.

H: Ela não queria estar aqui. "Para quê?" Ela disse para si mesma em segredo.
D: *Ela acabou de decidir que ela não queria estar aqui?*
H: Não, não, não, não, não. Ela viu o que estava acontecendo e começou a sentir dor, mas por baixo de tudo, o cintilante não estava brilhando. Você entende o que eu quero dizer? (Sim) Ela está realmente aqui. E quando ela se lembrar das cintilações, acho que ela vai querer estar aqui.

Os problemas físicos vieram de não querer mais estar aqui. Ela ficou desapontada com seu trabalho e sua escolha de carreira. Ela queria ajudar as pessoas, mas ela não achava que estava funcionando. Além disso, ela havia se dedicado tanto ao marido que não estava vivendo sua própria vida. "Ela está vivendo a vida de outra pessoa." Ela deveria viver sua própria vida. Seu marido concordaria com isso. Quando tudo foi concordado, o SC trabalhou extremamente rápido na remoção do problema físico, a leucemia. Apenas fez um movimento rápido sobre o corpo como se jogasse alguma coisa fora e anunciou: "Está feito!"

H: Foi veneno dos pensamentos.
D: *Por que ela desenvolveu tumores nas glândulas linfáticas?*
H: Ódio pela sua situação.
D: *Criando uma contagem tão alta dos glóbulos brancos, estava destruindo o corpo.*
H: Sim. Onde está a alegria? Onde? Não é justo.

Eu enfatizei que ela agora poderia trazer alegria para sua vida. E o SC novamente disse que ela não deveria ficar tão sozinha. Ela não deveria trabalhar em isolamento. Eu descobri que muitas pessoas que são a segunda onda de voluntários não querem estar perto de outras pessoas. Elas preferem trabalhar e viver em isolamento. Mas aqui reside o paradoxo. Elas devem estar ajudando as pessoas, espalhando sua energia, mas a maioria não gosta de pessoas. Elas preferem ficar sozinhas, mas assim estão frustrando seu próprio propósito.

Ela começou a tossir e eu perguntei sobre sua garganta. Ela teve um tumor lá. Eles disseram que era porque ela estava cheia de medo e ele se instalou lá. Com medo de falar por causa das lembranças inconscientes do que aconteceu quando ela falou em outras vidas. O SC disse que o tumor ficou duro como um osso. Por estar lá há muito tempo, se calcificou. Depois de ter sido estudado, foi rachado ao meio como uma noz.

H: A noz está quebrada ao meio. Está desaparecendo. Agora pode-se falar a verdade com facilidade, ela não vai mais ter medo. (A leucemia, os gânglios linfáticos foram tratados. Desapareceram.)
D: *Quando ela voltar ao médico e fizer o exame de sangue, ele notará a diferença?*
H: Sim, e ela será capaz de lhe dizer por quê? Vai ser difícil para ela inicialmente dizer a ele.
D: *Mas ele vai perceber que algo está diferente.*
H: Ele dirá: "As remissões espontâneas ocorrem". – Um dia ela lhe oferecerá um tratamento.
D: *Você completou o trabalho no corpo de Helen?*
H: Está feito. Conforme ela se move e decide sua direção, seu corpo

se moverá e decidirá com ela. Nós lhe damos a informação. Livre arbítrio. Ela tem que acreditar. Ela vai gostar do cintilar. Sua voz assumirá um belo timbre e vamos gostar de ouvi-la. - Ela precisa querer estar aqui, e ela irá agora.

D: *Você sabe que normalmente eu tenho que te pedir para aparecer, mas você está aqui o tempo todo, não é?* (Riso)

H: Eu não deveria estar aqui?

D: *Ah, não, tudo bem. Você sabia do que os estudantes aqui precisavam. Às vezes você pode entrar instantaneamente, quando é importante.*

H: Depende em quem você está trabalhando.

D: *Então ela não precisava reviver todas essas vidas passadas dolorosas, não é? Não serviu a um propósito. Apenas o suficiente para saber o que estava causando os problemas.*

H: Sim. Você pode perceber que haverá uma aceleração nessas sessões porque o tempo como o conhecemos está mudando.

D: *Então as sessões serão mais rápidas e atingirão seu objetivo mais depressa?*

H: Você poderia. Algumas sim.

D: *Depende sempre da pessoa.* (Sim)

H: Esse trabalho é tão importante. – E a intenção do cintilante é trazer o céu para a Terra. E como é bonito saber que, quando você chega na cama à noite, com o seu trabalho, você trouxe um pouco do cintilante... do céu para a Terra. Nós lhe perguntamos: "Que maior satisfação no trabalho poderia haver?" Para cada pessoa que você cura, a Terra se ilumina. Agradecemos o seu trabalho. Nós enviamos os brilhos para você. Nós te agradecemos. Nós te honramos.

Então, neste caso, eu pensaria que o cintilante se referia tanto à Fonte de Deus quanto ao mundo espiritual, especialmente quando ela se referia a respirar os cristais. De qualquer forma, refere-se ao ponto de partida para algumas almas que fazem sua primeira viagem à Terra. Elas vêm com as melhores intenções e acham que não é tão fácil quanto elas achavam que seria ao chegarem aqui.

CAPÍTULO TRÊS

UM SER DE ENERGIA

A principal razão de Louise para se submeter à sessão foi encontrar a causa do medo da perda que a vinha assombrando a vida toda. Ela parecia estar em uma busca constante para encontrar *seu povo*. Queria saber como poderia localizá-los e se conectar com eles (quem quer que eles fossem). Ela estava ativamente envolvida em grupos metafísicos e de ensino, e tinha aprendido bastante. No entanto, havia esse buraco em sua vida que ela estava procurando preencher. Um sentimento de vazio, infelicidade e perda que não tinha explicação lógica. É claro que esperávamos encontrar as respostas em algo que aconteceu em uma vida passada. Mas o SC tinha outras ideias. Lembre-se de que ele tem uma lógica completamente desconhecida para nós porque pode ver o cenário muito maior.

Quando Louise saiu da nuvem, ela viu uma paisagem estranha. O terreno era apenas de picos irregulares, alguns muito altos e outros baixos. O solo inteiro estava assim coberto, nada mais. "A cor deles é marrom-clara reluzente, como se fossem cristais. Todos pontudos e afiados." Eu me perguntava como alguém seria capaz de se mover e andar em tal superfície. Ela disse que não estava de pé. Ela estava voando, flutuando, olhando para baixo. "Os picos são muito afiados. Tudo é afiado demais. É como se os cristais fossem os picos em outros picos e tivessem as mesmas formas dos picos irregulares. Eles são longos e brilhantes e pontudos. Tem alguns pequeninos e alguns maiores. E há muitos reflexos de luz saltando em todos os lugares. Alguns dos picos são tão altos que estão, em sua maior parte, nas nuvens."

Pedi-lhe que observasse seu corpo ou como ela se percebia. "Eu acho que devo ter um corpo, porque eu não quero pisar nesses picos afiados. Posso notar sensações. Eu noto pontos quentes e pontos frios, e percebo a brisa e posso me perceber vendo. Estou olhando agora entre os picos e cristais. Olhando mais de perto para a superfície, vejo que não é estática ... há coisas que se movem. É meio que como pedaços de uma nuvem, exceto que eles não são brancos ou cinza e brilham mais. E quando se movem, meio que deslizam e mudam de formas, mas não são uma nuvem. Quando cheguei aqui pela primeira vez, achei que estava vazio, mas estou vendo que não. Eles são quase como borrões que brilham. Não são definidos e podem rolar entre as coisas, mas também podem flutuar. São como bolhas, mas algumas são bolhas bem pequenas e algumas são maiores, e não têm uma forma definida. Eles são meio que uma nuvem, exceto que uma nuvem é mais fina."

D: Essas são as únicas formas de vida que você pode detectar?
L: Não. Na verdade, existem coisas bem pequenininhas que se arrastam nas superfícies. Há movimento por todo lado.
D: Você acha que essas bolhas são seres sencientes que seriam capazes de saber das coisas?
L: Sim, eles sabem das coisas. – Tem como uma lembrança de bolhas de sabão internas. Exceto que elas são todas de diferentes formas e tamanhos ... integradas.
D: Bem, e você? Você acha que se parece com um deles?
L: (Risos) Isso é o que eu gostaria de saber. Eu certamente posso flutuar e certamente posso mudar de posição. Não tenho noção de como me pareço. Eu sinto coisas, como o calor e o frio. Posso mudar de forma ... posso mudar de tamanho facilmente, como ninguém. – Os outros estão flutuando ou rastejando ao redor. Alguns estão tão perto da superfície que estão em contato com ela. Eu não sei se sou como eles ou não.
D: Você pode descobrir. A informação está lá. Você é como os outros? (Não) *Em que você é diferente?*
L: É como uma forma de vida mais simples... é uma transição. Não é como um corpo. Não é pura luz também. Eu acabei de parar aqui e não sou assim exatamente. (Uma revelação repentina.) Eu estou em uma missão! Isto é como um lugar de descanso. -- É um lugar intermediário. Estou na minha jornada para casa... e este é apenas um lugar de descanso.
D: Você é mais evoluída e eles são mais simples? (Sim) *E você acha que está a caminho do seu lar?* (Sim) *O que você quer dizer?*
L: (Sussurrando) É onde eu moro.
D: Você já esteve em outro lugar? (Sim) *Me fale sobre isso. Onde*

você estava?
L: Na Terra. Eu não vou voltar para lá. É por isso que estou neste local de descanso antes de ir para casa, para ser purificada. Tudo está terminado na Terra.
D: *Você está feliz em sair de lá?*
L: Não, sinto falta da beleza, mas não quero voltar para lá. - Eu sinto falta de casa. Do meu lar ...lá não há nada de irregular. Não há nada de difícil. Todos nós sabemos. Todos nós amamos. Eu sinto falta do meu lar, mas tudo bem estar neste lugar. Este é apenas um lugar para parar. Eu não sei exatamente por que parei aqui, exceto para cuidar de uma curiosidade. Eu não sabia sobre lugares como este. Você sabe, na Terra eles os chamam de "ameba". Exceto que alguns deles são muito pequenos e alguns são enormes e eles são inteligentes. Eles podem se fundir uns com os outros. Podem mudar de forma. Podem crescer. Eles podem encolher. É meio que legal ser desse jeito. Talvez seja por isso que na Terra eu gosto tanto de água.
D: *Mas é bom não ser nada por um tempo, não é?*
L: Sim. É muito bom.

Eu decidi condensar o tempo e movê-la adiante, para quando ela chegasse em casa. Eu perguntei como era. "É muito bonito e reluzente, e tudo é azul, verde e dourado."

D: *Objetos ou apenas cores?*
L: Bem, os objetos são cores. Qualquer coisa pode ser tocada e sentida, então não há diferença. É sólido, mas você também pode passar bem no meio deles, mas realmente tem todos os tipos de espaços. Pode fazer um navio que pode viajar muito longe, feito somente de luz. E podemos fazer coisas bonitas se temos lembranças de onde estivemos, e nós criamos.
D: *Você tem que ter memórias antes que possa criar algo?* (Sim)

Ela estava maravilhada e ficou maravilhada com as coisas magníficas que viu que estavam sendo criadas. Ela suspirou profundamente. "É tão seguro e tão bonito aqui. Eu senti falta dessa beleza." Ela começou a chorar.

D: *Mas você foi para a Terra por um motivo, não foi?*
L: Nós queríamos ir, e todos nós fomos para aquele lugar lindo, lindo. Queríamos que eles soubessem o que sabemos e sentissem

o que sentimos.

D: Mas você sabe, quando as pessoas vêm para a Terra, elas esquecem, não é?

L: Alguns esquecem. Outros não.

D: É mais fácil quando eles esquecem?

L: Não, é mais difícil porque eles ficam aprisionados. Eles sofrem e ficam presos. Não, é mais fácil lembrar. Se eles são corajosos o suficiente para dizer às pessoas...mas algumas delas ficam com medo. Alguns sabem que não serão acreditados........, e alguns simplesmente esquecem. Mas é tão bonito lá, e você sabe que também vamos para a Terra e apreciamos esses lugares, para que possamos coletar memórias, ser mais criativos, e fazer mais pelos outros.

D: Então você tem que ir e experimentar no físico para ter as memórias? (Sim) *Sem isso você não poderia criar? É isso que você quer dizer?*

L: Nós podemos criar. É o que somos. Somos criadores de luz e, ainda assim também podemos enriquecer ao máximo o planeta como um todo. Veja, há conexão em todos os lugares lá. Não é como as pessoas pensam. Na Terra as pessoas aceitam, mas existem planetas diferentes. Neles, todos sabem que é fácil enviar as mensagens. É fácil se conectar. É fácil seguir em frente. É fácil viajar. É fácil.

D: Porque eles não se esqueceram do que deveriam fazer. (Sim) *Mas isso não faz parte do teste, esquecer quando você vem para a Terra?*

L: Não. Na verdade, acho que quando elevarmos a consciência deles na Terra mais e mais e mais, eles vão se lembrar. Isso é o que todos nós queremos fazer por eles lá. Então, eles irão tratar melhor uns aos outros, de modo que não terão que sofrer para aprender suas lições. Não é necessário. Isso é o que tem sido feito, mas não precisa ser assim.

D: É mais fácil simplesmente lembrar sem o sofrimento. É isso que você quer dizer? (Sim) *Mas os humanos não escutam, não é?*

L: Não, nem sempre.

D: Você sabe que está falando através de um corpo que está vivendo agora como Louise?

L: Sim. Mas este é meu lar nesta vida.

D: Eu queria saber se isso foi antes de ela entrar no corpo de Louise.

L: Isso foi antes e depois também.

D: *Então, depois que ela terminar aqui, ela voltará para o mesmo lugar?* (Sim) *Mas se ela estava tão feliz lá e lá é tão bonito, por que ela decidiu voltar como Louise?*
L: Antes de Louise, houve um voluntariado para ir à Terra.
D: *Então ela voltou de novo e de novo.*
L: Sim, mas Louise é a última. Eu sei disso. Porque depois de Louise terá acabado e ela poderá voltar para casa novamente, assim como eu estou em casa.
D: *Então você acha que, a essa altura, ela terá terminado todas as lições?*
L: Na Terra, sim ... nem todas as lições.
D: *Ela sabia quando estava vindo que esta seria sua última vez?* (Sim) *Tem sido difícil, não é?* (Sim) *Ela criou essas dificuldades por um motivo?*
L: Queria que fosse a mais completa possível.
D: *O que você quer dizer?*
L: Quando saímos desse lugar de luz e deixamos esta galáxia, como nós a chamamos, e vamos para outras civilizações, como elas poderiam ser chamadas, então assumimos um pouco do seu carma. E então nós completamos todo o nosso carma humano desta jornada.
D: *Então Louise também esteve em outros lugares além da Terra, e você está dizendo que você assume carma de outros lugares?*
L: O carma que Louise está completando é apenas da sua vida humana.
D: *Então é hora de fechar esse capítulo?* (Sim) *Ela aprendeu tudo o que podia aprender nessas vidas.*
L: Não apenas aprende, mas também contribui. Porque o motivo da viagem era contribuir.
D: *Como ela deveria contribuir?*
L: Ensinando as pessoas a pensar ... ensinando as pessoas a amar ... a cuidar umas das outras ... a ter fé ... a criar a paz ... a superar a doença ... a estarem ligadas à natureza ... ensinando que tudo é uma questão de conexão... ensinando às pessoas que elas podem estar umas com as outras em harmonia ..., que a guerra é algo que poderia terminar uma vida.
D: *Essas são todas coisas maravilhosas, mas quando chegamos à Terra, fica difícil, não é?*
L: Certo. Mas há tantos dos outros. Veja, alguns de nós esquecemos, mas os outros não eram nós. Aqueles eram novos. Eles estão apenas aprendendo. Níveis diferentes. Coisas diferentes para

contribuir ... lições diferentes para aprender. E alguns de diferentes áreas também ... alguns tiveram mais vidas humanas. E, na verdade, também existem outros que vieram de outras galáxias.

D: *Também há aqueles que estão voltando de novo e de novo e de novo?* (Sim) *Eles são os que estão mais presos na roda do carma?*

L: Sim E é por isso que "extraterrestres" vêm para ajudá-los. – Muitas pessoas querem ser ajudadas, mas se colocam em suas próprias caixas. Elas sabem que querem ser ajudadas; só que ficam tão presos ao ponto de vista delas. Ficam tão presas em suas limitações daquele momento no tempo e de seus corpos, que não acreditam que tenham algo mais. Elas querem obter ajuda sem fazer nada diferente. Acham que isso é tudo o que existe, o corpo ou aquela comida ou aquele lugar ou aquela visão. Louise fica emperrada às vezes. Ela tinha outras vidas que ela também lembrava. Desta vez, ela veio lembrar quem ela era e o que ela pode fazer. Ela está fazendo um bom trabalho, mas não tão bom quanto ela gostaria.

Parecia que alguns dos voluntários eram realmente almas antigas que decidiram vir aqui para ajudar também. Eles também pareciam ser novos para as vibrações da Terra, e isso causou-lhes problemas. Uma das principais coisas que os distinguiriam dos novatos seria que eles têm mais experiência. No entanto, Louise reconheceu que todos eles tinham que trabalhar juntos para ajudar aqueles na Terra que estavam "presos".

CAPÍTULO QUATRO

O OBSERVADOR SE TORNA FÍSICO

Paula foi a escolhida para a demonstração em uma das minhas aulas de hipnose em Arkansas. Eu nunca sei como essas sessões serão porque a pessoa está numa situação de "aquário de peixe dourado", e todo mundo está assistindo. Isso poderia torná-la constrangida e nervosa e poderia afetar o resultado. Meu trabalho é sempre garantir que elas estejam relaxadas para que entrem em transe sem a sensação de estarem expostas. A demonstração é sempre feita no último dia da aula e, até lá, a maioria dos alunos se familiarizou um com o outro. Portanto, não é o mesmo que sentir que se apresentam diante de um grupo de estranhos. Eu os admiro por se arriscarem, porque respeito o sentimento de vulnerabilidade deles. É sempre uma aventura porque ninguém sabe qual será o resultado. De alguma forma, parece sempre funcionar perfeitamente. Eu suponho que seja porque "eles" estão no comando.

Paula não esperou até eu completar a indução. Ela já estava em outra vida quando lhe pedi para encontrar um lugar que fosse bonito e pacífico. Eu sabia que não era o típico lugar bonito assim que ela começou a descrevê-lo. Ela viu um oceano e uma cúpula de cristal na praia. Ela o chamou de seu "lar", e a cúpula se abriu conforme ela entrou, revelando paredes translúcidas através das quais se podia enxergar. Perguntei-lhe o que havia dentro da cúpula de cristal. "Está tudo no centro. Gira em círculos. Tudo sai do centro, em espiral do lado de fora da cúpula em direção ao centro onde estou sentada. Através do centro da cúpula está o centro de tudo. É daí que a energia vem."

D: *A energia se concentra no centro da sala?* (Sim) *De onde vem a energia?*
P: De dentro! Apenas é gerada. Está viva.

Ela disse que morava nesse lugar sozinha. Quando perguntei sobre seu corpo, ela disse que não via um corpo. Ela se percebia como luz. Não havia necessidade de consumir nada em um corpo de luz, então ela disse que só existia naquele lugar. Não havia outros seres por perto.

D: *Quando você está gerando essa energia, o que você faz com isso?*
P: Eu vou a todos os lugares. Eu posso ir ao redor do planeta.
D: *Então você não está confinada a esse lugar.* (Correto) *Você sai da cúpula de cristal?*
P: Sim, eu saio. Eu posso. Eu a contorno. Pareço apenas estar lá.
D: *Você está feliz aí?*
P: Me sinto só. Não há mais ninguém.

Ela não conseguia se lembrar de como chegou a esse lugar, mas sabia que estava lá há muito tempo. "Eu criei isso."

D: *Como você conseguiu criar isso?*
P: Não me lembro. Eu não vejo nada.

Parecia que isso não ia a lugar nenhum, então decidi movê-la. Embora o tempo não existisse em um lugar como aquele, eu a fiz avançar para ver se tinha havido um tempo em que ela não estava lá sozinha. Quando pedi para ela se mudar, ela não conseguia ver nada. Estava vazio. Então eu a fiz mudar para quando ela não precisava mais estar naquele lugar. Quando perguntei o que ela estava vendo, ela começou a descrever uma cena caótica. "Lutas... guerra... cavalos e espadas e muita luta." Ela não fazia parte disso, apenas observava a guerra. "Cavalos... muitas pessoas em cavalos... brigas ... guerra ... lanças e espadas e lutas terríveis. Eu os estou assistindo."

D: *O que você sente sobre isso?*
P: Eu não aguento. Estou assistindo. Prefiro observar porque eu não quero me machucar. Eu não posso parar isso. (Ela começou a chorar.) Muito sofrimento!

Ela continuou a chorar enquanto se sentia impotente para fazer qualquer coisa. Eu garanti a ela que estava tudo bem por estar emocionada. E eu a movi para adiante para ver o que acontecia. Quando o fiz, ela se encontrou em um corpo físico pela primeira vez nesta sessão. "Eu estou andando... quente... está quente... o deserto."

D: *Por que você entrou em um corpo físico?*
P: Para aprender. Eu tinha que deixar de ser o observador.
D: *Alguém te disse para fazer essa mudança?*
P: Foi a minha escolha. Eu tinha que aprender. Então agora eu estou apenas andando no deserto. Estou apenas tentando encontrar um lugar para descansar.

Ela se sentiu como se estivesse no deserto há muito tempo. Mais uma vez ela se sentiu como se não tivesse um lar. Ela estava apenas procurando um lugar para descansar, estava muito cansada. "Estou andando há muito tempo... acho que vou morrer. Acho que não vou conseguir. Estou cansada e fraca."

Condensei o tempo e perguntei: "Você encontrou um lugar para descansar?" Ela se viu andando pelas ruas de uma cidade onde havia muitas pessoas. Ela viu que era do sexo masculino e, enquanto caminhava pelas ruas, alguém o agarrou e o colocou no cavalo dele. Ele sabia que estava em apuros. "Eu sou rebelde. - Eles me colocaram em um cavalo. Eles estão me levando embora. Eles estão me levando com pressa. Parece que estou indo para o deserto novamente. Nós estamos saindo da cidade. Estamos saindo ... não de novo .... Ele está me levando para as dunas. Estou inconsciente. Ele me bateu na cabeça."

D: *O que acontece a seguir quando ele te leva para o deserto?*
(Pausa) *Você pode ver isso como um observador se quiser.*
P: Parece que não vejo mais. Eu acho que devo estar morto. Eu acho que ele pode ter me matado quando ele me acertou na cabeça. Meu corpo já estava morto no cavalo. Eu não vejo nada.
D: *Por que ele te levou para lá?*
P: Ele não me queria lá.

Ela não conseguia encontrar mais respostas, mas eu sabia que, agora que ela estava fora do corpo, poderíamos entender tudo. "Podemos encontrar as respostas para essas coisas porque agora o que aconteceu já aconteceu. Você está do outro lado disso."

P: Estou feliz por estar fora do corpo.
D: Mas você disse que veio ao corpo para aprender. Você acha que aprendeu alguma coisa?
P: É tão rápido. Tudo lá era tão rápido. Quando eu era um observador, era mais prolongado. Isso é curto.
D: O que você quer fazer agora?
P: Eu realmente quero descansar. Isso foi traumático.

Porque esta era uma demonstração para uma aula, eu sabia que não teria tanto tempo para explorar, então eu a fiz sair daquela cena e chamei o SC. Eu perguntei por que escolheu essas duas vidas para Paula ver. "A primeira em que ela era a energia e a observadora. Aquela em que ela morava na cúpula de cristal e gerava energia."

P: Foi simples.
D: Não foi humano, foi? (Não) Por que você quer que ela saiba sobre essa vida?
P: Para se conectar com a unidade. Que foi o seu começo.
D: Mas ela estava solitária naquela vida.
P: Sim. Era pacífica. Nós queríamos que ela se lembrasse que está unida a todas as coisas. Queríamos que ela se lembrasse de que nunca estão sós.
D: Por que é importante que ela saiba?
P: Simples...simples. Porque somos todos iguais. Ela acha que é especial. Somos todos iguais. Somos todos especiais. Às vezes ela esquece.
D: Ela passou por alguns momentos ruins nesta vida, não foi? (Ah, sim!) Mas ela sobreviveu.
P: Sim, ela sobreviveu.
D: Por que essas coisas aconteceram com ela?
P: Ela queria estar lá. Cada vida foi escolhida por ela para aprender. Cada uma.
D: Mesmo quando a vida é difícil?
P: Sim, são apenas ilusões.
D: Então você mostrou a ela a vida em que ela estava no deserto. Ela estava em um corpo humano então. (Sim) Por que você mostrou a ela aquela vida?
P: Para mostrar a ela como a vida pode ser ruim. Fome, solidão e calor... tudo. Os maiores extremos que o corpo pode suportar.

D: *Por que você queria que ela soubesse disso?*
P: Para que ela possa ver o quanto é bom agora.
D: *Mas ela foi maltratada quando criança, não foi?*
P: Sim... não tanto quanto ela pensa.
D: *Daí ela entrou em um casamento ruim.* (Sim) *O que ela aprendeu com isso?*
P: Humildade e paciência.

Em seguida, nos concentramos nas queixas físicas de Paula. O SC foi curando e reparando. Disse que estava usando luz líquida. "Ela flui da Fonte." Ela estava tendo problemas com as costas e já tinha feito uma cirurgia.

P: Sim. Ela fez uma fusão.
D: *O que causou isso?*
P: Culpa. Culpa de outras vidas. Não é importante. Não se apegue ao passado. Acabou.

Eles então separaram as vértebras e as repararam usando mais luz líquida. "É lindo!" Isso também estava removendo a culpa. "Ela tem que deixar para trás. Se libertar." Eles então fizeram pequenos ajustes nos rins, fígado e pâncreas. Disse que isso foi causado por preocupações. Eu perguntei: "Com o que ela deve se preocupar?"

P: Eu não sei. Ela é boba. O corpo humano é um milagre. Vocês não querem prejudicá-lo.

Mensagem de despedida: Apenas confie e acredite em si mesmo.

Muitos desses voluntários foram observadores por incontáveis vidas ao longo do universo. O que poderia ser mais natural do que continuar sendo observadores agora neste importante momento da história da Terra?

CAPÍTULO CINCO
O PROTETOR

Richard era um homem mais velho que se aposentou de uma carreira profissional de sucesso. Ele nasceu em 1948, o que poderia colocá-lo na categoria Primeira Onda. Ele se considerava solitário e não tinha família. Não tinha problemas e parecia contente com sua vida. Quando passo a maior parte do meu trabalho lidando com problemas devastadores e doenças graves, é revigorante encontrar alguém que seja relativamente feliz. É claro que havia a "eterna pergunta": Qual era o propósito de sua vida e como realizá-lo?

Quando Richard saiu da nuvem, viu duas imagens ou cenas juntas, e ele não sabia em qual delas focalizar. Ele viu um dinossauro de pescoço comprido, esverdeado, parado sob uma árvore, calmamente comendo folhas. E havia também uma pirâmide ao longe. "O dinossauro na metade da cena come folhas e a pirâmide na areia está do outro lado. Eu estou apenas sentado aqui olhando para eles. É claro como o dia.

Ele decidiu se concentrar na pirâmide e caminhou em direção a ela. Era muito grande e o topo era muito pontudo. O que a fazia diferente e interessante era que havia uma esfera muito brilhante na parte superior da pirâmide. Era tão brilhante quanto o sol e brilhava em todas as direções. Semelhante a um farol, exceto que a luz não girava, mas ficava imóvel emitindo luz branca amarelada brilhante.

Eu então o fiz perceber seu corpo, e ele viu que ele era um homem jovem usando sandálias de couro e algo parecido com uma toga curta que só ia até os joelhos. O incomum era que ele viu que tinha cabelos grisalhos muito compridos, o que não parece lógico para alguém tão jovem. Ele morava sozinho em uma pequena casa de pedra perto da pirâmide. Perguntei se ele tinha alguma coisa a ver com a pirâmide.

R: É como se a luz da pirâmide me mantivesse seguro por algum

motivo. Está vindo do topo da pirâmide e está observando a tudo. Onde quer que brilhe, tudo está seguro. Isso é o que sinto. Estou feliz em fazer o meu trabalho. Estou cantarolando.
D: *Por que você disse que é como se a luz estivesse observando?*
R: Eu estou ciente disso, eu acho. Eu estou certo disso mesmo quando o sol se vai. A luz ainda está lá. Não é o sol. Tem um sol no céu, mas esta pirâmide está lá e vigia toda a terra... não só a mim. A luz só sai em nossa direção. Estou seguro. Estou definitivamente seguro. Sim, eu não sinto nenhum problema. Estou feliz e minha vida é alegre ou animada, com certeza.

Perguntei se ele já tinha estado dentro da pirâmide, e ele olhou para ver se havia alguma entrada. "Sim, existem degraus que sobem ao lado. Eu subo, e tem uma porta logo abaixo daquela grande bola de luz." Quando ele entrou na sala escura, não havia nada lá, exceto um cristal rosa brilhante flutuando no meio da sala. Ele o pegou na mão e o segurou. "Os raios de luz estão brilhando ao redor na minha mão... se eu fechar a mão, a luz brilha pelos meus dedos. Não tinha visto isso antes, mas eu sei que é seguro segurá-lo." Eu quis saber se havia algum propósito naquilo, e lhe veio à mente que, se o segurasse e lhe fizesse uma pergunta, ele responderia.

D: *Isso é interessante. Você acha que tem alguma conexão com a luz maior que está no topo da pirâmide?*
R: Estão definitivamente conectados. Sim, eles estão em sintonia de alguma forma. Se conectam como que por um fio de prata ou algo que não se pode ver.
D: *Bem, vamos fazer perguntas sobre essa pirâmide. Talvez consigamos respostas sobre esse lugar.*

Comecei então a fazer perguntas para o cristal. Richard repetiu cada uma das minhas perguntas e disse o que ouviu. Muitas vezes as respostas não faziam sentido para ele. Eu vou condensar as respostas aqui.

R: A pirâmide foi construída pelos Anciãos de outro mundo. O propósito da luz brilhante no topo da pirâmide é proteção. Protege tudo. Há coisas do espaço que podem entrar e prejudicar o planeta se ela não o proteger. Eu não sei que tipo de coisas. Nós precisamos proteger. Apenas diz: "Eu protejo este lugar dos outros lugares." Os Anciãos colocaram essa luz no topo da pirâmide. Vieram aqui, construíram a pirâmide e foram embora em um tipo de espaçonave. A pirâmide é apenas um bloco sólido, exceto pela pequena sala que tem o cristal rosa flutuante que brilha, e a grande bola no topo. A luz apenas brilha como um farol, mas não circula. Apenas emite luz em todas as direções. Não é como uma luz que você vê. É como uma energia que vai em todas as direções. Existe uma outra pirâmide que faz a mesma coisa, mas está longe, muito longe e parece haver rocha e areia entre as duas pirâmides. Nada mais.

D: *Isso está localizado na Terra?*
R: No começo eu pensei que estivesse, mas agora eu acho que não, porque o céu é meio arroxeado. Não é como um céu que eu tenha visto. Entendo que sou o guardião deste lugar. Eu faço parte deste lugar. Parece que somos um, juntos. Eu o mantenho funcionando, seja lá *o que* for. Eu o vigio, para ter certeza de que está funcionando corretamente, mas não vejo nenhum controle ou coisa assim. Eu acho que me comunico com ele mentalmente...sim.

D: *Então você está feliz aí?*
R: Extremamente feliz, sim. Meu corpo parece jovem, mas eu sinto que estou aqui há muito tempo... uma contradição, mas é assim que parece. Estou feliz por estar aqui sozinho.

Eu o movi para a frente, para um dia importante. "Tem uma espaçonave em forma de charuto pairando sobre a pirâmide, é amigável e uma parte dela, não que isso seja importante. Estou feliz em vê-la porque está despejando suprimentos, mas nada incomum. Só que você não vê isso com muita frequência. Está apenas pairando, soltando coisas. Não precisa pousar. Ela flutua os suprimentos para baixo e os coloca no lugar. Seja o que for, estou feliz por estar sozinho aqui, e ela vem e me dá suprimentos e me pergunta o que estou fazendo, e é isso. Nada muito dramático.

D: *Então você não precisa ir a bordo para ter contato?*
R: Não, eu não me vejo em contato com ninguém a bordo.
D: *Então é um dia importante porque é uma pausa na rotina.*
R: Verdade. Mas não fico triste quando a vejo partir. Eu a vejo vindo, e fico feliz, mas quando ela se vai, eu ainda estou feliz. Sou uma pessoa feliz nesta vida! (Maravilhado) Eu sou saudável. Estou rindo e sorrindo e estou só me divertindo. Estou gostando disso tudo.

Toda vez que eu o movia para outra cena, era o mesmo. Tudo parecia ser bem monótono. "Este é um lugar muito feliz. Eu não preciso de ninguém. Parece estranho, mas não preciso de ninguém." Parecia que todos os dias eram como todos os outros dias, mas acho que isso não importava, porque ele estava feliz em sua solidão. Eu achei que não seríamos capazes de aprender mais nada, então o movi para o último dia de sua vida e perguntei o que estava acontecendo.

R: De repente, esse grande raio de luz vem do céu e me atinge. Sou então levado para algum lugar e é isso. Estou fora. Veio do céu. Não de uma espaçonave. Veio do céu, mas estou pronto para isso. Não há nenhuma surpresa. Vejo meus braços esticados, os raios vêm e me pegam. E vou embora, mas não sei para onde vou. Vamos ver.
D: Então levou o corpo físico?
R: Sabe de uma coisa? Não levou. Agora que você perguntou, vejo que o que restou do corpo físico está caído lá no chão.
D: Havia algo de errado com o corpo?
R: Deve ter envelhecido porque está muito enrugado. Deve ter vivido muito tempo. Rapaz... isso é interessante!
D: Vamos ver onde está te levando.
R: Estou nesta sala com um conselho de anciãos.

Ele obviamente tinha ido para o mundo espiritual, e estava aparecendo diante da diretoria para uma avaliação de vida. Isto é abordado mais detalhadamente nos meus outros livros sobre a vida após a morte.

R: Eu estou em pé na frente dessas pessoas que estão sentadas. Não consigo distinguir rostos e eles estão apenas me fazendo perguntas. "Bem, você gostou dessa experiência?" E eu estou dizendo: "Sim, gostei." "Você fez um bom trabalho." E "É hora de você descansar." E todos eles estão sorrindo para mim e dizendo, "Você vai viver isto de novo...algo parecido na próxima vez."
D: Como você se sente sobre isso?
R: Eu tenho um grande sorriso no rosto. Estou feliz como sempre. Rapaz, isso é chato se eu estiver feliz o tempo todo. (Risos) Somos amigos... somos velhos amigos. Estou falando e é bom

vê-los. E eu estou em um manto vermelho escuro por algum motivo. É interessante. Eu estou em um robe vermelho brilhante e eles todos com vestes brancas, e eu não sei o que isso significa.
D: *Pergunte o que isso significa.*
R: A primeira coisa que obtenho é que: "Você terminou aquele nível e vai para outro nível". O que quer que isso signifique.
D: *Quanto tempo você tem que descansar antes de fazer isso de novo?*
R: A primeira coisa que veio é: vinte anos; o que quer que *anos* signifiquem ...
D: *Pergunte a eles se quando você fizer isso de novo e voltar, essa será a vida conhecida como Richard ou se haverá outras entre elas?*
R: Não, será essa! Será a vida em que você está agora.
D: *Esta é a primeira vez que Richard esteve no planeta Terra?*
R: Eles disseram, sim ... sim, é.
D: *Você nunca esteve na Terra antes?*
R: Definitivamente não ... você não esteve.
D: *Isso não será um choque para o sistema dele, vir a este planeta?*
R: Eles disseram que não porque você sabe ficar sozinho e lidar com as energias. Então, por que ir para lá? "Você está lá para proteger. Elas não sabem, mas as pessoas ao seu redor estão protegidas. Onde quer que você vá, elas serão protegidas de alguma forma."
D: *Assim como você fez na outra vida, na pirâmide? As coisas estavam protegidas.*
R: Ah! (Reconhecimento)... talvez sim. "Você tem uma presença curadora. Você vai andar por aí e onde quer que você esteja, as pessoas tirar algo de bom disso. Eles não vão saber conscientemente, mas subconscientemente. Eles vão sentir alguma coisa." — Richard estará em segurança. Ele protegerá as pessoas, mas não da maneira que ele sabe que você normalmente protege. É de um jeito que você não conhece. Proteger as pessoas ... apenas por estar lá. A presença irá proteger as pessoas de uma maneira que elas não entendem. E ele não estará ciente de que está fazendo isso.
D: *As energias da Terra são muito diferentes, não são?*
R: "Sim, mas você construirá algo no país sobre o qual você ainda não conhece. Você será informado mais tarde. Não é hora de você saber. Vai ser algo grandioso; não necessariamente grande, mas proteção para ajudar o planeta. Vai ser um tipo de força

energética que ajuda a proteger; energias mais elevadas de algum tipo. Embora as energias do planeta não sejam necessariamente boas, você estará bem. Você pode lidar com isso. Não é nada com que você não consiga lidar."

D: *Então ele pode viver na Terra nestas energias sem acumular carma?*

R: Com certeza! "Sim, você vai viver no planeta sem qualquer carma." Uau! Isso é interessante.

D: *Nós não queremos dizer a ele se não é hora, mas esse é o propósito dele?*

R: Seu primeiro objetivo é experimentar o planeta Terra vivendo entre seu povo, mas o objetivo principal é construir algo mais tarde. Este é o objetivo principal; algo para dirigir e ajudar o planeta. - "Você deve ficar sozinho. Gosta de ficar sozinho. Aproveite a solidão desta vez."

D: *Esta é uma das razões pelas quais Richard viveu sozinho a maior parte de sua vida?*

R: Sim, porque em muitas vidas ele esteve sozinho. Ele gosta de estar sozinho. Ele está acostumado. - É preciso que outras pessoas façam o que ele está fazendo. Mas ainda não é hora de fazermos nossa parte. Só para passear ... apenas usufruir do passeio. É muito parecido com cuidar desse outro planeta. Brincando ... se divertindo. - Haverá algum tipo de trabalho em rede para o bem da humanidade. Ele diz que muitas pessoas ainda vão ficar presas em sua rotina. Ele diz: "Você está muito acima disso agora. Você sabe porque vê que eles não entendem, mas você não pode se preocupar com eles. Você tem um propósito maior e será revelado em outro momento."

Richard tinha uma pergunta sobre a repetição dos sonhos de OVNIs que ele havia tido por toda a sua vida. "Eles têm que lhe mostrar suas raízes. Para lembrá-lo sempre de que ele veio de cima. Ele não é da Terra. Precisamos de pessoas como ele para ajudar este planeta. É um lugar difícil, mas é um campo de testes para muitas coisas. É um lugar de baixa vibração, mas é o que você faz dele. Você sabe. Nós não temos que te dizer. Você está acima disso. Nós precisávamos de você aqui neste momento por uma razão que você saberá mais tarde. - Dentro de cinco anos ele saberá por que ele está aqui e o que ele deveria estar fazendo. Naquele momento as coisas irão mudar." (Esta sessão foi realizada em dezembro de 2009).

Eu perguntei sobre 2012. "2012 ... as pessoas gastam muito

tempo se preocupando com isso. Elas precisam melhorar suas vidas. Eles estão me dizendo que precisam se 'limpar'. Vai piorar porque as vibrações estão aumentando, e se as pessoas não aumentam suas vibrações ... será mais difícil para elas, então mais e mais pessoas 'sairão'. Elas não sabem como lidar com a energia. Não é necessariamente 2012. É apenas uma data, mas está chegando. É que alguém colocou essa data em evidência, e acontece que tudo está girando ao redor dela."

D: As pessoas saberão que alguma coisa aconteceu?
R: Sim. Não podemos te dizer neste momento, mas ficará claro para todos quando isso ocorrer.
D: Disseram-me que alguns serão deixados para trás. Eles não conseguem se adaptar à energia?
R: Sim, muitas pessoas serão deixadas para trás. Mas, tudo bem.
D: Richard vai trabalhar com a nova Terra?
R: Sim, sim ele vai.
D: Eu ainda estarei por perto para trabalhar com a nova Terra também?
R: Sim, sim, você vai.
D: Há uma pergunta que muitas pessoas têm me feito: "As pessoas simplesmente desaparecerão?"
R: Não, elas não irão só desaparecer. Não do jeito que você pensa que é desaparecer ... novamente, você só terá que esperar para ver. - Mesmo que seja frustrante às vezes, e você quer que as coisas aconteçam, mas as coisas ainda não podem acontecer. Há outras coisas que precisam acontecer. Estou perguntando a eles, "Haverá algum tipo de desastre?" Tudo o que podemos dizer é que os oceanos e a água naquele momento inundarão mais regiões do planeta. Não tem nada a ver com o aquecimento global.
D: Nada a ver com o derretimento das calotas de gelo?
R: Não, possivelmente a queda de um grande meteoro ou algo assim. Mas, haverá sim problemas com a água.
D: É aí então que muitas pessoas irão embora?
R: Sim, definitivamente sim. As pessoas vão se dividir em dois tipos. Aqueles que querem ficar aqui e lidar com a mudança, e os outros que querem sair e não conseguem lidar com as vibrações. Será duro no começo para as pessoas que querem ficar, mas elas querem a dureza. Elas podem controlá-la. Elas estarão prontas para isso.

D: *Então será difícil no início.*
R: Será apenas porque a maioria das pessoas não está pronta para isso. Irá pegá-las desprevenidas.
D: *Então nosso trabalho é tentar ajudar as pessoas a entender o que está acontecendo.*
R: Sim. As pessoas não podem ajudar as outras se tiverem muitos dos seus próprios problemas. Não podem fazer o que é certo para o planeta se não puderem fazer o que é certo para elas mesmas. Têm que aprender a deixar as coisas acontecerem. Estão se segurando demais ao que não faz sentido para elas. Estão indo à loucura. Não pensam. Não permitem. Precisam permitir coisas; não forçar e ouvir. Precisam meditar mais. A quietude. As pessoas precisam se aquietar muito mais. Elas precisam ficar sozinhas e quietas. Muita gente tem medo de ficar só. Há tantas que não entendem. Isso é o que está trazendo a Terra para baixo. As vibrações ... é um efeito muito forte. A vibração mais elevada é um efeito, e as pessoas que não querem se mover para a vibração mais elevada são outro efeito, e isso vai causar uma mudança. É como ímãs ... os opostos.

Depois que Richard acordou, liguei o gravador de volta para gravar uma lembrança que ele reteve.

R: Me explicaram que as vibrações estão ficando mais rápidas. Isso está originando uma força, uma força diferente e você ou acompanha as vibrações e as torna mais rápidas, ou você fica travado. E a maioria das pessoas na Terra se recusa a elevar suas vibrações, o que significa que as duas forças estão se tornando mais fortes, se opondo se não estão juntas. Estão mais separadas e, finalmente, em breve, essa oposição fará com que algo aconteça ao planeta.
D: *Como dois ímãs?*
R: Dois ímãs, em vez de dois opostos se atraindo ... os opostos, nesse caso, se repelem fortemente; irão se repelir e causar algo negativo, ou positivo, dependendo do lado em que você está.

Então, parece que a primeira e a segunda onda de voluntários têm outras atribuições além de apenas *serem*. Suas energias podem ser usadas para outros propósitos. Neste caso, alguns deles estão aqui para usar suas energias para proteger qualquer um que entre em contato com eles. Embora ninguém esteja conscientemente a par do que está acontecendo, é bom saber que eles estão lá.

CAPÍTULO SEIS

UM VOLUNTÁRIO CANSADO

Sally tinha uma longa lista de problemas que ela queria resolver durante a sessão. Ela estava envolvida em um casamento sem amor com um marido controlador, do qual ela queria desesperadamente sair. Este tinha sido um padrão em sua vida porque ela também tinha tido uma mãe controladora. Naturalmente não fiquei surpresa com o fato de tudo isso ter prejudicado seu corpo, e dos muitos problemas físicos que precisavam ser resolvidos. Ela realmente queria curar as pessoas (usando o som) e se endividara ao abrir um centro de cura holístico, que não estava funcionando, e ela estava preocupada com a falta de dinheiro.

Quando Sally saiu da nuvem, ela viu uma visão estranha: "Uma metrópole ... uma cidade dentro de uma cidade ... com uma cúpula sobre ela, como uma redoma de vidro de bolo no topo da cidade com edifícios altos e baixos. Uma cidade fechada com uma bolha sobre ela. Eu estou olhando do lado de fora da bolha."

D: *Você vê pessoas ou veículos ou apenas os prédios?*
S: Apenas os edifícios ... não há ninguém lá fora. Todo mundo está dentro. Ninguém viaja para fora da cúpula.
D: *O que está do lado de fora da cúpula? Você pode ver?*
S: É como se a atmosfera estivesse em volta. Como olhar para o exterior de um planeta. Em pé do lado de fora olhando para dentro... quase como o céu noturno, as estrelas. Como se você estivesse vendo a Via Láctea ficando em pé do lado de fora de uma cidade de vidro. Quase como a Cidade das Esmeraldas do Mágico de Oz.
D: *A cidade está flutuando lá fora ou o quê?*
S: Sim, está solta lá fora no espaço.

D: *Isso é interessante. Você quer ir para dentro da cúpula e ver como é a cidade?*
S: Sim. Estou olhando... imaginando como as pessoas entram e saem. É como uma cúpula que se retrai e se abre. Viaja-se através desse portal... Ele abre e fecha. Abre quando eles escolhem viajar para fora de seu mundo. Agora estou dentro de uma sala grande. Ouço risos. Tem uma mesa. Existem seres de energia ao redor da mesa. Eu cheguei a um conselho. Existem doze cadeiras e este é o conselho, chamado de ... "conselho de luzes".
D: *É com o que se parecem, com luzes?*
S: Sim. Cada um tem uma cor diferente de luz.
D: *Isso parece lindo. Tome consciência do seu corpo ... com o que você se parece?*
S: Não há corpo. Eu sou uma bola de energia.
D: *Você tem alguma cor?*
S: Sou cor de alfazema. Com um vermelho no fundo esmaecendo para alfazema... quase uma chama. Eles são mais altos. A estrutura deles parece ser diferente. Estão sentados ao redor da mesa. Estão usando palavras, "A centelha da criação onde o experimento começou". Onde os planos de vida são feitos e a jornada de viagem é concebida. É de onde eu vim. Acontece uma faísca ... a centelha de Deus para criar um plano para esta vida: lições ... contratos.
D: *É onde tudo é decidido?*
S: É o que eles dizem.
D: *Significa o começo de todas as suas vidas ou apenas desta?*
S: É onde todas as vidas são criadas. Todas as viagens... todas as lendas. Estou procurando entendimento lá ... clareza.
D: *Então, o que eles estão dizendo para você?*
S: Eles estão me dispensando, me liberando. Estão me liberando... me deixando ir. Não há ... de repente tudo ficou escuro. Estou de volta à atmosfera. (Confusa.)
D: *Eles te deram alguma instrução?*
S: Não ouvi nada.
D: *Eles apenas disseram que era hora de ir?* (Sim*) Como você se sentiu com isso?*
S: Não muito bem ... não tenho certeza ... confusa ... não estou querendo aceitar a tarefa ... não estou querendo ir para onde eles querem que eu vá. Eu pensei que tinha terminado. Eu pensei que tudo estava consumado.

D: Você já teve outras vidas e lições antes?
S: Sim, muitas. Estou cansada. Eu estava aposentada. (Risos) Não estava querendo voltar à densidade ... ao peso ... através do tempo.
D: Você pensou que tinha terminado, mas eles disseram que havia outra tarefa?
S: Foi escolha minha ficar ativa ... consciente ... nos experimentos, mas estou esgotada ... tão cansada ... não estou querendo voltar ... não tenho certeza se suportaria minha viagem ... não estou suficientemente recuperada... sem tempo de regenerar.
D: Isso é o que geralmente acontece? Você tem tempo para se recuperar?
S: Sim, tenho sim. A densidade ... as lições. Difíceis ... eram difíceis ... tive que lutar ... estava pronta para ir para casa me recuperar ... rejuvenescer. Voltar para a Fonte ... para descansar. Eu estava começando uma jornada de descanso, para depois acordar para as experiências que aconteceriam. Seria então capaz de vir desta vez. Eu queria estar aqui. Queria ver e experimentar essa mudança, para ajudar, mas meu ser estava tão cansado.
D: Então a escolha foi sua?
S: Foi uma escolha que não fiquei feliz por fazer, dizem eles. (Nós duas rimos.) Eles perguntaram se eu estava pronta para o teste de fazer essa transição uma última vez. Eu poderia descansar uma vez que o despertar, a mudança, o experimento fosse bem-sucedido. Então seria hora de relaxar.
D: Se você estivesse descansando, você teria perdido tudo, não é?
S: Parte de mim pede por esse descanso. Parte de mim não sabe como sair da densidade. A energia é tão baixa no corpo físico, é uma luta aumentá-la ... a força vital ... está enfraquecida.
D: Sim, mas você disse: "Uma vez que o experimento fosse bem-sucedido". O que você quis dizer com isso?
S: Que a Terra estava a caminho de ser bem-sucedida para se mudar para sua próxima dimensão ... sua próxima vida.
D: É porque a Terra está viva também.
S: Sim. Ela ia fazer algo que não foi feito em muitos, muitos éons, ou nunca, no caminho da Fonte. É um marco histórico para todos os seres; para todas as entidades testemunharem.
D: Então, quando te disseram isso, você concordou em vir?
S: Concordei. Eu queria fazer parte disso. Para ser um guia... ser uma assistente. Eu poderia escolher para onde gostaria de voltar para começar uma vida nova... criar um mundo novo ... criar à

imagem do Criador, energia das luzes... energia... energia nova - ou voltar para casa.

D: Qual você acha que seria a melhor escolha?

S: A criatividade. É por criatividade que minha alma clama. Criar coisas novas e novas maneiras de fazer as coisas sem a densidade ...mais leve, mais rápido ... portais ... viajar ... portais novamente. Eu queria testemunhar essa nova criação.

D: Então você escolheu entrar nesta vida agora? (Sim) *Estamos falando sobre a vida de Sally?* (Sim) *Eles têm fé em você ou não teriam te enviado.*

S: Ela não tem mais fé em si mesma.

D: Ela escolheu a família em que estaria? (A mãe controladora.)

S: Sim. Foram as lições do coração, liberdade de escolha, que ela veio superar. Foi um último obstáculo, um estímulo.

D: Ela teve algum relacionamento cármico com a família?

S: Ela escolheu o nome. A vibração foi uma obrigação. É algo que ela escolheu dentro dela ... o nome a ser escolhido... (Mudei o nome dela para anonimato). Ele carrega um padrão vibratório numérico que se conecta à estrutura celular dela. Então, quando esse nome é falado, conecta-se com essa nova vida, essa nova energia.

D: Então os nomes que as pessoas escolhem são importantes?

S: Sim. Fica dentro da estrutura celular. É parte da padronização. Parte da codificação, do despertar e do processo. Ela escolheu aquele corpo e insistiu para que aquele nome fosse dado. A mãe não sabia disso. Não foi escolha da mãe. Era uma espécie de pré-requisito para a alma ser nomeada naquela encarnação.

D: Eu ouvi dizer que os efeitos astrológicos têm algo a ver com isso também, têm mesmo?

S: Sim, têm sim. Ela nasceu especificamente em 12-1959 como um portal, uma entrada com uma ativação de energia ambulante. Seu aniversário é um portal.

D: O que você quer dizer com ser um portal?

S: É um caminho de viagem para almas e consciência. Uma abertura que ativa a estrutura celular do nosso ser. Aqueles que entram em contato com ela recebem esta ativação para guiá-los através do solstício, guiá-los através de eclipses, despertar sua luz no seu DNA, ativado nela nas últimas semanas. Ela sentiu essa mudança no seu corpo, na habilidade de concentrar a luz através dela e ancorá-la no seu âmago. Começou nos últimos quatro meses. E se ela continuar a ancorar e puxar a luz para dentro, vai

se tornar mais forte para aqueles ao redor dela.
D: *Então outras pessoas estão sendo afetadas apenas por estar perto dela?*
S: Pelo campo que ela cria, pelo portal, a abertura. É um portal de cura para os outros. Para apoiá-los em sua jornada.
D: *Desta forma ela é simbolicamente um portal? É isso que você quer dizer?* (Sim) *E eles deveriam ir até ela para se curar?*
S: Eles irão à medida que essa concentração ficar mais forte. Será como uma atração à medida que ela a ancorar no seu interior.
D: *Mas você sabe que a Sally tem muitos problemas, não é?*
S: Seu ser físico não foi bem cuidado. - Ela luta contra si mesma. É um medo que ela veio para superar, para ajudar os outros a superar e isso a paralisa. O medo, a expansão... o medo de não ser amada.
D: *Ela disse que experimentou medo quando era uma menina pequena. Por que ela veio com esse sentimento de medo?*
S: Quando ela passou pelo portal, o medo se prendeu a ela, porque, antes de nos deixar, ela não tinha certeza se poderia realizar essa missão. Não tinha certeza se tinha as ferramentas necessárias, antes de nos deixar. As emoções, a família, o cenário, tudo foi demais. Ela veio com uma sensibilidade clara e aberta. Foi muito impressionante. A densidade a atingiu mais do que ela achava que iria.
D: *Como sensitiva, isso significa que ela assume os sentimentos de outras pessoas?*
S: Sim. Foi devastador. Isso a fechou; impediu-a de avançar por muito tempo. Ela estava com medo da energia que estava ao seu redor. Ela não entendeu e veio sem nenhum entendimento. Ela estava fechada para a Fonte e afastou-se da Fonte. - Ela queria voltar para o lar imediatamente. Ela nos pediu para ir para casa.
D: *Ela esqueceu o contrato dela, não foi?*
S: Esqueceu.
D: *O que você lhe disse quando ela quis voltar para casa?*
S: Que devia esperar. Nós estávamos aqui. Ela não estava sozinha, que estava bem equipada e que era talentosa. Ela teve oportunidade para crescer e expandir além do que a mente poderia entender e concretizar. A missão de sua alma era ser o registro da Fonte, ser os olhos, os ouvidos, ser o próprio coração pulsante. Para retransmitir a energia para este conselho ser a testemunha.
D: *Mas ela não tem cumprido essa tarefa, tem?*

S: Ela está bloqueada por medo e incerteza. É a percepção dela. As memórias antigas que ela tem giram muitas vezes em sua mente. Ela tem medo de não acertar. É um obstáculo e um entrave que ela deve superar.
D: *Esses medos vêm de outra vida ou da atual?*
S: É um padrão dentro de sua alma, desde o início da centelha de Deus. Ela conseguiu de alguma forma vencer esse medo. Esta foi a oportunidade de avançar rapidamente à medida que as coisas se moviam e mudavam, evoluindo ... girando com um grande salto.
D: *Então, quando ela chegou pela primeira vez, quando ela saiu da Fonte, ela estava com medo de não ser capaz de fazer isso?*
S: Não. Ela retornou para a totalidade novamente nesta vida para transferir tudo o que guardou, para trazer todos os aspectos para casa, e completar os próximos três anos para retornar à totalidade.
D: *O que você quer dizer com os próximos três anos?*
S: Ela tem uma janela de tempo restante. Ela irá e deve cumpri-la trazendo essas partes para casa. Faz parte do contrato dela. Parte do que ela veio fazer nesta vida é retornar ao uno, à totalidade.

Foi explicado na série *Convoluted Universe* que somos parte de uma alma maior, uma Alma Suprema ou, como dizem, uma "alma inteira". Esse é o nosso verdadeiro eu, mas é grande demais para entrar em um corpo. Dizem que se toda a energia de uma pessoa tentasse entrar em um corpo físico, o corpo seria destruído. Seria demais. Então a alma é como um diamante com muitas facetas. Para aprender o máximo no menor tempo possível, a alma inteira enviará lascas, fragmentos ou aspectos de si mesma para experimentar o máximo possível. Isso remonta ao conceito de tempo simultâneo porque estamos verdadeiramente vivendo todas as nossas vidas passadas, presentes e futuras ao mesmo tempo. Isso é feito para que a alma obtenha o máximo de conhecimento possível através das experiências pelas quais os diferentes fragmentos estão passando. Quando a Nova Terra for finalmente concretizada, todos os nossos aspectos individuais serão chamados de volta e reunidos com a unidade, com a alma inteira.

D: *E ela tem três anos para conseguir isso?*
S: É verdade. Essa é a verdade dela.

Esta sessão foi realizada em dezembro de 2009.

D: *E se ela deixar o medo vencer?*
S: Ela vai voltar para casa, para nós. Não haverá razão para sua existência aqui.
D: *Mas se ela escutar e fizer o que deve ser feito?*
S: Ela irá para a recompensa, irá para a essência e viajará através do tempo e do espaço. Ela deve retornar ao ser eterno e criar planetas, vida nova, sistemas novos.
D: *Ela estará aqui sempre que a nova Terra der um salto, como você disse?*
S: Não se ela não completar sua missão. Se ela completar, irá testemunhar e ajudar. Atualmente ela está muito resistente. Seu marido não viajará para a nova Terra até que ele escolha a lição seguinte.
D: *Disseram-me que, se as pessoas ainda estão apegadas ao carma, elas não podem ir.*
S: Não irão. Vão ficar no plano denso para entender suas lições. Não irão para a nova luz, para a nova consciência. - Ela precisa ser a ponte da dualidade para o novo mundo, para ir de um para o outro. Precisa ter um pé em cada mundo. Ela não conseguiu mover o outro pé através da ponte. Ela continua no plano denso. A vibração é esmagadora algumas vezes. – Deve ocorrer mais uma mudança na consciência antes das habilidades que ela trouxe, ferramentas que ela trouxe, se manifestem. A humanidade deve desenredar-se mais uma vez para trazer à tona a informação, as mudanças, a vibração necessária para levar a civilização ao próximo passo. Faltam muitas peças ainda. Existem muitas decisões ainda a serem tomadas. Muitos não as tomaram. Muitos estão com medo de entrar em suas marcações.
D: *Então este não é o final que estamos esperando quando falam sobre a nova Terra?*
S: O experimento está atrasado. Não está acontecendo tão rapidamente quanto o previsto. Há guias que vêm a esta Terra para apoiar este processo que quase chegou a uma parada brusca neste tempo em que estamos falando. Há uma reavaliação acontecendo em muitas dimensões sobre o que fazer para a espiral avançar como no início. Tinha parado. Está parada enquanto assistimos. Está em compasso de espera. Muitos estão esperando.
D: *O que a fez parar?*

S: É a atmosfera de medo que ecoa. A energia apenas filtra para um núcleo. Muitos optam por sucumbir a uma vibração que atrasou os eventos que foram colocados em movimento. É temporário. Enviamos muitos para abrir buracos na atmosfera do medo, para que a humanidade possa respirar novamente. Para permitir que a energia caia enquanto eles se movem para o universo. Existem entidades e seres em formas humanas que têm habilidades para criar buracos dentro desse empecilho ao redor da Terra, e eles estão iniciando seus trabalhos de remover o medo de abrir o espaço do portal para viajar novamente.

D: Qual é a mudança que ainda tem que acontecer?
S: A bolha de densidade de medo deve ser reduzida, recuada, para ela expandir e trazer conhecimento a essas entidades baseadas no medo, para que elas a entendam e a incorporem. Ela deve liberar o medo de dentro de seu próprio ser. Deve ser a primeira a mover essa energia.

Então decidi me concentrar em seu corpo físico. Eles disseram: "É muito disfuncional para o trabalho que ela tem que fazer aqui". Ela tinha reclamações de sensibilidades químicas, problemas com seu fígado, com seu coração e um tumor fibroso.

D: Por que chegou a esse ponto?
S: Ela não ouviu as mensagens que lhe foram enviadas. Fez o que muitos fizeram, tomou toda a tensão e preocupação, colocou-as dentro dela e tornou-as parte dela. Em vez de liberar, ela armazenou o medo e começou a acumulá-lo em todas as estruturas celulares como obstruções que se sobrepõem uma a outra, então o fluxo ficou mais lento, como vimos, dentro deste corpo físico. Ela ainda não aprendeu a soltar o que a sobrecarrega. Tudo está armazenado dentro dela. Isso deve ser liberado e pode ser feito em uma sessão de abertura do fluxo, começando a levar os trabalhos para longe da barragem como a vemos. Vamos permitir a abertura do fluxo na estrutura celular. - Ela deve reivindicar sua cura como sua escolha, porque ela se questiona se é saudável. Pois, se ela não está em forma física e boa posição, então não pode realizar as coisas a que veio. O medo a prende de volta. Portanto ela deve liberar o temor de tornar-se saudável na medida que quiser. É um medo de: Como será a vida se a cura acontecer? Ela terá de executar seus deveres

e seguir em sua vida se a cura acontecer.

Então pedi uma visualização que ajudasse Sally a liberar o medo e introduzir a cura.

S: O fluxo começa nos reinos celestes observando como o rio cristalino vem do início do tempo e do espaço e flui através da abertura do chacra da coroa, passando pelo terceiro olho através do rosto...através do terceiro chacra... descendo para o centro do coração... do tronco para os quadris e para baixo, continuando a fluir através das laterais de cada perna... para dentro do núcleo, para o coração da mãe, para o fluxo divino da abertura.
D: Isso é um rio de energia?
S: É.
D: É energia de cura.
S: É carregado de cristais.
D: É muito, muito poderoso. Você está curando as partes pelas quais a energia se move?
S: Está permitindo que o oxigênio se mova para as células. Trazendo a vida de volta para os pulmões... ela não respira. (Respiração profunda)
D: E sobre o coração dela? Ela estava preocupada com isso?
S: Ela deve mover a energia de mágoa. Haverá suficiente suporte para que o trabalho dela continue. O fluxo começará a se abrir lentamente, mas ela deve terminar a cura nessa área. Essa cura depende dela. Foi ela quem fechou a abertura no começo e deve abri-la. Proporcionamos a passagem do rio da vida através dela para que ela trabalhe com seu corpo explorando esse rio, expandindo-o e usando-o livremente, mas é ela que deve escolher o rio. Ela deve escolher a energia da luz, movê-la através dos órgãos até o ser de energia que a chama de humana. Ela deve ver o fluxo em todas as coisas vivas. Ela precisa vê-lo como um elixir vivo. Ela deve ver o movimento vindo do alto. Vindo da Fonte e atravessando-a. Ela deve sentir a leveza, a energia de cura que carrega um presente consigo. Essa é a única maneira para o corpo abrir-se e aceitar-se.
D: Quando você quer que ela visualize isso?
S: Pouco antes de ir dormir, porque toda a cura acontece no corpo à noite.
D: Porque então a mente consciente não pode interferir.

S: Não pode.
D: *Então você quer que ela imagine esse rio de energia ... essa energia cristalina fluindo do chacra da coroa se movendo para baixo e através dos outros chacras?*
S: Até o núcleo.
D: *E você quer que ela faça isso toda noite quando for dormir?*
S: Sim, mas não quando está em crise, e não quando está no caos. Deve ser feito todas as noites em silêncio e paz. O corpo não se cura no caos. O corpo só se cura em paz. - Então ela será capaz de transferir essa energia que flui através dela para os outros. A energia fluirá das mãos dela para o chacra da coroa deles e eles começarão o fluxo de energia dentro deles.

Esta é uma técnica de cura muito valiosa e eficaz que qualquer um pode praticar. Eu a uso em algumas das minhas oficinas porque é muito fácil de visualizar. Esse rio cristalino de energia é muito poderoso.

Perguntei sobre o fígado dela, com o qual ela estava tendo problemas. "É como uma esponja suja que precisa ser limpa. Este elixir, esta força vital, oferecerá a energia para limpá-lo aos poucos quando ela começar a liberar a raiva que está acumulada ali. Nós iniciamos a fagulha. Nós acendemos em cada órgão uma luz de cura. Ela não deve deixar a luz se apagar. A cura começou e ela deve dar continuidade."

D: *Ela tem que fazer isso sozinha.*
S: É escolha dela.
D: *Você disse que ela também estava com raiva e medo. De onde vem a raiva?*
S: Ela sabe que deve avançar para um lugar diferente. Ela está com raiva por não estar lá ainda. Ela conhece sua missão no nível da alma e se conscientiza disso com mais frequência do que percebe. Ela sabe que este não é o mundo em que ela deveria estar vivendo neste momento. Ela fica com raiva e frustrada, e então fica com medo. Ela sabe que este não é o mundo em que deve estar. Ela esteve em um lugar paradisíaco na Terra. Sabe que este não é o lugar para o qual está destinada e fica muito, muito zangada consigo mesma. Isso a coloca em um ciclo negativo e ela deve quebrar a dualidade do ciclo, mostrar aos outros e dar o exemplo.
D: *Ela precisa fazer muito trabalho em si mesma.*

S: Precisa. Ela tem sido o que nós chamamos de "espírito à deriva". Ela entende o conceito, mas não o incorporou em sua vida diária. Ela é muito boa em dizer aos outros como fazer isso, mas ela mesma ainda não o faz.

D: Você pode ajudá-la, mas ela vai ter que fazer isso sozinha.

S: Ela deve. É a lição dela.

Então perguntei sobre o tumor fibroso que Sally tinha em seu útero. Muitas coisas estavam erradas em seu corpo físico.

S: Ela nos pediu para removê-lo em várias ocasiões, e nós mostramos a ela como entrar na estrutura celular na mitocôndria para mudar a estrutura celular do fibroma. Ela já fez isso várias vezes, mas não acredita que *ela* seja o impasse. Ela deve acreditar que pode mudar o DNA de seu corpo; que pode mudar a estrutura desse mioma. Estamos lá para ajudar e nós demos a ela as ferramentas. É outra coisa que ela deve tentar fazer todos os dias. Entrar nessa estrutura celular ... falar com ela ... entendê-la e libertá-la.

D: Qual foi a causa disso?

S: A dor e o sofrimento que ela carregou em seu ventre por ter-se traído. A traição que ela sente de sua família. Isso remonta a muitas linhagens de sua vida. Sua criatividade como alma foi extinta. É algo que ofusca sua criatividade, que cresce demais e tem se expandido e tem bloqueado sua capacidade de estar no feminino divino.

Essa era outra coisa que o SC queria que Sally trabalhasse sozinha. Eu já o vi muitas vezes curar essas coisas instantaneamente, mas, em alguns casos, parece que o cliente deve trabalhar em si. Assim, eles entenderão o processo envolvido e estarão mais aptos a usá-lo nos outros.

S: Ela deve começar a reduzir o tamanho do fibroma, até eliminá-lo completamente e abrir o fluxo em sua criatividade. Nós começamos a cura para ela. Nós não vamos completá-la. É a jornada dela. É a lição que ela deve completar. Serão necessários três meses para que o corpo dela se cure se ela se concentrar diariamente. Tem que vir do coração, da verdade.

D: E acreditar que é possível.

S: E saber que ela tem a capacidade de fazer essa mudança dentro dela. É o catalisador para que ela veja que essas são as maneiras de fazer as mudanças em sua vida. Se ela não perceber que isso será realizado, ela não acreditará que possa fazer essas outras mudanças. - Ela tem tido medo e isso a impediu de seguir adiante. Ela tenta ir em frente com bastante frequência, mas ainda não consegue por não ter energia ou força suficiente, mas é ela que diz isso a si mesma. À medida que ela ganhar confiança e usar essa técnica de cura, verá seu corpo ganhando força e luz e, confiando em si mesma, saberá que não é necessário tomar esses medicamentos, pois ela tem a luz interior para curar. Todo mundo tem isso. Ela sabe disso. Está destinada a ensinar isso. Quando ela fizer a transição, será capaz de manter seu corpo com luz em vez de medicamentos. Será uma transição de tempo. A luz alimentará suas células. Seu corpo está mudando da base vegetal para a luz como um ser cristalino e a luz alimentará o ser cristalino. - Estamos sempre com ela, mas ela não se abre para nós. Ela deve começar a realmente nos sentir e saber que a apoiamos, e que vamos abrir todas as portas que ela percebe como fechadas. - Esses medos também atrasaram seu centro de cura.

D: *Ela tem uma decisão muito importante a fazer.*
S: Ela tem de decidir. É uma decisão que a mata todos os dias e seu campo de energia permanece entre ficar ou ir enquanto ela vagueia por esse campo de incerteza. É a densidade que a retém e pesa em seu ser físico. É como se o seu ser físico estivesse sendo sufocado por não fazer a escolha.
D: *Se ela escolher outro caminho não será capaz de permanecer na Terra. Certo?*
S: Está correto. Sua jornada terminará. Ela não precisará mais estar aqui. Não vai ficar na densidade com os outros, vai voltar para a Fonte. Ela não terá motivo para continuar. Seu trabalho aqui estará terminado. Ela tem uma janela de três anos para tomar essa decisão e se mover dentro de seu campo. Agora é um momento crucial. Ela precisa descer do muro. Ela não se moverá, mas nós falamos com ela e ela nos ouve e sabe que lhe oferecemos todo amor e todo apoio do nosso ser interior.

D: *O que era aquela cidade com a cúpula no topo que ela viu?*
S: É o lar dela, chamado de Atlantis. Não é a Atlântida que você

conhece. Está em uma nova dimensão. Assumiu uma nova vida. Aquelas almas continuaram e foram levadas e transferidas para uma nova dimensão no tempo e no espaço, e ela foi para aquela dimensão no espaço, não para o período de vida em que esteve lá.

D: Mas não foi importante para ela explorar aquela vida neste momento?

S: Foi importante para ela voltar ao conselho porque é apenas a verdade do conselho que vai chegar até ela, para lembrá-la de que a enviamos aqui para uma missão importante e sabemos que ela pode e irá cumpri-la. E ela precisa ouvir que ela deve e pode cumprir isso. Está escrito, tem sido dito e é assim. Ela deve ouvir, sentir e ser isso, então a escolha será simples para ela se mover para o espaço que é criado para ela.

Eu acho que é importante para a primeira e a segunda onda de voluntários entenderem que seus medos e a sensação de não quererem estar aqui na Terra podem criar bloqueios poderosos que contêm seu avanço. Muitos dizem que simplesmente não querem estar aqui. É difícil demais, e eles só querem ir embora. Se eles realmente querem voltar para casa, é melhor eles começarem a entender e trabalhar com esses sentimentos. Caso contrário, eles ficarão presos aqui e não cumprirão seu nobre contrato.

CAPÍTULO SETE

CHECANDO AS CRIANÇAS

Eu poderia preencher muitos livros com relatos de regressões "normais" a vidas passadas. Ao longo das milhares de sessões de terapia que conduzi, nunca encontrei alguém que não tenha conseguido voltar e encontrar outra vida. Por muitos anos, todos relatavam vidas no planeta Terra em todas as formas e ambientes imagináveis. Eu apenas permito que o SC os leve para a hora e local mais *apropriados*. Nunca sei onde será, então, meu trabalho é apenas fazer perguntas e tentar encontrar a relevância para seus problemas atuais. Ainda há muitos que vêm para as sessões com esse tipo de vida. Estou convencida de que são os que ainda têm carma para resolver e, por essa razão, essas conexões lhes são mostradas.

Pelos exemplos contidos neste livro, está se tornando óbvio que muitas almas estão vindo para cumprir outros papéis. A maioria nunca viveu na Terra antes e acha que este é um lugar confuso, desconfortável e estranho. São os que eu chamo de "novatos". Mas outros vieram com tarefas exclusivas para seus talentos, que se aperfeiçoaram em outros tempos e lugares. Já vimos alguns que estão aqui como professores, protetores, e aqueles que, apenas com sua presença e energia inconscientes, influenciam os demais. Neste capítulo, encontramos outro ser único que tinha um talento específico cujos poderes seriam considerados úteis neste momento.

Laura desceu na frente de uma pirâmide de tamanho médio e ficou perplexa por encontrar-se ali. Descobriu que era um homem jovem e forte, com roupas curtas, tipo saia, e sandálias de couro com

tiras amarradas nas pernas. Viu também que usava um grande pingente de metal em volta do pescoço com um sol entalhado com raios saindo em todas as direções. "Não parece uma joia. Parece ser algo que me pertence ou que devo usar. Parece estar comigo o tempo todo e ter um propósito."
Conforme fiz perguntas, o objetivo ficou claro. "É um portal estelar. Me ajuda a viajar para lugares. Fixo o olhar neste pingente, e o portal me leva a outros lugares." Ele está agora em pé dentro da pirâmide e tenta se lembrar de como ativá-lo. "É estranho que não haja mais ninguém por perto. Ainda estou tentando me lembrar. O pingente parece estar conectado à pirâmide. Eu costumava saber como usá-lo, mas agora não estou me lembrando."
Pedi a ele para se ver fazendo isso, assim a lembrança iria voltar.

L: Acho que levanto meu pingente para ficar de frente para o centro da pirâmide ... Eu o alinho com o centro do pico e o seguro firme. Movimento-o para cima até o pico... acho que é assim que faço ... a energia, sim. Vejo a luz agora descendo pela pirâmide e atingindo o meu polegar. Algo me diz que é assim que posso ir onde quero ir. Não sei para onde, mas sei que posso ir até lá.
D: *Como você aprendeu a fazer isso?*
L: Apenas sei ... mas estou confuso agora. Por que não tem mais ninguém aqui? Estou acostumado a estar com muitas pessoas por perto. Estávamos todos aprendendo juntos, éramos um grupo numa sala de aula. – Acho que esta é minha jornada... eu deveria ficar sozinho. Acho que estava aprendendo sobre meus poderes e sobre mim mesmo.
D: *O que você estava aprendendo quando estavam todos juntos?*
L: Sobre as estrelas... sobre a vastidão do mundo ... símbolos ... Sinto que devo ensinar aos outros, mas acho que ainda não sei o suficiente para ensinar.
D: *Agora que você está na pirâmide, significa que você já concluiu suas aulas?*
L: Acho que sim. Devo estar começando minha jornada. Sinto que deveria estar testando meus poderes... minha capacidade de fazer o que nos foi ensinado.
D: *Onde você acha que deveria ir para testá-la?*
L: Acho que deixaria o pingente decidir aonde devo ir. A luz desce do alto da pirâmide. E isso ativa o pingente, mas sinto que preciso ter um destino para que minha mente me leve até lá.
D: *O que você decide?*

L: Seria bom visitar toda a galáxia. Eu acho.
D: Há muito para visitar lá, não é?
L: Sim, com certeza.
D: Qual é o propósito de fazer isso?
L: Para checar se as crianças estão bem. Em lugares diferentes...como um professor verificaria se as crianças estão se comportando bem.
D: Você acha que é o seu trabalho?
L: Eu não sei. Acho que tenho muita sorte de poder fazer isso, então não considero trabalho.
D: Você acha que a coisa mais importante é checar as crianças ao invés dos adultos?
L: Sim, parece que penso nos humanos como crianças. - Você está certa. Este deve ser o meu trabalho.
D: Se você acha. Você tem que relatar a alguém o que você encontra?
L: Não tenho vontade, talvez eu esteja apenas de férias. Talvez eu esteja apenas vendo o que está acontecendo por aí.
D: Onde era a sala de aula? Qual a aparência dela?
L: Era ao ar livre ... havia pessoas sentadas no chão de pernas cruzadas, e é engraçado ... a turma toda é masculina e usamos saias. Não tem mulheres. Tem um professor. Ele é muito radiante ... muito avançado. Nós temos muito respeito por ele.
D: Era ele que ensinava sobre as estrelas e tudo mais? (Sim) Foi ele que o ensinou a usar o pingente?
L: Acho que sim. Não tenho certeza. O pingente sempre esteve comigo. É como se nós nascêssemos sabendo.
D: E você estava aprendendo sobre as estrelas além de outras coisas?
L: É um tema importante. Para sabermos ir e vir em determinados momentos. Você tem que ter certeza de que conhece as épocas. Existem fendas temporais que podem ser perigosas para viajar, a menos que você viaje na hora certa. Estavam nos ensinando a viajar. (Ele teve dificuldade em explicar.)
D: Pergunte a alguém por que seria perigoso viajar em determinados momentos.
L: Estou perguntando ao meu professor. Ele sabe, mas não está conseguindo me explicar. Ele conhece muito e eu não tenho conhecimento suficiente.
D: Peça a ele que te diga, em linguagem simples, por que esse conhecimento pode ser importante para você.

L: (Sussurrando para o professor.) Ele está dizendo que há portais e as galáxias precisam se alinhar de um certo modo, a um certo tempo, e, então, se pode simplesmente deslizar para outra dimensão. Caso contrário, posso me perder. Posso ir para uma dimensão não escolhida, então estarei perdido e não vou ter a mesma aula ou a mesma... ele está dizendo que eu ficaria fora da minha fenda de tempo. Está dizendo que isso é uma ruptura.
D: *Você não poderia voltar?* (Não) *Isso não seria bom. Ele pode dizer-lhe como evitar que isso aconteça?*
L: Devemos conhecer as estrelas e o alinhamento e saber quando ir e quando voltar. Ele diz que é como atravessar um rio indo com as corredeiras. Caso contrário, você será levado embora e não voltará.
D: *Isso faz sentido. Mas você sabe onde estão os portais?*
L: Estou aprendendo. Estou aprendendo. É por isso que estamos nesta aula. Mas sem garotas. Por que nenhuma garota? Por que não tem garotas na classe? (Pausa) Porque é muito arriscado...muito arriscado. Não tem mulheres suficientes. Elas não são dispensáveis. Elas precisam fazer mais bebês. Não são dispensáveis. Nós somos. Tem mais homens do que mulheres e as mulheres são necessárias para procriar.
D: *Então os homens são os que precisam aprender a viajar no tempo.* (Sim) *Por que querem que você saiba como viajar no tempo?*
L: Ah, nós devemos checar as crianças. Para ter certeza de que estão bem ... saber como estão crescendo.
D: *As crianças são importantes, não são?*
L: Sim. Mas quando eles dizem, as "crianças", não importa qual seja a idade delas. Estão chamando de crianças os que aprendem ... os humanos ... os aprendizes.
D: *Ainda são apenas crianças.* (Sim) *Você tem que se certificar de que estão bem porque são o futuro?*
L: Sim, você está certa. Esse é o meu trabalho. Faço o relato para o professor quando volto. Volto e faço o relatório para ele, pois é ele quem nos prepara para ir.
D: *Você sabe o que ele faz com as informações depois?*
L: Ainda não, não sei. Ele é muito sábio. Às vezes você olha para ele e só vê luz branca.
D: *Você pode lhe perguntar o que ele faz com as informações?*
L: Ele esquematiza tudo num gráfico. Ele gera gráficos; muitos, muitos gráficos e os transforma em informação. Existem outros

que também viajam, não sou o único. Existem muitas pessoas que viajam e trazem as informações que ele organiza.

D: Vocês todos têm trabalhos diferentes ou só checam as crianças?

L: Esse é o *meu* trabalho, checar as crianças. Eu não sei o que os outros fazem, mas eles também vão. Eles sabem o quão sério é ir à hora certa.

D: Então você não tem um corpo físico quando vai aos lugares?

L: Não me sinto num corpo físico quando viajo. Sou onipresente e estou consciente. É assustador.

D: Então você não precisa assumir um corpo físico. (Não) *Quando você se viu na pirâmide, estava num corpo físico?* (Sim) *Por que você teve que ter um corpo na época?*

L: Para aprender.

D: Então, em alguns momentos você teria que ter um corpo? Isso faz sentido?

L: Sim. Todos nós temos corpos lá.

D: Mas quando você está viajando e colhendo informações, você não tem um corpo físico.

L: Talvez seja muito complicado levar um corpo.

D: Isso faz sentido. E você viaja com esse pingente? (Sim) *Eles dizem para qual lugar ir?*

L: Eles devem dizer, mas não os ouço dizendo. Você pensa e sabe ... talvez esteja implantado. O conhecimento está lá. - O conhecimento sobre os planetas não estava lá. Tiveram que nos ensinar. Ele usou um ponteiro nos mostrando todas as estrelas. São muito sábios.

D: Você já teve que vir ao planeta Terra? Você sabe qual deles é?

L: É possível, mas acho que não.

D: Então o seu planeta natal está em outro lugar?

L: Não sei dizer onde fica. Certamente é terreno com topografia muito variada, mas não sei onde é.

Decidi movê-lo para um dia importante, e ele foi para o dia da sua formatura. Tinham aprendido tudo o que precisavam, e agora era hora de partir.

L: Estamos todos em pé em um hall e cada um ... ele tocou nossa testa. Nos disse que tínhamos um terceiro olho e que agora precisávamos partir.

D: Partir e fazer o quê?

L: Não sei. Talvez mais do nosso trabalho. Nós nos separamos.

Aquele grupo acabou. Devo partir e tentar compartilhar o conhecimento.
D: *Com quem você vai compartilhar?*
L: Pessoas, camponeses, pastores de ovelhas...
D: *Eles entendem o que você está tentando ensinar?*
L: Um pouquinho ... mas eu continuo. Eles parecem muito presos à matéria. Acham que têm que ficar lá com suas ovelhas. Não precisam. Podem ir a qualquer lugar, mas não acreditam que podem fazer isso.
D: *Você acha que seu trabalho é ensiná-los?*
L: Eu não sei qual é o meu trabalho. Estou confuso por não formar uma família. Eu apenas vagueio.

Parecia que tínhamos chegado a um beco sem saída. Ele provavelmente faria isso pelo resto de sua vida. Estava tudo bem, aparentemente ele encontrou seu caminho. Então eu o fiz avançar ao último dia de sua vida. "O que está acontecendo? O que você vê?"

L: Estou num campo, numa campina e sou atacado por um enorme gato. Mas vivi uma vida longa. Ainda estou só e não estou chateado que este gato ... não importa. Estou em paz.

Eu o movi para o final dessa jornada para que ele pudesse olhar para toda essa vida de uma perspectiva diferente e muito mais ampla. Perguntei o que ele aprendera daquela vida.

L: Me sinto feliz só de pensar nisso.
D: *Por que isso o faz feliz?*
L: Difícil colocar em palavras ... a energia. A energia é leve. Eu aprendi a acreditar. Nós podemos fazer qualquer coisa focando nossas mentes. Nada é impossível.

Então chamei o SC. "Por que você escolheu mostrar essa vida para Laura?"

L: Para que ela saiba que tem poderes. Ela pode aprender a usá-los.
D: *Nunca perdemos o que aprendemos, não é verdade?*
L: É, mas nós o enterramos.
D: *Mas será ela capaz de usar esses poderes nesta vida?*
L: Alguns deles, sim. Ela pode usá-los para chegar a lugares. Para viajar para outros lugares.

D: *Com a mente dela, você quer dizer?*
L: Com o corpo dela. Ela precisa ir e checar as crianças.
D: *Como você quer que ela faça isso?*
L: Reunindo-os. Colocando-os todos juntos. Ensinando-os.
D: *Como você quer que ela os reúna?*
L: Chame-os. Eles vão entender. Chame-os todos. Reúna as crianças.
D: *Estou pensando que a maioria das crianças tem pais, famílias. Você não pode simplesmente reuni-los todos, não é?*
L: As crianças são grandes. Não são pequenas. São adultos.
D: *Isso é diferente.*

Eu pedi ao SC para lhe dar conselhos sobre o que ela deveria fazer.

L: Estou vendo uma montanha se dividindo ao meio. As pessoas precisam se preparar. Estou vendo mudanças ... suas vidas vão mudar. Elas precisam de tempo para se preparar. A Mãe Terra está mudando. Elas precisam mudar com a Mãe Terra. Precisam entender isso. As crianças estão envelhecendo e morrendo sem nunca crescer. Seu habitat vai mudar. Precisam mudar. Vejo muitas mudanças na Terra manifestando-se na minha frente, como um vulcão, deslizamentos de terra e acontecimentos que vão mudar a face da Terra.
D: *O que você quer que Laura faça? Qual é o trabalho dela?*
L: Ajudar as pessoas a se prepararem para mudar, para se adaptar. - Ela não sabe.
D: *Não em nível consciente. (Não) Você vai torná-la consciente dos conhecimentos de que vai precisar? (Sim) Para que possa se lembrar do conhecimento e das habilidades que ela tinha antes?*
L: Sim. Esse conhecimento voltará quando for necessário. Ela tem que compartilhá-lo. As crianças não sabem.

Uma das perguntas de Laura era sobre um acidente de avião particular, em que esteve envolvida, que mudou sua vida. Ela queria saber por que aconteceu. Ela tinha se envolvido com o ramo imobiliário, era muito bem-sucedida e muito rica. Sua carreira era seu foco principal e ela decidiu não ter filhos. Ela só pensava em dinheiro e sucesso, até que quase morreu no acidente e passou muito tempo no hospital se recuperando. "Ela estava no caminho errado.

Não escutaria. Era cabeça dura." Sua vida mudou de muitas maneiras. Imediatamente depois ela se sentiu motivada a ter filhos e ficou grávida na primeira tentativa. Teve duas filhas com um ano de intervalo.

L: As crianças estavam esperando para nascer. Já deveriam ter nascido.

D: *Sim, mas ela estava tão envolvida em seus negócios que não reservou tempo para tê-las.*

L: As crianças iam ser enviadas para outra família, mas disseram: "Não, nós vamos esperar." (Ela começou a chorar.)

D: *Mas o acidente de avião transformou sua vida e ela está no caminho certo agora, não está?*

L: Não totalmente.

D: *O que mais você quer que ela faça agora que a leve para o caminho certo?*

L: Só estar ciente de que as crianças vão precisar de ajuda.

D: *Então você vai lhe dar mensagens sobre o que ela deve fazer a seguir?*

L: Sim, mas ainda não está escrito. As coisas estão mudando muito rapidamente.

D: *É por isso que você não quer contar a ela ainda?*

L: Sim, não acho que esteja definido.

D: *Então você só quer que ela seja paciente e, então, você irá lhe dizer.*

L: A paciência não é seu forte. Ela não tem nenhuma. (Risos) Ela deve estar pronta. - O professor dela sempre a seguiu. Ele está aqui para prepará-la, para que ela não tenha medo.

D: *Todo mundo tem um trabalho a fazer e, como você disse, tudo está mudando rapidamente. Fui informada sobre a nova Terra e as coisas que vão mudar. Isso tudo está conectado?* (Sim) *É importante estar preparada para ir para a nova Terra?*

L: Talvez para ir a uma estação. Algumas pessoas vão para uma estação de espera enquanto as coisas são recriadas.

D: *Alguns deles não vão diretamente porque ainda não é hora?*

L: Sim, os preparativos deles ainda não terminaram.

D: *Disseram-me que as frequências e vibrações têm que estar certas ou não podem ir. É isso que você quer dizer?*

L: Os preparativos estão acontecendo em lugares diferentes ... resolvê-los e ir para o local certo.

D: *Muitos deles irão para as estações de espera? Isto vai acontecer*

antes ou depois de deixarem os corpos físicos?
L: Vão levar seus corpos físicos com eles.
D: *Então eles irão para esses lugares quando os desastres acontecerem aqui na Terra.* (Sim) *Devem estar prontos para seguir para onde devem ir?*
L: Sim, isso vai acontecer muito rapidamente.
D: *Então ela tem que ajudar as pessoas a se prepararem.*
L: Sim, as crianças... para salvar as crianças.

Mensagem de despedida: apenas sonhe e faça. Preste atenção nos sonhos.

D: *É assim que você se comunica, não é?*
L: Sim. Apenas ame e seja amoroso.

Este relato foi de um novato que não sabia conscientemente de sua missão na Terra. Envolvia algo que já havia sido feito em todo o universo, observar as crianças, as criancinhas, e ver como elas estavam se saindo. Ajudando-as a saber o que precisam fazer nos próximos tempos à frente. Então, ela, uma principiante, tinha uma missão específica, mas quase se desviou de sua preocupação por causa do trabalho. Foi preciso um acidente de avião que quase a matou para chamar sua atenção e colocá-la de volta em seu caminho. Como eles disseram, o tempo é curto e, às vezes, eles têm que tomar medidas drásticas para transformar as pessoas ao redor.

CAPÍTULO OITO

O EXÍLIO

A queixa principal de Dóris era que ela sentia que estava se debatendo e não sabendo a direção que sua vida deveria seguir. Ela já estivera envolvida em vários negócios de sucesso e agora pensava em começar um centro metafísico. Ela sentia que tinha muitos talentos e habilidades, mas queria conselhos sobre como usá-los. Quando começamos a sessão, Dóris teve dificuldade em ver alguma coisa ou identificar onde estava. Tudo o que ela podia ver era escuro e a sensação de muito espaço ao redor dela. Depois de muito questionar, começou a sentir alguma coisa, como se estivesse em um lugar grande e frio. Então ela sentiu que seus braços estavam doendo e que não conseguia movê-los. "Acho que eles estão amarrados. Não tenho certeza. Não posso me mexer." Eu dei sugestões de bem-estar para que ela não se sentisse desconfortável. O resto do seu corpo se sentiu entorpecido da cintura para baixo. "Parece que meu corpo está confinado. Eu não posso me mover."

Pelo menos nós tínhamos começado, mas ela ainda era incapaz de fornecer muita informação. Então eu a movi para trás, para antes que ela entrasse nesse lugar restrito, para que pudéssemos descobrir o que havia acontecido para causar isso.

Do: Eu sabia alguma coisa. Sabia demais. Tive que ser posta de lado. Eu podia falar sobre coisas. Parece um tempo diferente. Como a Idade Média, mas que não é a Idade Média. Vejo pessoas em longas vestes negras, mas não são pessoas.
D: *O que são?*
Do: Eu não sei. Estão vestidos de preto. Estão machucando as pessoas. Na praça. E as pessoas não estão fazendo o que deveriam fazer. Eles as controlam com alguma coisa. Estão

fazendo com que elas façam alguma coisa. Eles as estão afastando. Eu ajudo as pessoas, mas não deveria ajudá-las. Mas elas não sabem.
D: *Você é homem ou mulher?*
Do: Nenhum dos dois. Não sou. Eu apenas *sou*. Eu não sei o que sou, mas não sou como as pessoas. Eu sou como "eles", mas eu não quero ser como eles. Não quero machucar as pessoas.
D: *Você consegue ver como é seu corpo?*
Do: É muito longo... alto. É como um lápis alto. Estou vestindo preto como eles.
D: *Por que eles estão machucando as pessoas?*
Do: Elas não estão fazendo o que deveriam fazer. Eles querem controlá-las. Eles querem obrigá-las a trabalhar.
D: *Você está há muito tempo com essas pessoas?*
Do: Sim, eu estou lá há muito tempo. São meus amigos... as pessoas. Eu as tenho ajudado. Tenho ensinado a elas. (Rindo sarcasticamente.) Tenho ensinado a elas, e estão sendo feridas porque as ensinei e agora elas sabem demais.
D: *O que você estava ensinando a elas?*
Do: Como cultivar e como viver.
D: *Não vejo nada de errado com isso. São coisas boas.*
Do: Pensei que eram. Pensei que deveria ir lá e ajudar a ensiná-las.
D: *Aqueles que estavam de preto estavam lá o tempo todo?*
Do: Não, eles apenas vieram para ver o que estava acontecendo. Eu estive lá durante muito tempo.
D: *Alguém te disse para vir e ajudar?*
Do: Eu só tinha que vir. Eu não sei o porquê. Esse era o meu trabalho, ajudar as pessoas.
D: *As pessoas eram diferentes quando você chegou lá?*
Do: Sim. Elas eram rudes... muito rudes. Elas não sabiam como se alimentar bem. Comiam frutas, cascas e insetos. Elas não sabiam como cultivar nada. Eu deveria ajudá-las a evoluir. Pensei que estava fazendo o que deveria fazer. Mas eles vieram e me disseram que eu as estava ensinando demais. Elas estavam evoluindo muito rápido. Elas não deviam aprender tão rápido. Não era bom ... mas elas estavam aprendendo.

Quando chegou a este lugar vestiu o manto negro para esconder sua verdadeira aparência. Na verdade, tinha um corpo semelhante a um grande gafanhoto verde. Em seu planeta de origem, todos tinham a mesma aparência. Tinha que se esconder porque não era como as pessoas, e sabia que seu corpo iria assustá-las. Disse que ninguém lhe pediu para vir para este lugar. "Esse era o meu trabalho, vir. Eu sempre fiz isso. Eu ajudo as pessoas."

D: Então você foi a outros lugares antes de vir para este?
Do: Sim, mas neste deu errado. Eles dizem que foi porque nós trabalhamos demais, rápido demais. Mas aprenderam, então eu ensinei e pareciam entender. Ensinei como cuidar uns dos outros. Ensinei sobre a terra, a água, as árvores e as plantas, que poderiam encontrar alimento e como manter registros. Eu não deveria ter ensinado a manter registros. Estava certo ensinar sobre comida, mas não deveria ensinar sobre como manter registros. Mas é importante manter registros para saber como acompanhar o tempo e as estações e como eram as coisas no mundo. Elas precisavam saber como entender as estações... para saber quando plantar. Precisavam saber como fazer isso. Não podiam continuar sem saber. Como poderiam plantar? Como saberiam? Elas precisavam manter registros de quem eram.

D: Você ensinou-lhes como construir casas e coisas assim?
Do: Sim, aprenderam. Aprenderam a usar madeira e árvores. Aprenderam a viver lá dentro. Aprenderam a viver juntos como um grupo em vez de individualmente, e a vida era mais fácil. - Então os outros vieram e disseram que eu estava fazendo a coisa errada. Não deveriam saber tanto. Era cedo demais.

D: Mas você não sabia disso. Você pensou que estava fazendo o que era certo? (Sim) *E você disse que eles estavam machucando o povo?*
Do: Sim. Os de preto começaram guerras, e as pessoas começaram a se machucar. E elas iriam se esquecer. Não continuariam a progredir.

D: Então as guerras foram para impedi-las de progredir? (Sim) *Para esquecer o que você lhes tinha ensinado?*
Do: Sim. A vida era muito tranquila. Elas estavam aprendendo muito rápido. Estavam crescendo. Eles ficaram com medo de que se continuassem assim, progrediriam rápido demais.

D: Por que isso era um problema?
Do: Eu não sei. Eu não entendi porque isso era um problema. Eles apenas disseram que estava errado.

D: O que você vê agora?
Do: Eu vejo a luz, vejo espaço e estrelas. Fui para o espaço e voltei para casa.

D: *O que estava acontecendo quando você sentiu que estava amarrado ou confinado?*
Do: Eles me colocaram em alguma coisa. Estavam me levando embora. Para o espaço. Eu estava dentro de alguma coisa e não conseguia me mexer. Eles me tiraram do povo. Eu me importava demais com as pessoas. – Então eles me soltaram. Estou em um veículo no espaço e posso ver as estrelas. É lindo! – Mas não posso voltar.
D: *Você gostaria de voltar?*
Do: Eu não sei... medo. As pessoas se machucaram tanto, mas eu não quero voltar.
D: *Como é seu corpo agora?*
Do: Solto... parece solto.

Não havia ninguém com ela neste veículo que a estava transportando. Ela estava sozinha. "É tranquilo." Tudo o que ela podia ver era espaço e estrelas. Ela não tinha ideia para onde estava indo. Então a fiz avançar até ela parar em algum lugar e perguntei-lhe o que podia ver.

Do: Eu não sei. Parece muito pesado onde quer que eu esteja. Eu não sei onde estou. Parece meio estéril. Não há muito aqui. Não há árvores. Não é bonito. O ar parece pesado.
D: *Então este veículo foi programado para te levar até lá?* (Sim) *Como está seu corpo agora?*
Do: É um sentimento muito estranho. Meus pés, minhas pernas e minhas mãos são muito finos. Muito, muito finos. Eu não tenho dedos nas mãos ou nos pés. É apenas espalmado. Meu corpo parece redondo. É maior. Alto e redondo. Eu não tenho mais um manto para escondê-lo, parece o corpo de um gafanhoto, mas eu estou em pé.
D: *Como é o seu rosto?*
Do: Eu tenho olhos grandes ... olhos muito grandes. - Não preciso usar o manto preto aqui porque não há mais ninguém. Apenas eu. Há alguns buracos nas rochas onde posso entrar e sair. Não há nada para fazer.
D: *Você tem que comer?*
Do: Acho que recebo o que preciso do ar. – É um lugar muito pesado. Eu não acho que posso ficar aqui por muito tempo.
D: *O que você vai fazer?*
Do: Eu só tenho que estar lá.

D: *Não tem como você sair?*
Do: Não. Eles me mandaram embora. Eles me mandaram para cá, então eu não interferiria mais com eles. Eu não posso sair. Eu tenho que ficar aqui.
D: *Relembrando o passado, quando foi sua primeira vez com essas pessoas... como você chegou lá?*
Do: Eu apenas fiz uma escolha. Eu as estava observando e elas precisavam de ajuda, e eu me ofereci e disse que iria ajudá-las. Nós as observamos há muito tempo. Nós vamos de um lugar para outro.
D: *Os outros estavam assistindo o que você estava fazendo, não estavam?*
Do: Sim, eles devem ter assistido, eu acho, mas eles não interferiram no que eu estava fazendo. Só observavam o que eu fazia. Eu me ofereci.
D: *Mas agora, eles te mandaram para esse lugar árido onde não há nada?*
Do: Sim. Não há nada. Eu gostava daquele outro mundo. Era tão bonito. Eu vou ficar aqui. Eu não sei mais o que fazer.

Isso poderia ter levado um tempo extraordinariamente longo se o ser não precisasse de comida, e nem tivesse como morrer, como percebemos. Então eu decidi fazê-la avançar para outra cena para descobrir o que tinha acontecido. De repente ela soltou um suspiro de alívio. "AH! Eu não tenho corpo. Estou fora. Eu não tenho mais que estar lá. Eu posso ir."

D: *O que aconteceu?*
Do: Eu senti algo e depois só saí. Eu saí. Eu estive lá por muito tempo.
D: *Você nunca viu mais ninguém?*
Do: Não. Foi muito pesado, mas bonito. Os planetas, observei os planetas. Eu vi as estrelas. Foi lindo, como uma orquestra. Ah! Foi tão lindo!
D: *Foi como um castigo ser enviado para lá, não foi?*
Do: Mas não foi. Foi lindo no final.
D: *Então você apenas decidiu ir embora?*
Do: Eu não sei. Foi como se eu tivesse me libertado e ido embora. Eu apenas saí.
D: *Como você é agora?*
Do: Eu sou como as estrelas e a luz. Como minúsculas estrelas.

D: *O que você acha dessa vida?*
Do: É como viver duas vidas em uma.
D: *Você aprendeu alguma coisa com essa experiência?*
Do: As coisas nem sempre são o que parecem ser. Muito bom pode ser ruim e muito ruim pode ser bom. Não importa. É tudo a mesma coisa no final. (Riso)
D: *É difícil dizer quando você está no meio dela. – Onde você está indo agora?*
Do: Não sei. Estou bem. Eu me sinto muito brilhante.

Ela não viu ninguém por perto que pudesse lhe dizer para onde tinha que ir em seguida. Então eu a fiz avançar para ver para onde ela iria.

Do: Estou indo para a luz. Estamos todos indo para a luz.
D: *Você vê outros?*
Do: Sim. Todos nós somos coisas brilhantes. Estamos todos indo para a luz.
D: *Como é a luz?*
Do: É ótima! É linda! É muito quente.
D: *Você sabe o que é a luz?*
Do: É tudo. Ah, isso é maravilhoso! Agora estou em casa. A luz é tudo. É tudo.
D: *Então é bom voltar para casa agora.*
Do: Maravilhoso. Mas eles dizem que não, que não vou ficar por muito tempo. Eu tenho que sair de novo. - Apenas sei disso. Eu só sinto isso. Não vou ficar por muito tempo.
D: *Mas você vai desfrutá-la enquanto pode.*
Do: Sim. Isso é o que eu devo fazer. Eu tenho outras coisas para fazer. – Eu não sei. Eu tenho que aprender mais coisas.
D: *É algo que você não pode realizar nesse lugar?*
Do: Tudo está lá. Você não pode aprender quando tudo está lá.
D: *Então você tem que aprender algo diferente?*
Do: Sim. Sempre há mais para aprender.

Eu a fiz avançar até onde ela decidiu sair novamente e ir para outro lugar. Sabíamos que ela tinha ido embora porque agora ela estava no corpo físico de Dóris.

D: *Alguém lhe diz o que fazer?*
Do: Não. Você apenas sabe. Está na hora. Você sente isso. Algo está

acontecendo. Estou me movendo.
D: *Para longe da luz?*
Do: Sim, não estou mais na luz. Sou como um cometa sendo arremessado através das estrelas. É o que parece ser! Estou indo embora muito rápido e saem faíscas como dos cometas. É muito bonito. – É como estar em uma polia e alguém te puxando, mas você não sabe quem. E você vai de algum modo, mas não sabe como. Você está indo, mas não há ninguém lá. Você está seguindo por um caminho, mas você só pode ir por esse caminho; você não pode ir por nenhum outro.
D: *Mas você sabe que vai dar tudo certo, não é?*
Do: Sim. Está sempre tudo bem.
D: *Então você está se movendo através do espaço e as estrelas são muito, muito bonitas.*
Do: Essa é a melhor parte.

Levei-a adiante para o lugar onde ela iria finalmente parar e perguntei o que ela podia ver.

Do: Eu não sei. Eu nunca estive aqui antes. É como estar no fogo. É como se estivesse em chamas, mas não é quente. O céu é de cores diferentes, como se estivesse em chamas. As cores estão ao seu redor. Está tudo bem. Só é diferente. Não é pesado. Não está quente.
D: *Existem outros seres por perto?*
Do: Sim, existem pessoas, mas elas não me veem. Elas parecem diferentes. Parecem velhas, enrugadas e são feitas de pedras. – Não rochas. Parecem grandes e volumosas. Não me veem.
D: *Vamos avançar mais e descobrir o que você deve fazer lá.*
Do: Existem cidades lá. Precisavam de ajuda. Vou ajudá-las. No começo não conseguiam me ver. Eu tive que mudar. Eu tinha que ser mais parecida com elas para que pudessem me ver. É uma vibração. É isso. A vibração era diferente. Tive que estudá-las para que eu pudesse mudar minha forma, pois deveria ajudá-las. Elas têm problemas lá. Alguma coisa com o planeta não está certa. Vão morrer se não mudarem o que estão fazendo. Estão fazendo alguma coisa ao planeta.
D: *O que você vai fazer para ajudar?*
Do: Tenho que ensinar-lhes alguma coisa. Eu tenho que descobrir o que estão fazendo e ensinar-lhes outra coisa. Isso é parte do meu trabalho, descobrir o que fazem e do que precisam.

Eu a fiz avançar para que pudéssemos descobrir o que era.

Do: É algo sobre o centro do planeta; estão chegando muito perto do centro do planeta, e isso vai mudar a forma como o planeta orbita ... Estão minerando ou cavando. Isso vai mudar alguma coisa no planeta. Vai afetar tudo. Elas têm que parar. Precisam aprender que não precisam do que acham que precisam. Tenho que ter cuidado e ver se vão me ouvir. Não quero perder outro planeta. Tenho que ser cuidadosa.

Então a movi para longe daquela cena e perguntei à entidade se ela sabia que estava falando através de um corpo físico. Ele disse que sabia: "Eu sinto isso".

D: Um corpo físico conhecido como Dóris. (Sim) *Por que você decidiu entrar em um corpo físico depois de ter ajudado todas essas pessoas em outros planetas?*
Do: Eu sempre tenho que me parecer com os demais. Não se pode fazer nada se você não se assemelhar aos demais.
D: Então seu trabalho sempre foi ir de um lugar para outro? (Sim) *Quando você termina em um lugar, você vai para outro?* (Sim) *Alguém lhe disse para vir à Terra?*

Do: Sim, eles me disseram que precisavam da minha ajuda. Esse é o meu trabalho.
D: Então, desta vez, você teve que entrar em um corpo físico? (Sim) *Por que eles sentiram que você precisava se tornar um ser humano desta vez?*
Do: Não funcionou da última vez.
D: Você acha que vai funcionar agora que você é um ser humano? (Sim) *Como você se sente a respeito disso?*
Do: Eu faço o que tenho que fazer. Está funcionando melhor. Há muitos agora. Há muitos mais. Muitos dos Vigilantes estão aqui.
D: Você quer dizer que mais deles estão chegando?
Do: Sim e já existem muitos aqui. Eles estão trabalhando juntos.
D: Da última vez eles não estavam?
Do: Apenas um. Muitos de nós vieram a *este* planeta.
D: Por que todos eles decidiram vir desta vez?
Do: É um momento importante. É importante para todos ... não apenas para este planeta. É importante para todos os planetas.

Tem a ver com a vibração. É a vibração de planeta para planeta. Vai ao longo do espaço e do tempo e muda.
D: *E você está aqui para ajudar com a vibração?*
Do: Sim. Estou aqui para ajudar o planeta.
D: *Você acha que será capaz de ajudar melhor por estar em forma física?*
Do: Foi a única maneira desta vez.
D: *Mas você sabe que quando vem para cá você esquece, não é?*
Do: Sim, foi difícil. Eu não entendia.
D: *Esta é a primeira vez que você entra em um corpo físico?*
Do: Eu era um gafanhoto.
D: *Isso é verdade. – O que você acha de aprender lições na Terra?*
Do: É difícil.
D: *Você está sob algum tipo de restrição enquanto está no corpo físico?*
Do: Não quero interferir na vida humana.
D: *O que você considera interferência?*
Do: Às vezes tento falar com as pessoas e elas não me entendem.

Decidi então convocar o SC para que pudéssemos obter mais respostas, especialmente aquelas que dizem respeito às perguntas pessoais de Dóris. Primeiro, queria saber por que tinham lhe mostrado essa vida.

Do: Ela precisa saber que é quem ela pensa que é.
D: *Ela é um espírito muito poderoso, não é?* (Sim) *Esse espírito tem muitas habilidades.* (Sim) *Então ela não teve nenhuma vida na Terra como humana?*
Do: Algumas, não muitas.
D: *Eu ouvi falar de outros espíritos como esse que se ofereceram para vir. Eles estão fazendo um ótimo trabalho, não estão?* (Sim) *Mas esses espíritos acumulam carma?*
Do: Não... Eles podem. Mas não necessariamente.
D: *Por que ela escolheu uma vida tão difícil desta vez?*
Do: Para ajudar. Para saber como ajudar e entender, assim ela não faria o que fez antes.
D: *O que você quer dizer?*
Do: Ajudar mais do que precisava.
D: *Quando ela ensinou às pessoas mais do que devia?*
Do: Sim... a ir além.
D: *Nesta vida, ela teve muitos problemas quando criança.*

Do: Sim, para saber como é ser humana.
D: *Ser humano com todos os seus defeitos, todos os seus problemas.*
(Sim) *Dessa forma, ela não julga, não é?*
Do: Não, ela não julga.

Dóris sempre teve habilidades psíquicas e podia fazer muitas coisas. Ela sabia coisas que outras pessoas não sabiam. Podia ver coisas sobre as outras pessoas. Ela queria saber sobre isso.

Do: Nós a ajudamos. Para que saiba por que ela está aqui. Ela teve permissão para ter essas habilidades para que não se esquecesse.
D: *Por que ela está aqui?*
Do: Para mudar ... para fazer a diferença ... para salvar o planeta.
D: *Mas ela é apenas uma pessoa. Ou é um poder combinado de todos os outros que vieram?*
Do: É como ser parte de uma rede. Ela é uma dos que vieram... e ela segura a luz, e as pessoas com quem fala podem sentir isso. Elas não entendem e acham que ela é diferente. Ela é. Ela fala com as pessoas. Ela planta uma semente, então cabe a elas cultivar a semente. Ela sempre fez isso. Ela simplesmente não entendia.
D: *Todos esses espíritos especiais são parte da rede?*
Do: Sim. Eles estão salvando o planeta. Está funcionando. – Ela precisa ensinar. Outras vidas... outros planetas. Ensinar sobre o universo e as estrelas. Existe outra vida.

CAPÍTULO NOVE

UM SER DO CONSELHO

Estou constantemente encontrando clientes que estão em contato com conselhos ou fazem parte de um conselho quando fazemos as sessões. Descobri que existem muitos tipos de conselhos. Existem conselhos sobre o sistema solar, sobre a galáxia, sobre o universo, etc. Existem regras e regulamento definidos que ajudam a manter tudo funcionando na ordem correta. Nada é deixado ao acaso. Há também conselhos no plano espiritual que têm outros tipos de trabalhos, cuidando dos registros daqueles que vivem na Terra. Todos esses conselhos parecem ter um grande interesse no acúmulo de conhecimento e informação. Fico feliz que haja alguém cuidando de todas essas coisas, caso contrário, acredito que haveria um caos total.

Ao sair da nuvem, Susan estava em pé na água quente do oceano. Estava perto da praia pois viu degraus descendo até a água. Os degraus subiam para um templo. Três mulheres estavam em pé no lado direito dos degraus. E mais três apareceram do outro lado, dando-lhe as boas-vindas.

S: Estão vestindo roupas simples de cores claras. As que estão mais abaixo estão molhadas até os joelhos e coxas. - Estão me trazendo para dentro. Acho que tenho que lhes dizer uma senha para poder entrar. A entrada aqui não é permitida a todos. Elas estão falando alguma coisa.
D: *Você sabe a senha para elas deixarem você subir?*
S: Estou familiarizada com a ordem. Elas, de certa forma, estão me esperando. Não pertencem à minha ordem.
D: *O que você quer dizer com "ordem"?*
S: Um grupo de indivíduos preocupados com a mesma coisa.

Susan começou a fazer movimentos intricados com as mãos. Eu perguntei-lhe o que eram. "É um sinal para uma troca de energia."

D: *Isso é parte do que você teve que fazer para que te reconheçam?*
S: Elas me aceitaram quando disse quem sou. Estavam cientes da minha chegada.
D: *Elas sabiam que você estava vindo? (Sim) De onde você veio?*

Susan continuou a fazer movimentos com as mãos e apontou para cima. "O que você está apontando?"

S: (Surpresa) Uau! (Risos) É uma base estelar.
D: *Elas estão familiarizadas com isso? (Sim) Como você chegou lá?*

Ela ficou surpresa com suas respostas e respondeu às minhas perguntas com descrença e humor. "Eu atravessei o portal para a água. É incrível. Elas sabiam que eu estava vindo."

D: *Esta ordem a que você pertence fica na base estelar?*
S: É intergaláctica. - Eu tive que me adaptar às exigências da superfície, aceitando a forma física para participar da cultura geral da época. Eu pareço uma mulher e estou vestida como elas.
D: *Qual é a sua forma normal, quando você está no outro lugar?*
S: Luz. Eu sou um corpo de luz.
D: *Os outros nesse lugar de onde você veio são como você?*
S: Sim, são. Estamos aqui para ajudar.
D: *Então, quando você entra em um lugar como esse, você tem que se parecer com as pessoas desse lugar?*
S: Desta vez, sim. Caso contrário, causaria confusão.
D: *Mas agora elas te aceitaram e te receberam?*
S: Foi predito pelas estrelas e pelos astrônomos. Foi uma data marcada.
D: *Elas sabiam que alguém estava vindo?*
S: Representam a delegação de tempos em tempos para trocas de informações.
D: *Elas já fizeram isso no passado?*
S: Sim, muitas vezes. Mas eu só venho periodicamente.
D: *Você disse que é para uma troca. Que tipo de troca?*
S: Troca de informações... para a reunião de apoio na qual deveríamos ser muito cuidadosos naquele momento.

D: Por que cuidadosos? Alguém está usando indevidamente as informações?
S: Pelas tendências existentes e porque as sementes da ganância estão começando a crescer. Estamos cientes disso. Essas pessoas estão influenciando as demais. Temos esperança de que as coisas possam ser mudadas, antes que as sementes da ganância tenham brotado.
D: Você trouxe informações anteriormente que foram mal utilizadas?
S: Em momentos diferentes.
D: Você as entregou para todo mundo quando veio antes? (Não) *A quem você deu naquela época? A este grupo ou para outro grupo?*
S: Para outro grupo. Esta não é a primeira vez que houve desastre neste planeta.
D: Qual foi a causa nas outras vezes?
S: A manipulação da matéria. A manipulação da lei natural e da matéria para proveito pessoal.
D: Pelos seres que viviam naqueles tempos?
S: Sim, você conhece a história. – A Terra estava coberta de gelo, foi uma das vezes.
D: Aquilo foi para impedir o que estavam fazendo?
S: Para começar de novo.
D: Sempre começa de novo, não é?

Eles me disseram isso muitas vezes, e isso foi relatado em meus outros livros. Houve muitas civilizações no passado distante da Terra que alcançaram o auge da perfeição, apenas para serem derrubadas pela ganância inerente ao homem pelo poder.

D: Como eles foram destruídos outras vezes, além do gelo?
S: Grandes explosões. Existe um planeta perdido neste sistema solar. Explodiu.

Ela estava se referindo ao planeta entre Marte e Júpiter que explodiu e criou o cinturão de asteroides. Escrevi sobre isso também nos meus outros livros.

D: Eu ouvi falar disso. Causou muito caos, não é?
S: A Lei Natural não pode ser adulterada.
D: Alguém adulterou a Lei naquela época? (Sim) *Como a explosão*

desse planeta afetou a Terra?
S: Causou grande destruição e chuva de fogo do céu.
D: *Foram então tempos em que as civilizações foram destruídas no passado?* (Sim) *Mas você veio agora para se encontrar com essas pessoas, e você mencionou que algo mais vai acontecer?*
S: Estamos preocupados com as sementes de ganância em forma de pensamento que estão circulando nas mentes dessas pessoas.
D: *Mas esse grupo não está fazendo isso?*
S: Não desta vez. Estamos aqui para dar conselhos e informações.
D: *Você acha que vão te ouvir?*
S: Temos muita esperança.

Ela disse que estava indo ao templo para se encontrar com as pessoas que estavam lá. Então eu a fiz avançar até estar no templo. "Está se encontrando com muitas pessoas?"

S: Apenas com a delegação enviada. Meu pai é o sacerdote que preside este templo. Ele tem influência sobre os outros do grupo.
D: *Qual é o conselho que você está dando a esse grupo?*
S: Para cessarem com os experimentos com a Lei Natural.
D: *Que experiências eles estão fazendo contra a Lei Natural?*
S: Manipulação de genes ... manipulação genética.
D: *Por que estão fazendo isso?*
S: Porque podem. Eles são poderosos.
D: *Como eles estão fazendo manipulação genética?*
S: Não creio que isso possa ser compartilhado.
D: *Você acha que eu não deveria saber sobre isso?*
S: Não é você.
D: *O que acontecerá se eles continuarem o que estão fazendo?*
S: Destruição.
D: *Eles não estão cientes disso?*
S: Não. Estão se dividindo. Eles foram autônomos até este ponto, mas politicamente há certa angústia e diferentes escolas de pensamento que têm tentado manter o caminho da luz.
D: *Você pode deter isso se eles não ouvirem?*
S: Eles serão colocados em um curso de autodestruição.
D: *Eu perguntei se você poderia entrar e impedi-los de fazer o que eles estão fazendo.*
S: Isso iria contra a Lei Natural. Nós só podemos aconselhar.
D: *E se eles não ouvirem, não há nada que você possa fazer sobre isso?*

S: Não há nada que possamos fazer.
D: *Você disse que já viu isso acontecer antes?*
S: Muitas vezes, em muitos mundos.
D: *Então, se eles não a ouvirem, terão que reconstruir tudo novamente, não é?* Eles começarão este ciclo novamente? (Sim) *Mas desta vez você espera que eles ouçam.*
S: Temos muita esperança.

Ela deveria dar a informação ao sacerdote e então ele deveria ir falar com as pessoas que não estavam agindo corretamente. Ela não iria ficar; ela retornaria quando fosse necessária.

D: *Você será capaz de ver o que estão fazendo?*
S: Sim. Estamos todos conscientes.
D: *Por "nós", você quer dizer aqueles do grupo de onde você veio?*
S: O conselho. São eles que estão monitorando.
D: *Eles estão do outro lado desse portal?* (Sim) *Mas eles não estão autorizados a interferir?* (Não)

Eu a fiz avançar para ver o que aconteceu.

D: *O sacerdote vai falar com os outros?* (Sim) *Eles escutam?*
S: Por um tempo ... mais de 962 anos se passaram, e o planeta se autodestruiu novamente.
D: O que aconteceu?
S: O planeta explodiu. As sementes da ganância haviam crescido. A Lei Natural foi manipulada até o ponto em que aconteceu a autodestruição. (Chorando.)
D: *Com o que se parece a autodestruição quando acontece? Você pode ver como um observador, mesmo que seja difícil.*
S: Ondas de energia reverberam ao redor do planeta. Ele explode ... detritos, fogo, água.
D: *O que causou a onda de choque?*
S: Os raios de energia voltaram-se sobre si mesmos.
D: *Eles sabiam que isso poderia acontecer?* (Sim) *Mas eles continuaram assim mesmo?*
S: É uma questão de controle. Só podemos aconselhar e advertir.
D: *O que você vê quando está olhando?*
S: Ruína ... ruína completa. É tão triste ... fumaça, carne queimada, fogo.
D: *Houve algum sobrevivente?*

S: Sim... alguns.
D: *Você consegue ver o que está acontecendo com eles?*
S: Estão se reagrupando e reconstruindo. Eles estão se reagrupando.
D: *Você acha que eles aprenderam alguma coisa com isso?*
S: Espero que sim. Uau! – Não há nada que possamos fazer. Estamos nos recolhendo novamente. Para o conselho. Para o grande conselho.
D: *Passando de volta pelo portal?*
S: Sim. É um Portal Estelar, na verdade.
D: *Que você usa para ir e voltar?*
S: Correto. 14932-11
D: *O que isso significa?*
S: Esse é o nome do Portal Estelar.
D: *Isso soa como um número longo, então deve haver vários. É isso mesmo?* (Sim) *Como esse número é usado?*
S: Para identificação.
D: *Você pode usá-lo para ir e voltar?* (Sim) *Então, é possível que os seres humanos passem por este portal?*
S: Sim. Se eles estiverem em seu corpo de luz, essa aptidão vai aparecer.
D: *Eles não podem entrar no corpo físico deles?*
S: Não. Não neste momento.

Os humanos têm que sair de seus corpos para encontrar esses lugares, então não são fáceis de localizar.

D: *Como é aquele lugar onde está o grande conselho?*
S: É lindo. (Suspiros) Somos pessoas leves. Eu vejo muitos corpos de luz e de energia, e muito perfume.
D: *De onde vem o perfume?*
S: Da luz. A Terra tem mau cheiro.
D: *O que você faz quando está no grande conselho?*
S: Planejamos ajuda onde quer que seja necessária e estamos aqui para aconselhar e apoiar.
D: *Então você está preocupada com a Terra?*
S: Eu fui designada para este setor.
D: *É isso que você faz a maior parte do tempo?*
S: Nós ensinamos. As pessoas precisam de nós no plano astral. A incorporação dos nossos ensinamentos traria bondade para a vida dos humanos.
D: *Então você não precisa descer fisicamente como antes?*

S: Apenas em circunstâncias em que a intervenção é necessária.
D: *Então você ensina as pessoas quando elas estão no astral? Quer dizer, quando elas estão viajando para fora do corpo à noite?*
S: Sim. A alma humana é capaz de estar em muitos lugares em muitas ocasiões. É quando podemos ser de grande ajuda. Podemos ajudar lá, mas, novamente, não podemos interferir com o livre arbítrio. Assim rege a Lei Natural.
D: *Não há interferência no livre arbítrio delas quando a procuram?*
S: Isso mesmo.
D: *O corpo é bastante limitado, não é?* (Sim) *Eu ouvi dizer que isso acontece à noite quando as pessoas estão dormindo.*
S: Ou quando elas estão em estados como os que obtêm com *sua* ajuda. Nós temos te observado e te ajudado por muito tempo no plano astral. Você é uma estudante maravilhosa e disposta.
D: *Eu sei que tenho recebido muita ajuda. Eu não poderia fazer o que faço sozinha. Há muitos lugares estranhos que você quer que eles conheçam?*
S: Certamente.
D: *Mas o físico é o menor de todos, não é?*
S: Mas é necessário para aprender.

Eles confirmaram que têm contato com as pessoas enquanto dormem à noite ou nesses tipos de estados alterados, e que podem fornecer muitas informações. Decidi que era hora de seguir em frente, então perguntei se eles sabiam que estavam falando através do corpo físico conhecido como Susan. Eles disseram que estavam cientes.

D: *Você sabe que quando faço isso, achamos que vamos a vidas passadas, não é?*
S: É a sua fórmula para a cura. Esse é seu acordo com os membros de sua equipe para facilitar a cura física. Nós consideramos isso uma fórmula. Os ingredientes são bons.
D: *Mas ela não foi para uma vida passada, pelo menos não do modo clássico com um corpo físico.* (Risadas)
S: Não. Não há necessidade disso. Algumas pessoas têm essa necessidade, mas ela não. - Você sabe que ela não vai gostar disso. (Ri)
D: *Por que não?*
S: Ela não quer acreditar em estrelas.
D: *Por que não? Eu sei que elas são reais.*

S: Você é a responsável. Ela não vai gostar disso. (Rindo alto) Se você disser a ela que é um anjo, ela dirá, tudo bem.
D: Então está tudo bem ser um anjo, mas não um ser de luz. (Ri)
S: Exatamente.
D: Ela pode te considerar um anjo em outra forma.
S: Tudo bem.
D: Quando começamos, soou como se ela fosse você. Você é um aspecto dela?
S: Sim. Você sabe disso! (Brincando)
D: Eu sei, mas estamos tentando ajudá-la agora. Parte disso requer um certo ajuste.
S: Nós temos trabalhado nisso por um tempo. (Ainda divertida.) Ela está pronta ou isso não teria acontecido.
D: Você disse a ela para vir aqui para o meu escritório?
S: Certamente.
D: Ela ficou surpresa porque disse que nunca tinha ouvido falar de mim antes.
S: Viu como somos espertos? (Rindo)
D: Minha filha te chama de meu pessoal de Relações Públicas.
S: Estou feliz por poder ajudar.
D: Soube que você faz isso com bastante frequência. Mas esta sessão vai ser diferente do que ela esperava por causa do jeito que ela pensa?
S: Ah, com certeza. Nós sentimos que ela está pronta neste momento; mas ela passará por um período de adaptação. Vamos estar com ela para ajudá-la no que for preciso, para que ela possa ouvir e digerir de acordo com seu ritmo.
D: Não queremos passar a ninguém nada que não consigam suportar.
S: Você sabe muito bem. (Rindo de novo.) Estamos observando você há muito tempo. Ela está pronta para ouvir o que você tem a dizer pela afinidade que tem com você e isso vai torná-la capaz de entender e dizer como se sente. E você poderá ajudá-la e incentivá-la ao longo de sua jornada. Essa parte é sua. - Ela quer acreditar que não é tão inútil quanto estava programada para acreditar em seus primeiros anos. Agora, descobrir que ela passa pelo conselho, que é sua origem, ela não vai acreditar. Ela não vai acreditar.
D: Como ela vai explicar isso agora, o fato de você estar falando com ela?
S: Ela vai perceber na própria voz. Nós já manipulamos a voz dela.

Ela sabe, mas ela vai ouvir a autoridade na voz.

D: Então é hora de ela saber que ela é maior do que pensa. É isso que você quer dizer?

S: Exatamente. Este sorriso simples não leva ninguém a lugar algum, e você sabe que todos nós precisamos facilitar a chegada da nova Terra e ajudar as pessoas a se ajustarem à nova Terra. Este é o nosso principal motivo aqui. As coisas estão mudando. As pessoas precisam de alguém para ajudá-las a se ajustar à dimensão das mudanças. E pessoas como você e ela são muito necessárias. Ajudando as pessoas a se ajustar e facilitar o ajuste à nova Terra.

D: Isso é o que me disseram. As coisas estão mudando tão rápido e você não quer que tudo seja destruído novamente.

S: Isso não pode acontecer. Você sabe disso. Isso não pode acontecer e não vai acontecer.

D: Leva muito tempo organizando tudo de novo e de novo. Por isso você está criando a nova Terra?

S: Você sabe que está segura. Ela sabe que está segura.

D: Também sabemos que nem todos irão para a nova Terra. Foi o que me disseram.

S: Você foi informada corretamente. Você vê a separação, a divisão. Você entende.

D: Eu tento. É complicado.

S: É muito complicado. É por isso que precisamos de fórmulas fáceis para as pessoas.

D: É preciso começar com pequenos passos, pequenas migalhas. - Por que você mostrou a ela essa destruição no começo?

S: Ela tem memória celular em seu corpo daquele tempo e lugar... você os chamaria de existências paralelas. E não, ela não era uma parte direta da destruição. Está codificado em suas células a partir do testemunho da destruição.

D: Por que você quer que ela saiba disso?

S: Ela subestima o poder das ferramentas que ela recebeu para compartilhar com o planeta Terra neste tempo. Um tempo de grande despertar ... um tempo da nova Terra ... para ser integrada na Terra. Ela subestima isso. Queríamos que ela visse como é valioso compartilhar a luz. Ela subestima seu poder. A luz é crítica para ser espalhada neste momento.

D: Mas ela está fazendo um grande bem, não está?

S: Sim, ela está, e estamos orgulhosos dela. Mas ainda em pequena escala. Antes de ela acreditar em si mesma, será difícil levá-la a

uma escala maior.
D: *Você quer que ela vá para uma escala maior?*
S: Não até que ela esteja confortável com isso em seu corpo físico.

Susan estava ouvindo seres falando com ela há muito tempo, mas ela supôs que eram seus anjos. Na verdade, foi o conselho. Eles riram, "Ela não vai gostar nada disso. Conte a ela gentilmente, certo?"

S: O contrato dela é conectar as pessoas à luz da Fonte. Ela ouve apenas a parte da ligação. (Risos) Mas, tudo bem.

Susan também teve muitas coisas físicas acontecendo com ela. "Empurrões. Cutucões bem duros. Isso só é necessário quando tudo o mais falha, e lamentamos que ela tenha se sentido punida de alguma forma."

O SC entrou rapidamente em seu corpo e consertou todas as reclamações físicas que Susan tinha em sua lista.

**** "O medo é uma ilusão deste mundo e é apenas isso."

CAPÍTULO DEZ
A DESTRUIÇÃO DE UM PLANETA

Em 2009 estive pela primeira vez na África do Sul, e Cathy foi a pessoa que nos convidou para ir a Johannesburgo e organizou a aula. Decidi escolhê-la para a demonstração no último dia da aula. As pessoas de Johannesburgo não foram muito expostas à metafísica, por isso estavam extremamente ansiosas por aprender. Elas têm livros, mas não muitos palestrantes e professores. Tudo da aula era novo para elas porque estavam no nível mais básico de compreensão. Assim também foram minhas palestras. Foi revigorante encontrar tanto encanto, admiração e entusiasmo nas pessoas. Tudo corria bem durante a aula, e eu lhes ensinara o básico sobre como usar meu método de hipnose para vidas passadas e curas simples. Era o que esperávamos fazer na demonstração, o reviver de uma vida passada normal. Esse seria o limite do nível de entendimento nesse estágio inicial. Então, quando começamos a sessão, houve uma virada que deixou os presentes totalmente atordoados. Era normal para mim, mas apresentava ideias das quais nunca tinham ouvido falar. Os olhares de espanto eram evidentes em seus rostos. Ficavam olhando para mim para ver como eu estava reagindo, já que era um aspecto muito mais avançado do que eu acabara de lhes ensinar. Eu estava bem ciente de que as sessões não estão mais estritamente explorando vidas passadas simples, mas se aventurando no desconhecido (especialmente as três ondas de voluntários). Acho que os surpreendi quando não terminei a sessão, mas continuei como se nada incomum estivesse ocorrendo. Claro que para mim não era incomum. Tentei passar-lhes tranquilidade enquanto continuava a sessão. Eu sabia que poderia explicar depois. Não tinha tido oportunidade de trazer essa possibilidade antes da manifestação. Suponho que "eles" acham que meus alunos já estão prontos, não importa em que parte do mundo eles estejam.

Quando começamos a sessão, Cathy gostou de estar na nuvem e hesitava em sair dela. Ela se emocionou e começou a chorar. Não havia nada que indicasse o que a estava afetando, porque ela ainda não tinha visto nada. No entanto, é sempre uma indicação de que descobrimos algo importante (ou, no caso dela, que algo importante viria a acontecer) quando a pessoa demonstra emoção. A emoção não pode ser falsificada e, mais tarde, nem mesmo parece racional para o cliente. "Por que eu estava chorando? Não faz sentido. Por que isso me aborreceu?"

Eu sabia que tinha que tirá-la da nuvem, então lhe perguntei, se ela pudesse ir a *qualquer lugar,* onde ela iria querer que a nuvem a levasse?

C: Eu quero subir! (Suspiro profundo) Eu quero ir para casa.
D: *Para vivenciá-la novamente por um tempo. Você pode fazer o que quiser. Por qual caminho você iria?*
C: Norte. Eu vejo estrelas. Elas são lindas! Elas estão brilhando e girando. - Agora vejo uma terra cor-de-rosa. É da cor das rosas. Está longe. É onde eu moro. Estou chegando mais perto. Eu vejo muito vento ... um monte de nuvens se afastando. As nuvens têm uma cor rosa suave. E há luzes ... elas vêm das estrelas.
D: *Você quer ir em direção à superfície para descer?* (Não) *Por que não?*
C: Porque não há mais nada lá. - É só poeira. Tudo acabou.

Ela começou a soluçar alto. Os estudantes me olhavam muito confusos.

D: *Aconteceu alguma coisa?*
C: Eu não sei. - Não há mais vida, apenas rolos de poeira e ar quente. - Eu não consigo me aproximar. Não estou conseguindo. — É muito perigoso.

Cathy não conseguia explicar por que era perigoso, mas quando flutuou teve que permanecer a uma distância segura. Tudo o que ela podia ver eram nuvens e poeira. Não havia sinal de vida, edifícios ou vegetação. Apenas um planeta estéril. Isso a deixou incrivelmente triste. "Eu não posso voltar. Nós perdemos tudo. Acabou. Todo mundo se foi. Não há mais nada lá. Tudo está perdido." Ela disse que não estava lá quando tudo aconteceu, mas ela sabia que já havia sido um lugar próspero com pessoas. E sabia que tinha vivido lá por um curto período de tempo. Como ela não conseguiu mais nenhuma informação, decidi retroceder antes que a catástrofe acontecesse, antes dos maus momentos e ver como era. Ela estava ansiosa para tentar isso e foi rapidamente para lá. "Eu vejo crianças. Elas estão brincando na água. Há muita água."

D: *Ainda é cor-de-rosa?*
C: Não. É branco. E o chão é verde. - As crianças estão brincando. Estão dançando.

Ela disse que as crianças pareciam humanas. Quando eu pedi a ela para olhar para si mesma e me dizer como era seu corpo, ela disse que não podia ver seu corpo. Eu perguntei se ela podia sentir seu corpo. "Sim. Parece calmo. - Eu vejo uma cidade ... uma cidade branca. Tem paredes altas de mármore cinza com corredores, e há muitas risadas. A cidade brilha. Há luzes sempre."

D: *Você já morou lá?*
C: Eu acho que a visitei. Não era minha casa, mas eu morava lá.
D: *Por que você foi visitar?*
C: Para ensinar. Ensinar amor e felicidade às crianças.
D: *Te mandaram para lá?*
C: Sim. Foi bonito. Pessoas simples, mas boas.

Ela havia viajado para muitos lugares, para onde era atraída a fim de ensinar, para onde era necessária.

D: *É isso que você gosta de fazer?*
C: Eu não sei ... (Suspiro) ... não mais. (Ela começou a chorar.) Porque dói.
D: *Por que dói, porque o planeta foi destruído?*
C: Sim, por isso ter acontecido. Então, quando saio, não sei o que vai acontecer com as pessoas.

Ela sabia intuitivamente quando algo ia acontecer, mas as pessoas não sabiam. Então ela saiu muito antes do desastre acontecer. Ela ainda não sabia exatamente o que tinha causado a destruição. "Quando precisam de mim, vou ensinar."

D: *O que você faz quando não é necessária? Nós podemos*

descobrir. (Pausa) *Você faz mais alguma coisa?*
C: Não. Eu fico esperando até ser necessária.
D: *Onde você fica esperando? Você pode ver isso.*
C: É difícil explicar.
D: *Explique o melhor que puder.*
C: É completamente pacífico. É muito suave.
D: *Parece físico?*
C: Não. É quase como um movimento ... como uma música.
D: *Parece lindo. Tem alguém com você ou está sozinha?*
C: Não estou sozinha, mas não há ninguém físico. Sinto que sempre há outros ao meu redor.
D: *Então você gosta desse lugar?*
C: Às vezes. Às vezes você precisa se afastar e ver as coisas. É um lugar onde fico esperando até que eu tenha que ensinar e ajudar os outros. Depois, então, volto para cá.
D: *Você já viveu em um corpo físico?*
C: Não me lembro. Isso é tudo de que me lembro, deste lugar de pura paz e beleza.
D: *Isso é muito bom. Você é uma pessoa muito amorosa. Você tem que estar cheia de amor para ensinar amor. Isso é maravilhoso. - Você está ciente de que está falando através de um corpo físico no momento atual?* (Sim) *Por que você decidiu entrar em um corpo físico se era tão bonito lá?*
C: Eu não sei. (Ela riu)
D: *Você quer descobrir?* (Ela riu) *Nós podemos. Ajudaria, não?* (Sim)

Então eu a levei ao ponto em que foi tomada a decisão. Quando ela saiu daquele lugar lindo. "O que aconteceu?"

C: Estava na hora. Eles tiveram que tomar providências. - Meu trabalho não estava terminado. Eu tinha que ensinar mais.
D: *Alguém está falando com você?*
C: Estamos todos juntos conversando. Estamos decidindo o que é melhor.
D: *O que vocês estão decidindo?*
C: Quem vai fazer esse trabalho.
D: *Os outros querem ir também?* (Não) (Nós duas rimos) *Por que eles não querem ir?*
C: Porque é um desafio muito grande. Eles acham melhor não ir.
D: *Existe uma razão?*

C: Porque eles não estão sendo requisitados. (Ela começou a chorar de novo.)
D: *Mas você acha que está?*
C: Ah, sim!
D: *Para que você está sendo requisitada?*
C: Para mudar as coisas ... devagar ... para mudar ... para ajudar as pessoas a lembrar que tudo está bem.
D: *Do que elas esqueceram?*
C: Delas mesmas. Elas esquecem quem são ... quem realmente são. Quando entram no físico, esquecem.
D: *Quem elas são realmente?*
C: É isso que devem aprender. Acreditam que são outra coisa e não são.
D: *Então você vai ajudá-las a lembrar?*
C: Sim, isso é uma parte do que tenho de fazer.
D: *Qual é a outra parte?*
C: Ajudá-las a mudar as coisas. - O fluxo. Como uma correnteza... mudar o fluxo.
D: *O fluxo de quê?*
C: De tudo. Do que está indo na direção errada.
D: *O que ocasionou a tomada da direção errada?*
C: O esquecimento ... esquecer de amar ... esquecer de amar e de brincar.
D: *Então, o fato de as pessoas começarem a se esquecer de quem são fez com que o fluxo fosse na direção errada?* (Sim) *Se o fluxo continuar indo na direção errada, o que acontecerá?*
C: Elas morrerão. A alma delas morrerá. (Soluçando)
D: *Então você assumiu vir e fazer a diferença?*
C: Uma pequena ... pequena diferença.
D: *Essa é uma grande decisão.* (Sim) *É preciso muita coragem para fazer isso.*
C: É preciso estupidez.
D: *Você acha que pode fazer a diferença?*
C: Eu não sei. – Pensava que entrar em um corpo físico seria diferente.
D: *Mas esses outros seres com quem você estava, eles não queriam se arriscar?* (Não) *Então você se sente como se estivesse sozinha fazendo isso?*
C: Não. Eu sei que não estou sozinha.
D: *Você sabe que outros também estão ajudando?* (Sim) *São pessoas que Cathy conhece?* (Não) *Mas talvez elas também não*

saibam o que estão fazendo.
C: Elas estão aprendendo.
D: Mas você disse que sente falta de casa?
C: Sim. Eu estava muito feliz lá e aquilo fazia parte.

Decidi convocar o SC e obter respostas para suas perguntas. Eu perguntei por que escolheu mostrar a Cathy aquela cena. "Nós estávamos procurando vidas passadas, não estávamos?" (Sim) "Existe uma razão para ela não ter ido lá?"

C: Ela não consegue se lembrar daquela cena. Não é para ela lembrar.
D: Parece que ela estava indo de um lugar para outro como um espírito? (Sim) *Fazendo o bem?*
C: Ela tenta.
D: Então ela veio à Terra para cumprir outra missão? (Sim) *Era isso que você queria que ela soubesse?*
C: Ela sabe.
D: Mas ela não sabia conscientemente. (Sim) *Você acha que é importante que ela saiba?*
C: É importante... sim.
D: Isso vai ajudar a explicar muitas coisas que estão acontecendo em sua vida?
C: Sim. É por isso que a levamos até você.
D: Ela é um dos voluntários com quem falei antes?
C: Eles são diferentes.
D: Como assim, diferentes?
C: Porque geralmente não é isso que ela faz. Nós tivemos que lhe pedir.

Fiz a eterna pergunta: Qual era o seu propósito? O que ela deveria estar fazendo nesta vida? "Você quer dizer a ela?"

C: Na verdade não. (Risos) Porque é muito importante. Ela está no caminho dela. Ela saberá quando chegar a hora.
D: Então ela ainda não está pronta para conhecer a história toda? (Não) *A missão deve ser importante.*
C: Não sei dizer. (Risos)

Como o SC não revelaria a história toda, voltei meu foco para seu objetivo físico. Ela estava envolvida no mundo corporativo, ficou desiludida e saiu. "Ela estava tentando ser humana. Ela queria se encaixar. Ela queria fazer o que é melhor para esse planeta e achava que contribuiria mais naquele grupo, pelo número maior de pessoas envolvidas." Ficou muito doente trabalhando no mundo corporativo. Essa foi uma das principais razões pelas quais ela teve que sair. Disseram que o motivo foi ela não estar feliz. Perguntei-lhes sobre seu corpo físico e pedi um exame corporal, mas eles estavam à minha frente e já estavam trabalhando nisso. Os médicos pensaram que havia algo errado com o sangue dela. Eles a diagnosticaram com anemia severa, que a fizera ficar fraca e desmaiar em momentos inesperados.

C: Estamos trabalhando nisso. Ela pode sentir o que estamos fazendo. Ela percebe.

D: *O que havia de errado com o sangue?*

C: Nada importante. Foi apenas o fluxo. Ela havia obstruído o fluxo.

D: *Ela estava falando sobre o fluxo, e eu pensei que ela queria dizer o fluxo do mundo. Mas ela se ligou a isso?*

C: Faz parte. É a mesma coisa.

D: *Os médicos estavam dizendo que era algo muito sério.*

C: Era. - Mas ela ouviu e saiu dessa empresa.

D: *O que você está fazendo com o sangue agora?*

C: Eu o estou energizando.

D: *Como você energiza o sangue?*

C: Apenas energizo. - Vai ficar melhor ... muito melhor. Nós estamos fazendo isso enquanto conversamos. Mantenha-os adivinhando .... sim.

Os médicos também disseram que havia algo errado com o fígado. "Eles" disseram que era parte do mesmo problema, com o fluxo, e isso fez com que o sangue piorasse (se tornasse envenenado).

D: *Você já o corrigiu?*

C: Me dê mais um minuto. Nós ainda precisamos de um minuto.

Então eles se concentraram na coluna dela. Isso estava lhe causando problemas porque ela tinha dificuldade em se soltar. Ela queria ficar conectada. "É como ter um pé dentro e um pé fora." Eles corrigiram o problema, "Apenas corrigindo o fluxo, e mudando de quem ela era para quem ela é agora. - Nós vamos olhar mais de perto para isso, mas nós podemos corrigi-lo. Nós queremos fazer isso rapidamente". Todos os outros problemas físicos (pescoço, pernas) estavam ligados à causa inicial. Eles continuariam trabalhando nela depois da sessão.

Ela queria saber sobre contratos ou carma com as pessoas em sua vida, mas se ela não tinha estado na Terra antes, não tinha nenhum. "Ela tem professores que a ensinam a viver. Seus pais foram os que a trouxeram. Só para ensiná-la." Quando ela estava crescendo, ela sentia muita raiva e agressão. Ela queria saber de onde isso vinha. "Foi luto. Pelo planeta ... pela perda."

D: O que aconteceu com aquele planeta?
C: Seus habitantes desistiram de si mesmos.
D: Ela disse que não estava lá quando aconteceu. Tudo foi destruído.
C: Não, eles a levaram embora. Ela teria odiado assistir a tudo. Foi muito triste.
D: O que causou a destruição?
C: Eles mesmos. - É difícil explicar, porque é muito diferente, mas a intenção era que eles desistissem da luta para tornarem-se melhores ... amar. Eles esqueceram o que precisavam fazer.
D: Então tudo foi destruído.
C: Sim. Eles escolheram isso.
D: É por isso que ela teve que vir para a Terra agora?
C: Porque as pessoas estavam escolhendo se matar.
D: E você não quer que isso aconteça novamente?
C: Gostaríamos de lhes dar uma chance. Estamos tentando.
D: Você não quer que se repita?
C: Não gostamos de perder. (Risos)
D: Ela não quer passar por isso novamente. Ela se ofereceu para um trabalho importante.
C: Nós lhe pedimos e ela finalmente concordou. Ela entendeu o que seria necessário. Estamos muito orgulhosos dela por se arriscar. Mas nós sabíamos que a escolha dela seria essa. Ela faz muito por nós.

Outra das suas perguntas era sobre as visitas que ela teve à noite, quando criança, que a assustaram.

C: Ela vive nas duas realidades. Um pé dentro; um pé fora. Ela tem dificuldade em se soltar e ainda existe aquela conexão que a faz

querer voltar à Fonte.
D: *Por que ela percebeu isso como sendo assustador?*
C: Porque era. Era muito assustador. Encontrar negatividade e - como eu explico isso - não o mal, mas não entender. Ela percebeu isso como algo físico. Foi energia física. Ela podia sentir a energia. Era uma pessoa, mas não o que ela pensava que era. Foi do plano espiritual.
D: *Mas, às vezes, ela ainda tem visitas.*
C: Porque ela pode ver a outra realidade.
D: *Através do véu?* (Sim) *Mas ela não deveria ter medo disso?*
C: Não, mas nós entendemos porque ela tem medo. Da próxima vez ela vai entender.
D: *Quando se entende o que está acontecendo, não se tem medo, é isso?*
C: Isso mesmo. Está certo.
D: *Nós temos mais uma pergunta. Ela sentiu que poderia voar quando criança. Isso era verdade ou apenas imaginação?*
C: Bem, todo mundo pode voar. Todo mundo.
D: *Por que não sabemos disso?*
C: Porque nos esquecemos.
D: (Risos) *Nós apenas nos sentimos amarrados à Terra?*
C: Nós acreditamos que somos. - Quando criança ela sabia que poderia fazê-lo, então ela fez.
D: *Você quer dizer que se começássemos a lembrar, ainda poderíamos fazê-lo?*
C: Sim ... se aprendermos a brincar. Nós precisamos brincar. Apenas brinque ... apenas sinta alegria, amor e aceitação. Vocês ficam muito sérios. Vocês têm que trazer a alegria de volta para suas vidas porque suas almas morrem se vocês não a tiverem. Não é tão ruim. Parece que sim. Brinque, divirta-se. Daí nós podemos mudar o fluxo. - Lembre-se de como era voar.
D: (Risos) *Acabei de ver uma imagem de todos voando.*
C: Isso acontece.
D: *Talvez seja a hora.*
C: Eu espero que sim. Eu realmente espero.
D: *De qualquer forma, você quer que nos lembremos de onde viemos; como foi e por que estamos aqui?*
C: Isso é para você descobrir. Esse não é meu trabalho. Torne-se consciente.
D: *E nós podemos fazer a diferença?*
C: Ah! Sim. Todo mundo tem seu caminho.

D: Ou o mundo morreria como o outro?
C: Talvez pior. Nós não queremos isso.

Eu estava me preparando para fechar a demonstração quando o SC inesperadamente me perguntou: "Existe alguma coisa que você queira saber?" Isso sempre me pega de surpresa, porque a minha principal preocupação é o interesse do meu cliente. Então eu pensei, "Que eu queira saber? - Por que eu tive que vir para a África do Sul? É a minha primeira vez. Por que eu era necessária?"

C: Por causa do equilíbrio.

Eles não explicaram mais nada, então só posso especular. Talvez eles quisessem dizer que minha energia era necessária para ajudar a equilibrar essa parte do mundo. Eles me disseram muitas vezes que, quando vamos a algum lugar, deixamos uma parte de nossa energia ali e influenciamos mais do que podemos imaginar.

Após o almoço, passei bastante tempo tentando explicar a sessão e, assim, melhorar seu entendimento considerando o limite do nível de entendimento deles. Também era difícil explicar para Cathy porque ela não tinha lembrança do que havia dito.

Este foi outro exemplo do que eu chamo de "segunda onda". Ela estava aqui como observadora, mas também como professora para ajudar as pessoas a se lembrar. Nesse caso, "eles" lhe pediram que viesse em vez de se voluntariar, mas ela o fez com relutância.

Outra coisa incomum aconteceu imediatamente após a sessão. Estava quente nessa época do ano na África do Sul, e a chuva era incomum. Mas, inesperadamente, uma forte tempestade caiu de repente sobre o edifício em que estávamos. Havia ventos fortes, chuva e trovões altos. Disseram que isso era extremamente incomum e nunca acontecera durante essa época do ano. Quando voltamos para a casa onde estávamos, perguntamos ao irmão de Cathy, James, sobre a tempestade. Ele disse que não houve tempestade naquela parte da cidade. Parecia ter sido localizada apenas sobre o prédio e a rua onde estávamos conduzindo a aula. Teve algo a ver com a energia gerada pelas entidades envolvidas ou o SC?

Fenômenos climáticos incomuns ocorreram durante algumas das minhas outras aulas. Quando dei minha aula no deserto de Dubai, uma tempestade de poeira forte e repentina surgiu em torno do prédio onde estávamos conduzindo a aula. Durante uma das minhas Conferências de Transformação que temos no Arkansas, de repente ficamos sob um alerta de tornado, e um tornado foi avistado diretamente sobre o centro de convenções. Talvez um dos fenômenos inexplicáveis mais estranhos tenha acontecido enquanto eu conduzia minha aula em novembro de 2010 em Sydney, na Austrália. Era uma turma grande (mais de 60 alunos) e a sala estava lotada. Eu estava conduzindo a entrevista antes de realizar a demonstração no último dia da aula. De repente, a sala virou um caos quando um jorro (uma verdadeira cachoeira) de água brotou através do teto diretamente sobre alguns estudantes sentados às suas mesas. A água jorrava das luminárias. Eles gritaram e pularam, encharcados, quando alguém pegou uma enorme lata de lixo e a colocou sobre a mesa, tentando coletar a água que não parava. A confusão reinou enquanto alguém saía à procura das pessoas encarregadas do edifício.

A princípio, pensei que fosse chuva, mas isso não fazia sentido porque estávamos no terceiro andar de um prédio de cinco andares, e o sol estava brilhando lá fora. A solução mais óbvia era que um cano de água se rompera no teto. O aguaceiro continuou por pelo menos cinco minutos, diminuindo e depois aumentando novamente. Eu achei divertido e finalmente disse, rindo: "Ok, pessoal, vocês têm razão! Podem desligá-la agora!" Eu não tinha certeza, mas eu suspeitava que eram apenas nossos gremlins amigáveis fazendo truques novamente. Quando os encarregados do prédio entraram, ficaram ali boquiabertos, olhando para a cachoeira e a lixeira meio cheia de água. E continuaram dizendo: "Isso nunca aconteceu antes. Não há canos de água no teto. Não há nada que possa causar isso." Então, quando a água desacelerou, eles perguntaram se eu queria que eles limpassem tudo. Eu lhes disse que tudo estava bem, já que era o último dia de aula e eu não queria mais atrasos. Os alunos acabaram se mudando para mesas e cadeiras secas. Meses depois, perguntei a "eles" sobre esse incidente durante outra sessão. Eles disseram que havia pelo menos três pessoas céticas na classe, e pensaram que isso seria uma maneira de convencê-las de que eu estava realmente trabalhando com algo incomum durante minhas sessões.

Muitos outros fenômenos inexplicáveis ocorreram nas salas durante minhas aulas (assim como durante minhas sessões particulares no meu consultório). Eu não acho que essas coisas acontecem por acaso ou coincidência. Pode ser a energia combinada gerada pelos alunos, por "eles" ou pelo SC. Isso serve apenas para mostrar que não conhecemos nosso próprio poder. Pense no que poderíamos fazer se aprendêssemos a aproveitar essa energia incrível. Salvar o mundo? Ou talvez pudéssemos voar!!

CAPÍTULO ONZE
OUTRO PLANETA DESTRUÍDO

Terry era outra cliente que tentava descobrir quem eles eram. O planeta sempre lhe pareceu muito estranho e ela tentava estabilizar sua identidade. Outro caso de alguém que sentiu não pertencer a este planeta e teve dificuldade em se ajustar.

Esta sessão foi realizada na casa de hóspedes onde eu estava hospedada, fora de Santa Fé, NM. Eu tinha ido lá para conduzir minha aula no Northwestern New Mexico College, no campus de El Rito. E estava visitando alguns clientes enquanto estava lá.

Quando Terry saiu da nuvem, encontrou-se em um "lugar vazio". Sua descrição não era bem definida. "Não reconheço este lugar. É aberto. É um grande espaço. Parece que existia algo aqui, e não existe mais. É como se tivesse sido destruído. É uma desolação. E não parece existir vida aqui agora. O terreno parece chamuscado. Parece que havia vegetação, talvez árvores de algum tipo. Talvez edifícios. Tenho a impressão de que existiram, mas não vejo nada que tenha *sobrado* deles. Não há nada. É estranho. E sinto como ...uma perda. Me sinto sozinha. É como se... todos tivessem ido embora."

Eu pedi a ela que tomasse consciência de seu corpo. Ela estava usando uma roupa lisa e sem costura que lembrava camurça, mas em camadas. Seu corpo parecia muito leve e magro, sem muita substância. Quando olhou para as mãos, elas eram maiores do que ela esperava, e os dedos tinham uma forma incomum. Quando perguntei sobre sua cabeça e rosto, ela disse que estava usando um capuz apertado. Seu rosto: "Traços suaves. Um tipo oval. Uma boca muito pequena e um nariz minúsculo. Meus olhos são pequenos, mas largos. Mais de formato horizontal, quase como fendas." Ela ficou surpresa por não ter dificuldade em respirar o ar daquele lugar desolado.

T: Sinto que já estive aqui antes. Eu conhecia este lugar. Acho que ouvi sobre o que aconteceu aqui.
D: *Não era assim quando você o conheceu?*
T: Não. Era perfeito. Muitas pessoas e atividades. Era um lugar movimentado. Não o tinha visto ainda. É triste. Existem muitas histórias diferentes. Mas acho que foi algum tipo de ... quase autodestruição. Alguns disseram que foi destruído por forças externas, mas eu não acho que isso seja verdade. Acho que foi algo que não poderia ser evitado. Bem, provavelmente poderia ter sido evitado, mas eles não sabiam o que fazer.
D: *Você acha que esse era o seu lar?*
T: Sim, eu acho. Não acho que tenha estado lá muito tempo. Parece que ainda posso sentir os outros, as pessoas que eu conhecia, que não conseguiram ir embora. Que também foram destruídos ou perdidos.
D: *Então alguns conseguiram sair.*
T: Sim. Eu não sei porque fui embora, mas fui. E não estava lá quando aconteceu.

Ela disse que não tinha que vir a este lugar *dentro* de algo. Apenas pensava a respeito e, instantaneamente, estava lá.

D: *Onde você se encontrava quando pensou a respeito daqui? Vamos para esse lugar. Quando você decidiu que queria vê-lo, onde você estava?*
T: Estava no espaço. Em nenhum planeta. Apenas lá fora. Fazia parte de tudo.
D: *O que você quer dizer?*
T: Que é apenas ... um espaço.
D: *Nenhuma nave ou nada físico?* (Não) *Bem, como você pode existir lá fora?*
T: Você não precisa de muito.
D: *O que você quer dizer? Porque parece que você tem um corpo físico, não é?*
T: Não quando estou aqui fora. Quando estou aqui no espaço, não existe corpo físico. Eu me sinto como um ponto de luz. Quando eu quis sair de novo, o corpo simplesmente desapareceu. Eu não precisava mais dele.

Quando ela falou de se sentir como um ponto de luz, ela estava se vendo como *realmente* era. Quando todos nós fomos criados, éramos apenas fagulhas de luz que foram enviadas para aprender e ter experiências. Quando você tira o corpo e as armadilhas físicas que nos rodeiam para viver uma vida, tudo o que realmente somos é um eterno ponto de luz.

D: *Você disse que deixou este planeta antes do desastre acontecer?* (Sim) *Você consegue ver aquela época? Você tinha um corpo físico então?*
T: Parece que eu tinha. E estou em algum tipo de nave.
D: *Há outros com você?*
T: Muitas pessoas. A nave é pequena.
D: *Quando você saiu, você sabia que algo ia acontecer?*
T: Não tinha certeza. Eu não saí *porque* algo ia acontecer. Mas senti que algo *poderia* acontecer.
D: *Houve outros que saíram ao mesmo tempo?*
T: Sim. Mas, novamente, não porque eles sentiram que algo iria acontecer. As pessoas vêm e vão.
D: *Qual era o seu trabalho?*
T: Tem a ver com voar nesta nave. Eu voei para longe por um longo tempo, mas íamos e voltávamos.
D: *Conte-me o que aconteceu nessa viagem quando você foi embora. Para onde você foi?*
T: Parece que estava longe do planeta. Parece que estávamos observando outros planetas? Outros seres? Talvez. E fomos levados para bem longe de ... até mesmo deste universo.
D: *E qual era o seu trabalho lá fora?*
T: Apenas olhava. Só assistia. Reunia informações. Para ver o que mais está acontecendo em outros lugares.
D: *É isso que o seu povo faz?*
T: Parece *parte* do que fazemos. Parece que exploramos e trazemos as informações de volta. Depois trabalhamos com os outros com essas informações. E então saímos de novo.
D: *Você gosta desse tipo de trabalho?*
T: Sim. É interessante.
D: *Então você estava a bordo de uma nave pequena ou maior, quando você estava lá longe?*
T: Parece que era pequena.
D: *Você pousa nesses outros planetas ou apenas observa?*
T: Acho que só observamos. Não me lembro de aterrissar.
D: *Você não se lembra de interagir com as pessoas então.*
T: Não. Observamos de longe. Mesmo assim, ainda podemos saber

muito do que está acontecendo, à distância.

Eu estava tentando levar a história adiante e descobrir mais sobre tudo isso, então eu a movi para um dia importante em que algo estava acontecendo.

T: (Confusão) Nós vemos um planeta totalmente incomum... É como uma laranja líquida. E continua mudando sua forma.
D: *É isso que faz com que seja incomum?*
T: Sim. Nós nunca encontramos algo assim antes. Não parece ser habitado, mas estamos tentando descobrir uma função e um propósito para que essa forma exista. Porque não é uma forma fixa. E, na verdade, parece que pode estar causando um distúrbio ... (confusão) afetando seus arredores. Parece estar causando alguns problemas para outros planetas. - Até planetas que não têm habitantes parecem ter algum propósito. E é como se este aqui fosse descontrolado. O modo como ele muda de forma está causando distúrbios.
D: *Oscilação.* (Sim) *Você deveria fazer alguma coisa?*
T: Nós devemos apenas observar, mas há um certo pânico. E nós temos que voltar e informar os responsáveis. Isso é urgente. É um sentimento estranho. É o que afetou nosso planeta de alguma forma.
D: *Mesmo estando tão longe?*
T: Mesmo assim. Eu sei. Sim. Está causando grande angústia.
D: *Por todo o universo ou o quê?*
T: Sim. Às vezes, de maneira sutil e, às vezes, profundamente. Eu não sei *como*, mas parece urgente. Pode representar um perigo para o nosso mundo e para outros. - Estamos voltando. Não há mais nada que possamos fazer aqui ou mais informações para coletar. É hora de voltar e transmitir as informações.
D: *Tudo bem. Vamos nos mover para onde você está indo para relatar as informações. Como é esse lugar?*
T: Tem estruturas difíceis de descrever. Nós que *fazemos*. Não são formas naturais, mas parecem ser. E dentro ... apenas muito espaço. *É* um edifício, mas parece que brota do chão.
D: *Onde é este lugar?*
T: Este é aquele planeta, meu planeta. E eu fui lá para transmitir a informação. Os responsáveis estão nesse prédio. Eles estão preocupados. E vão enviar uma equipe mais científica para descobrir exatamente o que está acontecendo. Eles têm outras

maneiras de testar ou coletar informações. Nós somos os exploradores. Agora vão ser enviadas equipes com outras ferramentas.
D: *Você não volta com essas equipes?*
T: Não. Ficamos aqui por um tempinho. Nós não ficamos por muito tempo. E logo somos enviados em outra tarefa.

Mudei-a para outro dia importante e, depois de uma longa pausa, ela respondeu devagar e com tristeza.

T: Estou em uma nave novamente. Tem outra pessoa da equipe na nave. E nós recebemos informações sobre o nosso planeta. E ... é incompleta. Mas ouvimos que houve destruição. E ... (teve dificuldade em verbalizar) e ... não sabemos o que fazer.
D: *Você acha que foi causada pelo planeta que você viu?*
T: (Suspiro profundo) Nós ainda não sabemos. Parece ... foi a primeira coisa em que pensamos. E não sabemos o que fazer. Não sabemos para onde ir. Estamos vagando. É como se estivéssemos perdidos lá fora. Nossa missão é inútil. Não sei para onde ir. Nunca nos foi dito o que fazer se algo assim acontecesse. Sei que há outros por aí, mas não estamos perto deles.
D: *Não tem como contatá-los.*
T: Parece que não. Embora alguém tenha se conectado conosco.
D: *E lhe enviou uma mensagem.*
T: Sim. Parece que não somos capazes de nos conectar com ninguém.
D: *Bem, talvez eles não saibam o que fazer mais do que vocês.*
T: Não, provavelmente não.
D: *Quantos estão na sua nave?*
T: Apenas dois de nós.
D: *Vocês têm que comer ou consumir comida?*
T: Parece que não.
D: *Você acha que pode viver assim por um tempo?*
T: Sim. Nós não estamos preocupados com isso. É que ...não sabemos para onde ir. Nem o que fazer exatamente.
D: *Bem, vamos seguir em frente. Podemos fazer isso com muita facilidade. Mova-se para o tempo adiante e veja o que acontece. Para onde vocês vão?* (Pausa) *O que vocês decidiram fazer?*
T: Nós decidimos explorar e ver se há algum outro lugar onde possamos pousar. Gostaríamos de encontrar nossa espécie, se

possível.

Aqui um zumbido eletrônico que apareceu na fita parcialmente obscureceu as palavras. O zumbido não ficou evidente durante a sessão. Só podia ser ouvido na gravação durante a transcrição. Esse fenômeno, às vezes, ocorre e me parece que é proveniente da energia que está sendo gerada. A velocidade da fita também pode acelerar e soar "fininha", ou diminuir para que as vozes soem profundas e se arrastem. Isso nunca é causado pela mecânica normal do gravador.

D: Então o que vocês estão fazendo?
T: Nós tivemos a experiência dessa exploração e temos mapas. Então, isso nos atrai, mas não temos um plano exatamente. Vamos continuar explorando, mas agora ... por nossa conta.

Aparentemente, durante esse período de exploração, eles retornaram ao planeta que viram no início da sessão e o encontraram sem vida e demolido.

D: Bem, vamos seguir em frente. Vocês já encontraram um lugar para ir? (Pausa longa) Então vocês podem parar de explorar e permanecer em algum lugar?
T: (Pausa) Parece que não. Parece que... Nós mudamos nossa estrutura, em vez disso.

O zumbido eletrônico parou tão repentinamente quanto começou.

D: Ah? O que você quer dizer?
T: (Confusa) Eu não sei como, mas nós fomos capazes de ... deixar o nosso corpo para trás na nave e apenas estar no espaço.
D: E então vocês se tornaram pontos de luz?
T: Acho que sim.
D: Por que vocês fizeram isso?
T: Nós devíamos saber que podíamos. E sem o nosso planeta, nossos corpos não faziam muito sentido.
D: Vocês acharam que não conseguiriam encontrar outro lugar?
T: Nós nunca quisemos. Queríamos ver se podíamos, mas não parecia tão importante naquele momento. Ou necessário. Nós não poderíamos voltar. E nos sentiríamos - embora juntos - solitários em outro planeta.

D: *Então vocês dois decidiram fazer isso juntos?* (Sim) *Isso é uma forma de morrer? Você entende esse conceito?*
T: (Suspiro profundo) Eu acredito que sim. Sim. Foi por vontade, mas sim.
D: *Porque fiquei pensando se seus corpos poderiam morrer.*
T: Bem, nós não precisávamos mais deles. Não quer dizer que desistimos deles. Eles nunca iriam servir a um propósito.
D: *Vocês poderiam ter continuado viajando e viajando, mas vocês acharam que não haveria sentido nisso?*
T: Não. Parecia inútil. Mesmo que o objetivo fosse encontrar um novo lar, não achamos que outro lar seria igual. E isso foi triste.

O zumbido retornou assim que cheguei ao final da fita e a virei.

D: *O que você vai fazer agora?*
T: Estou bem. Parece uma espécie de continuação. Há um monitoramento.
D: *Ainda explorando.*
T: Não tanto explorando, mas controlando ... eu quero dizer, algo como um estabilizador.
D: *Existe alguém ou alguma coisa lhe dizendo o que fazer?*
T: Humm. Eu apenas sei, mas acho que fui instruído também. (Pausa) É mais o ponto de parada da luz, de certa forma, do que toda a movimentação que eu estava fazendo. E há algum tipo de assistência que um nível superior está oferecendo. É um pequeno ponto de luz, mas parece muito grande. Parece muito sólido, de certa forma, e estabilizador. É como um ponto de estabilização no universo que ajuda as coisas a funcionarem da maneira correta.
D: *Você fica lá fora por um longo tempo apenas estabilizando as coisas?*
T: Sim. Estabilizando, mantendo as coisas onde elas devem estar. Para que não saiam do curso.
D: *Você quer dizer como planetas ... ou coisas no universo?*
T: Bem, isso é novo.
D: *Você já teve o desejo de deixar de ser isso e se tornar um corpo físico?*
T: Parece que não. Gosto disso.
D: *Você ainda precisa de instruções sobre o que fazer?*
T: Eu tenho as preliminares, as instruções iniciais. (Pausa) Mas não muitas agora. Mas tenho noção do que preciso fazer, se preciso

fazer algo diferente. Isso pode mudar, mas será o que for necessário.
D: *Mas você está ciente de que está falando comigo através de um corpo físico?*
T: Acho que sei disso. Eu estou e não estou. (Risos) Estou ciente desse corpo deitado aí.
D: *Sim, você está falando.* (Sim) *Mas você também está lá fora, estabilizando as coisas.* (Certo) *Porque eu não quero te perturbar ou confundir.*
T: Isso poderia acontecer.
D: *Bem, vamos seguir em frente no tempo até você decidir entrar neste corpo físico pela primeira vez. - O que aconteceu quando você decidiu entrar em um corpo físico?*
T: Este aqui? (Sim) Bem ... eu não tenho certeza se foi ideia minha.
D: *Eu me pergunto se você tinha instruções.*
T: Sim. Era necessário. Havia algo que eu deveria fazer, ou precisava fazer, em um corpo. Eu estava bem confortável no trabalho em que estava, mas era preciso agitar um pouco. Eu precisava vivenciar essa experiência, e não poderia fazê-la sendo um ponto de luz.
D: *Mas você recebeu instruções para fazer isso?*
T: Sim. Não foi ideia minha porque eu estava bem feliz onde estava.
D: *Você tinha estado no físico.* (Sim) *Mas você já esteve no físico no planeta Terra? Porque é de onde estamos falando.*
T: Certo. (Pausa) Eu não sei ... parece que sim. Estou tentando olhar para trás. Eles me pediram para vir. Eles pediram. - Para fazer alguma coisa ... e parece que alguma coisa para mim também. Algo sobre experimentar a densidade. E aprender a lidar com a densidade. Parece muito diferente.
D: *É diferente do outro planeta?*
T: Sim. Apesar de termos forma, tudo era mais leve. Funcionava de um jeito diferente.
D: *Você acha que vai ser fácil sentir esse corpo?*
T: Acho que não é isso. Estou disposta a ir. Sei que é o certo a fazer, mas não posso dizer que estou ansiosa por isso. Parece meio estranho.
D: *Você teve toda essa liberdade lá fora.*
T: Sim. Toda a exploração foi divertida.
D: *Mas deve haver uma razão, ou eles não teriam pedido para você vir.* (Sim) *Deve ser importante.*
T: Isso é o que dizem.

D: *Existe alguma preparação antes de você entrar no corpo?*
T: Parece que vejo muitas fotos. Estou em um lugar onde me são mostradas como que fotos da vida no planeta muito rapidamente. Muita informação é passada rapidamente.
D: *Coisas que você precisa saber?*
T: Sim. Sobre como as coisas funcionam aqui.
D: *Seria difícil entrar sem conhecimento, não seria?*
T: Sim. É uma preparação, quase como uma aula. É divertido estudar ou aprender algo.

Ela estava obviamente descrevendo o processo de impressão, que é descrito em detalhes em meus outros livros. Isso geralmente é feito com espíritos que não estavam na Terra antes, a fim de prepará-los. Então era óbvio que ela era uma principiante.

D: *Então você saberá como vai ser para onde você está indo.*
T: Parece diferente, mas não é... tão ruim assim. (Risada) Não é tão difícil quanto pareceu inicialmente.
D: *Como você se sentiu quando entrou pela primeira vez no corpo?*
T: (Pausa) Humm. Não é difícil. É um sentimento desconfortável. Parece que... não tenho certeza sobre isso. É muito diferente. É difícil de ajustar.
D: *Eu posso entender isso. Bem, foi por isso que eu estava fazendo essas perguntas. Porque estou falando com o corpo físico e ela tem perguntas. Tais como por que ela se sentia diferente estando na Terra neste corpo. Por que você acha que lhe mostraram essa vida passada, sendo ela exploradora e o planeta que foi destruído?*

O zumbido continuou por todo esse lado da fita e estava se tornando bastante alto e perturbador.

T: (Suspiro profundo) Ela precisava ver suas outras existências fora deste planeta.
D: *De onde ela veio?* (Sim) *Por que é importante que ela saiba disso?*
T: Ela queria saber.
D: *Mas a vida no outro planeta não existe mais, existe?*
T: Não. Mas ela tinha que saber que ele existiu. Era o planeta dela. Ela preferiria estar lá, se pudesse.

D: *Mas, claro, é impossível, não é?* (Sim) *Ela poderia ter ficado no espaço, não poderia?*
T: Ela teria gostado. Mas ela precisava ter esta vida. Há coisas que ela pode trazer para este lugar neste momento.
D: *Você sabe o que ela deveria estar fazendo em sua vida agora?*
T: Sim. O trabalho de cura precisa se expandir de novas maneiras. Mas ela está no caminho certo.
D: *Ela tinha uma pergunta. Ela pensou sobre isso a vida inteira. Ela se sentia como se não soubesse quem era. Ela estava tentando descobrir a si mesma. Ela passou muito tempo inventando personagens porque não sabia quem era.* (Sim) *Você pode explicar por que ela se sentiu assim?*
T: Bem, é divertido, mas não é muito agradável para ela. Ela não sabe como viver aqui na Terra. É como se ela estivesse experimentando chapéus, e nenhum deles se encaixasse. Com isso ela estava se perdendo. Foi difícil, mas agora ela está começando a saber melhor quem ela é. E precisa continuar nessa direção. Mas ela quase se perdeu completamente.
D: *Porque ela não sabia quem ela era.*
T: Certo. Esse desconhecimento a estava debilitando.
D: *Mas você foi capaz de ajudá-la a entender?*
T: Sim. Mandamos as pessoas certas para que ela as encontrasse e com quem trabalhasse, para ajudá-la.
D: *Então ela pode se tornar mais ancorada no corpo físico?*
T: Mais ajustada. Lembrando quem ela é realmente, e encontrando o caminho para manifestar isso fisicamente.
D: *É por isso que ela quase se perdeu, por que não sabia quem era e o que estava fazendo aqui?*
T: Certo. Ela ficou confusa. Nós vamos ajudá-la porque ela assim o quer. E isso é bom para ela. Faremos o que pudermos para motivá-la quanto a isso. Ela precisa estar aqui. Quer goste ou não!
D: *Ela poderá se ajustar, não?* (Sim) *Você vai ajudá-la a encontrar sua identidade e se adaptar.* (Sim) *Isso é muito importante. Mas outra coisa que a incomoda: desde que ela entrou nesse corpo, ela teve problemas físicos.* (Sim) *Por que isso aconteceu?*
T: Foi principalmente por causa do ajuste. Não era um ajuste fácil para o físico. E houve momentos em que ela não tinha certeza se ia ficar. Ela foi trazida para um ambiente que não era muito puro, era poluído. Esse ambiente em combinação com a novidade do corpo tornou o começo difícil. E a falta de

conhecimento sobre si mesma também trouxe um desgaste físico intenso.

D: *Sim, eu posso entender isso. Fui informada por outros como você, que, às vezes, a energia é tão diferente que precisa ser ajustada quando entra em um corpo físico pela primeira vez.*

T: Sim. Nós fizemos alguns ajustes. As circunstâncias eram muito difíceis, com os pais e o nascimento. Não havia muito o que fazer.

D: *Por que foi difícil?*

T: Os pais eram um tipo diferente de seres e muito, muito mais densos energeticamente. Eles eram os seres certos, mas não uma boa combinação energética. Mas era o necessário. No entanto, isso dificultou seu ajuste. E ela tentou.

D: *Mas ela teve problemas físicos a vida toda. É hora de isso acabar, não é?*

T: Sim, para ela poder desenvolver seu trabalho e avançar para onde deve. Ela também precisou de ajustes adicionais no passado por causa das dores de cabeça e fadiga. Também foram ajustes que estávamos fazendo e que ela também fazia por conta própria através de seu trabalho de desenvolvimento espiritual. Mas podemos ver que ela precisa muito mais que isso agora. Ela assumiu muita coisa. E, também, ainda não está totalmente ajustada para estar neste planeta. Mas a estamos ajudando a se ajustar no que ela está fazendo. O corpo reage. E ela pode continuar a progredir de outra maneira sem as dificuldades físicas. Está na hora.

O SC passou a escanear o corpo, procurando ver nele o que devia ser trabalhado.

T: Há algo acontecendo no cérebro que – hum, é difícil de explicar, mas – uma conexão não está sendo feita. Nós só temos que reconectar. Basicamente só precisava de um ajuste.

D: *Você pode fazer isso?*

T: Sim, estamos fazendo isso. Acho que vai ajudar. Estamos também aliviando a pressão da cabeça. Vamos também aliviar o estresse no seu sistema. Por todo o corpo dela.

D: *O que mais você vê que precisa de atenção?*

T: As glândulas suprarrenais, rins, fígado. A maioria dos órgãos está intoxicada. Não doentes, mas intoxicadas. Eles têm trabalhado horas extras. Então, vamos restaurar a saúde deles. Vamos ajudá-la a ter a energia necessária para que tudo funcione em conjunto, para que ela faça o que deve fazer. Ela acorda com dores de cabeça e, depois, tem dificuldade em voltar a dormir. Então isso vai ajudar. Os órgãos estão sendo reconstruídos. Ela não pode mais ter esse cansaço.

D: *Talvez ela estivesse fazendo isso porque ela não queria estar no corpo.*
T: Sim, em parte era por isso. Era um pouco complicado. De vez em quando ela procurava uma saída, que era, por si só, esmagadora. Mas nunca a vimos doente porque ela é mais forte do que pensa. Além disso, ela tem algo muito importante para fazer aqui. Não é hora de ir embora. Ela sabe disso e nunca teria se evadido. A vida será uma experiência mais agradável para ela agora. Estamos apenas circulando a luz através de todo o seu sistema para regenerá-lo. Viver estava ficando quase impossível para ela.
D: *Você está quase terminando?*
T: Sim, terminamos.

Nesse ponto, o zumbido alto parou de repente e não retornou no restante da sessão.

D: *O corpo todo? Já passou por ele todo?*
T: Sim. Mas vai continuar. Nós o iniciamos. Há muito mais luz em seu corpo agora. E há mais força.

Mensagem de despedida: Estamos sempre aqui. Estamos aqui para ajudá-la. Ela pode nos chamar a qualquer momento. Ela tem muita ajuda em muitos níveis.

D: *Para chamá-lo, como ela deve fazer?*
T: Apenas pense em nós. Apenas pense no Todo.
D: *Pensar no Todo e chamá-lo quando quiser falar com você. Isso é maravilhoso. É tudo o que você quer contar a ela antes de irmos?*
T: Sim. E confiar completamente no que fizemos aqui hoje.

CAPÍTULO DOZE
MAIS DESTRUIÇÃO

Ellen hesitou por um tempo em sair da nuvem, então anunciou que não queria descer, ela queria *SUBIR*. Eu disse que ela poderia ir a qualquer lugar que quisesse. Ela ria enquanto flutuava para longe da Terra. Depois de flutuar pelo espaço, ela inesperadamente pairou no subsolo e saiu de uma caverna. O terreno era de terra vermelha arenosa com um horizonte plano.

E: É marrom avermelhado... avermelhado na maior parte. No começo, isso me lembrou de Sedona, mas não é. É meio que daquela cor. Apenas pedras e areia. Sem vegetação. Estou na abertura da caverna olhando para fora. Tem uma queda que vai direto para baixo. Flutuei pela caverna e cheguei à abertura. É muito mais brilhante lá fora, por isso é difícil se adaptar.

Eu queria que ela olhasse para o corpo dela, e sua mente consciente continuava tentando interferir, dizendo que ela não podia estar vendo o que estava vendo. Como eu continuava falando com ela, ela respondeu: "Meio atarracado... pés rechonchudos. (Risos) Eu não sei como descrevê-los. Eu não vejo nenhum sapato. O chão lá fora é quente. Estou em pé na areia e isso não faz muito sentido. Acho que não sou humana. Meio que bronzeada, mas não como as pessoas que pegam um bronze ... como bege ... eu sou meio que, não sei ... um corpo pequeno e esquisito. Parece que estou inventando. Uma coisa esquisita, bege, esponjosa e atarracada. (Risos) Não pareço muito alta. Baixa. Meus braços parecem meio que longos, pernas curtas e pés rechonchudos e atarracados." Perguntei se ela estava usando alguma coisa. "É como se eu não precisasse de roupas, mas não me sinto nua."

D: *O corpo parece masculino ou feminino?*

E: Nenhum dos dois, ou mais masculino ... não parece feminino.
D: Como é o seu rosto?
E: Uma cabeça grande com olhos maiores. (Risos) É como usar óculos de sol grandes. Eu não vejo cabelo em nenhum lugar.
D: Você está carregando alguma coisa?
E: Eu tenho uns instrumentos, mas não tenho certeza para que servem.
D: Como é o instrumento? Talvez possamos descobrir se você o descrever.
E: Longo e cilíndrico, e tem algum tipo de cabo ... tipo uma arma, mas não é uma arma. - Eu acho que é para testar o solo. Como se eu tivesse vindo aqui para testar o solo lá de fora. Eu acho que recolhe as amostras de solo. Pode ter dois pés de comprimento.
D: Ah, então não é pequeno?
E: Talvez não seja tão grande assim. Talvez pareça grande porque sou muito baixa.
D: Como você testa o solo com esse instrumento?
E: Ah, apenas colho um pouco de material com ele e faço algum tipo de teste para ver se a atmosfera ainda está contaminada.
D: Então você testa a atmosfera assim como o solo?
E: É como se algo na atmosfera afetasse o solo. Estou testando para ver se está limpo e ver o quanto ainda está afetado. - Não há mais nada aqui. (Ela começou a chorar.)
D: Por que isso está te deixando emotiva?
E: Nós não costumávamos ter que ficar na caverna. Nós costumávamos estar na superfície, mas algo aconteceu.
D: Existem outros seres além de você?
E: Eles estão lá embaixo. Eu acabei de sair para fazer o teste. Nós vivemos lá embaixo. É por isso que eu estava flutuando para fora da caverna. Tudo acabou.
D: O que você está procurando no solo?
E: Radiação. Para testar os níveis de segurança. E está um pouco melhor, então vamos poder subir. Está melhor do que estava. Nós estamos lá embaixo há muito tempo.
D: Quando você estava vivendo na superfície, como era?
E: Era semelhante à Terra. Havia plantas, verde, água, pessoas e tudo o mais que você tem em uma civilização. É esquisito porque parece que o que estava lá antes ... está se traduzindo muito como uma Terra feliz. Mas isso foi há muito tempo, e o corpo que eu tenho agora não parece o corpo que eu tinha na época. Eu não consigo ver muito do lugar. É mais a sensação de que o que

estava lá se foi.

D: *Você estava lá quando isso aconteceu?*

E: É como se o ser que estava checando o solo não é o ser que estava lá quando era uma cidade. É confuso. Acho que muito tempo se passou até ele sair para pegar as amostras. Mas é como se ele encontrasse esse lugar mais tarde. Parece que o grupo no subsolo vive lá embaixo porque eles podem. Mas eles vieram depois dos que se foram por causa do que aconteceu. E eles estão aprendendo sobre isso. Eles sabiam o que tinha acontecido e queriam estudar o planeta após a destruição. Eles vieram para ver se o planeta sustentaria vida novamente.

D: *Então você e outras pessoas vieram de algum outro lugar?* (Sim) *Alguém te disse o que causou a destruição?*

E: Parece que foi uma explosão nuclear ou algum tipo de grande catástrofe, mas não consigo saber exatamente o que aconteceu. Nós deveríamos zelar por eles (ficando chateada) e nós cuidamos muito deles, mas eles morreram. Houve uma guerra, mas eles estavam indefesos. Eles foram atacados.

D: *Mas isso te deixa triste.* (Sim) *Você disse que muitas pessoas vieram com você?*

E: Não tenho certeza de quantas estão lá embaixo, mas tem o suficiente para fazer o trabalho que precisa ser feito.

D: *Vamos ver com o que se parece de onde você veio. Onde você estava antes de vir para este lugar. Como é esse lugar?*

E: Eu vim em uma nave. Não parece haver muitos seres na nave. Parece que é pequena. Eu estou apenas em uma área. Há telas e painéis e luzes e esse tipo de coisa. Estamos no espaço. Não tenho certeza de onde vim antes de estar na nave.

D: *Alguém te disse para ir a esse lugar?*

E: Foi como se não tivéssemos permissão para interferir.

D: *De qualquer forma você pousou nesse lugar e já tinha sido destruído?* (Sim.) *Mas você sabia que não poderia viver na superfície por causa da radiação?*

E: Há algo tóxico, mas também existe uma abertura natural, onde podemos viver em vez de construir algo lá fora.

D: *Mas você sabia que não poderia ficar na superfície?*

E: Ficar lá não é muito agradável. Foi melhor ir para o subterrâneo. É muito brilhante e quente lá fora. A caverna é uma formação natural onde poderíamos viver. É como uma instalação de laboratório. Trouxemos nossos instrumentos para fazer o que precisamos fazer.

D: *Há muitos de vocês lá embaixo?*
E: Não é um número grande. É difícil dizer ... talvez seis ou doze de nós. Eu acho que alguns devem estar indo para outras partes para fazer outras coisas.
D: *Você tem que se alimentar?*
E: Eu não vejo alimentos por perto, então talvez não. Parece que também não dormimos.
D: *Então você poderia ficar lá por muito tempo. - Mas seu trabalho é ir à superfície e checar o solo?*
E: Sim, é o que eu estava fazendo. É estranho. É como se os corpos que temos agora sejam adequados ao nosso ambiente. É melhor ter abrigo. Acho que também é um jeito de não sermos tão notados.
D: *Mas você disse que ficou triste ao ver o que aconteceu.*
E: Isso *me* deixa triste. Eu não sei se isso *o* deixou triste. Parece que sim, mas eu não sei como são as emoções dele.

Eu o movi para a frente para um dia importante. "Estamos no subsolo em nosso laboratório. Estamos nos preparando para sair. Nós coletamos nossas amostras."

D: *A atmosfera mudou?*
E: Parece melhor, mas estamos indo embora. Está como era e ... foi isso. Ainda é apenas areia rochosa. Ainda não pode existir vida aqui. O solo está um pouco menos radioativo, mas não é ainda um lugar adequado para ser cultivar coisas.
D: *Então você sente que seu trabalho está terminado?*
E: Sim. Deixamos muito do equipamento lá. Então, se precisarmos, poderemos voltar mais tarde. É altamente improvável que alguém vá encontrá-lo.
D: *Onde você está indo agora?*
E: Tem uma reunião. Estamos na nave, mas também conversando com outras pessoas que não estão nela.
D: *Sobre o que é a reunião?*
E: É importante tentar garantir que isso não aconteça novamente. Muita pesquisa foi perdida. Com base em nossa análise, o planeta não pode ser reabastecido ou cultivado novamente. A vida não pode ser restaurada em um período de tempo aceitável, então isso deve ser evitado no futuro. Tudo foi destruído.
D: *Então vai ser abandonado?*
E: Aquele lugar em particular, por ter sido destruído. Mas há outros

lugares onde não queremos que isso aconteça.
D: *Como você se sente sobre isso?*
E: Como que se tivéssemos falhado.

Eu o movi novamente para outro dia importante. "Me ofereceram a oportunidade de ir à Terra."

D: *Como você conseguiu essa oportunidade?*
E: Eu me ofereci. Eu pedi para ir.
D: *Eles pediram voluntários?* (Sim.) *Onde você está quando isso acontece?*
E: Estou em uma nave. Meu superior, meu líder, disse que, para evitar que isso aconteça na Terra, eles precisam que as pessoas partam.
D: *Eles temem que a mesma coisa possa acontecer com a Terra?* (Sim.) *E você quer ir?*
E: Eu quero. Parece que vai ser muito assustador. O medo não é algo que eu entenda bem, mas depois de ver a destruição em primeira mão, foi muito assustador.
D: *Há outras pessoas na nave que queiram ir e se voluntariar?*
E: Sim, sim. Queremos fazer a diferença. Nossa tripulação está indo. Alguns vão ficar na nave. Alguns irão. Os da nave fornecem suporte para aqueles na superfície. Eles nos ajudarão a lembrar, porque é difícil lembrar quando se está lá.
D: *O que acontece com o corpo quando você sai da nave?*
E: Eu tenho que ser como uma pessoa da Terra.
D: *Eu estava pensando no corpo em que você estava ... ele ficou na nave, ou morreu?*
E: É quase como se fosse um traje ou um veículo. Foi útil. Não havia nenhuma sensação ou o que os humanos pensariam como vida normal. Serviu para ir e fazer um trabalho. Nós o trocamos muito.
D: *Você quer dizer que não é um corpo realmente sólido?*
E: Era sólido, mas é quase como se fosse feito de algo sintético. Mas também é biológico.
D: *Então, quando você deixa o corpo, o que acontece com ele?*
E: Bem, não está morto. Não está vivo também. É um bio-traje funcional.
D: *Ele se deteriora sempre que você o deixa?*
E: Eu acho que não. Eu não tenho certeza. Talvez outros possam usá-lo para seus trabalhos.

D: *Se você está indo para a Terra, se voluntariando para esse projeto, eles te dão alguma instrução?*
E: Procurar lembrar. Também que enfrentaríamos muitos desafios e muitas coisas que não entendemos e ... que devemos nos lembrar de ser felizes. Ser feliz é muito importante.
D: *Eles acham que será fácil ser feliz quando você for para a Terra?*
E: Não. Lá há muita infelicidade. Há muitos seres tristes e nós não queremos que eles fiquem tristes. Dizem que o principal é ser feliz. Isso é um conceito vago para nós porque não temos certeza do que isso vai significar.
D: *Então não há um trabalho que você tem que fazer?*
E: Ficar vivo. Observar as coisas.
D: *Você disse que haveria muitos desafios.*
E: Coisas com as quais não lidamos antes.
D: *Mas você ainda quer fazer isso?*
E: Bem, é muito emocionante. (Risos) É muito mais emocionante do que coletar amostras de solo. - As pessoas de lá se esqueceram de certas coisas e estão ensinando coisas erradas umas às outras. E nós queremos ajudá-las para que não se destruam. Temos que ajudá-las a lembrar.
D: *Quando você for para a Terra fazer esse trabalho, você vai assumir um corpo?*
E: Sim. Eu vou ser uma garota. (Ela riu brincando.)
D: *Você teve escolha?*
E: Sim. Eu acho que sim, mas é meio esquisito.
D: *O que é estranho sobre isso?*
E: Fiz essa escolha porque não é o dominante no planeta. Eu queria ver como era não ser superior - não superior, mas não dominante, não o mais favorecido. Nós vemos que as mulheres têm muitos problemas. Homens também... mas as mulheres podem ter bebês. E as mulheres vão ajudar a mudar as coisas, já que são elas que carregam os bebês. Elas serão especialmente úteis para dissuadir as pessoas da guerra e da destruição. Se você cria uma vida, não quer destruí-la.
D: *Mas quando você entra no bebê, você se lembra por que veio?*
E: No começo, mas quando eu chego aqui, ninguém da minha tripulação está perto de mim. Ou, se estão, eu não me lembro, e não posso contar com eles. É muito confuso.
D: *Acho muita coragem sua em se voluntariar sem ninguém por perto que possa ajudar.*
E: Há alguns por perto para nos ajudar, mas é difícil ... não sei.

D: *Mas você não tem ninguém da sua espécie, do seu próprio povo.*
E: Bem, somos todos iguais em todos os lugares, mas estamos todos em corpos diferentes. Há pessoas nas naves que podem se comunicar conosco. Eles podem se comunicar com todos, mas nem todos ouvem.
D: *As outras pessoas não escutam?*
E: Não tão bem. Eles não têm certeza do que é. Isso os assusta.
D: *Se eles são capazes de se comunicar com você quando você está no corpo humano, isso significa que você não está realmente só, está?*
E: Não, mas estando na realidade física você se sente muito separado. Eu não gosto disso ... estar separado.
D: *Como eles vão se comunicar com você enquanto você está no corpo?*
E: Eles farão alterações para aumentar as vibrações. É como fazer uma atualização para o corpo. Trazer nova programação. Como estamos fazendo essa atualização, de alguma forma, estamos ajudando os outros a fazerem o mesmo.
D: *Atualizar a programação?*
E: É como se você alterasse uma parte dela ou mesmo várias partes dela, e ela começa a se modificar ainda mais, sem ... é difícil de explicar.
D: *Eles fazem isso no corpo físico antes de entrarem nele?*
E: Talvez em alguns, mas mais alterações serão feitas depois.
D: *Então será um processo contínuo?*
E: Sim. Eles disseram que iríamos nos esquecer por um tempo. Nem todos, mas algumas pessoas sim. Dependendo do ambiente em que elas entraram.
D: *Isso é importante para fazer a atualização e a reprogramação para que vocês não se percam?*
E: Eles dizem que nunca nos perdemos. O lado humano da mente, entretanto, está meio que lutando com o lado não humano. Um quer relaxar e deixar tudo acontecer, e o outro está apenas completamente confuso ... muita coisa acontecendo. Isso me faz não querer entender tudo o tempo todo. Isso me faz querer não sentir nada. Eu acho que a parte que fica confusa é a parte humana. Essa parte não está ciente de que é alguma coisa mais. Isso é muito estranho. É como ser duas pessoas em um só corpo.
D: *Eles disseram quando você vai se lembrar dessas coisas quando estiver no corpo?*
E: Talvez. Ellen sabe um pouco disso agora. Ela se preocupa muito

com isso.
D: *Você deveria fazer alguma coisa ao entrar no corpo humano? Você disse que está aí para ajudar.*
E: Estar aqui já ajuda ... viver uma vida.
D: *Apenas estar vivo?* (Sim) *Você não precisa sair e fazer nada?*
E: Ao viver a vida você aprendeu e teve experiências. A informação é transmitida de volta à nave, e eles a analisam e fazem correções.
D: *Como você transfere as informações de volta para a nave?*
E: Estando aqui ... vivendo ... eles podem ler tudo.
D: *Bem, você sabe que está falando através de um corpo físico agora?* (Sim) *E esse corpo físico está confuso.* (Sim) *Ela não entende porque está aqui.*
E: Ela está tornando mais complicado do que é. Ela continua pensando que tem que fazer alguma coisa presencialmente.
D: *Ela acha que tem que mudar o mundo todo sozinha.*
E: Isso acontece porque ela pensou que estava sozinha por muito tempo, e todo esse peso a fez se sentir assim.
D: *Ela disse que queria ser útil para ajudar as pessoas.*
E: Ela é útil. No fundo, ela sabe que é, mas acha que não é suficiente.
D: *Ela tentou sair do planeta, não foi?* (Tentou cometer suicídio.)
E: Ela achou que estava sozinha e não tinha certeza do valor dessa vida. Ela não entendia a dor.
D: *Alguns acontecimentos negativos aconteceram na vida dela, não é mesmo?*
E: Sim. Ela queria muito que aqui houvesse apenas amor. (Risos) E ela não entendeu que só por estar aqui já faz a diferença. Eu acho que ela pensou que ia ser muito mais rápido. Queria voltar e não ter que lidar mais com o que estava acontecendo. Parecia que as coisas não mudariam, mas agora ela sabe que é diferente.
D: *Se ela tivesse deixado o planeta rapidamente, ela não teria feito o seu trabalho, teria?*
E: Não, e ela não teria conseguido ver o fim dele de onde ela está agora. Ela teria desejado voltar direto para a Terra. (Riso)
D: *Porque ela diria: "Eu não cumpri meu contrato."* (Risos)
E: E isso é incomum aqui.
D: *Ela disse que a Terra é difícil.* (Sim) *Que não é fácil estar aqui.*
E: Não, mas tem sua beleza.
D: *Você acha que será mais fácil para ela agora que pode entender o que deveria estar fazendo?*

E: Acho que sim. Ela vem tentando resolver isso há muito tempo. Estava procurando por um projeto maior, mas o fato é que ela já faz parte de um projeto maior. Ela não precisa procurar mais nada.

D: *Já me disseram que quando os voluntários vêm apenas para estar aqui, a energia deles afeta muitas pessoas.*

E: Sim, e é isso que a assusta. Ela não entendia essas emoções, especialmente as negativas. Ela não gosta da sensação que lhe causam porque se sentiu mal em relação a outros seres, e isso a assusta. Ela veio aqui para ajudar a trazer amor e, quando se sente mal, sente que está espalhando hostilidade.

D: *Então ela deveria amar essas pessoas que a trataram mal?*

E: Deveria.

D: *Isso é importante porque não queremos que ela acumule carma.* (Não) *Não queremos que ela fique presa aqui.*

E: Não, e ela estava com medo de já estar acumulando.

Uma das perguntas de Ellen era sobre símbolos geométricos incomuns que ela estava desenhando. Ela queria saber de onde eles estavam vindo. Por muitos anos tenho lidado com os símbolos e a compulsão das pessoas para desenhá-los, então achei que tinha a maioria das respostas para isso, mas sempre quero ver o que o SC tem a dizer. Averiguação é sempre bom.

E: Os símbolos fazem parte das atualizações do DNA.

D: *Então não tem nada a ver com o que está acontecendo na nave?*

E: Mais ou menos porque esse é um dos lugares de onde as informações estão sendo transmitidas particularmente para seu receptáculo físico. Não tenho certeza se eles são traduzíveis. Acho que parte do que ela está rabiscando é uma mistura de símbolos que ela viu fora do mundo e símbolos antigos deste mundo. Eles não podem fazer mal algum. Eles são poderosos em alguns sentidos e são positivos, mas ela não deve querer decifrá-los. Quando for apropriado, ela saberá. Ela tem que aprender mais sobre energias neste mundo.

D: *Mas uma outra parte dela entende o que esses símbolos significam?*

E: Em alguns níveis, sim. É por isso que ela está interessada neles. Ela costumava ter medo de que eles fossem algo negativo, mas agora o medo passou. Ela só não sabia de onde eles estavam vindo. Eles estão falando com a parte mais inteligente da mente que não vem muito à tona. (Risos) Ela não precisa se preocupar em interpretá-los. Ela conhecerá outras pessoas que também terão os símbolos e elas falarão sobre eles.

Ellen teve algumas experiências negativas com os homens em sua vida, e ela queria saber se havia alguém positivo em seu futuro. O SC disse que alguém estava vindo, mas não queria entrar em detalhes porque não queria estragar a surpresa. Soou divertido, e eu soube que haveria uma experiência positiva esperando por ela. Ela também estava preocupada com o filho.

D: *Disseram-me que é incomum para seu tipo de ser ter filhos quando entra no corpo humano.*
E: Ela queria ter essa experiência. Ela estava com medo de ter a experiência. Embora ela tenha consentido e desejado que isso acontecesse, ficou decidido que ela não estava pronta. Ela não tinha se adaptado, ainda está trabalhando na adaptação, mas está melhorando. Ele também é como nós.
D: *É por isso que eles são compatíveis?* (Sim) *Mas ela não deveria ter a experiência de criá-lo?*
E: Teria sido diferente. Não seria a experiência completa da Terra para ele, ou de uma forma que ele pudesse entender.
D: *É por isso que ele teve que ser criado pelos avós?*
E: Sim, por um tempo. As coisas vão mudar.
D: *Ela queria saber se seria capaz de obter a custódia dele. O que você acha?*
E: Pode não ser um problema no futuro. As coisas estão mudando. A custódia pode não ser um problema. Tudo depende da linha do tempo e de quando fazemos a mudança. Na nova Terra isso não será um problema. Ele está bem por enquanto.
D: *Então não será um problema porque algumas pessoas não vão se alterar com a mudança?*
E: Nem todas.
D: *Mas o filho vai porque ele é um dos voluntários também.* (Sim) *Provavelmente essa seja a única razão pela qual ela pôde ter esse bebê com esse tipo de alma.*
E: Sim. Ele foi importante porque a fez continuar quando ela não queria.

Ellen tinha várias perguntas sobre coisas incomuns que aconteceram com ela quando criança, mas o SC disse que não queria falar a respeito. Era melhor que ela deixasse isso de lado. Não era preciso explorar aqueles acontecimentos ainda mais. Pois só iriam aborrecê-la, e ela não precisava se preocupar mais com eles. Ela sabe disso, não ajuda em nada. Ela precisava seguir em frente. "Essa parte de sua vida é quase como uma outra vida. Foi muito treinamento... muita experiência da vida na Terra. Para tentar entender os seres daqui. Ela meio que dormiu durante essa parte de sua vida. Quando digo 'dormiu', quero dizer não esteve consciente do que estava fazendo aqui. São experiências em consciência. Ela ajudou muitas pessoas que nunca conheceu. Outras pessoas como ela até a ajudaram para que ela pudesse se lembrar. Não é sobre contato físico. É sobre frequência e quando as almas se movem através de situações difíceis, caminhos diferentes são abertos para os outros. Principalmente em suas lutas, quando passam por elas, é como abrir uma porta para outras pessoas. Ela escolheu vir e ajudar a trabalhar com vícios. O que é um grande problema. É um grande desafio superá-las e isso ajuda outros a superá-las."

Eu perguntei sobre seu corpo físico: "Ela está se cuidando muito bem. Houve um tempo em que não estava. Ela chegou até o limite. Foi quase 'fim'."

Mensagem de despedida: Estamos tentando acalmá-la. Ela está triste por estarmos indo embora, mas não estamos partindo realmente. (Risos) Nós só queremos que ela não se preocupe. Sempre cuidamos dela.

Tenho casos semelhantes espalhados por meus outros livros, de pessoas que estiveram presentes quando um planeta foi destruído. Eram testemunhas disso, na superfície ou em uma espaçonave, ou retornaram ao planeta e não encontraram nada além de destruição. Esta é sempre uma experiência emocional muito pesada para eles. Seu efeito se prolongou até a vida presente, embora em um nível inconsciente. Muitos relataram um profundo e esmagador sentimento de tristeza, mas sem base lógica. Alguns me disseram que, desde a infância, sentiam uma tristeza intensa. Disseram que sua família não se lembrava de tê-los visto sorrir ou parecer feliz.

Outros falam de um medo irracional que os assombra e atrasa suas vidas. Naturalmente, esse tipo de emoção subjacente causou problemas na vida atual deles. Também explica a ânsia de se voluntariar para vir à Terra neste momento crítico da história. Eles viram uma destruição terrível em primeira mão e não queriam que isso acontecesse com outro planeta. Então, quando seus superiores disseram que a Terra estava com problemas, eles estavam entre os primeiros a levantar as mãos e se voluntariar. No entanto, eles não perceberam as dificuldades que estavam por vir com todas as memórias sendo apagadas ao entrar neste mundo. Saber que eles têm um trabalho importante a fazer ajuda muito, mesmo que não seja surpreendente. Sua energia é incrivelmente importante para que as mudanças necessárias ocorram. Tudo o que eles devem fazer é simplesmente estarem *presentes*!

CAPÍTULO TREZE
VIDA COMO UMA ÁRVORE & LEMÚRIA

Marian criava cavalos em sua fazenda, estava casada por vários anos e sem filhos. Não falou sobre nenhum problema, só queria saber sobre o seu propósito. Eu sempre digo às pessoas, que, se elas vêm me ver apenas por curiosidade, vão conseguir mais do que esperavam. Este é um desses casos. Devo sempre esperar pelo inesperado.

Ao invés de sair da nuvem, Marian foi muito longe no espaço. Ela podia ver a Terra como uma linda esfera azul-esverdeada com estrelas ao redor. Enquanto flutuava, ela se deu conta de algum tipo de nave espacial "estacionada" lá fora. Quando eu perguntei onde ela queria ir, ou o que ela queria fazer, ela disse: "Quero ir viver na nave. Gosto da ideia de estar na nave e não limitada à superfície. Ser capaz de voar por toda parte, para diferentes galáxias e ir para diferentes planetas. Eu realmente não quero voltar para a Terra". Perguntei se ela queria explorar a nave mais de perto. "Acho que já sei como é. Parece que já morei na nave e estou na Terra há algum tempo, por algum motivo. E estou querendo voltar para casa. A nave vai me levar de volta para casa." Eu disse que ela poderia fazer o que quisesse, e ela disse que queria ir a bordo.

D: Tudo bem. Como você entraria na nave?
M: Acho que posso apenas me transportar para lá. Eu posso me transportar. (Risada de surpresa) Eu entro no "holodeck", onde ... entro em uma floresta de sequoias. Belas árvores e o pôr do sol no oceano, mas é tudo no "holodeck" da nave. Estou lá, estou criando dentro desse holograma. É lindo. Essas árvores são minha família.
D: Por que você acha isso?

M: Porque eu vivi em uma dessas árvores em algum momento, por um longo, longo tempo. Acho que decidi que queria ser uma árvore grande e experimentar ser uma árvore gigante. Mas vim como uma árvore bebê, então as grandes árvores ao redor eram meus pais, tias e tios, e éramos todos uma família. Eu comecei como uma pequena noz que se transformou em uma muda, e cresceu, cresceu e cresceu. E nós absorvíamos a energia de cura do magnífico sol. E alimentávamos o planeta com nossas folhas que caíam. E nós éramos *muito* felizes lá. (Emocionada.)

D: Como uma grande árvore, você teria vivido muito tempo.

M: Eu vivi - milhares e milhares de anos. Mas a árvore não morreu, eu apenas deixei a árvore.

D: Você experimentou tudo o que podia. (Sim) *Como foi ser uma árvore?*

M: (Suspiro profundo) Ahhh... maravilhoso! Eu tinha todos os esquilos e pássaros. Era como se eu fosse uma consciência e todos viviam dentro de mim. E eu os amava e cuidava deles, e eles me amavam.

D: Mas então você chegou ao ponto de não aprender nada mais sendo uma árvore?

M: Foi o que me disseram. Eu não sei quem me disse, mas me disseram para voltar à nave para minha próxima missão.

D: É onde você consegue suas atribuições, na nave? (Sim) *Então agora você está revivendo isso no "holodeck" só para se lembrar ou o quê?*

M: Sim. Preciso me lembrar por que ainda estou tão conectada às árvores. Porque eu as pinto, porque elas falam comigo.

D: Então é assim que funciona? Você aprende tudo o que pode a partir de uma experiência e depois passa para a próxima? (Sim) *Então, o que você vai fazer agora?*

M: Eu fui transportada de volta para a Terra no que parece ser a Lemúria, perto de onde o Havaí está agora.

D: Você não conseguiu voltar para casa?

M: Não. Eu fui enviada para outra missão. Fui enviada para a Lemúria. Não vou para casa há muito, muito tempo. (Tornando-se emocionada.)

D: Onde é sua casa? Você sabe?

M: (Chorando suavemente, depois num sussurro.) Acho que é no Sol. É muito brilhante. É tão cheio de amor (Emocionada). Ninguém tem corpos, somos todos apenas seres de luz. Há muito amor. (Ela começou a chorar.)

É assim que muitos dos meus clientes descreveram Deus, a Fonte de onde todos vieram originalmente. Muitas vezes é comparado à luz brilhante do Sol e, às vezes, chamado de "Grande Sol Central". É sempre descrito como um lugar de amor incrível.

D: *Mas você teve que deixar sua casa certa vez?*
M: É o que esperavam de mim. Foi o que me disseram. Disseram-me que era meu trabalho e que eu poderia voltar. Que eu precisava ir e espalhar luz. (Chorando.)
D: *Você foi a muitos lugares?*
M: Sim. (Suspiro) Eu estive em todos os lugares. (Ainda chorando baixinho.)
D: *Apenas na Terra, ou você experimentou outras coisas?*
M: Acho que principalmente na Terra. Pensei que na Terra seria o lugar em que me sentiria melhor.
D: *Então agora você quer ir para casa, mas suponho que você não possa voltar até terminar o trabalho?*
M: Eu acho vou poder ir para casa em breve. Acho que vou poder voltar para casa depois desta vida, depois que Marian terminar. Eu acho que *mereci* esse direito.
D: *Você aprendeu tudo o que há para aprender?*
M: Sim. Acho que vou para casa em um veículo, como um Merkaba, com muita luz e cores. É como se fosse minha pequena nave.

No Antigo Testamento, Merkaba refere-se às carruagens de fogo vistas por vários profetas, especialmente Ezequiel. Nos tempos modernos, parece se referir a um OVNI, descrito nos melhores termos que puderam encontrar naquele tempo.

Eu queria saber mais sobre sua menção à Lemúria. A Lemúria deveria ser um continente perdido localizado no Oceano Pacífico. Acredita-se que teve o mesmo destino que Atlântida, localizada no Oceano Atlântico. Acredita-se que Lemúria seja mais velha.

M: Humm - A terra de Mu. Eu deveria ser uma curadora de algum tipo, mas eu era um homem. Como o que os kahunas são hoje, mas eu era uma espécie de xamã da aldeia. Colocávamos energia em rochas.

As kahunas são as mulheres sacerdotisas sagradas que estão agora nas ilhas do Havaí. Pedi-lhe para se ver colocando energia nas rochas.

M: Eu morava em uma aldeia. Era lindo, era perto da água, e nós tínhamos essas pedras grandes como monólitos. Eram realmente pedras gigantes! Nós não as colocamos lá, foram as naves que fizeram isso. Mas eu colocava energia nas rochas. (Pausa) Acabei de colocar minhas mãos nas pedras e as energizei. Eu toco as pedras, me concentro muito fortemente nessa energia e ela entra nas rochas. E fica ali. Então as pessoas que estão doentes podem ir às rochas, extrair a energia e melhorarem.

D: *Então a energia permanece nas rochas para que possa ser usada depois.*

M: Sim. Ainda está lá. Embora as rochas estejam debaixo d'água agora.

D: *Você disse que as pedras foram colocadas lá por outras pessoas?* (Sim) *Como isso aconteceu?*

M: Eles as trouxeram com suas naves, pelo ar.

D: *De outros lugares?*

M: Sim, de outros lugares porque elas eram muito pesadas. Eles as conduziam sobre a terra, apenas as traziam – elas vinham flutuando no ar. Foi realmente algo incrível para ser visto.

D: *Você teve o privilégio de poder ver isso. Com o que isso se parecia?*

M: (Rindo) Parecia normal porque eu estava acostumado com isso. No entanto, nem todos foram autorizados a ver acontecer. Eles geralmente faziam de manhã bem cedo antes de todos se levantarem. Parecia um grande disco carregando, "jzhhhhhhhhh", uma dessas grandes pedras, longas rochas em forma de charuto. E eles as colocavam na terra.

D: *Eles as colocavam na terra?*

M: Não. Eles cavavam um buraco e as colocavam lá dentro. E então, às vezes, esculpiam rostos na rocha. Mas esse não era o meu trabalho. O meu trabalho era apenas colocar energia de cura nas rochas.

D: *Por que esses seres as colocaram lá?*

M: Eu acho que queriam nos mostrar do que eram capazes, e também queriam nos ajudar. Funcionou também como um mecanismo de ensino porque também fomos ensinados a mover coisas com as *nossas* mentes. Éramos capazes de fazer isso com rochas menores. Alguns de nós, não todos. Você tinha que realmente, mas realmente mesmo, acreditar que eles eram como nós.

D: *Você não acha que poderia ter movido uma pedra grande apenas com a sua mente?*

M: Não, mas eu poderia junto com outros, com uns vinte ou trinta mais.

D: *Todos eles se concentravam?* (Sim) *E eles queriam te mostrar que isso era possível?* (Sim) *Claro, eles fizeram isso com uma nave, uma espaçonave, não é?*

M: Não, eles fizeram isso com suas mentes na espaçonave.

Em algum lugar aqui a fita começou a acelerar e piorou no final. Acelerou tanto que as vozes se tornaram distorcidas, finas e difíceis de transcrever. Eu me perguntei se isso tinha algo a ver com o assunto: colocar energia em objetos?

D: *Eu pensei que talvez a nave estivesse gerando energia.*

M: Bem, a nave e os seres da nave eram todos como um ser só. Faziam tudo através de magnetismo. Concentravam-se no magnetismo.

D: *Então eles foram capazes de funcionar como uma só mente?* (Sim) *E foram capazes de mover essas coisas.* (Sim!) *Eles te disseram para colocar energia nas rochas?*

M: Não com palavras - porque eles não se comunicavam através de palavras. Era através de blocos de pensamento, eles me enviaram esses blocos de pensamento. E me senti muito bem porque aquilo eu poderia fazer.

D: *Você já viu esses seres?* (Sim) *Eles não estavam sempre na nave?*

M: Ah! Não. Alguns deles, às vezes, saíam, mas assustavam algumas pessoas. Eram principalmente seres de luz. Eram como esferas. Poderiam tomar uma forma, mas, na maior parte das vezes, eram apenas esferas de luz que emanavam todas essas lindas cores. Eles eram assustadores porque emanavam muito amor e sabedoria. Eles tomavam formas que pareceriam uma espécie de forma humana, mas eram realmente luzes. Seres de luz. Eles não tinham braços nem pernas. Eles eram altos, e apenas luminescentes, luz de diamante líquido.

D: *Parece lindo.*

M: Eles eram do Sol.

D: *Eles te disseram isso?*

M: Acho que eu sabia porque é de onde eu era. E eles estavam apenas vindo me checar porque éramos todos do mesmo lugar.

D: *Você teve a lembrança de ter vindo do Sol?*
M: Meio que sim. Lembro-me de quando entrei em um corpo de bebê e pensei, ah não! E de me sentir muito pesado, denso.

Pedi-lhe que descrevesse a si mesmo e aos outros da aldeia. Ele era muito alto, com longos cabelos negros e pele marrom dourada. Tinha penas e pedras ao redor do pescoço e da cabeça. E estava vestindo algo como uma saia. As mulheres da aldeia eram lindas com cabelos longos e mais encaracolados. Parecendo um pouco como os índios modernos ou havaianos.

D: *Você foi treinado para ser um xamã?*
M: Eu acho que nasci para isso. Meus pais, minha mãe era uma curandeira. Eles se foram. Eles morreram, mas eu terminei de fazer o que eles começaram. Eu estava fazendo outras coisas - caçando, e as pessoas vinham e conversavam comigo. E enquanto eu conversava, lhes dava pedras para segurar.
D: *Por que você lhes dava pedras?*
M: Porque isso mudaria sua frequência vibracional. Era física. Isso os faria se sentirem diferentes e melhores. E eles acreditavam nisso. Então, porque eles acreditavam, assim acontecia.
D: *Estas eram apenas rochas comuns?*
M: Não, basicamente são pedras levemente coloridas que encontrávamos - pedras preciosas e pedrinhas - na praia. Eu colocava a energia de cura nelas.
D: *Assim como você fez com as pedras gigantes.* (Sim) *Então você dava isso para as pessoas, e isso lhes fazia bem.* (Sim) *Mas, então, você ouviu, através de sua mente, para também colocar a energia nas grandes rochas?*
M: Sim, porque isso faria a Terra se sentir melhor. É para a Terra e para o povo.
D: *As pedras grandes foram colocadas em algum tipo de desenho ou formação?*
M: Num tipo de antena. Mas está em uma formação que parece uma linha reta.
D: *O que você quer dizer com uma "antena"?*
M: Envia frequências para o sistema solar. Para deixar que todos os seres do sistema solar saibam quão precioso é o planeta Terra.
D: *Esses seres moram com você ou eles permanecem na nave deles?*
M: Eles vão para todos os lugares. Eles vêm me checar. Eles vão a todos os lugares. Eles vão para outros planetas. Podem fazer isso

muito rápido. Simplesmente entram e saem. Mas tenho que chamá-los para eles aparecerem. Eles são da família. Eu só os chamo quando realmente preciso de algo.
D: *Por que você os chama de "família"?*
M: Porque somos todos do Sol.

Eles estavam todos conectados, assim como quando ela era a árvore e estava ligada a toda a natureza porque tudo vinha do Sol. Ele, uma vez, teve uma família verdadeira, mas eles foram embora. Mas havia muitos pequeninos na aldeia e todos estavam felizes morando lá juntos. Todos cuidavam uns dos outros. Havia poucas doenças, principalmente acidentes, porque ele podia curar as pessoas. Não parecia haver muito mais a explorar a essa altura, então o levei para um dia importante e perguntei o que ele estava vendo.

M: Toda a ilha acabou de desaparecer. Uma grande enchente. Nós afundamos; a ilha inteira está afundando. E, então, eu morro. Mas nós realmente não morremos, estamos todos apenas cobertos de água.
D: *Foi de repente?*
M: Sim, de repente. Apenas numa manhã, como um tsunami.
D: *Vocês não tiveram nenhum aviso de que estava vindo?*
M: Não. Mas tudo bem.

Perguntei se os seres tentaram avisá-los, mas ele disse que eles não estavam por perto. De qualquer maneira, não teria havido muito que pudessem fazer. Aconteceu tão de repente que a ilha inteira foi coberta.

M: Muitas pessoas morreram. Claro, ninguém morre de verdade. Eles apenas flutuaram para outro lugar. Claro que foi assustador. Era uma ilha enorme. Milhares e milhares, nem sabíamos quantas centenas de milhares tinham morrido. Foi como um continente afundando.
D: *Um continente em vez de uma ilha?*
M: Um grande continente. Nós estávamos apenas à beira do que pensávamos ser nossa ilha. Mas nós não sabíamos o quão grande era porque nós só fomos até uma certa distância. Mas, quando saímos de nossos corpos e olhamos para baixo e vimos o tamanho da Lemúria, era do tamanho de um enorme continente. Nós éramos apenas mais um grupo do outro lado. Ficamos ali

porque parecia seguro. Daqui eu posso ver que o continente inteiro afundou, tudo foi para debaixo d'água. Foi como uma grande rachadura na Terra, como um terremoto. Foi isso, um terremoto gigante. O fundo do oceano se abriu e sugou tudo. Engoliu tudo. E a água, vinda de todos os lados, entrou. O Oceano Pacífico é muito grande.

D: Eu me pergunto se os seres poderiam ter feito qualquer coisa se eles estivessem lá.

M: Eu acho que eles estavam assistindo e talvez tenham levado alguns em suas naves. Aconteceu o que tinha de acontecer.

D: Não havia nada que eles pudessem fazer para impedir isso, eu acho.

M: Não, a Mãe Terra fez tudo isso. Ela estava se equilibrando. Houve algum distúrbio no outro lado do planeta e uma correção precisou ser feita.

D: O que você está vendo?

M: Estou vendo grandes ondas de atividade solar entrando na Terra. Um ajuste. Eu não sei o que isso significa, além de ser necessário porque mexeram com a rede do planeta. E isso fez os terremotos e o maremoto acontecerem.

D: Qual foi o ajuste do outro lado do mundo?

M: Eu acho que foi um experimento. Eles fizeram um experimento tentando ajustar alguma coisa, e o tiro saiu pela culatra.

D: Da sua perspectiva, você pode saber muito. Quem foram os que estavam fazendo o experimento?

M: Eles não eram da Terra, eram de outro sistema. Não sei quem eram. Não posso vê-los. São como uma consciência coletiva, não sei como, mas eles não são do Sol. Nosso grupo nunca teria... nosso grupo amava o planeta Terra porque nosso grupo era do Sol. Ajudamos a nutrir a Terra e suas formas de vida. Nós ajudamos - não apenas nós - todos nós ajudamos a transformá-la no paraíso exuberante que ela é. Nosso grupo ainda ama este planeta.

D: Você pode descobrir mais alguma coisa sobre o experimento?

M: Eu acho que eles estavam apenas curiosos para ver o que aconteceria se eles alterassem as redes. Apenas observando um experimento. (Suspiro) Eu não posso declarar de onde eles são.

D: Tudo bem. Mas eles foram autorizados a fazer isso?

M: Eles estão nesta dimensão de livre arbítrio e ninguém os impediu. Eles não tiveram consideração por todas as formas de vida que foram afetadas. Eles foram apenas frios e observadores, não

maliciosos. Meio assim, ok, vamos ver o que acontece se fizermos assim.
D: Você sabe o que eles pensaram depois que aconteceu e eles viram toda a destruição?
M: Eles não tinham remorso humano. Eles não tinham o código genético para sentir compaixão ou remorso. Eles foram embora a procura de outro local para experimentar. De volta à sua própria dimensão para fazer o relato.
D: Olhando para a Terra, acha que vai demorar um pouco para tudo voltar ao normal?
M: Ah, aproximadamente centenas de milhares de anos. É como se ela precisasse descansar, tirar um cochilo e se curar. E deixar o poder de cura do Sol ajudar.
D: Mas nem todos os humanos foram destruídos, foram?
M: Alguns sobreviveram, e outros foram transportados. Os seres vieram para ajudar a mudar o DNA para permitir... foi tudo uma experiência também, mas diferente da semeadura. O Conselho dos Nove assumiu a responsabilidade de ajudar a repovoar a Terra.
D: Por que eles tiveram que mudar o DNA?
M: Porque o DNA tinha apenas duas fitas e os Lemurianos tinham doze.
D: Isso faz alguma diferença?
M: Sim. Eles são capazes de ser um com a natureza e estão todos conectados à mente universal.
D: É por isso que eles conseguiram usar a energia?
M: Sim, porque eles têm poderes.
D: Isso é por causa do DNA?
M: Parcialmente. Nós viemos do Sol.
D: Estava pensando no que havia de tão especial no DNA de doze fitas?
M: Era poderoso e amplo, interdimensional, o poder do Criador. Eles eram muito amorosos... só pensavam no bem.
D: Depois que todos foram destruídos e eles decidiram repovoar, por que não optaram pelas doze fitas como antes?
M: O Conselho dos Nove achou que muito nos foi dado rápido demais. Nós não estávamos prontos, então foi uma maneira de desacelerar a evolução.
D: Eles achavam que era melhor retroceder?
M: Sim. Estranho porque os homens das cavernas, os Neandertais e os homens antigos depois da Lemúria, só tinham duas fitas. E

seus cérebros não eram como... eles eram como animais. Eles os intercalaram com seu DNA. O que os tornou muito complexos, voltamos então aos estágios iniciais e eles foram embora.

D: Mas eles achavam que era melhor voltar e fazer as pessoas recomeçarem? (Sim) Eles perderam todos os seus poderes, não perderam? (Sim) Você acha que foi uma boa ideia?

M: Não cabe a mim julgar. Eu estava apenas observando.

D: Mas você sabe qual era o plano, se ele retornou para apenas duas fitas? Deveria se desenvolver mais depois disso?

M: Está mudando agora.

D: Como isso está mudando?

M: Eu não sei como explicar além de "apenas é". É parte do plano permitir que ele se transforme no que poderia ser, deveria ser, tem sido, para ajudar a nos levar a uma nova frequência. Nem todo mundo pode ir. Nem todo mundo vai ter doze fitas.

D: Isso vai demorar um pouco, não vai?

M: Isso vem acontecendo há muito tempo.

D: O DNA sendo reestruturado?

M: Sim, está mudando. Está acontecendo mais rápido agora.

D: Por que isso está acontecendo mais rápido?

M: Por causa da aceleração ... porque o padrão está sendo realinhado ... as lágrimas sendo reparadas.

D: Então agora o DNA está sendo autorizado a mudar de novo? (Sim) Como as pessoas perceberão isso em nosso mundo hoje?

M: Bem, algumas pessoas não notarão, mas as que estiverem conscientes se sentirão bem conectadas a "Tudo" que existe. Seus sentidos serão intensificados. Eles se tornarão mais claros ... mais transparentes.

D: As pessoas ao redor deles perceberão isso?

M: Alguns, sim. Alguns apenas manterão o sonambulismo.

D: Eu estava pensando que se estavam se tornando mais transparentes, deveria ser perceptível.

M: Eles apenas se tornarão invisíveis.

D: (Isso foi uma surpresa.) Mesmo?

M: Sim. Mas eles ainda estarão lá. É como mudar de canal na TV.

D: Mas se eles se tornarem invisíveis, aqueles ao redor deles não vão vê-los mais? (Sim) Onde eles estarão?

M: Em um canal diferente.

D: Outra dimensão? (Sim) Estarão conscientes disso? (Sim) Eles saberão que algo aconteceu? (Ah, sim.) Mas as outras pessoas não? (Não) Essa mudança de DNA vai afetar as habilidades

psíquicas?
M: Sim. As pessoas se tornarão muito mais telepáticas. Sem necessidade de palavras, comunicando-se através do coração e através de blocos de pensamento. Não há como mentir ou trapacear. Você não precisará.
D: *Todo mundo saberia.*
M: Sim, isso é uma coisa boa.
D: *É. Mas por que isso está acontecendo agora? Está sendo permitido voltar.*
M: Chegou a hora. Isso tem que acontecer. O tempo voou para Gaia (Mãe Terra) se formar e levar seus melhores alunos com ela. E deixar para trás a destruição e corrupção e negatividade e escuridão. É como se ela estivesse se separando, se transformando em duas ... uma Nova Terra ... uma Nova Jerusalém, e não haverá um holocausto nuclear que estava sendo criado. Tudo isto faz parte do grande desígnio da grande luz no céu, o Conselho dos Nove.
D: *Os que vão estão ligados às doze fitas do DNA?*
M: Sim, para aqueles que vão. Alguns ficarão para trás para ajudar os outros que ficaram, porque eles ficarão com muito medo. Alguns ficarão de fora do sacrifício porque haverá pânico. É muito triste.
D: *Os que são deixados para trás... o DNA deles não foi alterado?*
M: Não, eles não permitiram. Não sei como funciona, é como se as pessoas tivessem sapatos de chumbo e não quisessem ficar mais leves.
D: *Então, é uma escolha pessoal?* (Sim) *Tudo bem, você pode ver tudo de lá. Você disse que Lemúria era onde o Havaí está agora?* (Sim) *Isso é tudo o que resta daquele continente inteiro?*
M: Sim, isso, parte do Japão e Cingapura. Foi um continente enorme. A península de Baja, na Califórnia, fazia parte da costa. Era imenso.
D: *Ainda há outras partes sobrando?*
M: Sim, mas não sei os nomes das ilhas.
D: *As ilhas do Pacífico?*
M: Sim. Ia até o Japão. Era muito grande.
D: *Então parece que cobria a maior parte do Oceano Pacífico, não é?*
M: Eu acho que sim.
D: *Nós ouvimos muito sobre a Atlântida. Ela veio depois da Lemúria?* (Sim) *Algum sobrevivente do desastre lemuriano*

esteve lá?
M: Alguns deles, no começo. Eles eram os bons. Eu acho que eles foram transportados pelo ar por alguns dos irmãos do espaço para onde a Atlântida iria se desenvolver.
D: *Então eles começaram uma nova civilização naquela parte do mundo?* (Sim) *Essas são coisas que não conhecemos hoje.*
M: Muitas pessoas sabem disso.
D: *Bem, eles sabem sobre a Atlântida, mas eles não sabem muito sobre a Lemúria.* (Sim) *E eles não sabem sobre o DNA. Mas obter todas essas informações faz parte do meu trabalho.* (Sim) *Mas, por fim, te disseram para viver no corpo de Marian? Certo?* (Sim) *Por que você decidiu voltar para um corpo humano em nosso tempo, agora?*
M: Apenas passei a fazer parte da mudança.

Essa parte estava respondendo às perguntas tão bem que não achei necessário chamar o SC. Ele concordou, então mudei para as perguntas de Marian. É claro que a primeira é sempre o que eu chamo de "eterna pergunta". Qual é o seu propósito? Por que ela está aqui? O que ela deveria estar fazendo?

M: Ela é apenas um ser de luz do Sol que está aqui para elevar as vibrações, ajudar a purificar a água e ajudar a elevar as vibrações para que todos possam se sentir melhor.
D: *Não parece que ela teve muitas vidas no planeta Terra. É isso mesmo?*
M: Ela teve 500 ou mais.
D: *Na Terra?* (Sim) *Não pensei que eram tantas.*
M: Ela teve muita experiência e algumas foram rápidas... só para experimentar os nascimentos e as mortes. Não são muitas vidas quando você considera cerca de milhões de anos.
D: *Sim. Por que ela veio à Terra para experimentar todas essas coisas?*
M: (Risos) Porque ela ama a pressa e se lembrar de onde ela realmente vem. Ela ama a pressa de amar, dar e receber. Ela ama este planeta. Só quer se divertir. Não quer que as coisas fiquem pesadas demais. Ela fica tão triste quando as pessoas ficam tristes ao seu redor. Ela pode ler mentes.

Uma das perguntas dela era se tinha algum carma para pagar. Se assim fosse, ela queria se livrar disso. Eles disseram: "Ela fez muito.

Levou muito tempo". Marian estava essencialmente vivendo uma vida perfeita, uma vida de descanso: fazendo o que queria, sem problemas físicos. Ela estava enviando luz para tudo, para as pessoas, os animais e para a terra. Parecia que ela era da segunda onda: observadores que estão aqui apenas para gerar e espalhar energia positiva para os outros. E ela estava fazendo bem o seu trabalho.

Eu perguntei sobre alguns problemas que ela experimentou em seus primeiros anos, quando ela estava crescendo. "Ela sempre foi protegida. Era uma catalisadora para outros, trabalhando no carma deles. E isso a ajudou também, mas, principalmente, ela sempre foi uma catalizadora. Para as pessoas aprenderem sobre o amor."

Antes de chegarmos ao fim da sessão, pensei em mais algumas perguntas: "Aquelas rochas que estavam na Lemúria, aquelas que foram colocadas lá, que tinham a energia, elas ainda existem ou foram para o fundo do oceano?"

M: Algumas ainda estão na Grande Ilha do Havaí. Estão escondidas. Enterradas na lava.

D: *Há muita lava lá.* (Sim*) Então essa ilha ainda tem muita energia deles?* (Sim, ah, sim.)

CAPÍTULO QUATORZE

O CONSELHO

Quando Carol saiu da nuvem, ela estava confusa. "Parece que é o lugar errado. Não parece que estou procurando uma vida na Terra. Sinto que estou em outra dimensão. Vejo o universo. Estrelas e galáxias. A nuvem parece um tipo de veículo. Está me levando através de um buraco. Aumentei a imagem lá fora e a nuvem é mais como uma bola de luz. Vejo muitas coisas... galáxias e estou tentando ir para algum lugar. Estou indo para um sistema onde vivi por muito mais tempo do que aqui. Há várias estrelas e vários sistemas solares e sinto que estou indo para casa, para os meus amigos. Eles sentiram minha falta."

D: Você é atraída para um determinado lugar neste sistema?
C: Sim. Apenas apareci lá. Estou em um dos planetas agora. - Existe um prédio muito grande e muitas pessoas parecendo ocupadas andando por lá. O prédio é uma sede de alguma coisa. Estou entrando.
D: Por que você acha que é algum tipo de sede?
C: Meu escritório é aqui. Tem gente que sabe que vou lá energeticamente. Passei muito tempo aqui.
D: Você quer ir ao seu escritório? (Sim) *Me diga como é.*
C: Está no último andar e é todo de vidro. Eu vejo montanhas ao longe e fontes de água por toda a cidade.
D: O que tem no seu escritório?
C: Não muito. É muito grande e espaçoso. O computador está na minha mesa de trabalho. A mesa toda é minha base de dados. A tela é o topo da minha mesa.

Pedi-lhe para tomar consciência do seu corpo e parecia ser

humano, mas de alguma forma diferente. Não se sentia homem ou mulher, "Nenhum e ambos". Estava vestindo calças, camisa e uma jaqueta. Quando perguntei se ela se sentia jovem ou velha, ela disse: "Eu me sinto muito velha e jovem ... sem idade. Eu sou como um humano que não se identifica com homem ou mulher, nem jovem nem velho. É uma sociedade humana muito avançada".

Além de toda a sua mesa de trabalho ser um computador, havia também outras coisas estranhas em seu escritório. "Tem vidro pendurado no escritório. São janelas e telas para bancos de dados. Posso apontar para eles e ativá-los."

D: Então não são janelas de vidro que você vê através delas?
C: Isso. Não são janelas de vidro. Mais como painéis de vidro. Quando eu aponto para eles, se ativam e as coisas se movem enquanto procuro dados. Outros diferentes fazem diferentes coisas.
D: Qual é o seu trabalho nesse escritório?
C: Sou um tipo de diretor. Faço parte de um conselho.
D: É por isso que você tem que ter uma base de dados?
C: Sim, nós monitoramos sistemas.
D: Outros sistemas além do seu próprio?
C: Sim. Existem outros edifícios em outros planetas que fazem parte dessa rede. Esses são governos benevolentes. É o mesmo prédio em muitos planetas. (Ela começou a chorar.) Eu sinto falta deste lugar! Meus amigos estão aqui. Toda a minha família está aqui neste sistema. Tenho ficado presa nesse projeto na Terra.
D: O que você quer dizer com o projeto na Terra?
C: Somos parte dos experimentadores com o projeto na Terra. Nós somos os que planejaram isso. Fazemos parte de um grupo de espécies ... muitos ... nós não somos os únicos. Somos parte do experimento humano na Terra, lhe demos seus desafios e observamos seus projetos e progresso.
D: Você estava lá no começo? (Sim) *Isso foi há muito tempo, não?* (Sim) *Mas você disse que estava monitorando vários sistemas diferentes.*
C: Existem muitas experiências diferentes em outros planetas no universo. A Terra não é a única. Há mais planetas bagunçados.
D: A terra é uma das mais confusas?
C: Não é a Terra. É a espécie humana que saiu da linha.
D: Eles saíram da linha em todos os lugares?
C: Não. Alguns evoluíram muito bem.

D: *O que fez a Terra ficar bagunçada?*
C: Interferência.
D: *Você pode dizer o que foi?*
C: Estou olhando agora... a base de dados... estou verificando o histórico. Algum tipo de introdução de bactérias biológicas que bagunçou o DNA, mas decidimos continuar com ele e ver o que acontece.

Isso soou exatamente como o que Phil relatou em *Keepers of the Garden* sobre um meteorito que colidiu com a Terra nos primeiros tempos de desenvolvimento. Ele carregava uma bactéria desconhecida que introduziu a doença. Acabou estragando a grande experiência de criar o ser humano perfeito na Terra. Ela estava certa, o conselho estava muito triste por sua experiência ter sido arruinada. Eles tiveram que fazer uma escolha, destruir tudo e começar de novo ou permitir que continuasse, sabendo que nunca seria a espécie perfeita que se pretendia que fosse. Porque muito tempo e esforço foram investidos no experimento, foi decidido permitir que ele continuasse. Esta é também uma explicação para algumas das experiências ainda sendo conduzidas por extraterrestres. Eles estão tentando trazer a raça humana de volta ao plano original, a uma espécie de indivíduos que nunca ficariam doentes e só morreriam quando estivessem prontos.

D: *Você quer dizer que o meteorito estragou o plano original?*
C: Sim, mas acreditamos que nada é um acidente.
D: *Disseram-me que a forma do corpo humano é a mais funcional. É por isso que é usado em muitos lugares?*
C: Sim, é uma combinação de muitas espécies. Há Reptilianos. Existem os de Silício. Existem muitas espécies que contribuíram para a consciência do veículo humano.
D: *Se você está por perto desde o início, então você não tem idade, tem?*
C: Não estamos no tempo. Não estamos no mesmo tipo de tempo.
D: *Na Terra, pensamos que foi necessário um longo período de tempo para que uma célula se desenvolvesse no corpo humano de agora. Mas você não reconhece tempo?*
C: As coisas simplesmente se manifestam. Como elas são pensadas, nascem.
D: *Você estava aparentemente feliz lá no conselho, não?* (Sim.) *Por que decidiu sair?*

C: Eu decidi que queria vivenciá-lo ao invés de assistir. Eu sabia que seria difícil e fui muito desencorajada por outros de fazê-lo. Eles precisavam de mim lá. E não me queriam indisponível. Mas decidi ir porque achei que poderia consertar as coisas por dentro. Eu sou um Mestre.
D: *Se você é um Mestre, você deveria ser capaz de realizar qualquer coisa.*
C: Sim, mas não funcionou assim.

D: *Parece que você é teimoso se foi contra o conselho deles.*
C: Sim, e essa é uma das minhas qualidades. Porque eu sou um inventor e, para inventar e criar, você deve conhecer a criação de todos os ângulos. Eu sou um Criador.
D: *Você disse que ajudou a criar a vida na Terra desde o começo?*
C: Apenas ajudei. Havia uma grande equipe.
D: *Mas então você decidiu também experimentá-la?*
C: Sim, me tornar pequeno. Para estar em um microcosmo.
D: *Você teve que começar por aí? Estou tentando entender o que você quer dizer.*
C: Bem, o microcosmo estava no menor nível do ser, começava no molecular com protocolos. Antes de se transformar em formas.
D: *Então você tem que começar nesse nível se for para a Terra?*
C: Eu não precisei. Fiz o que eu queria. Outras pessoas veem a necessidade disso, mas eu não.
D: *Então é a primeira forma em que você entra? O nível do microcosmo?*
C: Partícula... a consciência de uma partícula. Menor que um eletrodo... menor que um núcleo... menor que... pequeno. Nenhuma palavra para isso nessa língua.
D: *O que você ia experimentar nesse nível?*
C: Energia, apenas energia. É uma emoção muito grande ser tão pequeno.
D: *Você vai ter que passar por um processo muito longo antes de poder voltar?*
C: Eu posso voltar a qualquer momento.
D: *Se você quis começar sendo energia pura, para que tipo de forma você mudará depois disso?*
C: Eu tentei todas elas: fui árvore, elétron, partícula, onda de luz, núcleo, estrela, planeta, oceano, água, animal, réptil, humano, eu, rocha, seixo, fui muitas coisas.
D: *Você aprendeu alguma coisa sendo todas essas formas*

diferentes?
C: Não, nada a aprender... só ser. Não é sobre lições. É sobre a experiência. Apenas experimentar.
D: *Mas você não precisava vir. Foi sua própria decisão?*
C: Sim, e tive que me empenhar muito para conseguir. Eles tentaram me bloquear e eu disse: "Fora".
D: *Então eles não tentaram te parar?*
C: Não. O livre arbítrio é sempre honrado.
D: *Então você passou por todas essas formas e daí decidiu entrar no corpo humano?*
C: Sim, fui humano por um tempo, mas deixei de ser... era imperfeito demais na época.
D: *Quando você era humano, você experimentou muitos tipos diferentes de vidas?*
C: Todos eles têm vidas. Experimentei todas elas. Queria descobrir o que está errado. O que há de errado com o sistema neurológico? Como as bactérias interferiram e como consertar.
D: *Como reparar o dano?*
C: O dano redirecionou para um tipo diferente de evolução. Só se pode consertar o dano de dentro nesta situação. Não é possível corrigir como observador.
D: *Então é por isso que você experimentou muitos tipos diferentes de vida?*
C: Sim. Tive que ver todas.
D: *E algumas vidas foram negativas e positivas, não foram?*
C: Sim, mas negativo é uma ilusão. Negativo e positivo são ambos materiais de construção. Negativo é catalisador evolutivo.
D: *Mas você sabe que os humanos consideram algo negativo como ruim.*
C: Eles deveriam reformular isso para *o catalisador evolutivo*. Nós recebemos propositadamente esses catalisadores para a evolução. Essas coisas que parecem negativas... essas coisas são propositais.
D: *Eu acho que você tem feito isso por um longo tempo em termos da Terra.*
C: Fui e voltei. Não tenho estado aqui o tempo todo. Tivemos sim projetos mais longos do que os humanos na Terra. Houve mais experimentos humanos antes da Era do Gelo da Terra. Houve seis .. o sexto de muitos ... de vários.
D: *O que você quer dizer? Explique o que são os seis.*
C: A Terra teve centenas de milhares de anos sem nenhuma vida

nela. E, no meio delas, existiram pequenas janelas com formas de vida complexas e as temos utilizado todas as vezes.
D: *Eu estava pensando quais são as seis fases.*
C: Não são fases... apenas experimentos. Seis janelas no tempo, quando a forma de vida complexa humana poderia estar aqui na Terra. Quando humanos e plantas e animais poderiam existir. Não havia humanos nas duas primeiras vezes. Nas duas primeiras vezes existiram apenas outras espécies. Não necessariamente aqueles que você reconheceria neste tempo e espaço. Os humanos são um experimento mais recente com combinações após experimentar muitas outras formas de vida. O humano talvez tenha sido a melhor ideia.
D: *Do jeito que eles são agora?* (Não) *Essa foi a sexta fase?*
C: Não, não houve fases. Foram apenas experimentos. E este foi o sexto experimento aqui, e a forma de vida humana estava nos últimos quatro experimentos aqui. Mas nós experimentamos com humanos em muitas galáxias, e eles são a invenção mais recente, as outras espécies são mais velhas. Mas tivemos falhas e estamos procurando por uma consciência que possa suportar mais sabedoria. E um veículo físico que possa suportar e guiar essa consciência. Ainda não aperfeiçoamos essa ideia de veículo físico em qualquer forma, mas temos a eternidade para descobrir isso.
D: *Para tentar aperfeiçoar?*
C: Não a perfeição... mais experiência. Assim que você atinge a perfeição, não é mais perfeito, porque você quer tentar algo diferente.
D: (Risos) *Mas algumas das espécies, os humanos que estavam na Terra, não sobreviveram, não é?*
C: Correto. Isso limpa a lista. E tudo recomeçou.
D: *Não estava funcionando do jeito que deveria?*
C: Não existe "deveria" ou "não deveria". Às vezes, deixamos continuar até não ser mais edificante. Às vezes, a degeneração colocava em risco outras experiências e precisávamos restringir o experimento.
D: *É um projeto muito grande, não é?*
C: É universal. Existem outros universos também.
D: *E um afetaria o outro, e você teria que monitorar tudo isso?*
C: Sim, e ser cuidadoso para que os experimentos não respinguem uns nos outros. Eles causarão dano ao progresso de outro. O experimento humano, quando os seres humanos às vezes

evoluíram tecnologicamente, interferia em outros experimentos e precisava ser coibido.

D: *Existem outros seres como você que vieram para a Terra?*
C: Muitos. Especialmente agora.
D: *Eles poderiam ter ficado lá também, não poderiam?* (Sim.) *Todos se ofereceram para vir?*
C: Ninguém é forçado.
D: *Eu conversei com muitos tipos diferentes de voluntários que escolheram vir neste momento da evolução. Qual é o seu trabalho enquanto você está aqui?*
C: Reconectar de dentro para fora.
D: *Todos os humanos ou apenas alguns?*
C: Apenas alguns que ensinam os outros a se reconectarem. Estamos aqui para ensinar. Cada pessoa pode se reconectar ... religar ... o sistema neurológico está danificado. E, assim, a religação neurológica somente pode ser feita por cada indivíduo e não se pode fazer isso por eles. Isso é um experimento, e estamos auxiliando neste experimento para colocá-los numa determinada direção neste momento. Vamos embora depois disso.
D: *Por que o humano precisa ser religado?*
C: Para guardar mais consciência.
D: *Então não é para guardar mais conhecimento.*
C: Não. Eu explico: a evolução do coração e da compaixão é o que está faltando tecnicamente. Os seres humanos procederam a avanços tecnológicos antes de atingir o equilíbrio do coração, sem a evolução do coração. E isso tem sido desastroso. Então, estamos aqui para evoluir o coração primeiro até que o coração esteja alinhado com esse conhecimento.
D: *Por que o ser humano tem que ter mais consciência?*
C: A fim de exercer o poder benevolentemente, porque o uso indevido do poder é uma falha humana. Este dano bacteriano biológico feito ao sistema neurológico aconteceu no início do experimento antes que o ser humano estivesse completamente formado.
D: *Então a ideia é parar a negatividade dessa maneira?*
C: Ou redirecionar a forma como a negatividade é usada porque ela também é necessária. Positividade e negatividade não podem existir uma sem a outra. E a escuridão e a luz são parte da tapeçaria que constrói o quadro. Ambos devem ser aprendidos para serem usados com sabedoria, pois positivos também podem ser usados de maneira errada.

D: *Eu sei que existem muitos voluntários que querem estar na forma humana apenas para ajudar. Mas parece que você tem uma missão diferente.*
C: Não estamos aqui para salvar a raça humana. Estamos aqui para ver como tudo se desenvolve.
D: *É por isso que você escolheu entrar no corpo de Carol?*
C: Sim, e porque eu escolhi a desconexão mais difícil de religar. Pois esta é a única maneira de mostrar aos outros como desinstalar esses danos biológicos profundos.
D: *Você entrou no corpo dela enquanto um bebê?*
C: Eu nasci nesse corpo.
D: *Você já teve outras vidas como humano?*
C: São todas as minhas vidas. Eu sou um ego. É sempre o mesmo ego vivendo todas as vidas.
D: *Então o propósito da Carol é que você vai reconectá-la para que ela ensine os outros.*
C: Sim, para os que irão ouvir.
D: *Você sabe que ela tem uma escola metafísica onde está tentando ensinar os outros.*
C: Sim, eu sou um dos criadores da escola. Há mil envolvidos na criação da escola. Sou eu quem tem os - digamos - cérebros da operação.
D: *Então você colocou a ideia na mente dela para criar essa escola?*
C: Não, foi o grupo que colocou a ideia na mente dela. É uma ideia com a qual ela nasceu ... uma ideia que foi colocada em sua mente. Era seu destino.
D: *E é uma boa ideia. Ela está ajudando muitas pessoas.* (Sim) *Mas ela está tendo problemas agora com a escola.*
C: Ela está se identificando demais com as condições humanas.
D: *Ela sente que a escola está meio perdida e não está alcançando tantos quanto deveria.*
C: É verdade. Não está alcançando tantos quanto deveria. Ela precisa simplesmente relaxar e deixar fluir. Tem muita condição humana envolvida.
D: *Você pode dar alguma ideia sobre como atrair novos alunos?*
C: Estamos trabalhando nisso. Nós somos o que ela chama de "todos juntos".
D: *Ela está fazendo isso na Internet. Eu acho que você sabe o que é isso.*
C: Sim. Versão elementar do que temos. Internet é o nascimento do acesso à informação consciente de massa para todos. É o

primeiro passo, mas vamos parar com isso se o coração não estiver equilibrado nessa espécie.

D: *Como você vai parar o experimento?*

C: Nós temos a capacidade de destruição do cosmos. Tudo o que precisamos fazer é redirecionar as forças cósmicas. Sua destruição acontecerá se os avanços tecnológicos continuarem sem coração.

D: *Mas isso significaria que todos seriam destruídos.*

C: Não, nada é destruído.

D: *Isso destruiria todo o experimento.*

C: Vai continuar, mas começando de novo. Nada é destruído. Só é transformado em energia e energia pode ser reutilizada e redistribuída de forma que ninguém é morto. Não é real.

D: *Mas isso não seria admitir a derrota se você refizesse o experimento?*

C: Não, está se admitindo que tomou a direção errada ... uma direção diferente. Há muita confiança de que ela vai na direção certa para pessoas como nós aqui. Pois estamos impulsionando a experiência pelo lado de dentro, em vez de, como costumávamos fazer antes, pelo lado de fora. Estamos incentivando por dentro, e não por fora. Pois isso tem que ser uma expansão de dentro da forma. Nós vemos que a direção não está totalmente concluída. Ainda existe muitos humanos ouvindo ... desorientações.

D: *Isso tem alguma coisa a ver com a nova Terra que está sendo formada?*

C: Existe apenas uma Terra, e esta será transformada ou não.

D: *Eu ouvi tantas coisas diferentes. Ouvi sobre mudanças de vibrações.*

C: Haverá outras dimensões da Terra. Haverá mais de uma ... muito mais. Haverá mais de duas. Haverá muitas versões da Terra.

D: *Mas ainda haverá negatividade em uma versão?*

C: Sim, e até uma realidade mais sombria do que você imagina. Existem versões infernais da Terra, pois estamos testando o veículo humano para ver o quanto ele pode suportar.

D: *Disseram-me que os que são negativos não podem ir para as versões superiores da Terra?*

C: Eles vão se ajustar com a versão que combina com a deles. Aqueles que não conseguem corresponder a certas vibrações morrerão. Estamos limpando as espécies de partes defeituosas. Qualquer um que faz escolhas internas consegue aprovação para "ir".

D: (Risos) *Então, isso faz parte do seu trabalho, preparar as pessoas para que elas saibam que algo está acontecendo?*
C: Todos sabem que algo está acontecendo. São muitas ofertas para muitos estilos diferentes. A dela é uma das muitas ofertas diferentes para diferentes estilos. Há alguns que vão com estilos diferentes.
D: *O que quer dizer com estilos diferentes?*
C: Do despertar. Existe um objetivo, mas muitos caminhos.
D: *Não existe um "único jeito" que tem que ser?*
C: Existe apenas *o* jeito que tem que ser. O coração humano precisa evoluir para ir adiante, pois deixamos o experimento humano continuar com os avanços tecnológicos em seu estado atual sem evolução do coração. E deixamos isso ir muito, muito longe ... deixamos que fosse extremamente longe para ver o que aconteceria. E já vimos o que acontece ... não há necessidade de se repetir. Agora, ou tomam nova direção ou nenhuma.
D: *Então o que você viu que iria acontecer?*
C: Star Wars é verdade. Aconteceu em uma galáxia distante.
D: *Então, se eles continuarem o que estão fazendo, eles podem destruir a Terra por si mesmos?*
C: Poderiam destruir sistemas inteiros. E outras experiências que não queremos que sejam tocadas.
D: *Então é por isso que vocês estão observando, para que não tomem essa direção?*
C: Para conter experimentos enlouquecidos.
D: *Os humanos não sabem dessas coisas e fazem coisas estúpidas.*
C: Ela queria ver quem está conectado a esta vida, e sou eu.
D: *Você é o único no outro planeta que se ofereceu para descer e viver neste mundo louco.*
C: Eu não desci. Eu vim. (Eu ri.)

Então eu chamei o SC e perguntei por que ele escolheu aquela vida para ela ver.

C: Para que possa ver que é uma alma de grupo. Este não é apenas um ser. Ela viu um aspecto em um planeta, mas existe um grupo em muitos planetas dos quais ela faz parte.
D: *O outro ser que chamou de "conselho".* (Sim) *E ela é parte disso?*
C: Sim, o conselho todo é um ser.
D: *Por que você queria que ela soubesse disso?*

C: Para que possa ver de onde a escola realmente vem. Ela suspeitava que havia uma energia de grupo por trás disso. Ela sabia disso, mas não queria pensar que era tão grande porque não queria pensar em si mesma como "especial". De certa forma, ela não queria que isso lhe subisse à cabeça.

Então eu perguntei sobre seus problemas físicos, especialmente a tireoide para a qual ela estava tomando remédio. Era uma condição muito séria. O SC disse que o problema fora causado pelo medo. "Raiva, também causou isso... uma raiva incrível. Está mais ligado à raiva do que ao medo."

D: De onde veio a raiva?
C: Ela teve uma jornada difícil.
D: Ela disse que chegou a um acordo com todas as coisas que aconteceram em sua vida.
C: Em geral sim. Sua mente se desligou. Seu coração perdoou. Mas o corpo não soltou. É uma memória celular. Foi um desejo suicida também. Foi um desejo suicida inconsciente.

Os médicos disseram a Carol que ela morreria se ela não tomasse a medicação. Pedi a SC que trabalhasse sua tireoide e perguntei o que estava fazendo. "Relaxando. Apenas fazendo-a relaxar para ficar à vontade na forma humana, e para estar aqui por mais quarenta ou cinquenta anos." Ele também disse que sua escola se expandiria e percorreria o mundo todo. "Você ainda não viu nada. Ela já está aqui há quarenta anos. Isso é muito tempo para um ser não nativo da Terra."

Mensagem de despedida: Não tenha medo de brilhar a luz. Não tenha medo de ser poderosa. Não tenha medo de ser especial. Ela tem medo de ser mais especial que as outras pessoas. Ela não é assim. Ela tem muito medo do ego, pois o ego pode causar a queda dos grandes e ela tem mais medo do ego do que de qualquer outra coisa. Ela viu tantos egos destruírem um bom trabalho e não quer que seu ego destrua qualquer trabalho que tenha feito. E assim ela se mantém em um espaço de inferioridade para combater o ego. Ela será orientada sobre como lidar com isso à medida que as realizações se tornarem maiores; ela será orientada sobre como lidar com isso.

Parece que mesmo as almas mestras se ofereceram para vir, apesar de terem sido aconselhadas a não vir. Já foi dito que até mesmo um avatar pode se perder e ficar preso na lama e no atoleiro da Terra.

PARTE II

ETS E SERES DE LUZES

CAPÍTULO QUINZE

MAIS VOLUNTÁRIOS

Pode parecer um pouco estranho combinar OVNIs e ETs com as Três Ondas de voluntários e a futura mudança dimensional para a Nova Terra. Mas, na verdade, cabe muito confortavelmente. Todo o assunto de alienígenas ou extraterrestres tem sido revestido de medo e desconfiança desde o início. A maioria dos investigadores procura e descobre o que eles percebem ser mal e horror. E com base em seus sistemas de crenças, eles criam a mesma coisa que eles temem. Eles nunca pensaram no conceito que descobri: *que somos eles e eles são nós*. Esses seres nos criaram, então eles não desejam prejudicar seus filhos. Por causa do livre arbítrio e da lei da não interferência, podem apenas observar e balançar suas cabeças diante da estupidez e do comportamento juvenil desses filhos. Quando os outros pesquisadores usam a hipnose em seus clientes, normalmente mantêm a pessoa em um estado leve, em vez de levá-los ao estado profundo que eu uso. No estado de transe leve, a pessoa será pega pelas emoções e o medo reina. Os ETs estão bem conscientes do efeito que têm sobre os humanos, seja pela sua aparência ou por suas ações, e preferem que a pessoa não tenha nenhuma lembrança do encontro. Eles estão aqui para um propósito definido e o ser humano, que teve suas memórias apagadas pelo renascimento no corpo físico, não compreenderia. Muitos dos humanos não devem se lembrar de sua conexão até que sua missão tenha alcançado o estágio adequado que lhes permitirá entender essa conexão. Se as lembranças forem reveladas cedo demais, a experiência pode ficar prejudicada. "Eles" disseram que a situação ideal seria que a pessoa nunca soubesse que estão tendo encontros. Não querem atrapalhar a vida de ninguém. Mas, por causa dos aditivos em nossa comida, dos poluentes em nossa atmosfera, do uso de qualquer droga (recreativa ou medicinal) ou álcool, a química do cérebro muda e faz com que se lembrem de qualquer encontro (evento real ou sonho) de uma maneira distorcida, colorido por suas emoções, e acham que algo terrível lhes aconteceu, porque está além do seu entendimento. É melhor, então, que essa memória seja apagada pelos ETs. O medo é a emoção mais forte que um humano tem e distorce a memória do que não entende. No método que uso, tiro a mente consciente do caminho para que possamos nos comunicar com o SC, a parte que tem todo o conhecimento, para podermos encontrar a história verdadeira ou a parte da história que o SC considera apropriada. Ele sabe onde a pessoa está em sua jornada e sua missão e sabe o quanto ela pode aguentar. Eles nunca dão à pessoa mais do que ela pode administrar, e devo respeitar essa condição quando fazemos uma sessão. Se o SC diz que não pode dar mais nenhuma informação, ou que não é hora de algo ser revelado, devo respeitar. O SC deve ser sempre tratado com grande respeito e estabeleci uma relação de trabalho confortável com essa parte da mente do cliente. É como consigo obter informações que os outros investigadores nem tentariam encontrar.

A razão pela qual o tema dos extraterrestres se encaixa nas Três Ondas é porque esses voluntários vêm frequentemente de outras dimensões, planetas ou espaçonaves. Como disse antes, os voluntários são almas puras e imaculadas vindo à Terra neste momento para nos ajudar a fazer a transição para a Nova Terra. A maioria deles não viveu em um corpo humano antes e não está presa na Roda do Carma. Na série *Convoluted Universe*, descobri que muitos deles vinham diretamente de Deus, ou da Fonte, e nunca tinham vivido em *nenhum* tipo de corpo. Sempre foram um com a Fonte e não tinham sido enviados para a longa jornada de experimentação e lições para expandir o conhecimento da Fonte. Estavam muito contentes em permanecer naquele ambiente de amor total, e só concordaram em sair para ajudar a Terra. Na série *Convoluted Universe*, muitos deles falam de reuniões realizadas no plano espiritual e em vários outros locais. Nessas reuniões, foi-lhes dito que a Terra estava com problemas e precisava de ajuda. Pediram voluntários e muitos aceitaram o desafio. Um deles disse: "Estupidamente levantei a mão e disse que iria". Quando disse "estupidamente", quis dizer que não compreendia completamente as dificuldades para as quais estava se inscrevendo. Essas almas gentis só queriam ajudar por amor. Quando chegam aqui, é que percebem porque este planeta é chamado de o mais desafiador do universo. Também neste livro descobrimos que alguns eram espíritos ou energias que estavam viajando e explorando, e que nunca tinham sentido o desejo de se tornarem físicos. Fica, então, óbvio porque estas almas experimentaram problemas para se ajustar a tão hostil e estranho ambiente. Elas são consideradas corajosas e são muito admiradas por concordarem em assumir essa tarefa assustadora.

Agora vamos explorar os casos em que a pessoa tinha vivido em naves espaciais ou outros planetas e dimensões e realmente não tinha vontade de explorar a Terra. Em meu livro *The Custodians,* escrevi sobre meus vinte e cinco anos investigando casos normais de UFOs e abduções. Nesse livro, achei que havia encontrado as respostas para tudo que alguém poderia querer saber sobre esse fenômeno. Mas estava errada, há muito mais para descobrir. Quando escrevi esse livro, ainda não havia sido informada sobre a conexão com os voluntários e seu difícil papel na Terra. Visto assim, os ETs não são os invasores, mas os protetores. Estão apenas protegendo e observando os seus. Embora esses voluntários não saibam, nunca estão sozinhos. As pessoas que deixaram para trás estão cuidando deles para garantir que estejam seguros e se ajustando bem a esse ambiente alienígena da Terra. Eu já havia encontrado alguns casos relatados na série do *Convoluted Universe,* mas, na época, não tinha a visão completa. Farei referência a eles neste livro à medida que a história se desenrolar.

TEMPO PERDIDO

*T*odo o meu trabalho estava dando voltas e mais voltas e seguindo numa direção diferente. Então, por que deveria ter ficado surpresa quando meu trabalho com OVNIs e ETs também mudou? Em meu trabalho anterior, investiguei episódios de tempo perdido e incidentes de tempo condensado (relatados em *The Custodians*), mas sempre fui capaz de relacioná-los com seres físicos em naves espaciais. Para mim, entendê-los fica mais fácil se puder mantê-los dentro de perímetros que nossas mentes conscientes possam controlar. Mas meu trabalho agora estava indo em uma direção que ligava muitos eventos a seres e veículos que não eram físicos. A mente subconsciente identificava essa nova direção como natural, embora a mente consciente da pessoa não tivesse pensado sobre um conceito tão estranho. Nossas mentes estavam de fato sendo abertas e todo o meu trabalho estava sendo afetado. Eu tinha que mudar minha maneira de ver as coisas *totalmente.*

Jackie foi uma das doze sessões que realizei em Laughlin, Nevada, logo após o ataque de 11 de setembro de 2001. Naturalmente, como era uma conferência sobre OVNIs, conheci muitas pessoas que queriam ver se tinham tido experiências desse tipo. Jackie foi uma delas. Eu conduzi as reuniões dos que realizavam experiências todas as manhãs durante a conferência, com a assistência de Barbara Lamb. Jackie queria explorar um incidente de 'efeito de tempo perdido' que a incomodava. Ela e sua amiga, Elaine, haviam começado muito cedo (3h) uma viagem de carro para Sedona, Arizona. A viagem normalmente levava cerca de quatro horas, e deveriam ter chegado lá por volta das 7h. Em vez disso, chegaram horas depois (cerca de duas horas de tempo perdido) e se viram em uma estrada estranha quando entraram em Sedona. Eu queria ter certeza de que elas não haviam simplesmente saído da estrada e adormecido por ser tão cedo, mas ela estava certa de que não. Naquela hora da manhã, haveria muito pouco tráfego, e essa foi a principal razão para viajar tão cedo. Não parecia haver nenhuma explicação lógica para o atraso. Então, esse seria o foco principal da sessão. Saber o exato dia e hora do incidente ajudou. Ela manteve tudo registrado em seu diário.

Outra coisa que ela queria explorar era sobre um implante em sua cavidade nasal. Ela me mostrou um conjunto de raios x feito por seu médico por ocasião de um check-up para um problema físico. Em um deles, havia um pontinho branco na cavidade nasal superior. Outro conjunto de raios x, tirado alguns meses depois, não mostrou nenhum desses objetos. Nesse meio tempo, disse ter saído algo do seu nariz. Como ela não reconheceu o objeto, jogou-o fora. Queria descobrir se tinha havido algo em seu nariz e se tinha ou não outros implantes em seu corpo.

Eu exploraria o episódio do tempo perdido primeiro. Com ela em transe, eu a fiz voltar para a casa dela na madrugada de 1 de julho de 1993.

D: *É de manhã bem cedinho, como quando você estava se preparando para uma viagem. Você está se preparando para sair. É cedo, início da manhã do dia primeiro de julho de 1993. O que você está fazendo? O que você vê?*
J: As luzes estão apagadas. Estava saindo pela porta.
D: *Você tem tudo que vai levar com você?* (Sim) *Em que carro você vai viajar?*
J: Meu Ford.

D: *Você vai dirigir ou é Elaine?*
J: Eu estou dirigindo. É cedo, são três e cinco. Ainda está escuro lá fora, e eu e Elaine estamos no carro. Gosto da minha música. Ela ajuda a passar o tempo.
D: *Quanto tempo você vai levar para chegar a Sedona?*
J: Cerca de quatro horas. Já fui muitas vezes. Estamos falando de um novo caminho a percorrer, subindo a dezessete e depois direto do Parque Lynn(?) para Sedona. Sobre uma estrada de montanha. Menos viagem. Nós nunca fomos por aquele caminho.

Já havíamos encontrado algo de que ela não tinha consciência: uma estrada diferente da que ela se lembrava.

D: *Seria mais curto?*
J: Não, mais longa.
D: *Por que você decidiu seguir um novo caminho?*
J: O compromisso. Concordei em estar lá para conhecer essas pessoas.
D: *Eles vão estar nessa estrada?*
J: Sim. Assim, será mais fácil vê-los. *Sub*conscientemente sabia que eles estariam lá. Não conscientemente.
D: *O que você quis dizer com um compromisso? Algo que foi combinado?*
J: Meu povo. (Triste) Sinto falta deles.

Ela estava ficando emocionada e começou a chorar. Tentei ganhar sua confiança para que continuasse sua fala. Ela conseguiu.

J: Eles são completamente ... leves, são feitos de luz. (Fungando) Que saudades! (Emotiva) É um lugar estranho aqui.
D: *Conhece essas pessoas de algum outro lugar?*
J: (Suspirando) Sim!
D: *Quando você marcou essa reunião para se encontrar com eles?*
J: Enquanto eu dormia, eles me disseram onde vir. (Soluçando) Seria em algum lugar naquela estrada. Não sabia exatamente onde, mas tive que me apressar. Tinha que estar lá em um determinado período de tempo.
D: *Por isso você queria sair de manhã naquele horário?* (Sim) *Mas você disse que conhece essas pessoas. De onde você as conhece?*
J: A luz. (Ainda soluçando) (Emotiva) São da luz. São luz. A energia

dessa luz.
D: *Como você as conheceu?*
J: (Emotiva) Eu *sou* elas! (Enfática) Eu *sou* elas!
Tentei descobrir sobre o que ela está falando, sem induzi-la.
D: *Então elas têm se comunicado com você enquanto você está na Terra?*
J: Sempre, mas nem sempre as entendo. Às vezes esqueço quem são. (Emotiva) Uma forma concentrada de luz. É uma concentração máxima de luz *azul*. Eu *sou* elas!
D: *Você é elas. Bem, vamos avançar no tempo para quando você está indo para o seu encontro. Demora um pouco para chegar lá?*
J: Precisamos de gasolina para o carro. Preciso parar para abastecer. Estou me sentindo bem, bem acordada e entusiasmada. Mas, quando paramos para a gasolina, me senti muito sonolenta. De repente fiquei meio grogue. Conforme dei a volta ao redor do carro para deixar Elaine dirigir, senti os olhos pesarem.
D: *Bem, é muito cedo.*
J: Foi diferente. Não foi sono. Elaine está dirigindo. Cintos de segurança colocados. Olho para o velocímetro. Foi a última coisa que vi, setenta e cinco milhas por hora. Pensei, nós estaremos lá em vinte minutos.
D: *Não há outros carros?*
J: Bem, vi um carro passando na estrada do outro lado.
D: *Então o que aconteceu? Seu subconsciente sabe. Ele não dorme. Pode dizer o que aconteceu.*
J: Nós paramos. Saímos para a direita na estrada. Era uma estrada de terra. Existem cercas ao longo dela. É uma espécie de fazenda. Abaixei o vidro da janela. Está muito escuro.
D: *E ela seguiu por essa estrada? E nem sequer questionou?*
J: Não. Ela estava sorrindo. Eu estava olhando para a direita. Havia algo ... em forma de domo prateado, como uma caixa d'água. Mas não era uma caixa d'água. Duas "pessoas" vieram à minha porta. Uma veio para a dela. E nós andamos.
D: *Como são as pessoas?*
J: Greys.
D: *E você saiu do carro?*
J: Sim. Elaine estava bem e caminhava em silêncio.
D: *Para onde eles estão levando vocês?*

J: Estamos nesta nave... nesta sala.

Aparentemente, o domo prateado era na verdade uma nave.

D: Você está na sala. Então o que acontece?
J: Estou sendo ensinada por esses robôs... os greys. Sinto que as vozes vêm deles, que sou uma emissária. (Quase chorando) Que vão me deixar de novo. Não quero voltar. (Emotiva) Vou voltar, mas prefiro ficar com eles. Eu realmente queria estar com eles. Sou um segmento da luz. Luz segmentada. Segmentar a mim mesma. Voltar.
D: O que você quer dizer, se segmentar?
J: Separar-me deles novamente e voltar para a Terra. Eu tenho que voltar. Quero ficar com eles. (Emotiva) Eles são tão cheios de amor. E todo espaço molecular é luz. (Soluçando) Não sei se posso fazer o que querem que eu faça.
D: O que eles querem que você faça?
J: Espalhar a luz. Espalhar a luz. Voltar e aumentar a fonte de Deus espalhando a luz. (Soluçando)
D: Eles lhe dizem como fazer?
J: Eles dizem que sei como fazer.

A ideia me lembrou os pequenos seres de luz da história de Bartholomew em *The Convoluted Universe, Livro Um*, que veio à Terra para espalhar luz.

D: São eles que estão falando com você ou existem outros seres na sala?

Ela estava certa quando os chamou de "robôs" porque são máquinas biologicamente criadas que só fazem o que lhes dizem ou estão programadas para fazer. Eu sabia que eles normalmente não pensam por si mesmos, apenas fazem as tarefas subalternas. Perguntei de onde vinham as instruções que estavam dando a ela.

J: É como um telefone. Conversam com alguém muito longe.
D: E repetem as instruções para você?
J: Eles são um telefone. Estão transmitindo. Guardam as mensagens. São da luz também. Como é maravilhoso ... mas me sinto tão fragmentada quando volto. (Soluçando)
D: Por que eles a trouxeram para a nave nesta manhã tão cedo?

J: Eu precisava de um... dispositivo. De um dispositivo. Eles colocaram um dispositivo no meu cérebro. (Ainda soluçando)
D: *Como eles fizeram isso?*
J: Com uma extensão de metal que entrou na minha narina direita.
D: *E o dispositivo foi inserido no cérebro?*
J: Perto do cérebro. Assim posso continuar captando o pensamento deles. Enquanto vivo, vou receber conceitos que eles projetam para mim. Para me ajudar a viver. Para me ajudar a ensinar. Os conceitos aparecerão em minha mente como fotos. Palavras, mas como fotos.
D: *Então esse dispositivo vai ajudá-la a saber o que dizer e o que ensinar?*
J: Sim, mas, às vezes, acho que não está ajudando.
D: *Por quê?*
J: Estou tentando ensinar bonecos. (Risos)
D: (Risos) *Bem, terem posto o dispositivo na sua cabeça a incomoda?*
J: Ah, não. Foi preciso. É meu ... cartão de telefone.
D: *Então você pode se comunicar com eles. Não é controle mental?*
J: Ah, não, porque eu *sou* eles. Eu sou eles.
D: *É apenas o jeito de eles telefonarem para você sempre que quiserem enviar alguma informação?*
J: Para me ajudar. Para me afastar do mal. Para me avisar. Para me alertar sempre que houver algum mal.
D: *Eles também recebem informações?*
J: Sim, sim, sim. De todos com quem falo. Cada conceito, cada ideia, cada valor, cada experiência os ajuda a crescer também. Nos ajuda.
D: *O que eles fazem com a informação?*
J: Ela constrói como ... cristais? Ela constrói na fonte de Deus. Adiciona. Completando a função. Adiciona à fonte de Deus. Adiciona ao conhecimento e à luz. Criando uma função. Função de Deus. Ele tem que ter uma função.
D: *Essa é a única maneira de obter as informações?*
J: Não, eles têm muitos segmentos, como eu, que as enviam. Se eu não fizer meu trabalho, então alguém o fará.

Talvez esta seja uma das razões pelas quais estou me deparando com tantas pessoas me dizendo as mesmas coisas. Eu estou encontrando mais dos muitos segmentos que estão fazendo este trabalho na Terra? Se assim for, eles parecem estar espalhados por todo o mundo. Talvez este seja o propósito, para que eles possam coletar informações de muitos lugares diferentes.

D: Mas será essa a única maneira de eles recuperarem informações, com essas pequenas coisas que colocam na sua cabeça?
J: Não, há outro jeito, mas não está todo conectado. Se pensarmos em algo, teremos todos o mesmo pensamento ao mesmo tempo. Conhecimento da existência, telegrafado de um para o outro. E o todo da luz sabe a mesma coisa ao mesmo tempo. Mas esta é uma maneira mais física de se relacionar comigo quando estou na Terra.
D: Você já teve isso em seu corpo antes?
J: Sim, antes desta vida. Desta vez, não.
D: Quero dizer, quando você era mais jovem. (Sim) Então por que eles tiveram que colocar outro?
J: Às vezes, o corpo o absorve. E, às vezes, só precisa ser atualizado, para que possam reunir todo o conhecimento de que precisam.
D: Então, a mesma coisa pode acontecer com uma criança e, ocasionalmente, eles precisarem substituí-lo?
J: Quando eu tinha sete anos. Estava muito solitária, e eles me ajudaram. Me informaram que eu não estava sozinha. Mas ainda me sentia sozinha. Esta terra é um lugar estranho. Difícil falar com as pessoas. Era difícil falar com as pessoas. Está ficando mais fácil.
D: Bem, naquela manhã, aconteceu mais alguma coisa enquanto você está lá?
J: (Ainda emotiva) Eles me dizem para parar de protelar... mas vou fazer o que preciso fazer. A outra vez foi muito mais completa. Quando eu era uma luz azul, um bloco de luz azul naquele outro lugar. Um bloco inteiro de luz azul.

Tentei entender o que ela queria dizer.

J: Quando eu estava com eles. Sempre me senti completa quando eu estava com eles. O tempo não existe. Quando eu era um bloco, um bloco sólido de luz azul, foi quando fui mais feliz.

Aparentemente, pelas minhas perguntas, não entendi o que ela estava dizendo.

D: Isso foi quando você era mais jovem?

J: Se falássemos de seu tempo imaginário, em anos, provavelmente, seria uns 500.000 anos atrás. Eu estava feliz então. (Risadinha) Uma luz azul sólida confortável.
D: Então o que aconteceu? Você teve que deixar essa luz?
J: Para ajudar a função. Quando chegamos aqui, acrescentamos com nossos atos. Nós somos de *fato*. Se fizermos más ações, não estaremos viajando na luz. E pelos nossos atos nós criamos energia, para ajudar a fonte de Deus, para aumentar a fonte de Deus. É um bloco de luz que originalmente era para criar universos novos e melhores a cada vez. Sem começo e sem fim. E, às vezes, nos planetas físicos, você fica com pouca luz e frio. Pesado, escuro. E solitário.
D: O que era aquele grande bloco de luz azul?
J: Deus! Era a fonte de Deus. Cada um de nós é, à nossa maneira, uma energia concentrada. Naquela vida em particular, eu estava o mais próximo que eu já estive de Deus desde a minha primeira... partida(?) (Ela não sabia explicar.) Desde a minha primeira centelha daquela fonte de Deus. Diminui, às vezes, quando você está na escuridão. Eu me sinto separada e solitária. Muito sozinha. Mas sei que não estou só. Apenas, às vezes, queria que fosse mais fácil.
D: Você se ofereceu para se separar e descer para o físico?
J: Sim. Responsabilidade. A coisa mais difícil que temos que aprender é a responsabilidade. Somos responsáveis por nossa própria centelha, o crescimento dessa fonte de Deus. E é difícil entender. Sei que preciso fazê-lo, preciso ajudar. Mas, às vezes, fico tão cansada.
D: Apenas na vida atual como Jackie ou em todas as jornadas?
J: Em todas elas.
D: Por que você se cansa?
J: Não é rápido o suficiente.

Eu já ouvira isso antes, que as coisas eram lentas demais em nossa dimensão terrena. Nas outras dimensões, especialmente no plano espiritual, os pensamentos se materializam instantaneamente. Tudo é muito mais rápido. Nossa dimensão lenta e densa é frustrante para os seres de energia que estão acostumados a criar imediatamente.

J: Houve um tempo em que era lento em outros planetas e outros lugares também.

D: *Eles eram diferentes?*
J: Não é tão escuro.
D: *Mas tudo são lições? É por isso que você tem de ir a esses lugares?*
J: Sim, sabemos que são sempre lições. Este planeta em particular não está funcionando como deveria, porque muitos de nós nos permitimos estar cansados e nos arrastar enquanto fazemos o que temos que fazer. Precisamos nos animar. Coisas materiais não importam. Essa não é a realidade. Não a realidade com o R maiúsculo. A realidade com o R maiúsculo é o que conta. A vida com V maiúsculo é o que conta. E isso não é Vida com V maiúsculo. Então, às vezes, me sinto ressentida por estar aqui, mas é necessário aumentar a fonte, essa energia, esse cristal, para criar.
D: *Jackie queria entender por que essas coisas estavam acontecendo com ela. Se ela entender seu propósito, se sentirá melhor.*
J: Eu entendo o propósito. Eu simplesmente não entendo porque eu me decepcionei e fiquei cansada.
D: *Bem, enquanto olha, responda-me: Jackie tem outros implantes em seu corpo?*
J: Sim, tem um no dedo, na mão esquerda.
D: *Para quê?*
J: Eu quero dizer "saúde", mas eles estão me dizendo que é para o meu sangue. Meu sangue não tem oxigênio suficiente porque a Terra é um lugar pesado. E meu corpo não tem o suficiente... não há oxigênio suficiente no meu sangue. Cria mais células brancas porque o equilíbrio não está certo. Eu imagino disparos de feixes, como feixes de laser, trazidos para o meu corpo através desse dispositivo. É tão pequeno!
D: *Está equilibrando o oxigênio no sangue?*
J: Sim, mas não sei como. Eu não entendo. (Uma revelação.) A luz é um ... propulsor? Dá às pequenas moléculas um empurrão. (Risos) É do que preciso. Por mais vinte anos eu preciso ser forte. Muito forte.
D: *Mais vinte anos? Então, o implante ajuda o corpo a estar em equilíbrio e harmonia. Existem outros que ela precisa conhecer?*
J: Atrás da minha orelha esquerda.
D: *Qual é a função desse?*
J: Comunicação. Tive vários atrás do meu ouvido. Um quando eu tinha sete anos, mais para cima. E um recentemente.
D: *Aquele quando você tinha sete anos, para que foi colocado lá?*

J: Para estar atenta ao que estava escutando... sobre fé. Para me ajudar a ouvir, para esclarecer, para meus padrões cerebrais, a verdade do que eu estava ouvindo. E peneirar e classificar o que era verdade e o que não era.

D: *O implante que foi colocado na área do nariz de Jackie foi o que ela viu no raio x?*

J: Esse foi na narina.

D: *Mas qual foi o propósito dele?*

J: Comunicação. Quando eles querem saber alguma coisa, ou ver alguma coisa. Eles veem tudo e ouvem tudo que eu faço. E quando eles querem me dizer algo, eles projetam no meu cérebro. E eu vejo o que querem me dizer, às vezes, através de figuras e, às vezes, através de palavras. O que apareceu no raio x é um dispositivo de comunicação.

Ouvi essa mesma informação de todos a quem perguntei sobre implantes enquanto em transe. Alguns desses casos são relatados no *The Custodians*. Os ETs disseram que era muito importante entendermos a função dos implantes. Os implantes receberam uma conotação muito negativa e estão até sendo removidos por alguns investigadores. O objetivo deles na área nasal é sempre relatado como sendo o mesmo: dispositivos de comunicação que coletam as informações que o sujeito recebe em seu cérebro. Essa informação é baixada diretamente em computadores que registram a história da nossa civilização e da nossa Terra. Alguns implantes são monitores para que o assunto possa ser localizado e protegido, se necessário. Outros são semelhantes a pílulas de liberação prolongada ou dispositivos que dispensam medicação no corpo para ajudar com quaisquer doenças ou disfunções. Descobri que os implantes são muito positivos. Nunca encontrei nenhuma implicação negativa neles. A única negatividade é relatada por aqueles que não conhecem toda a história.

D: *Então é diferente do outro que foi colocado no cérebro?*

J: Esse é o único. Está perto do meu cérebro. Os que estão no meu ouvido também estão próximos do cérebro. Um implante foi colocado quando eu tinha sete anos e um outro, que eu saiba, em 1995. O de 1993 está na minha narina.

D: *É aquele que apareceu no raio x?*

J: O de 1993 foi colocado no momento da viagem a Sedona.

D: *Por que desapareceu agora do raio x?*

J: Em 1996 tive novamente um tempo perdido de manhã cedo. E eles vieram. Estava solto. Pensei que tinham vindo para tirá-lo ou para ajustá-lo. Mas, no dia seguinte, saiu. Vieram para afrouxá-lo, eu acho.

D: *Por que eles afrouxaram para que saísse?*

J: Porque eu sabia o que estavam fazendo, e não funcionou tão bem por eu saber.

D: *O que Jackie encontrou quando saiu parecia um pequeno quadrado verde?*

J: Sim. (Rindo) Quando uma criança quer andar de bicicleta com rodinhas de treinamento, ela se torna dependente das rodinhas de treinamento, até que alguém as tire. O implante solto foi como aquelas rodas de treinamento. Deus, estou sozinha! Eu não percebi que estava sozinha. (Essa foi uma revelação surpreendente e perturbadora.) Estou sozinha.

D: *Mas se eles o tiraram, como se comunicam com Jackie agora?*

J: Cristais. Pelos cristais. O sistema de telégrafo mais ativo que mencionei. Está se tornando mais eficaz agora. Quem precisa das rodinhas? Eu me comunico sem elas.

D: *Jackie não está sozinha. Ela ainda está em conexão. Só não é mais através de um objeto físico.*

J: Estavam me ensinando a ser mais não físico. Mais espiritual. A ensinar com o espírito. A ensinar as pessoas a morrerem através do espírito. (Emotiva)

D: *Isso é muito importante, não é? E esse é o trabalho que Jackie está fazendo agora. Uma contribuição muito valiosa. Estão ajudando-a a saber o que dizer para essas pessoas.*

Jackie estava trabalhando como auxiliar de enfermagem em uma casa de repouso e estava em contato constante com os idosos acamados.

J: Ainda não tenho certeza.

D: *Bem, é um começo. Como eles disseram, Jackie tem mais vinte anos, pelo menos. Nesse tempo, muitas coisas podem acontecer. Mas Jackie tem mais algumas perguntas. Ela está querendo saber sobre a limpeza do carma. Os sentimentos ruins que ela tem sobre sua família e sobre as pessoas que não a entendem.*

Jackie estava tendo problemas com sua família nesta vida. Houve um mal-entendido sobre o que ela estava fazendo na metafísica. É o que geralmente acontece quando uma pessoa muda de direção na vida, especialmente se está se opondo ao sistema de crenças da família. Muitos casamentos terminam quando um dos parceiros começa a crescer em outra direção. Muitas vezes é preciso muito entendimento e amor para permitir que explorem seu novo interesse.

J: A família que eu perdi... é pequena. Representa a grande família que perdi. Estar aqui me fez solitária. Faz parte do experimento. Eu precisava saber que podia realizar meu treinamento sem as rodinhas de treinamento e ainda estar perto delas. Tal como acontece com a minha família de luz. A família daquele lugar de luz.

D: *Essa é a verdadeira família que ela está perdendo, a família da luz?*

J: Essa família que perdi aqui foi um pequeno exemplo. Estava me dizendo que eles estavam levando minhas rodinhas de treinamento para me ensinar responsabilidade. Que sou responsável e não preciso me apoiar em nada nem em ninguém. (Chorando e soluçando)

D: *E ela tem o sistema de telefone que pode conectá-la com a família maior.*

J: É mais como um telégrafo. (Risos)

D: *Mas Jackie está fazendo um trabalho muito importante com pessoas que estão doentes e morrendo. É o que ela deveria estar fazendo pelo resto da vida? Eles podem te dizer?*

J: Eu sei. Preciso ser responsável e parar de choramingar. Faça! Apenas, faça! Explique a função para as pessoas. Explique a capacidade de Deus para dar nascimento a universos mais novos e maiores. Eu preciso ensinar isso para os bonecos.

D: *Ficará claro para Jackie para que ela possa ensinar? Porque você tem que entender do assunto antes de poder ensiná-lo.*

J: Pergunta errada. *Deve* ser positivo. Será divulgado. É claro. Precisa ser positivo. Diga tudo de forma positiva a partir de agora. Mas tenho problemas com isso. Porque quando digo coisas positivas, pessoas que não entendem, se ressentem comigo. Acham que é um comando.

D: *Mas sempre existem pessoas que vão se ressentir por causa do nível em que estão.*

J: A informação virá das pessoas da luz. Das almas graduadas. Estão sendo separadas dos menores. Elas já têm o entendimento. O tempo é curto. Os diplomados são os iluminados. Estavam viajando na luz; estão chegando e ensinando aos outros. Esses são os ex-alunos.

D: Refere-se aos graduados. Aqueles que já terminaram o curso. É isso que você quer dizer?

J: Bem, até mesmo os graduados são neófitos, mas os menores não sabem disso. Se gatinhos nascem em uma sala com listras verticais, as listras são a única coisa que eles veem toda a sua vida. Eles não conseguem ver nada horizontal. Isto é um fato! A mente é assim. Então, não posso ensinar a alguém o que ele não pode compreender.

D: Ela também está curiosa sobre ter tido vidas passadas nas quais estava ensinando.

J: Sim. Ela teve muitas vidas no antigo Egito, lá ela tentou passar os ensinamentos de modo acelerado. Mas ela sentiu que estava ensinando tolos.

D: (Risos) Sim, as pessoas não entendem.

J: Nem todos eles. Apenas os tolos.

D: E ela deveria estar ensinando os mesmos princípios agora?

J: Preto contra a luz. Estrelas contra a luz. Negativo para positivo. É o que preciso fazer. Preciso fazer isso.

É incrível para mim quantas vezes "os" ouço dizerem à pessoa que o propósito deles é espalhar luz, informação e compreensão. Muitas vezes isso é estranho ao padrão de pensamento consciente. E embora eles concordem que é uma boa ideia, não sabem por onde começar. Talvez seja isso o que ela quis dizer com os implantes se comunicando com ela. Talvez eles lhe digam o que dizer e o que fazer. Assim esse proceder pareceria natural, como um instinto ou impulso natural. (Quantas vezes ouvi isso? As pessoas sabem exatamente o que fazer quando são colocadas em uma situação desesperadora).

Jackie queria saber sobre um incidente estranho que aconteceu quando olhou para as mãos e elas estavam muito vermelhas. "O que estava acontecendo naquela época?"

J: O presente para as pessoas também é curativo. Esse era meu trabalho. Faço isso com minhas mãos, com meu coração. Minhas mãos eram da cor do meu coração. Vermelho escuro. Sem calor, mas com energia. Energia para ajudar a curar essas pessoas que estão morrendo. (Risada) Isso soa engraçado. Curar as pessoas

que estão morrendo.
D: *Isso não parece engraçado. Você está ajudando-as a atravessar com amor em vez de medo.*
J: Ah, sim! Elas são tão lindas! Noventa e dois e noventa e seis anos, e lindas. Você não pode acreditar como essas pessoas são bonitas.
D: *E a vermelhidão nas mãos foi para ajudar?*
J: Para ajudar a conduzir a energia para elas quando as toquei. Tocar suas testas, segurar suas mãos. Enviar energia para dentro delas como eletricidade para uma máquina. E transformar a eletricidade em energia viável em seu corpo. Então, naquela hora em que vi minhas mãos ficarem vermelhas, foi para me dizer que esse era o caminho certo.

Esta transcrição foi tirada de outra muito mais longa que trata de várias vidas passadas. Valerie é uma enfermeira registrada com muitos anos de trabalho em hospitais. Também estava no grupo de experiência realizado todas as manhãs durante a Conferência sobre OVNIs em Laughlin, em 2001. Ela suspeitava que poderia ter tido contato com extraterrestres, mas não havia nenhum incidente específico que desejasse explorar. Essa é a parte em que eu fazia as perguntas que o paciente queria saber ao subconsciente.

D: *Uma das coisas que Valerie quer saber é se ela tem associações com o que chamamos ETs, ou extraterrestres, nesta vida. Tem mesmo?*
V: Ela deve perceber que a teia da vida é muito entrelaçada. Existem muitas, muitas espécies de entidades no universo. E ela tem encarnado entre essas espécies muitas vezes. Fazia parte do seu caminho de aprendizagem. E as diferentes espécies aprendem umas com as outras. Existem, é claro, muitos níveis para o que está acontecendo com os extraterrestres. Existem muitos propósitos em muitos níveis, mas este foi um acordo. Em um nível, um propósito era ter essas experiências acontecendo com ela desde uma idade muito jovem. Essas experiências certamente a ajudariam a saber, a ter consciência, sem sombra de dúvida, de que há muito mais na vida do que ela supõe. Serviram para ajudá-la a fazer perguntas mais importantes, como "Por que

estou aqui?" e "Como posso ter uma vida melhor?" e "Como posso ensinar os outros a ter uma vida melhor?" Se não fosse por essas primeiras visitas, talvez ela nunca tivesse feito essas perguntas. Isto a ajuda a lembrar quem ela é. Foi como um chamado para despertar prematuro. Aqueles que têm esses chamados para despertar bem cedo, mesmo quando crianças, são os abençoados. São os que têm uma vantagem, porque muitas vezes é difícil lembrar quem você é e qual é o seu propósito, se você não tem sequer o estímulo para se elevar acima daqueles que o rodeiam, que só estão preocupados com o aqui e agora.

D: *Ela também quer saber sobre esses bebês com os quais sonha. Ela teve essas gestações?*
V: Teve.
D: *Ela quer entender isso.*
V: É algo difícil de ser entendido. Mas é essencial neste estágio da história da Terra que haja essa continuação dos genes. Não apenas uma continuação, mas uma modificação do DNA. Você os chama de "genes". Haverá momentos no futuro da Terra em que será necessário ter esse material e ter esses seres que são parte humanos e parte - como vocês chamam - "alienígenas". É preciso combinar essas raças; porque haverá tempos futuros em que será necessário ter as duas qualidades. E ela concordou em fazer isso. Ela está bem ciente, em um nível mais profundo, dessas implicações. E, de fato, contribuiu de bom grado para este projeto.
D: *Ela estava se perguntando o que aconteceu com essas crianças?*
V: Estão seguros. São felizes - à maneira deles. Se ela soubesse todas as circunstâncias de sua existência agora, sua mente consciente provavelmente a convenceria de que essa não é a maneira correta de viver. E que eles não podem ser felizes. Então, basta dizer que, neste momento, eles estão seguros e felizes. E ela pode ter certeza disso. Ela não precisa conhecer os detalhes de suas vidas, porque sua mente consciente a convenceria de que isso não é o certo para uma criança ou uma pessoa.
D: *É diferente da vida que ela conhece.*
V: É muito diferente. É muito, muito estranho para o que ela conhece. Mas é também a escolha dessas crianças, dessas almas. Foi a escolha delas fazer esse trabalho e entrar nessa vida, pois foi sua escolha entrar em sua vida. É a escolha delas e é o carma delas. Estão fazendo o que escolheram fazer. E o estão fazendo

muito bem.
D: *Ela também queria saber se ela vê essas crianças ou as visita?*
V: Não. O seu pacto foi que ela lhes daria o início da vida. E quando precisam de "cuidados maternais", como vocês dizem, existem outras mulheres que escolheram ter mais de um filho que podem lidar com isso, e realmente gostam de fazer isso. Ela sentiu que não tinha a capacidade de ir de uma situação a outra e voltar para cá. Então é assim.
D: *Então ela não precisa se preocupar com isso. Está tudo bem.*
V: Está tudo bem.
D: *Ela tinha mais algumas perguntas. Ela já acordou com marcas triangulares em seu corpo. Que marcas são essas?*
V: Há muitas coisas sobre as quais estamos aprendendo e precisamos aprender a integrar, como adaptar os corpos a outros ambientes. E testamos pessoas. Nós as levamos a bordo das naves e as testamos para ver como estão reagindo às coisas diferentes em sua vida. Principalmente às coisas em seu ambiente. Queremos saber como isso as está afetando. Seja a comida que comem, as bebidas que bebem, os medicamentos, o que chamam de "suplementos". Os poluentes no ar e na comida. Nós testamos essas coisas. Temos nossos instrumentos. Medimos também tudo. Às vezes, nossa instrumentação deixa marcas no corpo. Essas marcas são irrelevantes a longo prazo. Não as prejudica de modo algum. Também desfazemos danos que vemos nos corpos. E aprendemos com esses testes. Podemos entender como se livrar dessas coisas "ruins" que estão acontecendo no corpo e como livrar-se de substâncias tóxicas. E isso é bom.
D: *Então ela não precisa se preocupar com isso. É apenas uma coisa curiosa encontrar essas marcas em seus corpos.*

Eu ouvi de muitas pessoas que, ao despertarem, encontraram essas marcas estranhas em seus corpos, e sempre recebemos a mesma explicação. Que foi causado por várias máquinas e instrumentos utilizados a bordo da nave. Eu sabia que não era negativo, mas fiquei feliz por ter verificado. As pessoas ficam mais assustadas com o que não entendem.

Durante outra sessão com uma cliente diferente, outra estranheza foi levantada. Uma de suas perguntas tratou de seu possível envolvimento com ETs. Existe uma teoria de que, se uma pessoa teve contato com eles, alguma coisa aparecerá em sua pele, visível apenas sob luzes fluorescentes. Alguns investigadores estão usando isso como prova de envolvimento extraterrestre. Essa cliente queria saber disso porque podia ver as marcas em seu corpo sob essas luzes.

D: O que causa isso? De onde está vindo?
M: Ela era uma garota ocupada. Eles a ocupavam muito à noite quando ela pensava que estava dormindo. Não, ela não estava! Ela estava ocupada. Ela estava trabalhando com os outros. Aquela garota nunca descansa.

D: O que produz as marcas que são visíveis à luz?
M: Sempre que ela está em contato com os outros seres, quando eles a tocam, ela fica marcada. É meio oleosa e fica grudada. Você a conhece, ela estava curiosa e tinha essa luz. Então ela usou a luz e pode ver as marcas. Os outros estavam lá por causa de sua interação e de seu trabalho com eles. É apenas algo que acontece durante o contato, ao serem tocadas. Isso simplesmente some.

D: Isso não prejudica seu corpo de alguma forma?
M: Não, não. Está tudo bem.

D: Há outros investigadores que dizem que isso é uma coisa ruim.
M: Você sabe, existem muitas viagens de poder. E sempre que ela descobria que podia ver, então ela o fazia. Ela pensou que estava dormindo - ela não estava dormindo.

D: Qual é o trabalho dela com eles?
M: Ela está ajudando as pessoas a não terem medo. Ela está aprendendo muitas coisas que serão usadas mais tarde. Tem que aprender para poder ensinar. As pessoas realmente ficam com medo. E como ela já tem experiência dessa vivência, sabe que eles ficarão bem. Ela teve muitas dessas experiências e sabe que está tudo bem. Esse é um dos trabalhos dela, ela é boa nisso. Está ajudando e aprendendo coisas diferentes. E isso é bom. Ela quer lembrar. Há muitas coisas acontecendo à noite, e há muitas coisas no céu.

D: Ela ainda está fazendo esse trabalho, ou ela já terminou essa parte?
M: Não, ainda está acontecendo, e vai continuar. Na verdade, haverá mais coisas acontecendo. Ela vai saber mais sobre isso, e não será a única a saber. Mas tudo bem, tudo ficará bem. Ela é uma boa trabalhadora.

Assim, os investigadores estão corretos, as marcas aparecerão sob luzes fluorescentes. E esta é a prova de que a pessoa teve contato com seres extraterrestres. Há interesse para aqueles que precisam de provas, mas a pessoa não foi prejudicada de forma alguma. Não há negatividade envolvida.

CAPÍTULO DEZESSEIS

A FAMÍLIA

Esta sessão ocorreu no início de 2002, antes de eu ter descoberto a teoria das três ondas. É óbvio, pelas minhas perguntas, que eu estava pensando em ETs mais do que nesse conceito. Victoria era professora no ensino médio e teve contato com muitos jovens. Eu a levei a uma vida passada muito traumática, na qual ela foi morta (juntamente com vários outros) por tentar disseminar informações e conhecimento metafísico. Quando ela morreu naquela vida, ascendeu e encontrou-se com os demais em uma bela luz. Ela queria permanecer lá porque a paz era maravilhosa, mas teve que voltar para difundir o conhecimento novamente neste tempo presente.
Victoria não estava feliz aqui na Terra. Sentia falta da "outra" família, sentia-se separada da luz, do mundo espiritual, sentia uma tristeza inexplicável. Mesmo assim tentou ajudar, irradiando amor para as crianças na sala de aula e nos corredores da escola onde ela ensinava. Tentou projetar amor para eles e pensou estar ajudando. Eles podiam sentir esse amor projetado, o que a ajudou a saber que estava fazendo algo positivo, mesmo que em um nível subliminar. Claro que sua mente consciente não tinha conhecimento de nada disso, exceto que ela estava muito frustrada.

V: Vejo as crianças necessitadas e tento projetar amor. Elas podem não saber, mas eu projeto. Essa projeção de amor faz diferença nas vidas delas, mesmo que não saibam como acontece nem sua origem. Envio amor também a todas as pessoas que vejo e a todos os lugares. Tenho que continuar enviando e compartilhando esse amor. Não há muitos da minha espécie por perto. E sinto falta de estar com eles. De alguém com quem possa me tornar um só. Quando eu estava lá, éramos todos um só espírito, mas tivemos que nos separar, vir aqui e irradiar a luz. As coisas estão ruins agora. E nós temos que fazer o que pudermos para fazer a diferença *agora*. Nós temos que irradiar amor o mais rápido que pudermos. Temos que fazer as pessoas entenderem que precisam amar. Que amar é tudo o que as pessoas têm que fazer. Se ao menos aprendessem a abrir seus corações, seriam capazes de mudar o mundo antes que fosse tarde demais.

D: *Mas sempre houve negatividade.*
V: Ah, eu sei, mas agora há lugares em que a negatividade é avassaladora. Temos que tentar mudar esses focos. É por isso que estamos separados, é preciso começar em algum lugar. Há outras pessoas que estão irradiando luz também, mas não sabem disso. Estão apenas irradiando luz.

Victoria então indicou que as pessoas que faziam esse trabalho especial estavam protegidas. Quando perguntei quem as protegia, ela respondeu: "Eles as protegem. (Risos) Eles são eu. Eu sou eles. Eles estão sempre lá comigo. Nós sempre estivemos lá juntos. E viemos para cá juntos novamente."

D: *Você quer dizer que faz parte do mesmo grupo?*
V: Sim. Existem outros que não estão comigo, mas os que estão comigo agora, estão sempre comigo.
D: *Parece que você está falando de extraterrestres.*
V: Não gosto do nome. Não gosto mesmo. Eu os chamo de meus *amigos*. Eles mesmos, nós. E nós somos eles há muito, mas muito tempo mesmo. Eles estavam aqui e foram embora. Mas voltamos e estamos tentando ajudar e fazer tudo o que podemos.
D: *Eles estão em um corpo físico?*

V: Alguns estão aqui em um corpo físico. Como eu, há muitos espalhados pelo mundo.

Eu estava perguntando sobre os ajudantes, os protetores. Ela aparentemente pensou que eu estava me referindo àqueles que foram enviados para fazer o trabalho.

D: *Ok, mas e os que estavam apenas nos dando informações.*
V: Meus amigos.
D: *Eles ocupam corpo físico em algum lugar?*

V: Ah, sim, mas não na Terra. Há apenas alguns de nós aqui na Terra em corpo físico.
D: *De onde eles estão falando conosco?*
V: Eu os sinto bem aqui, mas sei que você não pode vê-los.
D: *Não, não posso.*
V: Bem, eles estão aqui. Bem aqui.
D: *Aqui na sala então.*
V: Sim. Eles estão aqui comigo. Eu os chamei e sabia que eles estariam aqui.
D: *Eu estava pensando em algo como alienígenas ou extraterrestres a bordo de uma nave ou algo assim.*
V: Bem, eles viajam em sua dimensão. Mas eles estão aqui comigo nesta dimensão agora. São minha família. Estamos aqui em uma missão e temos um trabalho a fazer. Quando o trabalho exige, e é importante como agora, então eles vêm para cá. Eu os chamei.
D: *Para que pudessem dar a informação.*
V: Eu sabia que era importante que o trabalho fosse feito. (A voz mudou.) Ela ainda não sabe a verdade, mas saberá um dia. No fundo, ela sabe qual é sua missão, mas não vai encará-la neste momento. Ainda está se preparando.

Outra pergunta de Victoria era sobre uma experiência estranha que ela achava que estava relacionada com extraterrestres. Usei essa oportunidade para perguntar sobre isso.

D: *Ela queria saber sobre um incidente que aconteceu no verão de 1995, quando o céu se iluminou, e ela viu três seres.*
V: Ela não se lembra de tudo, mas tem conhecimento de tudo. Ela conhece toda a verdade.
D: *Aparentemente, ela quer saber disso conscientemente.*
V: Sim, acho que já podemos deixá-la ter consciência do que acontece. Acho que é hora.
D: *Será seguro para ela?*
V: Ah! sim. Eles são amigos. São amados, são família.
D: *Sim, mas não queremos fazer nada para atrapalhar a vida dela.*
V: Não. Ela está pronta. Está pronta há muito tempo. Ela está bem. Ela é um desses seres, então... não, acho mesmo que está na hora porque estamos ficando sem tempo. E acho que a hora é agora.
D: *Então essas coisas que aconteceram com ela eram reais? Eles eram contatos?*
V: Alguns eram e alguns não eram, mas isso não importa, porque

acontece com ela o tempo todo. E acontece sempre o tempo todo, porque há muitas coisas que precisam ser feitas. Sempre se repetindo, indo e voltando.

D: Eu não queria abrir nenhuma memória que pudesse causar algum mal a ela.
V: Sim. E eles agradecem seu cuidado com as pessoas. Todos eles têm compromissos. Todos têm coisas acontecendo agora. Estão tentando ajudar e são gratos pelo que você está fazendo.
D: Você pode dizer a ela o que aconteceu naquela noite?
V: Sim, ouvi um zumbido, levantei-me e olhei para fora, fui ao banheiro e voltei para a cama. E, então, me levantei da cama, estendi a mão e fui com eles.
D: Os três seres?
V: Bem, vamos ver, eram três? (Pausa) Eu acho que eram quatro naquela noite.
D: Com o que eles se parecem?
V: Bem, não foram esses. Esses são apenas os ajudantes que vieram buscá-la. Eles só vieram me escoltar. Eu estava tão feliz em vê-los, porque eu sabia para onde me levavam. Eles são apenas ajudantes e precisam buscar muitas pessoas.

Este é outro tema comum que encontrei. A pessoa é sempre escoltada por seres menores para a nave. É como se eles devessem ter um deles de cada lado para fazer a viagem até a nave. Aparentemente, eles não podem fazer isso sozinhos. Podem quebrar as moléculas de seu corpo e atravessar as paredes e o teto por conta própria, mas precisam de uma escolta para subir à nave. Eles disseram no meu livro *The Custodians* que havia dois processos separados ocorrendo.

D: Você disse que foi com eles. Para onde você foi?
V: Fomos para onde a luz estava e subimos. (Ela apontou para a esquerda.) Fomos indo para cima, subindo, subindo, subindo, subindo, subindo, subindo, subindo, subindo e, em seguida, entrei numa grande área. Me sentei e ... era uma sala de aula ou algo assim. Havia como que uma tela grande. Falávamos sobre o que temos que fazer. Quanto resta para ser feito? Temos que terminar, sim. Sim, eu sei, nós temos que fazer isso. Concordo, concordo. Tem que ser feito, tem que ser feito agora. Sim, eu concordo com você sim. Sim eu quero. Sim, meu irmão. Sim. Estou pronta.

Era óbvio que ela estava conversando com alguém nessa sala de aula. Descrevi a sala de aula em *The Custodians*. Ela foi vista por vários dos meus pacientes e parece estar localizada em uma das grandes naves mãe.

D: *Eles te dão mais instruções?*
V: Sim, falamos sobre o que vem a seguir. Nós planejamos. Também faço coisas à noite. Há lugares em que tenho que ir e coisas que tenho que fazer. Há também coisas das quais tenho que cuidar. E esse encontro é como um ponto de parada para dizer o que tenho que fazer hoje à noite. Então saio daqui e depois vou lá e... aonde eu fui? Tive que fazer algo especial naquela noite, sim.

A maioria das pessoas não percebe que todo mundo sai de seu corpo todas as noites. O corpo fica cansado e tem que dormir, mas seu *verdadeiro* eu, seu espírito, nunca se cansa. Ficaria muito entediado esperando que o corpo acordasse para continuar sua vida. Então, enquanto você pensa que está dormindo, seu eu real está indo para qualquer lugar que queira ir, tendo todos os tipos de aventuras. Voando por todo o mundo, retornando ao mundo espiritual para mais instruções e explorando outros planetas. Muitos estão fazendo um trabalho importante à noite quando acham que estão dormindo. Você não precisa se preocupar em se perder porque está sempre conectado pelo "cordão de prata", que não se rompe até a morte do corpo físico. Quando é hora de retornar ao corpo pela manhã e acordar, o cordão é "puxado" para que você possa voltar à sua vida, alheio às aventuras que seu *verdadeiro* eu experimentou.

D: *É seu corpo físico ou o seu corpo espiritual que faz essas coisas?*
V: Não, esse não era meu corpo físico. Sim, esta é a minha dimensão natural. Aqui é onde eu normalmente estou. Deixei meu corpo aqui. Mas, ao mesmo tempo, estou instruindo outra pessoa lá. Estou fazendo algum tipo de trabalho por lá. Fiz alguma coisa especial naquela noite, me lembro agora. Tive que fazer uma coisa especial e depois voltei. Os seres ajudantes me escoltaram de volta. Eu não sei porquê. Por que eles teriam que me ajudar com a transição de fora do meu corpo? Ah! já sei. Eles têm que me ajudar a sair e a voltar porque me aclimatei a este corpo, e é difícil entrar e sair do jeito que preciso.
D: *As pessoas dizem que o corpo é pesado e limitado.*

V: Uh, é desagradável. Este, eca, corpo magro é um presente maravilhoso, mas, não me entenda mal, é limitado. É tão diferente, tão limitado, mas vamos cuidar dela porque ela tem muito o que fazer ainda.

D: *Mas Victoria não se lembrava de nada disso, era melhor assim?*

V: (Risos) Nós a deixamos lembrar exatamente do que ela precisava lembrar naquele momento. Estávamos lhe dando apenas algumas lembranças, mas agora ela está pronta. Ela está juntando o suficiente aqui e ali. Agora ela está pronta e já pode saber. Ela sabia antes de vir ver você. Já sabia a verdade. Estou tão triste em ouvir como os humanos são às vezes. Mas você tem que amá-los. Tem que amá-los. Acho que os ajudantes podem intimidá-la um pouco no começo, mas também acho que ela está pronta. Vamos deixá-la ser mais consciente do que acontece de agora em diante. Foi uma forma de diminuir o impacto.

D: *Mas, seja gentil, não queremos sobrecarregá-la.*

V: Seremos gentis, não vamos chocar o sistema. Ela ficará bem. Já teve vislumbres rápidos de nós. Não registrou todo o caminho conscientemente, tem sido subconscientemente e, claro, todos nós sabemos o que está acontecendo aqui de qualquer maneira.

D: *Eu sei que os ajudantes não são negativos, mas assustam as pessoas à primeira vista.*

V: Sim, abençoe seus pequenos corações. Também sinto pena deles de vez em quando. Eles têm má reputação.

D: *Isso é o que eu sempre disse às pessoas, eles têm má reputação.*

V: Eles são apenas programados para fazer o que têm que fazer e, às vezes, as pessoas não são muito amigáveis, você sabe.

D: *No meu trabalho, tento deixar as pessoas saberem que eles não são negativos. Não há negatividade em nada disso.*

V: (Risos) Eles são bonitinhos realmente. Se olhar realmente para eles, começa a gostar deles.

D: *Acho que são realmente muito fofos. A aparência deles não ajuda muito, mas não tenho problema com isso.*

V: (Risos) Pobrezinhos.

D: *Você tem mais alguma coisa que queira lhe contar antes de encerrarmos?*

V: (Voz baixa, suave e rouca) Não, tenho que ir agora.

CAPÍTULO DEZESSETE

OUTRO ENCONTRO

Tive inúmeros clientes que não queriam explorar vidas passadas, mas queriam explicações para incidentes estranhos na vida atual que desafiavam a lógica (pelo menos para eles). A lembrança e a sensação de que *algo* acontecera não os deixava em paz e não se esqueciam o incidente. Durante meus vinte e cinco anos de trabalho nesses casos, reconheci em muitos deles experiências típicas de abdução de OVNIs e ETs. Alguns deles estão no meu livro *The Custodians*. No entanto, ao longo dos anos, mais e mais deles deixam o reino dos encontros alienígenas "normais" e revelam que algo totalmente diferente ocorreu. Mencionei alguns desses casos na minha série *Convoluted Universe*, e achei que eram incidentes isolados. No entanto, agora eles estão se tornando a nova norma, e tenho me afastado dos casos típicos. Isso está acontecendo em todo o meu trabalho que continua crescendo, evoluindo e expandindo. Quando penso que descobri e compreendi algo novo, outro conceito surge e conduz minhas investigações por um caminho novo e inexplorado.

Uma das coisas que Janet queria explorar durante esta sessão tinha a ver com a estranha lembrança de um avistamento e de um tempo ausente em 1974. Eu a regredi para a data e hora do evento. Ela entrou na cena dirigindo seu carro em uma estrada tarde da noite (23h). Seus dois filhos estavam no banco de trás, e Janet estava dirigindo sem rumo, sem destino em mente. Ela estava muito zangada com o marido e só queria sair de casa. "Eu não queria vê-lo.

Precisava fugir. Ele me traiu. Confiei nele." A estrada estava quase deserta, ocasionalmente passava um carro. Estava escuro demais para ver qualquer outra coisa. Então algo chamou sua atenção: "Existe um brilho. Eu não sei o que é. É muito estranho. Nunca vi nada parecido antes". Então ela começou a tremer "Estou com frio". Sua expressão facial me disse que ela estava vendo algo que a estava perturbando. Encorajei-a a falar comigo sobre isso.

J: Está subindo agora. Está subindo no céu. Frio. Um disco. Está girando. Girando. Está vindo em nossa direção. Estou dirigindo o mais rápido que posso. Não consigo ir mais rápido. Carro idiota! Está vindo em nossa direção e está muito baixo. E não consigo ir mais rápido. Estou com meus bebês. Veio da direita. Está vindo na nossa direção e estou indo para o outro lado. Estou indo para o sul, mas não consigo ir mais rápido. É o mais rápido que posso ir. Está vindo em nossa direção. (Ela estava ficando ansiosa). Estou com medo! Não sei o que vai acontecer. As luzes do carro se apagaram, a música parou. Está sobre o carro. O motor do carro parou. Girando. As luzes estão girando. O motor parou. Eu não posso me mexer. As crianças estão dormindo. *Eles* as colocaram para dormir.
D: *Quem são "eles"?*
J: Pessoas na nave.
D: *Como você sabe disso?*
J: Eu apenas sei. Eles as colocaram para dormir porque não querem que fiquem com medo. Estou com muito frio. Não sei o que está acontecendo comigo. Estou flutuando. Estou em uma luz.
D: *De onde vem a luz?*
J: A nave. Não deveria me lembrar.
D: *Tudo bem se você se lembrar agora?*
J: Nem tudo.
D: *Não quero fazer nada que eles não queiram que eu faça. Eu acho que eles entendem isso, não?*
J: Entendem.

Eu era capaz de pensar e falar assim porque trabalhei com eles com tanta frequência que acho que eles me reconhecem e confiam em mim. Eu sabia que não havia nada com que me assustar. Eu só queria informações, como tenho certeza de que Janet também queria. Eu os deixaria fornecerem o que pudessem.

D: Por que você não lembra de tudo?
J: É demais.
D: Posso entender isso. Só queremos dar informações a Janet para que ela possa entender agora o que aconteceu. (Sim) Tudo bem. Janet desceu do carro?
J: Não. Ela saiu do carro. Pelo teto.
D: Como ela fez isso?
J: Com o corpo de luz.
D: Não foi com o corpo físico?
J: Não. Já é tempo de ela saber. O corpo físico permanece no carro. O corpo de luz está com eles. Vai com a gente.
D: Para onde foi levado?
J: Para a nave.

Disseram que essa não foi a primeira vez que isso aconteceu. Ela já havia sido levada fisicamente muitas vezes quando criança, mas não dariam detalhes. Disseram que não era realmente importante.

D: Por que você levou o corpo físico naquelas vezes?
J: Para ajudar a monitorá-la. Não é fácil para ela estar aqui. Há muito trauma. Agora está na hora de começar, na hora de começar o processo dela. Já é hora de lembrar. Para que ela possa começar seu verdadeiro trabalho.
D: O que aconteceu nas vezes em que ela foi levada quando criança?
J: Ajustes. Em sua mente e no seu corpo. Os ajustes a tornavam mais capaz de entender, de aceitar.

Janet não se lembrava de nada disso conscientemente porque isso tornaria mais difícil estar aqui na Terra. Ela, no entanto, tinha concordado em vir aqui. "Ela queria estar aqui."

D: Janet teve muitas vidas na Terra?
J: Não. Não. Não. Não. Não, ela trabalhou com consciência no começo. Consciência e criação de consciência. Semeando e...
D: Você pode explicar a ela o que você quer dizer com consciência?
J: Semeando: semeadura original de consciência neste planeta. No começo e depois, em vários momentos importantes na Terra. Quando ocorrem grandes mudanças. Grandes mudanças.
D: O que você quer dizer com "grandes mudanças"?
J: Atlantis. Bom tempo na Atlântida. No Egito.

D: *Por que ela tem que estar aqui nesses momentos?*
J: Ela gosta de vir nesses tempos. Mudanças na filosofia. Mudanças fundamentais devem levar o planeta para diferentes direções.
D: *Então ela não tinha nenhum motivo para vir e viver as vidas comuns. É isso que você quer dizer?*
J: Na verdade não. Não.
D: *Apenas quando algo importante estava acontecendo?* (Sim) *Então ela pode escolher quando quer vir?*
J: Sim. Houve momentos em que ela queria vir, mas não era bom que viesse.
D: *Existe alguém que a aconselha ou diz quando ela deve ou não vir?*
J: (Risos) Teimosa. Muito obstinada. (Risos) Sim. Muitos. Existe um grupo. (Risos)
D: *Um grupo de seres físicos?*
J: Ah, não. Ela trabalha para a federação. Essa é a consciência. Essa é a especialidade dela.
D: *Você pode explicar a ela o que você quer dizer com a federação?*
J: Sim. Os mundos. Muitos mundos. Criando nova vida. Novos mundos.
D: *É com isso que ela está envolvida?* (Sim) *E, ocasionalmente, ela vem à Terra quando chega a hora certa?* (Sim) *Onde ela fica o restante do tempo?*
J: Fazendo outras coisas. Procurando por novos lugares para criar. Muitos lugares. Muitos lugares.
D: *Então, quando ela não está em um corpo, ela está trabalhando com vocês?*
J: Seus conceitos são limitados.
D: *É por isso que estamos tentando entender.*
J: Nós vamos explicar. Seus conceitos são limitados. Todos os momentos são um só. Você pode estar em muitos lugares, fazendo muitas coisas, todas ao mesmo tempo. Então, para fazer perguntas que são lineares... Ela está aqui ou está lá? Ela está em todos os lugares. Então, sim. Ela não está apenas aqui, mas está em todos os lugares. Ela não está no seu espaço linear.
D: *Estou começando a obter muitos desses conceitos, e ainda é difícil para nossa mente humana entendê-los.* (Sim) *Então ela está em uma missão aqui enquanto ela também está em outros lugares. É isso que você quer dizer?*
J: (Risos) Sim. Ela assiste em uma tela. É o que ela faz com a Terra.
D: *Ela pode assistir a si mesma fazendo coisas na Terra?* (Sim) *O*

que ela pensa quando assiste?
J: Ela gosta do que vê. (Risos)
D: Eu não sei se "ser" é a palavra certa. Mas que tipo de ser ela é quando está lá?
J: Ela parece humana, uma fêmea pequena. Existem outras manifestações, mas essa é assim. Há muitas. Há mais do que você imagina. Tantas quantas a sua mente humana pode avançar e mais e mais, e depois mais e muito mais. De todas as maneiras pelas quais Deus pode se experimentar é tudo o que é.
D: Mas, como seres humanos, não estamos conscientes de tudo isso.
J: Às vezes, ela é consciente. Às vezes. De vez em quando, ela se conecta. Nem sempre.
D: Via de regra, não estamos cientes das outras partes de nós mesmos.
J: Não, nenhum de vocês está. Não. Não. Vocês vão descobrir e se tornar cada vez mais conscientes dos outros "vocês". Vocês vão começar a se inteirar mais de quem são realmente. Dos outros vocês.
D: Mas isso não será confuso para o ser humano?
J: Para o ser humano que você é hoje, sim. Mas, no geral, todos vocês estão se inteirando mais e mais e mais de quem são. Você conhece sua infância, sua adolescência, suas outras vidas, suas outras experiências, suas outras possibilidades.
D: Mas eu estou pensando que, da maneira como a mente humana funciona, seria muito confuso conhecer essas outras partes de nós mesmos.
J: Isso é o que está acontecendo com ela agora. (Risos) É por isso que ela fica confusa. Operando em níveis multidimensionais, consciente de outros *elas* dos quais ela pode não estar consciente. Mas ela está ciente. Ela não lembra de nada (Risos) porque está fazendo todas essas coisas em diferentes níveis. Então, ela está em muitos lugares diferentes, conectando-se com diferentes níveis de sua existência ao mesmo tempo.
D: Ela tem alguma sensação física quando essas coisas estão acontecendo?
J: Às vezes sim.
D: Fisicamente qual é a sensação, para que ela possa identificá-la?
J: Espere. Vamos ajudá-la a entender. Você já viu isso em outros, quando eles não conseguem se lembrar como passaram de um momento para o momento seguinte. Aquilo que eles acabaram de gravar na memória que não existe mais. (Risos) De um

momento para outro, essa lembrança se foi. Então você conhece essa sensação.

D: *Você quer dizer o que chamamos de nossa memória de curto prazo?* (Sim, sim.) *O que está acontecendo nesses momentos?*

J: Estão operando em outras dimensões e níveis. Muitos de vocês estão experimentando isso. Você não pode guardar muitas coisas hoje em dia. Pequenas coisas. Você precisa experimentar mais equilíbrio.

Isso também foi relatado em *The Custodians*, como entrar em uma sala para pegar alguma coisa, e depois não lembrar o que você foi fazer lá. Então, depois de alguns momentos de confusão, a memória, às vezes, retorna rapidamente com um "Ah, sim!" Eles disseram que naquele instante você tinha ido para outra dimensão e retornado, com a mesma rapidez.

D: *Mas, voltando à noite em que seu corpo de luz foi levado. Por que isso aconteceu?*

J: Já era hora de ela se lembrar. Foi a primeira vez que ela se afastou do marido. A primeira vez que ela se aventurou. A primeira vez que ela saiu de sua obsessão por ele. Ela estava com medo de ir embora. Foi o momento perfeito. Agora era hora de ela lembrar que havia algo mais. Então tivemos uma reunião naquela noite. E isso foi um começo.

D: *Foi só para ela, para as crianças não.*

J: As crianças têm suas próprias experiências. Seu filho, com certeza. Sua filha estava com medo, mas sua filha, muito mais do que ela sabe, também é muito poderosa. Esta vez foi para Janet. Foi um alerta. Ela pensava que sua vida acabara. Não tinha acabado. E temos periodicamente que intervir porque ela fica arrasada. Esse é o problema de ela não ter muitas vidas na Terra.

D: *Você também disse que ela foi levada outras vezes para ajustes físicos?*

J: Alguns físicos, outros emocionais.

D: *Existe uma razão para esses ajustes?*

J: A experiência física está deixando-a no limite.

D: *Mesmo quando criança?*

J: Sim. Quando criança, era um desastre. Uma solidão tremenda e abuso. Tinha que haver ajustes para mantê-la equilibrada o suficiente para poder funcionar no físico.

D: *Janet acha que ela está se comunicando com ETs, e acho que nossa compreensão de ETs é muito limitada. Você pode explicar com quem ela está se comunicando quando está fazendo seu trabalho?*

J: Ela está trabalhando com muitas raças diferentes em muitos níveis diferentes. Todos trabalham juntos. Alguns são apenas um feixe de luz. Alguns são tipos de pré-requisitos com diferentes corpos físicos. E ainda há outros, alguns são apenas conhecimento. Alguns são apenas luz. Alguns são tudo.

D: *E eu falei com quase todos eles.*

J: Exatamente. Entende?

D: *Eu acho que as pessoas não estão acostumadas a pensar no multidimensional. Pensamos em ETs e naves espaciais e coisas físicas.*

J: O que é pensar de modo multidimensional? Um ser multidimensional é aquele que está consciente de todas as suas vidas ao mesmo tempo: passado, presente e futuro. Um ser pode ser muitos seres ao mesmo tempo. Isso é o que todos vocês são. Você não está ciente da sua multidimensionalidade. Você só está ciente de *você*.

D: *Porque entender tudo isso seria demais para nós.*

J: Neste momento. Você vai poder entender no futuro. Um ser pode ser muitas coisas diferentes, esse é o significado de multidimensionalidade. Então, se você puder imaginar... deixe-me explicar para você. Você poderia ter muitas, muitas vidas por aí, todas interagindo com o você que existe agora. Não poderia?

D: *Mas não estamos conscientes um do outro.*

J: Não. Ainda não.

D: *Durante as sessões, mais e mais pessoas me dizem, quando estão nesse estado hipnótico, - você também me diz - que vidas passadas não são mais importantes. Que não é mais importante lembrar-se de quem eram.*

J: Bem, a influência das outras vidas não é tão forte agora. Está diminuindo. As pessoas estão saindo do sonho. Saindo da ilusão. Saindo dessa influência, estão mais para a família cósmica.

D: *O que você quer dizer com "saindo do sonho"?*

J: Saindo da ilusão da separação. Saindo da ilusão de viver em uma bolha de biologia em seu planeta apenas e nada mais. Essas influências não são tão fortes. Seu DNA está se abrindo. Seu RNA está se abrindo.

D: *Estamos acostumados a pensar em vidas passadas influenciando a vida presente.*

J: Em uma construção linear, isso é verdade, mas você não está mais operando na construção linear como estava. Você está se movendo para outra dimensão, o que significa que a influência dessa construção linear não é tão forte.
D: Ainda tenho alguns clientes com quem tenho que trabalhar nesse nível.
J: Sim. E, se eles ainda estão operando dentro dessa função linear, você tem que trabalhar nesse nível, sim. Eles só não se conectaram ainda. Está tudo bem.
D: Eles estão todos onde deveriam estar.
J: Exatamente. Nem todo mundo precisa estar no mesmo lugar. Qual a graça se não houvesse variedade? Não seria tão divertido.
D: Isso é verdade. É por isso que tenho que trabalhar com cada um no ponto em que ele está.
J: Exatamente.
D: Também me disseram que o carma é diferente agora. Isso está correto?
J: Sim, está. Neste ponto, nesta conjuntura, o carma é uma escolha. Entrar e sair. Há aqueles que ainda estão escolhendo entrar no carma.
D: Estão se atolando?
J: Estão sim. Olhe ao redor no seu planeta.
D: Foi o que me disseram, é como um papel pega-moscas.
J: Exatamente. Ficam presos se escolherem ficar.

D: O que aconteceu com Janet em 1996 quando ela disse que se viu morrer? Ela teve uma infecção maciça. E se viu caindo no chão. Acho que ela estava fora do corpo. O que aconteceu naquele tempo?
J: Ela morreu.
D: (Isso foi uma surpresa). Morte causada por uma infecção?
J: Sim. Ela perdeu a esperança. Não entendeu seu papel na Terra. Ela ama muito profundamente, e esse amor excessivo pode ser muito prejudicial. Portanto foram feitos ajustes. As coisas foram consertadas. O conserto, porém, afetou sua memória consciente. E ela perdeu muito dessa memória.
D: Ela realmente morreu naquele dia? (Sim) Ela voltou imediatamente ao corpo depois que os ajustes foram feitos?
J: Não, ela não voltou rapidamente. A consciência não voltou

completamente por quase 36 meses.
D: *Eu pensei que, se o corpo morresse, ela teria que voltar para ele para mantê-lo vivo.*
J: Ela recebeu cuidados. Mas ela não podia - tudo bem - vamos explicar melhor para você. Havia o suficiente dela ali no corpo para funcionar em um nível muito baixo. No entanto, ao longo desse período de tempo, a integração ocorreu, com mais partes dela vindo, quero dizer, mais do seu eu superior, mais da totalidade de quem ela é. Isso faz sentido para você? Ela não tinha consciência do que acontecia, embora em certo nível ela soubesse, conscientemente não sabia. Ela tinha que permanecer aqui. Ela não teve permissão para experimentar os fenômenos da luz branca que os humanos experimentam. Essa memória foi tirada. De outra forma ela não teria ficado.

Tive outros casos em que a pessoa teve uma EQM (Experiência de Quase Morte) e voltou sem memória ou com memória parcial do que aconteceu. O plano espiritual foi descrito como algo tão belo, pacífico e perfeito que, se eles tivessem plena memória disso, não desejariam retornar a esta vida caótica

D: *Em outras palavras, o corpo pode permanecer vivo sem toda a alma, sem o espírito nele?*
J: Foi preciso fazer uma ligação com a alma dela, uma ligação mais forte para mantê-la aquecida. A ligação com sua alma não era forte o suficiente por causa do dano que ela sofrera. Não só o dano físico da doença, mas o dano emocional. Mais uma vez, ela é diferente daquela que teve dificuldades quando estava aqui. O dano da alma é muito profundo. Agora, houve um processo de inervação, baseado naquele vínculo com sua alma que durou 36 meses, que não trouxe de volta mais de quem é essa pessoa. Durante esse tempo, ela não foi capaz de funcionar como a humana que ela tinha sido antes. Você entende?

Realmente não entendi, mas deixei que explicassem o melhor que podiam.

J: E mesmo neste último período de dois anos, novamente, para que tudo isso aconteça, há um processo que ocorre gerando conflitos do estado consciente com tudo o mais que está acontecendo nos estados multidimensionais. E é difícil para ela se integrar, portanto, ela tem as imperfeições de personalidade - que ela chama de "defeitos".

Em *Convoluted Universe, Livro Dois*, houve dois outros casos em que a pessoa realmente morreu, e a maior parte da alma não esteve no corpo por um longo período de tempo. Em ambos os casos, passou-se um bom tempo até que toda a alma retornasse e o corpo voltasse a funcionar normalmente. A pessoa descreveu o acontecido como uma sensação de sonambulismo ou viver dentro de um sonho. Eles tiveram dificuldade em se relacionar com o ambiente físico e as outras pessoas ao redor deles também notaram que algo não era normal.

J: Podemos lhe dizer que alguns de vocês que têm encontros durante o estado de sonho estão muito mais envolvidos com as orquestrações deste planeta do que você pode imaginar. Existem aqueles que trazem informações específicas para a matéria. Também existem alguns de vocês que levam adiante a verdade. Levam essa verdade adiante sem segundas intenções, sem distorção. E, finalmente, existem aqueles que estão juntos e que compartilham da mesma natureza, conhecem-se uns aos outros mais do que vocês imaginam.

Mensagem de despedida: diríamos a ela para ter muita fé e confiar em tudo o que ela faz. Para continuar com o mesmo nível de comprometimento. Que tudo o que ela precisa estará lá, exatamente como ela precisa. Diríamos a mesma coisa para você. Aqueles de vocês que estão agindo como uma ponte neste planeta são muito amados. Isso não quer dizer que os outros não sejam amados. Diríamos a você que está realizando um ótimo serviço no planeta. Que há muitos que a amam e a apreciam. Seja firme nas suas intenções. Não há como falhar

UM OUTRO CASO

Tive outro caso que foi um envolvimento com ETs, em que uma mulher tinha visto luzes brilhantes e queria saber mais sobre elas. Ela adorava estar perto do oceano e adorava nadar com golfinhos. Assim ela viveu no Havaí por um tempo. Agora ela mora na Califórnia, ainda próxima da água.

"Eles" disseram que os ETs estão em comunicação com ela, mas ela não percebe isso porque eles aparecem para ela como golfinhos. Quando eles estão nadando, eles estão realizando muitos trabalhos com ela dos quais ela não está ciente. Um deles seria a remoção de implantes. Eu lhes disse que ouvi dizer que os implantes não são negativos. Estão no corpo por um motivo. Responderam-me que sim, eles servem de fato a um propósito. E depois que seu propósito se cumpre, precisam ser removidos. Você não precisa mais deles. Mas os golfinhos também estavam transmitindo informações a ela. Então, várias coisas acontecem quando ela pensa que está apenas nadando com os golfinhos. Eles apareceram para ela desse jeito porque ela também era da energia dos golfinhos, e eles se sentiam confortáveis com ela. Ela tinha vindo do planeta das águas, e muitos dos grupos de almas dos golfinhos se originaram do planeta água. Ela tinha lembranças daquele lugar, e era por isso que se sentia atraída pela água. Ter essas lembranças novamente a fizeram se sentir muito bem. Assim, os ETs se apresentavam como golfinhos, para que ela não se assustasse e fosse receptiva, para que pudessem trabalhar com ela. Mais uma vez, nem tudo é o que pensamos ser.

CAPÍTULO DEZOITO

AJUSTES

Janice era uma assistente social, bem-casada e com três filhos. Ela veio ao meu escritório tendo como principal objetivo querer descobrir se ela tinha tido ou não uma experiência com OVNIs. Sua única lembrança era a estranha sensação de passar pelo teto de seu quarto. Mesmo não podendo se lembrar de mais nada, tinha a sensação de que algo havia sido feito em seu físico e percebia isso como negativo. Pensou que poderia ter algo a ver com implantes. Tem havido muita informação negativa circulando no campo dos OVNIs e as pessoas acham que os implantes são algo a ser temido. Eu nunca digo às pessoas o que descobri no meu trabalho porque não quero influenciá-las. Prefiro que encontrem suas próprias informações.

Ao explorar coisas que ocorreram em sua vida atual, nunca levo o cliente diretamente para o evento a ser esclarecido. Sempre faço os clientes entrarem nesse tipo de cena *antes* do acontecido, de modo a poder abordá-lo a partir dessa direção, dessa forma eles não oferecerão resistência. Caso contrário, terão medo de experimentar algo traumático porque não se lembram do acontecido completamente e a mente criou medo. Chamo essa aproximação de "abordagem pela porta de trás". Assim, eles podem se infiltrar na experiência real sem perceber o que estou fazendo. O medo é a emoção mais forte que um ser humano experimenta. Então, se acontecer algo que não entendem completamente, o medo distorce e embota a memória. Essa distorção ocorre muitas vezes, foi assim que descobri que a história contada sob hipnose é diferente daquela que a pessoa conscientemente lembra. No entanto, a história sob hipnose faz mais sentido e pode ser tratada sem medo e distorção. Meu principal objetivo é não atrapalhar suas vidas.

Assim que Janice entrou em transe, eu a fiz voltar para a data: 24 de agosto de 1995 (que ela havia gravado), e a fiz descer em seu quarto naquela noite. Ela descreveu o quarto e disse que estava na cama lendo (que era seu hábito normal). Ela podia ouvir seus filhos no andar de baixo. Depois de um tempo, colocou a revista no chão ao lado da cama, apagou a luz e adormeceu.
Então perguntei se tinha dormido a noite inteira. Ela respondeu: "Tem como que uma luz. Algo diferente. O que é isso? - Acho que tem uma luz, alguma coisa, na janela da frente. Não está bem claro. Não é algo que eu já tenha visto antes. - Uma parte de mim conhece essa história, mas não está acontecendo como me lembro. Acho que agora a luz está me levantando! Está embaixo de mim, me levantando! Estou tentando descobrir o que está acontecendo. Me sinto mais leve. Estou sendo levantada da cama. Posso olhar para baixo e ver o chão ao lado da cama, mas parece que está mais longe. Espere um minuto! Estou subindo, algo está acontecendo. Não sinto que estou subindo, mas, quando olho para baixo, as coisas não estão tão próximas quanto estavam. - Estou indo para algum lugar. - Estou no telhado agora. Não sei o que está acontecendo. Não sei para onde estou indo. Estou subindo mais alto... mais alto... subindo mais alto. Minha casa está se afastando. (Descrença) Não posso estar viajando sozinha no espaço."

D: Você está sozinha?
J: Acho que estou como que numa bolha. Não estou realmente sentindo essa bolha. Só tenho a sensação de algo ao meu redor. Estou nessa coisa realmente pequena. Parece uma bolha. Está flutuando em ângulo ascendente, e está indo para longe de casa.
D: Você pode ver para onde está flutuando?
J: Estou subindo para dentro da luz lá em cima. Não sinto meus pés tocando em nada. Sinto apenas que estou flutuando.
D: Você pode ver para onde está indo?
J: Não, não posso ver. Acho que algo está se ligando a nós; algo está se abrindo. É como se uma rampa descesse e eu estivesse indo para essa rampa. Acho que é uma nave, mas não consigo vê-la inteira. Alguma coisa se abriu e desceu. - Sinto que ainda estou em um tipo de bolha. Isso me mantém segura, me protege, enquanto me transporta. Estou flutuando nessa coisa.
D: O que está acontecendo agora?
J: Parece que está ficando mais luminoso ... mais brilhante. Tem uma iluminação dentro desse lugar e vou para lá. É como passar de

um lugar mais escuro para um mais brilhante.

Ela estava confusa e tinha dificuldade em descrever o que estava vendo. Viu uma sombra ou esboço de uma coisa alta como uma pessoa. Então percebeu que não estava mais na bolha porque estava andando. "Onde estou? Para onde estou indo? É um corredor. Não é muito largo. Não vejo ninguém, mas os ouvi dizer que estou indo para um quarto com outras pessoas. Acabei de ver um flash de alguma coisa. Não parece humano. Não posso vê-los agora. Onde estão? Coisas estão acontecendo e existem diferentes tipos de formas. Sinto que não estou em nenhum lugar. Tive um flash de outras sombras, outros seres, mas agora ... um tipo de quarto escuro e eu acho que há algumas estrelas lá fora. É noite e tem um vidro, janelas escuras nos lados. Acho que tem alguma coisa dirigindo o que quer que isto seja."

Perguntei se havia alguém por perto que pudesse responder às nossas perguntas e dar explicações para ela. "Alguém está me dizendo que eu não deveria fazer perguntas. Estou ouvindo, 'Você não precisa saber'. Alguma coisa demasiado ampla. Dizem que a informação é muito vasta ... além da compreensão. O que é isso? Estou ouvindo na minha cabeça, mas não sei de onde está vindo. Algo sobre ser uma pequena engrenagem na roda. Como se eu fosse mais importante que uma pequena engrenagem, mas devo fazer parte de alguma coisa; parte de algo maior." A informação veio devagar e hesitante, em pedaços. "Vejo um ser do tipo feminino. Estou ouvindo 'proteção'. Ela é proteção. É como uma proteção de sanidade, como equilíbrio. Nossa família tem um plano. Tem algo a ver com a consciência universal. Faz parte do universo. Estou recebendo informações que não entendo. Destinam-se a desencadear alguma coisa."

D: *Algo que Janice não sabe conscientemente?*
J: Eu ouço: "Sim, claro". É um acrônimo. É como anagramas, alguma coisa assim. É uma maneira de organizar o pensamento ... de pensar. Uma fórmula matemática. É uma maneira de treinar a mente dela para receber informações. Uma abertura, como uma passagem. Está clareando, uma fórmula. É como uma pirâmide.

Pedi-lhe, então, uma explicação mais clara.

J: Existe uma vastidão, uma passagem ou um estreitamento para trazer as informações, para coletar as informações, o veículo. Não está claro.
D: *Aconteceu pela primeira vez, naquela noite? Ou já tinha acontecido antes para Janice?*

Agora a voz mudou, e eu sabia que estávamos em contato com quem poderia fornecer mais informações sem a confusão mental consciente de Janice.

J: A informação tem vindo durante toda a sua vida.
D: *Foi alguma coisa naquela noite que desencadeou isso?*
J: Sua leitura e curiosidade, pedindo informações e um desejo de saber.
D: *Foi o que desencadeou um tipo diferente de evento naquela noite?*
J: Ela estava sendo levada para a Fonte como um presente.
D: *Ela se lembrava disso como uma experiência física real, não é?*
J: Foi uma experiência física.
D: *Ela foi em seu corpo físico?*
J: Sim, ela foi levada em seu físico. Foi uma experiência chocante com uma abertura, alertando-a. Estava quebrando uma casca que a protegia. Forçando para que as coisas acontecessem, quebrando o velho modo de pensar. Como se ela estivesse pronta para ser empurrada para fora do ninho.
D: *Esse lugar para onde ela foi era um lugar físico real?*
J: Era uma nave. Ela tem ido para naves.
D: *Ela achou que algo foi feito no seu corpo físico naquela noite na nave. Foi?*
J: Sim, foi parte do que aconteceu. Ela sabe que é a mãe de muitos. Uma parte necessária de um plano maior. Seu material genético está sendo usado para um plano maior.
D: *A mãe de muitos. O que você quer dizer com isso?*
J: Seu material físico estava sendo usado em um plano maior. Ela quer ajudar. Ela está fornecendo um serviço. Essas contribuições podem ajudar outras culturas, outras civilizações. Seus genes e DNA estão sendo misturados quimicamente ou melhorados ou assistidos de alguma forma ... são parte de um projeto maior com o qual ela concordou. Ela concordou em contribuir para o projeto. Nós não faríamos isso se ela não tivesse concordado.
D: *Foi o que ouvi; é preciso permissão, não é?*

J: É algo com que ela havia concordado anteriormente.
D: *Quando ela concordou com isso?*
J: Nas vidas anteriores, e está continuando. Não é a primeira vez que ela está envolvida nesse projeto.
D: *O que aconteceu nas outras vidas?*
J: Foi semelhante. O que era necessário foi retirado dela como combinado. Ela está contribuindo dessa maneira. É como quando ela doa sangue nessa vida, para ajudar. Ela está fornecendo o material que é necessário para ajudar outros no universo, sua própria cultura, sua própria civilização.
D: *Por que essas outras culturas, civilizações e outros universos precisariam de seus genes?*
J: Alguns estão morrendo. Alguns estão doentes. Alguns estão experimentando. Alguns estão aprimorando os muitos usos. Esse projeto é muito grande, difícil explicar ... muito amplo.
D: *Ela concordou com esse procedimento em outras vidas. Ela continua com esse acordo?*
J: Sim, ela tem feito parte da ciência que está desenvolvendo esse projeto em outras vidas. Ela tem estado dos dois lados. Ela contribuiu, assumiu e se envolveu em diferentes níveis.
D: *Então, nesta vida, ela concordou em participar das contribuições.*
J: É verdade.
D: *Por que então essas lembranças começaram a surgir agora?*
J: Ela tem perguntado. Ela quer saber por que está aqui, por causa de todas as perguntas. Foi bom despertá-la até certo ponto.
D: *Porque quando você está no corpo físico, você não pode saber tudo, pode? Seria muito complicado.*
J: Sim. E ela não sabe de tudo.
D: *Ela está melhor assim, pois não poderia funcionar neste mundo, poderia?*
J: Às vezes ela não *quer* funcionar neste mundo. Não se sente feliz aqui de jeito nenhum.
D: *Ela tem uma boa vida, marido, filhos. Tem seu trabalho.*
J: Não parece ser o suficiente para ela. Não acha que é satisfatório. Ela continua em frente, mas está procurando mais significado.
D: *Então, por isso, agora, foi permitido que ela acessasse alguma informação, alguma explicação?*
J: Esse conhecimento lhe dá uma sensação de ser mais do que era; um sentimento de fazer parte de algo maior. Ela está envolvida com algo que parte dela não entende, mas isso lhe deu um certo

grau de importância.
D: Muitas pessoas estão envolvidas nesses projetos, não estão?
(Sim) *Muitos deles acham que algo negativo está acontecendo.*
J: Como ela também achou no começo.
D: Eles realmente não sabem o que está acontecendo.
J: A maioria não sabe. Alguns sabem.
D: Ela disse que sentiu que algo havia sido colocado em seu nariz. Você pode lhe esclarecer?
J: Algo para comunicação ... para equilíbrio. Foi colocada essa ferramenta para ajudá-la, assim como a nós. Era para comunicação e equilíbrio, para atrair algo ... energia, também ... como um processador. Como um microprocessador em um computador. É o que eu estou ouvindo ... um microprocessador. Acho que estão estudando como sentimentos e emoções agem nela.
D: Por que eles querem estudar sentimentos e emoções?
J: Tem a ver com a progressão humana. Está ocorrendo uma aceleração. Algumas pessoas não têm tanta tolerância quanto outras a essa aceleração. Alguns são mais sensíveis e há necessidade de se entender melhor o que está acontecendo.

Parecia que estavam se referindo à próxima mudança e à aceleração de vibrações e frequências.

D: Como o corpo humano está se ajustando?
J: Não é só o corpo. É também o mental e o emocional. Assimilando as mudanças e tornando-se mais sensível.
D: Disseram-me que estamos nos tornando mais sensíveis às energias em mudança. É isso que você quer dizer?
J: Sim, de certa forma, a maioria está mudando, acelerando, avançando. Alguns estão tendo mais dificuldades com essa mudança, então essa comunicação e equilíbrio é uma forma de entender, de uma perspectiva diferente, como isso está afetando os humanos. É um monitor, mas também é um dispositivo, uma espécie de intensificador, estabilizador. Representa equilíbrio para os seres humanos que estão envolvidos, por isso está contribuindo e ajudando ao mesmo tempo. Contribuindo para o conhecimento e também ajudando a pessoa a se ajustar enquanto eles observam a progressão e a equilibram. - Há muito aprendizado acontecendo com esse progresso que envolve muitas civilizações à frente dos humanos, mas o progresso não é

uma constante. Nem sempre é o mesmo para todos. Existem variáveis e problemas que podem surgir, portanto eles estão monitorando, ajudando e equilibrando os ajustes. Existem casos que precisam de muita ajuda.

D: *Porque haveria variáveis mesmo dentro das civilizações e todas as pessoas seriam diferentes. É o que você quer dizer?* (Sim) *Também está sendo verificado se a mente não está sendo prejudicada por essa mudança das vibrações? Isso faz parte do processo de monitoramento?*

J: A mente está aumentada ... o processo de expansão, pode haver bloqueios, complicações. Muito disso está mexendo com as emoções. As experiências de vida das pessoas, se foram abusivas, negativas, emocionalmente desfavoráveis, distorcidas ... não sei as palavras.

Isto geralmente acontece quando o SC ou ETs não conseguem encontrar as palavras adequadas. Principalmente porque eles trabalham mais em um nível de comunicação mental. Eu sempre peço para fazerem o melhor que puderem.

J: É mais difícil para as pessoas em processo de expansão quando tem muita emoção envolvida em tudo. Todo o seu aprendizado, medos, tudo isso é demais.

D: *Existem algumas pessoas que não conseguirão se adaptar a isso por causa de suas mentes e emoções?*

J: Sim, você já tem visto isso há bastante tempo. Existe tanta raiva e violência em erupção e autodestruição, suicídio; é autodestrutivo. Sim, alguns não vão seguir em frente da mesma maneira. Eles não podem se ajustar ou avançar. Tem tanta coisa prendendo-os, bloqueando-os; é como um emaranhado de fios. Não existe clareza mental quando você tem emoções distorcendo tudo, atrapalhando. As emoções estão causando problemas para muitos. Todos estão recebendo energia para seu sistema no grau que podem aceitar, processar e expandir. Em um tubo descongestionado ou túnel, a passagem é clara, mais pode fluir através dele principalmente se não houver bloqueios no sistema de energia. Não podemos fazer o que é necessário por nossa conta. Nossa ajuda é fornecida e a assistência está disponível, mas ainda depende da pessoa.

D: *Então é uma coisa individual. Todo mundo vai reagir de forma diferente.*

J: Até certo ponto, sim.

    Então, depois de uma pausa, pareceu que a conexão se rompera. Não surgiu mais nenhuma informação. Pedi, então, uma mensagem de despedida: "A mensagem que estou ouvindo é viajar e experimentar. Descubra-se sozinha e não tenha medo. Explore, seja criativa, ouça a intuição. - Ela sabe o resto".

CAPÍTULO DEZENOVE

ET VOLUNTÁRIO

Miriam achava que ela tinha tido um encontro com um OVNI, mas não tinha certeza se era uma lembrança ou um sonho. Esta era a única coisa que ela queria explorar durante a nossa sessão. Eu a levei de volta para o encontro a ser investigado e a fiz descer em seu quarto naquela noite. Quando perguntei o que ela via, ela hesitou e pareceu confusa. "Eu não sei onde estou. Não vejo nada. Não parece minha casa."

D: Como se sente?
M: Sinto que há muita pressão no meu corpo. A pressão parece ser do diafragma até meu queixo. Realmente me sinto muito pesada.

Sugeri para não se incomodar, e que ela poderia falar sobre isso.

M: Parece que a pressão está no meio do corpo, mas agora está indo para todo o meu corpo. O corpo todo está pesado. Minhas mãos e a área do meu peito estão quase queimando. Está pesado. É diferente, incomum, mas não vejo nada.

Expliquei-lhe que ela poderia se tornar mais consciente e que, ao falar sobre isso, tudo ficaria mais claro.

M: Parece que estou dentro de um contêiner e sinto meu corpo pressionado. A pressão está da cintura para cima, mas não da minha cintura para baixo. Mas não vejo nem ouço nada.

Fosse o que fosse, era sólido porque ela não conseguia enxergar fora daquilo. "Estou muito pesada. Não consigo descobrir o que é."

Tentei movê-la para antes de ela estar nesse contêiner mas ela ainda tinha as mesmas sensações. Então pensei em movê-la adiante, para quando ela não estava mais dentro do que quer que fosse. Assim ela não teria mais essa sensação desconfortável e seria capaz de ver o que era.

D: Você estava dentro do quê?
M: Parece uma caixa feita de aço inoxidável. Não é de aço inoxidável, mas sim a compressão de aço inoxidável. Como um contêiner, uma caixa de metal do tamanho de um lugar audiométrico na qual você deitaria. É uma espécie de cilindro, e eu simplesmente me deito lá e meu corpo equaliza de alguma forma. É todo de metal. - Eu não sei como cheguei lá. (Confusa) Eu sinto que isso equalizou meu peito. Sinto que tem a ver com energia de natureza saudável. É uma energia boa ... uma energia de cura. Não foi muito confortável. Eu estava ciente disso porque não havia mais nada para ver. Não doeu e equalizou a energia do meu corpo, equilibrou-a. Simplesmente, estava fora de equilíbrio. Não sei porque recebi esse tratamento.

D: Bem, você saberá o porquê. Você vai lembrar.
M: É o que eu queria. Lembrei-me dele. Recebi esse tratamento daqueles pequeninos desinteressantes. Eles realmente não são muito emotivos, apenas *fazem* o tratamento. Não sei porque eu estava fazendo isso, mas meu corpo estava fora de equilíbrio.

D: Você consegue ver esses pequenos seres?
M: Eu os vejo, mas eles realmente não se comunicam. Eles parecem apenas fazer seu trabalho.

Eu pensei que ela estava se referindo aos típicos "pequenos greys", que nada mais são do que robôs biológicos fazendo seus trabalhos sem emoções ou interesse. Mas, quando ela tentou descrevê-los, foi difícil, porque não se parecia com nada que já tinha visto antes. Definitivamente não soava como qualquer ET típico de filme ou literatura. Eles eram como um cruzamento entre uma figura alta e magra com características animais. "Eu não os vejo claramente. Talvez eu não queira vê-los. Eles são estranhos. Nunca vi nada parecido na minha vida, nem em livros, nem em sonhos. Eles não são pessoas humanas falantes. Vamos colocar dessa maneira. Apenas fazem o que têm de fazer, seu trabalho, e parecem apenas estar ali para observar. Eles são realmente curiosos. Parecem mais como animais para mim, mais com animais sem pelo, quase cor de camundongo. Eles não parecem ter medo. Muito estranhos!" Isso a estava perturbando, pedi-lhe, então, que se concentrasse no quarto. "Parece uma caixa clínica e, à minha frente, tem portas, como armários. E, além da caixa ... eu não sei ... parece uma grande máquina. Não faço ideia. Parece muito complexo. - O quarto ... eu não sou boa em proporções, mas talvez ... uns 12 por 12 metros quadrados."

D: *Como você entrou naquele contêiner? Se você não se lembra, pode perguntar e eles podem lhe dizer. Apenas diga a eles que estamos curiosas.*

M: Aparentemente meu corpo ainda está na minha cama, e o que conheço como corpo etérico, que dá sustentação ao corpo físico, foi colocado no contêiner. Eles não precisavam levar o físico. Se eu o levar de volta e colocá-lo no físico, vai curar o físico. É o que eles fizeram comigo.

D: *O que é esse lugar onde você está? Eles podem te dizer?*

M: Parece que estava bem perto da minha casa. (Confusa) O que eles disseram é que eles vigiam as pessoas para manter o corpo físico em bom estado, e simplesmente trazem as pessoas para cá. Isto é como uma pequena clínica de escoteiros ou algo assim, uma clínica móvel. Se virem problemas em algumas das pessoas que estão observando, vão corrigir com esta pequena clínica móvel. Colocam esse equilíbrio energizado no físico, fazem essa correção em certas pessoas. É apenas uma rotina. Pessoas que eles conhecem ou vigiam, mas nós não nos parecemos com eles. Não me pareço com eles.

D: *Onde está esse lugar, no ar ou na terra?*

M: Está no ar.

D: *Então eles podem levar seu corpo etérico para lá. É a primeira vez que eles fizeram isso?*

M: Eles já fizeram isso antes, quando eu estava doente. Eu tive febre reumática e eles me levaram. Eu era pequena, tinha seis anos. Eu estava doente ... muito doente.

D: *O que eles fizeram na época?*

M: Eles fizeram o mesmo. Me colocaram em uma caixa, nesse cilindro, e equilibraram - não equilibraram - erradicaram o problema. E, então, eles colocaram essa energia de volta no meu corpo. Eles não pegaram o corpo físico.

D: *Eles podem consertar sem precisar levar o corpo. Impediram você de ficar mais doente. Isso é muito bom. Eles cuidam de*

você.
M: Eu acho que sim.
D: Por que eles acompanham você?
M: (Atônita) Ai, nossa! Eles disseram que eu era - ah, meu Deus! Eles disseram que eu era um deles! (Descrente) Não sei nada sobre ser um deles. Ah, meu Deus! Eles são muito estranhos! Eles não podem ser vistos aqui na Terra agora. Eles são muito estranhos! Eles não poderiam ser vistos.
D: Eles estão com medo de assustar as pessoas?
M: Bem, assustariam sim! (Sem emoção) Eu costumava conhecê-los, mas como eles não podem vir, então, como me envolvi com isso? Não sou "eles", mas eu era. Eu fui por um tempo, então eles ainda me seguem. Me ajudam porque eles querem ajudar este planeta, e como não podem, então eles me ajudam.
D: Se eles tentassem ajudar diretamente, isso assustaria as pessoas?
M: Ah, sim!
D: Então eles têm que ter humanos para fazer o trabalho? (Sim) *Mas você disse que era um deles. Você quis dizer em outra vida?*
M: Sim. Eu estive lá em muitas vidas. Onde eles moram ... o planeta deles ... a base deles. Eles estão me mostrando. O que estou vendo é ... não é muito colorido. É meio cinza como eles. Mas eles são muito, muito bem-intencionados. Muito gentis. Muito inteligentes. Eles são muito eficientes, muito organizados. Mas não são emocionais e não têm cor. Eles não têm muita cor em seu planeta, em suas casas, em sua arquitetura. São edifícios que parecem quase metálicos. É uma civilização, e os edifícios são construídos em ângulos em vez de em círculos, retângulos ou quadrados. Com uma espécie de inclinação ... alta e com coisas inclinadas. Nós não construímos assim. Tive muitas vidas lá.
D: Você era feliz lá?
M: Feliz? Eu não era triste. Se era feliz? Me sentia muito segura e protegida.

Isso fazia sentido porque ela disse que eles não pareciam ter muita emoção. Eu queria saber mais sobre esses seres. Vou parafrasear as respostas dela: Eles devem ter sido criaturas sexuais porque ela via homens e mulheres. Não viu crianças, mas elas poderiam estar em outro lugar. Tinham um sistema digestivo e comiam algo como uma pasta que era preparada a partir da luz e do sol, mas, "Comer não foi um encontro agradável. Eles só comem por comer, para se manterem porque a comida não é importante".

D: *Parece um bom lugar. Por que você decidiu sair de lá?*
M: Eu queria aventura. Tudo era sempre muito igual. Eu precisava sair.
D: *O corpo teve que morrer para que você pudesse sair?*
M: A palavra que quero usar é "sem corpo". Sem corpo. Apenas deixa de existir.
D: *Então como você sabia para onde ir?*
M: Enquanto estava lá, vi imagens deste planeta Terra. Havia muitas opções, mas a Terra é tão colorida, tão interessante e vibrante. Escolhi a Terra porque tem tudo: aventura, cor, variedade, emoções.
D: *Você teve que conseguir permissão para fazer isso?*
M: Tive, mas houve um acordo. Não houve problema.
D: *Como você veio para a Terra? Diga-me como acontece, qual o processo.*
M: O corpo não existe. Se dissolve em outro lugar, e isso ... meio que me lembra de uma "estação de espera". É como se você fosse um ator num filme ou num palco. Tem que preparar suas falas, preparar o personagem que irá representar. Precisa ter certeza do personagem, o que você quer fazer. Tem um período apropriado e, se você ainda quiser fazer como escolheu, avança para o próximo nível. Se isso é o que você realmente quer, então pode aprimorá-lo. Onde quer viver? O que quer experimentar? O que quer ganhar? E então você continua se aperfeiçoando até que as pessoas na "área de espera" decidam, com o seu consentimento, que esse é o lugar para onde você vai. E então você passa pelo nascimento.
D: *Como foi isso?*
M: Não sei. Decidi não entrar naquele corpo até que o corpo estivesse pronto ... até que o parto tivesse sido feito.
D: *Isso é uma boa ideia.*
M: Foi o que achei.
D: *E aí?*
M: Estou vendo alguns flashes de vidas ... vidas recentes ... interessantes.
D: *Além das vidas de Miriam?*
M: Sim. Recentes, como em Viena, onde eu era muito rica ... muito famosa ... da alta sociedade. Estou numa espécie de terraço, num restaurante. Sou mulher. Tenho tudo que poderia querer, mas odeio minha vida.

D: É? Por que você odeia essa vida?
M: Quero aventura. Sou colorida. Tenho estilo. Quero aventura, mas tenho que ser formal e adequada. Usar chapéus e dez camadas de roupas e desfilar como a mais poderosa ... e odeio isso.
D: (Risos) Você não veio aqui para isso, não é?
M: Bem, eram emoções, glamour e estilo. Eu não tive aventura. Tinha que ser muito orientada por protocolo. Também vi flashes de outra vida. De lá, fui de Boston para uma aventura pelo país e para uma nova vida no Oeste. Sou mulher novamente, e não há glamour, não há cor e não há música, nem fama nem fortuna e nem dinheiro. Tudo é aventura!
D: É o oposto da outra vida?
M: Totalmente o oposto. Cheio de aventura, e eu odeio isso! Eu tenho dois filhos ... dois bebês nascidos durante o caminho. Nós começamos a viagem e meus dois bebês morreram (Chorando). Era uma caravana de carroça. Foi muito difícil. Parecia uma eternidade. Demorou anos! Nós nunca chegamos ao destino. Nós íamos até o Oregon ... ridículos! Paramos com algumas outras pessoas e ficamos lá para morar. É Wyoming. E eu disse: "Não existe Deus!" Eu voltarei mais uma vez. Decidi vir mais uma vez para saber se existe um Deus ... para conhecer um Deus. Não sei se esta é a hora, mas o tempo que estou aqui agora é para conhecer esse Deus.
D: Então cada vez foi por um motivo diferente, não é?
M: Sim, mas eu gosto deste planeta mais do que do cinza. Eu gosto da Terra.
D: Você está aqui por algum motivo específico?
M: Já vim várias vezes para a Terra e acho que não há mais nada que eu queira explorar. Agora quero conhecer a Deus tanto quanto podemos conhecer a Deus no corpo humano. Isso é mais importante. Não é de onde eu sou originalmente ou daquele planeta cinza. O lugar de onde eu realmente sou é onde eu sinto que conheci Deus. E eu quero que as pessoas da Terra saibam sobre esse lugar.
D: Como é esse lugar?
M: Vejo cores. Vejo a emoção Alegria em cores. Eu vejo que há um nascer do sol. Não é realmente como um amanhecer em todas as manhãs. Existem músicas que são cantadas. Toda a criação honra a manhã. Existe muita alegria ... ah, meu Deus! Esse é o meu lar! Esse é o meu lar!
D: É um lugar físico?

M: É um lugar físico, não um físico denso, mas é bem físico. Existem edifícios, anfiteatros ... o cristal é usado. O lugar físico é um planeta, mas não há negatividade. Nós não conhecemos a negatividade. A negatividade não existe.
D: *Parece um lugar perfeito.*
M: É tão perfeito quanto eu sei.
D: *Mas você disse que entrou no corpo de Miriam. Você sabe qual foi o seu propósito? O que você veio fazer?*
M: Eu vim para encontrar Deus. Quando cheguei à Terra e quando me tornei livre, a única coisa que queria fazer era ajudar todos a se libertarem. (Chorando) Para saber como é ser livre. Nossa! E eu não sei como ajudar as pessoas a serem livres.
D: *Qual é a sua definição de livre?*
M: Livre de culpa ... livre de vergonha ... livre de autopoder ... apenas livre. É isso aí.
D: *Você quer dizer que as pessoas não são livres?*
M: As pessoas não são livres. Não, elas não são livres. Elas aprendem desde o primeiro dia que são culpadas. "Você devia ter vergonha de quebrar isso! Você devia ter vergonha de não receber um 'A'! Que vergonha você não ser uma pessoa piedosa! Que vergonha, você é culpado, você vai para o inferno!" Ninguém é livre.
D: *É por isso que você veio? Para tentar fazer a diferença?*
M: Vim para ser livre e, se puder, ajudar outras pessoas a serem livres. Ah, sim, houve uma época no Egito, naquela escola, quando eu era livre. Eu não sei o que aconteceu, mas eu era livre ... homem negro ... tão livre. Eu sabia como era. (Suspiro profundo) Então aqui estamos nós de novo ... livres.

Eu não sabia para onde tudo isso iria, mas achei que deveria trazê-la de volta ao propósito original da sessão. Para descobrir mais sobre essa experiência na nave.

D: *Então, ocasionalmente, seu corpo foi levado para esta nave para ser trabalhado?*
M: Foi. Eu não sei se agora ou no futuro, mas foi.
D: *Para mantê-lo energizado e em equilíbrio.*
M: Aparentemente sim.
D: *Eles monitoram os viajantes do planeta deles em suas jornadas. Isso faz sentido?*
M: Eles monitoram porque o meu espírito no lugar cinza - não sei

como é chamado, o lugar cinza metálico – eu estava sempre querendo mais. E ainda existe uma ligação com eles. Pessoas esquisitas, muito esquisitas.
D: *Mas eles se sentem obrigados a acompanhar você.*
M: Existe um vínculo.
D: *Eles cuidam de você.*
M: Isso é bom.
D: *Tudo bem. Você pode fazer mais perguntas?*
M: Aos esquisitos? *(Sim)* Tudo bem.
D: *Miriam estava se perguntando se tinha algum implante em seu corpo. Você pode dizer algo sobre isso?* (Pausa) *Eles sabem o que queremos dizer?*
M: Sabem... estão conversando sobre isso. Dizem -- não sei quem está falando -- estão apenas me dizendo que tenho implantes.
D: *Que partes do corpo de Miriam têm implantes?*
M: Ah, meu Deus! Parece que há muitos. Não sei se isso é possível! Existem alguns nos ouvidos. Eu não sei para que servem. Ah! São para que ouçam através do meu ouvido. Para que ouçam o que eu ouço. Têm um implante naquela região do joelho que sempre me deixou curiosa. (Pausa) Grande parte da minha vida eu tive um trato gastrointestinal muito sensível. Vou ter que investigar o porquê. Eles disseram que o implante é para ajudar com a minha predisposição fraca para problemas digestivos. Vou ter que olhar e ver se está no baço (?), no meridiano da acupuntura.
D: *Um implante no joelho tem algo a ver com o trato digestivo?*
M: Possivelmente.
D: *Miriam acha que ela tem um na testa. Existe alguma coisa lá?*
M: Sim. Esse é para o que ela ainda não pode enxergar, então está bloqueado. Se ela pudesse ver o que ainda não pode, ela não iria querer ficar. Isso mostraria uma conexão com a incrível vastidão do universo. ...Ah, eu quero ver isso!
D: *Essa é a área do terceiro-olho?* (Sim) *Ela terá permissão para ver isso com tempo?* (Sim) *Então, eventualmente, será desbloqueado?*
M: Vai se dissolver gradualmente.
D: *Ela achou que tinha algo no braço direito. Existe alguma coisa aí?*
M: Nem tudo foi removido e o que foi removido está bem. Existe um transistor. Para manter a atividade ... ela tem uma tendência a ser muito introvertida e a ruminar. Este era um transistor para

manter o movimento no corpo, a energia ativada no corpo, mas, agora, não precisa mais. Isso causou desconforto e dor severa muitas vezes. Não é o que queremos, mas, agora, ela terminou suas obrigações de estar livre da culpa; livre da vergonha e ela tem sua própria energia. Este não interferiu no funcionamento do corpo dela. Ela já se livrou dele.

D: Há outros no corpo dela dos quais ela precisa saber?

M: Não. Ela não deveria se preocupar com nenhum implante. Eles são todos benéficos.

D: Eu ouvi dizer que alguns são como dispositivos de rastreamento. Isso está correto?

M: Sim, podemos monitorá-la. Ela não precisa mais entrar na nave. Podemos fazer o equilíbrio agora sem a necessidade de vir à nave.

D: Ela tinha uma pergunta sobre o corpo físico. Ela queria saber sobre sua pressão arterial.

M: Ela deve observar se, quando sua pressão arterial está alta, ela está assumindo a responsabilidade de outra pessoa. Ela quer consertar o mundo, consertar todo mundo e todos os problemas. Acaba assumindo esse carma temporário. Ela não deveria carregar esse fardo, não é dela. Quando a pressão arterial subir, faça com que observe de quem é o fardo que está carregando.

D: Você acha que são seus clientes?

M: Nem tanto dos clientes, porque existe um equilíbrio. Ela faz o seu serviço, é paga por ele. (Miriam era enfermeira em um consultório médico, mas também fazia acupuntura.) É um equilíbrio. Mas amigos vêm a ela por causa de sua liberdade, sabedoria, carinho. Não é para ela sentir essa responsabilidade e essa obrigação porque não ajuda a pessoa que vem e despeja seus problemas nela. Ela precisa perceber que não é responsabilidade dela. É muito simples mesmo. Não é responsabilidade dela e quando ela começa a assumir e consertar isso para outras pessoas, ela precisa ser objetiva e perceber que pode ouvir, mas não precisa resolver os problemas de todos se começar a aceitá-los. Então, apenas a observação iria ajudá-la imensamente. O que ela precisa fazer é deixar as pessoas falarem sobre seus problemas, mas seu benefício é aprender até o limite sem se envolver. E se ela puder fazer isso, irá acrescentar à sua jornada. Conforme ela se aprofundar no seu desejo inato de conhecer a Deus, à medida que isso se desenvolver apenas com esse desejo, vai levá-la na direção que ela quer ir, então não é algo para aprender com um livro ou uma aula. Apenas o seu desejo de conhecer Deus expandirá e aprofundará seu trabalho.

D: Mas os médicos a colocaram em medicação.

M: Apenas observe e, à medida que ela perceber que sua pressão sanguínea fica mais estabilizada e cada vez mais dentro de uma pressão sanguínea saudável, ela poderá eliminar gradualmente os medicamentos tóxicos.

D: Eu sei que você não aprova medicamentos.

M: Sim. Nós preferimos que não use. As substâncias naturais são boas e já estão começando a ajudá-la.

Miriam listou vários eventos incomuns que ocorreram em sua vida e queria respostas para eles. Um foi um incidente quando Miriam e seu irmão estavam dirigindo à noite e viram três OVNIs. Isso a assustou, e ela queria saber se era real ou um sonho.

M: Esse foi um evento real que ocorreu como você diria "fora do corpo". Não foi tridimensal. Foi um acordo "fora do corpo".

D: Mas o irmão dela também estava presente.

M: Esse foi o acordo numa reunião. Eles concordaram em se encontrar.

D: Eles pensaram que estavam dirigindo, não é?

M: Eles estavam dirigindo. É assim que foi lembrado. (Risos) Eles se lembraram de um veículo. A lembrança do veículo era um carro. Na verdade, não havia carro. Se encontraram astralmente para observar os OVNIs. Eles não queriam ficar nessa área, e os dois voltaram imediatamente para seus corpos.

D: Ela disse que os assustou.

M: Sim. Houve outros eventos na área.

D: Ela achou que os OVNIs eram negativos.

M: Não foi um OVNI negativo. Ela teve que sair e retornar ao seu corpo, e ela saiu rapidamente. Isso não foi uma associação com o OVNI. Em sua mente, ela conectou os dois. Mas não foi uma experiência negativa.

Esta é uma das conhecidas "memórias falsas" ou sobreposições. Quando você pensa que viu algo de um jeito e foi realmente uma coisa totalmente diferente. Agora vejo que se estende até pensar que você está *fazendo* uma coisa e realmente está fazendo outra, como pensando que estava dirigindo um carro, quando, na verdade, estava fora do corpo. As memórias falsas são fabricadas pelos ETs com a ajuda da mente subconsciente da pessoa para apresentar uma memória segura e não assustadora. Então, nesses casos, "Ver não é necessariamente acreditar".

Outro evento que ela queria esclarecer ocorreu quando ela estava morando em sua fazenda nas montanhas. Havia algum tipo de energia que se instalou em toda a casa e fez a casa tremer. Aconteceu várias vezes.

M: Em ambas as ocorrências, esses foram acontecimentos reais testemunhados por outra pessoa. Isso foi para ampliar sua mente em pensar que ela tem que ver um veículo tridimensional para aceitar que há uma miríade de maneiras ... (Ela fez uma pausa e sorriu). Os OVNIs não são apenas discos voadores. Alguns veículos são biológicos. Eles parecem ter um metro e meio de altura e, ao entrar neles, eles se estendem por cinco milhas. Existem frequências que poderiam abrigar o planeta.
D: *É mais como uma frequência? Não é sólido?*
M: Não é um sólido tridimensional. É um veículo de frequência.
D: *Isso foi o que fez a casa vibrar e tremer?*
M: Sim. Ela vai lembrar de ter visto veículos tridimensionais atrás da casa nas montanhas. Ela entrou na casa porque estava muito desconfortável, e voltou para fora ao perceber que se alguém quisesse contatá-la, de que adiantaria a casa? Eles viriam de qualquer maneira. Então foi embora. Mas há outros veículos e por duas vezes ela encontrou a força e o poder de veículos que não são visíveis ou tridimensionais. Você não pode vê-los, mas pode senti-los.

Estava se tornando mais óbvio em meu trabalho que muitos encontros e interação física com ETs eram ocasionados apenas por seres que acompanhavam seu próprio povo. Aquelas almas corajosas que escolheram vir para a Terra. Eles não foram abandonados aqui, mas estão sendo cuidadosa e carinhosamente cuidados.

CAPÍTULO VINTE

CUIDANDO DOS SEUS

Judy era uma terapeuta com muitos problemas de saúde que seriam nosso foco principal. Ela também tinha uma história de problemas desde a infância decorrente de seus pais, o que a levou a ser muito temerosa e focada na negatividade. Eu suspeitava de que o temor e a negatividade fossem a causa provável de seus problemas físicos. No entanto, esta sessão tomou um rumo inesperado. Quando Judy entrou em cena, estava escuro. Eu pensei que talvez ela tivesse entrado em uma vida passada à noite (o que, às vezes, acontece). Mas ela disse: "Eu estou num lugar escuro. Não é noite, é escuro. Não quero a luz acesa. Não quero ver isso. Não quero ver o que está lá." Eu lhe assegurei que não precisava ver nada que não quisesse. Mas continuei fazendo perguntas para iniciar o fluxo de informações. "É um quarto, existe uma luz lá. Eles estão fazendo alguma coisa, mas não quero ir até lá. Não quero ver isso. Vejo o movimento. É como um raio. Tem um lugar na sala com uma luz. Brilhante. Esse feixe ... não quero abrir meus olhos".

D: Você não precisa ver se não quiser. Você pode perceber isso de outra maneira. Onde você está no quarto?
J: No meio da luz. O quarto é escuro e tem uma luz no meio e estou deitada no meio da luz. Está frio. Muito frio mesmo.
D: Mas você disse que tinha a sensação de que havia outros na sala?
J: Eles estão no escuro ao redor da luz. Não quero vê-los. Eles me assustam.
D: Está tudo bem. Você sabe que não está sozinha. Estou aqui com você. Só veremos o que você acha que está pronta para ver. Quantos anos você tem?

J: Quatro.
D: *Então você é pequena. Não a culpo por não querer ver. Como você chegou lá?*
J: Não sei. Estava dormindo e acordei. Eles me assustam. Têm mãos engraçadas. Têm caras engraçadas e eu não quero olhar para eles.
D: *Então eles parecem diferentes. Você não precisa olhar. Mas o que é engraçado sobre as mãos deles?*
J: Dedos longos e enrolados. Enrolados. Estão me tocando. Não quero que me toquem. Um continua colocando a mão na minha mão. Tocando minha mão. Eu não sei o que ela quer ou se quer alguma coisa.
D: *Como se sente quando ela toca sua mão?*
J: Pegajosa. Toca engraçado. Cabeça grande. Dedos longos.
D: *Você tentou se comunicar com eles e fazer perguntas?*
J: Não. Ela quer que eu o faça. Ela quer. Aquela que me toca, quer que eu faça isso, mas tenho medo dela. Ela quer que eu fale com ela, mas não quero falar com ela.
D: *Por que você a chama de "ela"?*
J: Não sei. Ela é ela. Parece que ela é ela.

Quando isso acontece, muitas vezes, obtenho resultados fazendo o paciente fazer perguntas e permitindo que o ser responda.

D: *Bem, você sabe que pode ser interessante conversar com ela. Talvez possamos descobrir o que está acontecendo. É uma boa ideia, não é? Daí vamos poder entender. Sempre temos medo de coisas que não entendemos, que não sabemos. Mas você acha que ela quer falar com você?*
J: Acho que sim. Ela sabe que estou com medo. Acho que ela está tentando me dizer para não ficar com medo. Tentando me fazer sentir confortável ou algo assim, mas não confio nela. Talvez eles só queiram me enganar. (Sussurro) Estou confusa.
D: *Vamos fazer algumas perguntas. Isso pode ajudar. Pergunte por que você está lá. Veja o que ela lhe diz.*
J: Ela diz que estou doente. Eles estão tentando me ajudar. Algo dentro de mim, quebrado.
D: *Você sabia que estava doente?* (Não) *Pergunte a ela o que está quebrado dentro de você.*
J: Ela coloca as mãos no meu estômago, mas eu não sei. Ela realmente não fala. Não sei como explicar isso. Ela aponta e eu

só sei o que ela quer dizer. Ela está apontando para a área da minha barriga.
D: *Você quer que ela conserte o que quer que seja?*
J: Se não doer.
D: *Diga-lhe que ela pode fazer isso se não doer. O que ela diz?*
J: Não vai doer. Outros estão chegando. Ela não vai embora, mas outros estão vindo para consertar.
D: *O que eles estão fazendo?*
J: Algo descendo. Eu não sei o que é isso. Algo está caindo. Metal. Está na minha barriga. Não sinto nada.
D: *Então ela disse a verdade, não foi?*
J: Sim. Não dói.
D: *O que sente?*
J: Líquido quente.
D: *Você pode fazer outras perguntas a um dos outros? Talvez um dos outros saiba mais?*
J: Sinto que não posso convencê-los a falar comigo. Ela é a única que fala comigo.
D: *Talvez eles estejam muito ocupados?*
J: Talvez. Eu não sei. Mas ela, tudo bem. Ela não é má.
D: *Eles vão fazer mais alguma coisa?*
J: Parece que eles estão me abrindo, mas eu não sei. Uma linha na minha barriga até embaixo, mas eu não entendo. Eu não sinto nada, mas tem uma abertura, uma linha. É como se eles estivessem abrindo alguma coisa.
D: *Pergunte o que eles estão fazendo, então você pode entender.*
J: Só ouço "reparando o mau funcionamento". Eu não sei o que isso significa. "Reparando o mau funcionamento."
D: *Por que eles estão fazendo isso?*
J: Muito abuso, muita dor. Eu não sei, é o que eu ouço. Eu não sei o que isso significa. "Muito abuso, muita dor." Eu não sei.
D: *Por que eles estão fazendo isso com você? Eles a conhecem?*
J: Atribuído. Atribuído? Eu ouço "atribuído". Monitor. Atribuído, monitor.
D: *Parece que eles são boas pessoas se estão cuidando de você. Eles vão levar você para casa depois que consertarem tudo?* (Sim) *Então eles a observam. Eles monitoram você e sabem quando algo está errado?*
J: Não é a primeira vez.
D: *Você precisou de reparos antes disso?*
J: Não sei se é o primeiro reparo, mas não é a primeira vez que estive

lá. Eles monitoram, assistem.
D: *Mas isso é bom se você tem alguém que a observa e cuida de você. Qual o seu nome?*
J: Eleanore.

Eu estava pensando que estávamos olhando para uma cena da infância de Judy, embora ela não tenha mencionado abuso infantil em sua entrevista. (Eu sempre conduzo uma entrevista com cada cliente, que pode durar duas horas ou mais, para que possa conhecê-los antes da sessão.) Mas, agora, a situação é diferente. Esta jovem de quatro anos não era Judy, mas uma garota chamada Eleanore. Havia definitivamente uma razão para que mostrassem isso a Judy, então eu tive que a perseguir. Eleanore disse que morava em uma casa grande com a mãe e o pai. Quando perguntei se eles eram bons para ela, ela respondeu: "Às vezes". Eu senti que não poderia sair e perguntar sobre algo tão terrível quanto abuso infantil, especialmente se tivesse causado danos graves o suficiente para exigir reparo. Então eu a fiz avançar no tempo até que eles tivessem terminado e perguntei o que tinha acontecido. "Como levam você de volta?"

J: Branco. Vejo a luz. Feixe. Ela veio comigo na luz e me ajudou a voltar para a cama. Dói um pouco, mas tudo bem.

Eu a fiz sair daquela cena e avançar para um dia importante, e perguntei o que ela estava vendo.

J: Eu estou dizendo adeus ao meu povo. Este é o meu povo.
D: *Você quer dizer sua família?*
J: Não, eles são meu povo. Sou a rainha deles ou princesa. Estou acenando para eles. Existem centenas, milhares deles. Estou em algum lugar alto, observando-os. Eu tenho que me ausentar por um tempo.
D: *Para onde você tem que ir?*
J: Numa missão? Algo para ajudar meu povo. Vai ajudá-los mais. Estou acenando para eles. Eles são todos muito amorosos. Não quero ir, mas sei que devo. Estou escolhendo ir. (Ela se tornou emotiva.) Tenho muito amor por eles.
D: *Você sabe qual é a missão?*
J: Para retornar ao local de origem e completar o ciclo.
D: *O lugar de origem? O que você quer dizer?*
J: De onde viemos.

D: *Você sabe como é esse lugar?*
J: Difícil, se comparado com a vida que tenho aqui. Esta vida é alegre, a vida é linda. Difícil voltar à origem.
D: *Por que é difícil?*
J: Falta. Limitação. Má compreensão. Atribuição difícil, mas necessária para completar.
D: *Você disse que tinha que completar o ciclo? O que você quer dizer?*
J: Sim, ciclos. Tudo passa por ciclos. A conclusão é necessária para finalizar o ciclo. Precisa voltar para a origem. A origem é antiga. Velha. Energia velha. Lições antigas. Reversão da consciência necessária para a conclusão. Estão faltando peças no ciclo. É preciso voltar e preencher as peças para que o ciclo seja concluído. A origem está em falta no ciclo. Não pode se completar, alguém deve voltar. Entender, compreender as informações da Fonte, necessárias para voltar à origem e completar o ciclo.
D: *Mas você disse que faltavam algumas peças?*
J: A partir do ciclo que começou, faltam componentes. Componentes necessários para a conclusão da jornada. Elementos faltantes para o todo.
D: *Você tem que conseguir outra tarefa para encontrar esses elementos que faltam?*
J: A atribuição foi feita. Estou saindo em missão agora.
D: *Qual é a tarefa?*
J: Voltar à Fonte. Defeituoso. Voltar à origem
D: *Como é a Origem? Como é esse lugar?*
J: Denso. Energia difícil. Muito velho. Requer o reassimilar da energia antiga. Padrões antigos. Pensando velho. Consciência com baixa vibração. Existe uma sala com opções disponíveis para assimilação de energias mais baixas. Fazer uma escolha. Opções disponíveis para completar o ciclo. Decisões do grupo, grupo envolvido. Minha principal escolha de propósito, eu principal, mas o grupo primário envolveu a escolha.
D: *Então eles estão ajudando você? Analisando com você?*
J: Analisando, sim. Analisando muitas, muitas escolhas; muitas, muitas opções. Montando um plano. Linhas de tempo são importantes. Olhar através das linhas do tempo é importante. Colocá-las juntas. Questões específicas estão sendo procuradas, questões específicas estão sendo analisadas. Várias linhas de tempo oferecem oportunidade para que as pessoas concluam o

ciclo, uma vez disponíveis. A escolha final é minha.
D: E você está olhando todas as possibilidades?
J: De uma vez, sim. Requer tempo nessas dimensões para completar o ciclo.
D: Você sabe quais partes estão faltando?
J: Afirmativo. As peças estão cientes. Estamos cientes. Sabemos para onde irei.
D: O que você acha das possibilidades? Parecem fáceis ou difíceis?
J: Irrelevante para a atribuição. A dificuldade é irrelevante. É necessário.
D: Então nem sempre é fácil?
J: Afirmativo. A escolha de deixar o lar, o próprio povo, o difícil é deixar o companheirismo. A escolha de ter a oportunidade para completar o ciclo é necessária e exigida de mim. Existem muitas opções para completar o ciclo. Grande número, estamos reduzindo àquilo que parecerá como que experimentado em muitos níveis.
D: Vamos ver qual foi a escolha final. Você reduziu todas as possibilidades. Qual você finalmente decide?
J: Humano.
D: Você já esteve em forma humana antes?
J: Muito tempo se passou para os humanos desde quando eu era humano.
D: Então houve um longo espaço de tempo desde então? (Correto) Você acha que é aconselhável ser humano novamente?
J: O caminho mais simples para atingir o objetivo. O ser humano experimenta todas as opções para essa jornada específica. Importante escolher corretamente porque as opções são muitas. Os seres humanos a experimentam para esse propósito. Rota mais direta.

Agora que ela havia tomado a decisão, eu a movi para a frente para quando ela estava em um corpo humano, e perguntei como era. Ela estava franzindo a testa.

J: Apertado. Constritivo. Ajustes difíceis.
D: O que você quer dizer com ajuste?
J: Forma difícil. Compartimentalizado. Mais difícil do que pensei para ajustar às circunstâncias.
D: Você está no corpo de um bebê?
J: Bebê. Bebê muito doente.

D: *O que há de errado com ele?*
J: Problemas emocionais, desconforto emocional. A união é desconfortável. Bebê está chorando.
D: *Então você está tendo problemas para se ajustar ao físico. Mas isso é uma coisa necessária para fazer, não é?*
J: Correto.
D: *Você decidiu fazer isso, e agora você tem que fazer, não é?* (Correto) *Você não pode voltar até encontrar as peças que faltam?*
J: Complete o ciclo. Deve completar o ciclo.
D: *Você acha que será uma vida fácil ou difícil?*
J: Para humano, difícil.

Aqui as respostas dela ficaram mais lentas até não responder mais. Eu sabia que ela estava se identificando mais com o corpo físico em que ela havia entrado, e a outra parte mais esclarecida estava desaparecendo no segundo plano. Eu sabia que era hora de chamar o subconsciente para obter algumas respostas.

D: *Nós pensamos que ela iria para uma vida passada. O que aconteceu quando ela viu a menina, e eles estavam trabalhando nela?*
J: Correlacionando material para ela entender. Seus distúrbios digestivos em sua vida presente emanam desse período de tempo.
D: *A vida de Eleanore?* (Sim) *Mas eles repararam o dano, não?*
J: Até certo ponto. Houve lesões adicionais criadas durante essa vida. Os reparos foram tentados, eles não se sustentaram completamente. Eleanore teve muitos traumas, que afetaram a vida presente. Ela só viveu até sua adolescência. Muito dano. Ela também sofreu abuso nessa vida, e foi incapaz de lidar com isso apropriadamente. As intervenções não foram todas bem-sucedidas.
D: *Mas se Judy experimentou isso antes, por que ela tem que experimentar novamente nesta vida?*
J: Incapaz de concluir seu ciclo sem integração total do entendimento da origem raiz do problema.
D: *Foi a primeira vez que ela não completou tudo o que tinha que aprender?* (Correto) *Então teve que começar tudo de novo desde o começo?*
J: Não totalmente desde o começo. Apenas desse ciclo. Parcialmente

completo. Nem todas as lições precisaram ser submetidas novamente. A área que foi trabalhada era a mais vulnerável naquela área daquela vida em particular.

D: Então, a segunda parte que você mostrou foi quando ela estava deixando seu pessoal, e teve que ir tomar uma decisão. É essa a alma que entrou na atual Judy?
J: Correto. Essa foi a sua verdadeira origem.
D: E ela viu que havia uma parte que não havia sido completada?
J: Eleanore não foi completada. Então a alma decidiu voltar e terminar o processo.
D: Mas tem sido uma vida muito difícil para Judy. Muitos desafios.
J: Correto. Ela precisou de muitas intervenções para concluir essa tarefa.
D: Mas agora ela está preocupada porque ela tem esses problemas físicos que você disse que são resultado da outra vida?
J: Parte disso é resultado da vida de Eleanore. Intervenções nem todas bem-sucedidas. A assimilação desse grupo de almas com esse humano tem sido difícil. A tarefa é difícil. Há muito dano ao corpo.
D: Por ter sofrido abuso quando criança?
J: Correto. Isso faz parte da tarefa. Isso completa o ciclo. Traz consciência e consciência a muitos para superar tais condições. As escolhas são feitas para interagir em vários níveis de uma só vez.
D: Então ela teve carma para pagar com as outras pessoas envolvidas, seus pais?
J: Algum carma, mas nem tanto. Ela (Judy) assume que ocorreu muito mais do que realmente aconteceu na terminologia cármica. Ela se tornou consciente dos múltiplos níveis, mas isso está causando distúrbios em sua energia nessa forma.

Eu sabia que era hora de abordar os problemas físicos que Judy estava experimentando. Esta foi a principal razão para ter a sessão. Eu queria que ela liberasse isso para o passado, do qual era parte. O subconsciente concordou que era hora de deixar passar. Judy teve problemas com seus rins e bexiga.

J: Uma liberação dentro de seus rins para assimilar a energia antiga está apresentando problemas. Ela tem que se livrar da velha energia. A velha energia está retendo, por assim dizer, a capacidade de avançar. Ela tem os pés no presente, por assim

dizer, e o corpo no passado. Falta integração dos dois.
D: *E os problemas com os pulmões dela?*
J: Tristeza em deixar a família. Luto. Demorando demais para integrar e concluir, mais do que ela esperava. Triste. Perde o seu povo, sua família. Muito incompreendida. Compensa a sobrecarrega no corpo. Ela completou muito, mas está ciente da falta. Há uma porção incompleta que ela deseja terminar.

Então o SC começou a fazer reparos nas partes danificadas do corpo de Judy. Sempre acho essa parte fascinante, e gosto quando me dizem o que estão fazendo. "As energias estão sendo removidas. Sendo assimiladas." Eu conheço o poder do SC e o que ele pode realizar, mas, de repente, se deparou com problemas. "Oportunidades limitadas para remoção. Bloqueios. Danos. Trabalhando." Perguntei se eu podia continuar a fazer perguntas enquanto ele trabalhava, ele disse que podia.

D: *Ela tem feito reparos a vida toda?* (Sim) *Porque ela estava se perguntando se ela tinha conexões com o que chamamos de ETs.*
J: Suas atribuições, elas são parte da tarefa. A interação com essas espécies é uma exigência desta tarefa para ela.
D: *Como eles estavam com Eleanore.*
J: Correto. Interações são parte desta tarefa. Em seu sentido mais verdadeiro, ela se beneficiava da interação. O medo de Eleanore criou alguns problemas, mas as espécies não a prejudicaram.

Sabia que era verdade porque eu tinha trabalhado nisso por vinte e cinco anos. Nunca encontrei um caso em que a pessoa estivesse sendo prejudicada. Era apenas a percepção errônea e a reação deles a algo que não tinham entendido.

J: Dano corrigido naquele momento, danificado de novo e de novo. Não é possível reparar todas as vezes.
D: *E agora? Ela está disposta a deixar para trás, liberar os bloqueios, se livrar da velha energia. Você pode consertar agora?*
J: Liberando. Abdominal ainda segurando medos de espécies desconhecidas.
D: *Então vai ajudar quando ela perceber que, na realidade, eles estavam ajudando.*
J: Sim. A confusão vem da consciência fraca. Toda atribuição a esse

local exigiu interações. Espécies são benevolentes. Está utilizando humanos para seus propósitos. É um contrato conjunto. Não é possível processar essas informações. Eles estão aprendendo com a espécie humana. É um acordo. As aparências são muitas vezes incompreendidas. Grande mal-entendido. Conclusão entre as espécies faz parte de sua atribuição.

O subconsciente continuou a trabalhar no corpo de Judy e continuou encontrando dificuldades. "Tem uma lesão na área do estômago à qual estamos dando atenção. Tentando trabalhar nisso. Esta é uma energia antiga, tecido velho. Existe uma conexão. Tem mais de uma área neste corpo. Este corpo está tendo dificuldades de dar suporte a si mesmo."

D: É por isso que queremos repará-lo, para que ela possa fazer o trabalho que precisa fazer.
J: Não é a hora dela. Ela não terminou sua tarefa. Ela não vai embora. Sua vontade é forte.
D: Ela estava com medo de que talvez estivesse morrendo.
J: Ela tem muito trabalho a fazer. Ela escolherá sua morte. Existem várias lesões em todo o físico. Algumas são dessa vida, outras não. Elas estão interligadas.
D: Misturaram-se todas.
J: Correto. Confusão, velho emocional. Tentando limpar. Existe confusão. Ela está confusa de quem é. Ela se vê humana e se vê como outra espécie. Foi ao mesmo tempo uma das espécies com quem trabalha. Está rejeitando sua espécie. Preencheu a lacuna entre essas espécies. Parte de sua tarefa para completar o ciclo. Ponte. Ela precisa de uma ponte entre as duas espécies. Uma ponte energética está sendo formada. Estamos revisando. Há uma lesão em seu quinto chacra, seu campo energético. Removendo.
D: Nós lhe demos muito para você trabalhar.
J: Correto. Estamos assimilando, ajustando. Removendo bloqueios em vários níveis. Preenchendo identidades. Confusão, confusão dimensional. Incapaz de assimilar vastas quantias de compreensão por conta própria. Ela está elevando a consciência da melhor maneira possível. Mais é necessário. O corpo não é tão elevado quanto a consciência criando dor, desconforto, desintegração. Consciência e necessidade física de integrar. A integração é tentada à noite. Não assimila corretamente. Muita

informação. O corpo não consegue acompanhar. O corpo não está assimilando corretamente. O corpo está funcionando mal. Estamos ajustando agora. Sem drogas, sem cirurgia. Este é o desejo final da parte dela. Está de acordo. Concordamos que ela pode assimilar, e o pedido está sendo feito em níveis mais elevados para criar um caminho para a conclusão da assimilação. Ainda corrigindo. Está faltando matriz. Realinhando. Após a conclusão do realinhamento, todos os padrões de matriz serão concluídos. Tudo será integrado. Não exigirá esforço algum. As lesões estão sendo removidas. Ela deve escolher viver.

D: *Eu acho que ela vai escolher viver uma vez que não tenha mais nenhum desconforto.*

J: Correto. Os acordos estão concluídos. As atribuições estão concluídas. O relacionamento entre espécies foi concluído. Os reparos na matriz estão em andamento. Buscando autoridade de nível superior para concluir.

D: *Você está recebendo essa autoridade?*

J: Esperando. (Pausa) Atribuição completa. Nós completamos todo o trabalho no corpo. Ela terá permissão para dormir agora. Níveis mais baixos de consciência serão permitidos para que a forma física se cure completamente.

D: *Porque ela precisa dormir para que o corpo possa se renovar à noite.*

J: Entendido. Era necessário elevar a consciência, integrar. Integração completa. Uma consciência de nível inferior será permitida para que possa dormir e regenerar este corpo para completar a tarefa. Tudo ficará completo, em termos humanos, três meses. Não precisará de nenhuma droga. Não sentirá dor. Sentirá algum desconforto. Três meses para completar. Isso diminuirá. Irá abrandar. Ela terá consciência. Não sentirá dor, diminuirá. O equilíbrio virá. O desconforto em sua coluna é genético. Estamos ajustando, corrigindo, o que corrigirá outras áreas do corpo físico e permitirá que o corpo se realinhe, e todos os sistemas de órgãos funcionem de maneira ideal. Bloqueios dentro da coluna vertebral criaram disfunções em cada órgão que a afeta. Isso está sendo ajustado. Seus quadris vão se equilibrar. Ela poderá carregar seu corpo.

Então o SC anunciou que tinha terminado. Normalmente, quando trabalho com um assunto, tem apenas uma ou duas áreas do corpo para focalizar. No caso de Judy, havia várias coisas nas quais o SC tinha que focar. Demorou mais e exigiu mais dedicação e concentração. Então anunciou: "Está na hora dela estar viva". Eu então perguntei, como sempre faço, se tinha uma mensagem de despedida para Judy. "Seja bem-vinda, esteja em paz. Você é um, você é esperada. Não tenha pressa. Ela é honrada entre muitos por suas realizações, em completar o que tem sido sua tarefa. Ela o fez com grande coragem. Ela é honrada. Cheque com mais frequência. Existe outro nível de consciência. Ela está ciente disso. Estamos felizes por você ajudá-la."

D: Eu ajudo muitas pessoas com a sua assistência. Eu não posso fazer isso sem você.

O ser alienígena tão carinhoso e compassivo com a pequena Eleanore foi encontrado por muitos dos meus clientes que experimentaram encontros com OVNIs. É sempre descrito da mesma maneira: compassivo, carinhoso e tendo uma energia feminina. Eu os chamo do tipo "enfermeira" porque eles sempre parecem tranquilizar a pessoa em quem os ETs estão trabalhando. Os pequenos greys ou quem quer que esteja fazendo o trabalho real são geralmente descritos como ocupados e muito concentrados no que estão fazendo. A "enfermeira" parece ter uma tarefa de cuidar da pessoa e fazê-la se sentir confortável e segura. Mesmo que sejam descritos como feios e muitas vezes extremamente enrugados, exalam uma energia linda e calmante.

Este caso também mostra a dificuldade que uma alma nova e pura tem ao entrar num corpo físico. Como uma criança humana, ela tinha muito medo dos seres que estavam trabalhando nela, totalmente inconsciente de que ela era um deles. A memória tinha que ser apagada para viver neste mundo e manter sua sanidade. Então ela os via como estranhos e assustadores (como a maioria dos humanos), e não entendia que eles estavam apenas cuidando e monitorando os seus. Eles nunca abandonariam um de seus voluntários neste planeta estranho e hostil sem apoio. Mas esse medo profundo se prolongara em sua vida presente como Judy e causara graves problemas físicos. Os problemas também foram causados pelo abuso na vida anterior que deixou resíduos celulares, por isso foi agravado e mais difícil de aliviar. Ela havia sofrido abuso infantil nesta vida, embora ela não tenha mencionado isso para mim durante a entrevista. Eu sempre sei que o SC vai mostrá-los se for apropriado. Ele sabe tudo sobre a pessoa. Não há segredos.

CAPÍTULO VINTE E UM
UM ENCONTRO DE INFÂNCIA

Fiz esta sessão em Charlotte, Carolina do Norte, em setembro de 2002, enquanto eu estava numa viagem de palestras pela Carolina do Norte, por Raleigh, Charlotte e Greensboro. Eu vim para Charlotte para falar numa reunião local de OVNIs. Patrícia era uma loura bonita que parecia uma modelo porque sabia arranjar cabelo e aplicar maquiagem. Isso foi o que ela fez para ganhar a vida, e foi um bom exemplo de sua obra.

Ela estava interessada em OVNIs há muito tempo, embora não achasse que tivesse passado por alguma experiência. Havia apenas uma lembrança de uma visão muito próxima nos anos 70. Lembrava de ter saído de seu apartamento de manhã cedo para ir ao trabalho. Quando fechou a porta, passou a olhar para cima. Diretamente, no alto, havia uma nave enorme com luzes vermelhas e azuis rodopiantes. Era muito bonita. Ela observou-a por vários minutos antes que a nave voasse para longe. Ficou surpresa que ninguém mais estava por perto para ver. Era muito nítida, grande e distinta. A lembrança a fascinava desde então, embora estivesse certa de que nada mais tivesse acontecido. Isto é o que ela queria explorar durante esta sessão. Queria voltar àquele dia e obter mais detalhes sobre a nave. Avisei-a, como sempre faço, que, às vezes, se você quiser ter esse tipo de sessão apenas por curiosidade, você pode abrir uma lata de minhocas que seria impossível colocá-las de volta. A proteção dos meus clientes é sempre minha primeira prioridade. Eu sempre lhes digo: "Se não está quebrado, não conserte". Normalmente só exploro experiências de OVNIs e paranormais se isso estiver causando problemas na vida diária da pessoa. Se não está, e eles apenas querem fazê-lo por curiosidade, lhes digo que eles podem conseguir mais do que esperavam. Esse tipo de coisa é melhor deixar de lado. Ela entendeu, mas achou que ficaria bem porque sabia que nada mais acontecera naquela manhã. Foi apenas uma observação atenta de uma grande espaçonave (ou o que fosse). Ela não tinha sido capaz de esquecer o incidente, e isso despertou seu interesse por OVNIs.

Quando ela entrou no estado de transe profundo, a regredi para a manhã do avistamento. Normalmente tenho que me aproximar do evento pela porta dos fundos, por assim dizer. Indo antes do evento e levando o assunto até ele gentilmente. Desta vez foi diferente. Ela imediatamente pulou para ele sem hesitação. Eu tinha acabado de instruí-la a sair da nuvem em seu apartamento naquela manhã, na década de 1970, para quando ela estava se preparando para ir trabalhar. Eu acabara de dizer: "Você está saindo do apartamento agora".

De repente, ela deixou escapar: "Eles estão me observando!" Ela se emocionou com um toque de medo em sua voz: "Eles estão me observando!" Eu queria saber de quem ela estava falando.

P: Os seres, eles estão me observando.
D: *Quais seres?*
P: Eles têm me observado. Eles estão me dizendo que há dois deles e estão numa nave, e estão acima do meu apartamento.
D: *Você está do lado de fora olhando agora?*
P: Sim, sim. Quando me lembrei pela primeira vez, pensei que tinha visto luzes vermelhas e azuis, mas não. É uma nave. Parece uma bola de vidro. Parece uma bola de Natal numa árvore de Natal, mas você pode ver através dela.
D: *Quão grande é essa bola de vidro, comparada com a casa?*
P: Talvez um metro e meio. É grande o suficiente; não sei se um humano pode entrar lá ou não. Mas é transparente, parece que tem um pequeno tampo como um daqueles enfeites de vidro que você coloca numa árvore de Natal. É meio cintilante, mas você pode ver através dela. Pensei ter cor, mas não vejo cor. Apenas uma bola transparente.

Então, seu subconsciente aparentemente tinha colocado uma tela protetora de memória ou uma sobreposição para que ela se lembrasse de forma diferente do que realmente tinha ocorrido. Investiguei muitos outros casos e descobrimos que o evento real não era como na memória consciente. Isso geralmente é feito para proteger a pessoa e não a traumatizar. Assim, se lembram do evento de forma diferente do que realmente ocorreu. É claro que, às vezes, isso causa problemas não previstos pelo subconsciente, porque muitas vezes o evento é lembrado com medo, como uma experiência negativa.

Aparentemente, o subconsciente achava que era hora de Patrícia se lembrar, porque estava permitindo que a memória viesse à tona agora sem bloqueios. Também encontrei outros casos em que o objeto parecia menor do que o esperado, como se não fosse grande o suficiente para abrigar muitas pessoas. Mas quando entraram no objeto, viram que não era bem assim. O interior era muito maior em comparação com o tamanho do lado de fora. Como se os alienígenas pudessem manipular o tamanho e o espaço, bem como o tempo. Esses outros casos são explorados no *The Custodians*. Outro aspecto interessante era que, agora, Patrícia experimentava um sentimento de medo ao ver o objeto, embora sua memória consciente fosse apenas de curiosidade. Isso também ocorre quando, sob hipnose, uma emoção diferente aparece.

D: *Você disse que tem alguém dentro dele?*
P: Sim. A única coisa que posso ver são os olhos. É como seres com olhos. Eles estão no céu e estão me observando. E eles não vão me machucar, eles estão apenas me observando.
D: *Como você sabe que eles estão te observando?*
P: Posso sentir. Eles também me disseram que estavam me observando.
D: *Esta é a primeira vez que você os viu?* (Não.)

Isso definitivamente não era uma lembrança consciente. Patrícia dissera que nunca tivera nenhuma experiência de encontro.

P: Eu tinha três anos de idade (muito emotiva) e eles vieram pela janela. (Chorando de horror.) Eles entraram pela janela. Eles vieram pela janela (Fungando). Eu tenho que acordar!

Ela estava tentando forçar seus olhos a abrir. Ia tentar quebrar o transe. Eu sabia que a experiência seria positiva, ao invés de negativa, então a impedi de abrir os olhos. Se ela tivesse quebrado o transe neste momento, ela teria se preocupado com a experiência e percebido como algo negativo. Se estivesse passando por um grande trauma, eu teria lidado com isso de forma diferente, mas sabia que ela ficaria com o sentimento de incompletude. Então, a instrui com firmeza a fechar os olhos. Ela ainda resistia e insistiu que precisava acordar. Decidi tirá-la da cena e explorá-la de outra forma, quando ela viu algo que a fez me impedir. Sua curiosidade estava superando seu medo, e ela estava tentando me impedir de movê-la.

P: Espere um minuto. Oh meu Deus, espere um minuto!

Dei-lhe instruções de que ela estava segura e protegida, e que ela poderia assistir à cena como um observador, se quisesse.

D: Você não vai se lembrar de nada, a menos que esteja pronta para isso. Você está perfeitamente segura. E se é hora de se lembrar, vai lembrar. Seu subconsciente só permitirá que você se lembre do que você precisa saber neste momento. Feche seus olhos.
P: (Sussuro) Eu não sabia que eles estavam abertos.
D: Agora você pode assistir como um observador objetivo se quiser. O que aconteceu quando você tinha três anos?
P: Eles vieram no meu quarto pela janela. Se arrastaram pela janela. Estou deitada na minha cama. E eles vieram pela janela.
D: Está escuro no quarto?
P: Claro o suficiente para vê-los. Eles não parecem como pensei que eles parecessem. Eles não podem ser assim! Tem algo de errado com eles. Eles não ... isso *não pode* ser o que estou vendo.
D: Me diga o que você está vendo.
P: Parecem um tipo de olhos avermelhados. Um rosto enrugado. E como que sem pescoço. Curvado. Tem algo de errado com eles.
D: Eles são muito grandes?
P: Não, talvez um metro e setenta.
D: Que cor eles são?
P: Não consigo detectar uma cor. Eles têm um olhar estranho. Entre a boca e o nariz, tudo está amassado. Eles têm esses grandes olhos abertos, não oblíquos, grandes e abertos. Estão andando pelo quarto. É como se eles estivessem me checando. Um vem para a cama. Ele está fazendo algo com meu pijama, desabotoando-o. É como um médico. Apenas me checando. Ele quer ter certeza de que as funções do meu corpo estão funcionando corretamente. Eu tive Escarlatina e ele quer ter certeza de que estou bem.
D: Você esteve doente. (Sim.) *Escarlatina pode fazer você se sentir mal, não pode?* (Sim.)

Quando Patrícia acordou, ela disse que sua mãe lhe dissera que tinha tido escarlatina quando era muito nova, mas não se lembrava de nada.

D: Então ele está apenas verificando seu corpo. Como ele faz isso?
P: É como se ele pressionasse meu peito. E talvez as vibrações ou algo sobe e ele sabe se eu estou bem ou não. Isso é tudo que posso ver. Ele coloca a mão no meu peito.
D: Quantos dedos ele tem? Você pode ver?
P: Eles parecem grossos, e parece que talvez sejam três dedos principais e talvez um dedão ou algo assim. Parece grande e feio, não como as nossas mãos. Ele é grande e feio de qualquer maneira.
D: Bem, o que consideramos feio.
P: Ele é feio. Com certeza, nunca vi ninguém com essa aparência.
D: Mas ele coloca a mão no seu peito e envia vibrações através do seu peito. (Sim) Isso é bom?
P: Sim. É como o calor. Ele sabe que estou bem.
D: Então ele está sendo muito gentil, não é?
P: Uuii. Ele me assustou no começo. Parece que ele está me dizendo que vai voltar e me checar mais vezes. Então ele meio que se vira e sai pela janela.
D: Como você se sente sobre ele voltar e verificar você?
P: Ele não me machucou. Ele é feio. (Eu ri.) Ele parece um duende velho. Minha mãe lê livros de fadas para mim e ele parece um dos duendes.
D: Essa é uma maneira interessante de descrevê-lo.

Era óbvio que Patrícia não estava familiarizada com os diferentes tipos de alienígenas, mesmo que ela estivesse interessada no fenômeno OVNI. Eu tenho encontrado esse tipo muitas vezes através do meu trabalho, e o chamo de "enfermeiro". Embora ela o tenha descrito como masculino, muitos outros dizem ter uma sensação feminina, ainda que nunca haja qualquer descrição de órgãos sexuais. Eu os chamo de "enfermeiro" porque parecem ter mais compaixão do que os típicos greys. Parecem ser mais uma criatura física do que os pequenos greys robóticos, e parecem pensar por si mesmos em vez de executar automaticamente as tarefas. São sempre descritos como enrugados e feios, mas são muito gentis. Apesar que pudesse ser outro tipo, porque o enfermeiro raramente realiza o procedimento de cura definitiva.

Muitas vezes, quando as pessoas estão a bordo da espaçonave, na mesa, em um exame ou procedimento, têm muito medo porque não entendem o que está acontecendo. Nessa hora, o enfermeiro aparece ao lado da mesa e as acalma. Elas sempre têm a sensação de que está lhes assegurando que tudo ficará bem. Os pequenos greys sempre trabalham muito mecanicamente e metodicamente sem demonstrar emoção. O enfermeiro parece ser um tipo diferente. Mesmo que sua aparência seja surpreendente, seu jeito é gentil.

D: Mas agora ele se foi?
P: Sim, mas eles ainda me observam. Eu acho que eles colocaram algo no meu corpo.
D: Quando eles fizeram isso?
P: Quando eu era mais jovem. Quando eu era realmente uma criança.
D: Bem, três anos de idade é uma criança.
P: Bem, quando eu era mais nova. Eu sou grande agora.
D: Três anos de idade é grande? (Sim.) *Quando você acha que eles fizeram isso?*
P: Eu acho que quando nasci. Eles colocaram algo no meu corpo quando nasci.
D: Em que parte do corpo está?
P: Deixe-me ver. (Pausa) Parece ser algo em volta da minha glândula pituitária. Algo em volta da minha testa. Eles colocam lá, como um chip ou algo assim. É como vidro, mas não acho que seja vidro. Não sei o que é. Não sei se o homem fez isso; talvez um de seus amigos. Vi-os colocarem isso. Eles fizeram isso antes de eu entrar no meu corpo.
D. Eles colocaram enquanto seu corpo ainda estava em sua mamãe?
P: Foi antes de entrar nele, antes de entrar no meu corpo. Eles colocaram algo dentro.
D: Eles podem fazer isso mesmo estando dentro da sua mãe?
P: Sim, eles fizeram isso comigo. (Risos) Sim, eles fizeram! Algo com o qual nasci. Disseram que é algo que terei para o resto da minha vida, para que eles saibam onde estou o tempo todo. Um dispositivo de rastreamento.
D: Como você se sente sobre isso?
P: Eles não me machucaram. Eu sinto que eles são bons. São gentis comigo. Brincam comigo quando a mamãe não está. Nós saímos no quintal e ninguém está lá. Minha irmã é mais velha e ela não está, meu pai tinha ido embora e eles costumavam brincar comigo. Costumavam me dizer para não contar a ninguém.
D: Por que não?
P: Porque isso pode assustá-los. Me assustou no começo porque eles pareciam feios. Algumas pessoas podem sentir medo ... bem, eles ainda me parecem feios, mas brincaram comigo. Eram bons.

Isto é semelhante a um caso sobre o qual escrevi em *The Custodians* de uma mulher que teve experiências quando era uma criança com um extraterrestre que disse que era seu verdadeiro pai. Ele entrava no quarto dela e conversava com ela, mostrando-lhe como levitar seus brinquedos. Ele até a levou a bordo de sua nave para mostrar a ela alguns dos animais que ele havia coletado de outros planetas em suas viagens. Ele parou de vir e apagou as memórias quando começou a causar problemas em sua juventude. Ela não tinha conhecimento da interação até que surgiu sob hipnose. Tive outros casos em que o adulto se lembra, sob hipnose, tendo interações agradáveis na infância com pequenos greys. Geralmente eram crianças solitárias e gostavam muito da atenção. Nunca houve incidentes negativos relatados para mim a partir de memórias apagadas da infância. Os alienígenas parecem entender que estão lidando com crianças e são muito gentis e protetores. Mesmo que as memórias conscientes tenham sido apagadas ou cobertas, suspeito que a pessoa sente que havia algo incomum que aconteceu quando criança, mas não lembram. Muitas vezes, essas memórias são substituídas por um desejo estranho que não podem explicar.

D: *De que tipo de coisas você brincava?*
P: Eles me mostravam coisas. Me levavam para o quintal, me mostravam plantas e me explicavam sobre elas. Pegavam a terra e me contavam coisas sobre a terra. E árvores, e explicavam porque as coisas cresceram aqui do jeito que crescem. E me explicaram o planeta para que eu entendesse.
D: *Você achou interessante?*
P: Sim, me levaram para uma caverna uma vez.
D: *Fora do seu quintal.*
P: Sim, me levaram para uma caverna. Nos divertimos. Me levaram para vários lugares dentro da caverna. E cada um seria um marco ou um certo evento em minha vida.
D: *O que você quer dizer com diferentes marcos?*
P: Diferentes eventos que podem acontecer na minha vida. Me levaram por esse caminho na caverna. Me mostraram pequenas pedras, grandes pedras. E cada vez que chegávamos a uma pedra numa caverna, isso significava que, quando chegasse àquele ponto da minha vida, me mostrariam mais. Acho que sobre mim mesma e o que estou fazendo aqui e o trabalho deles aqui. E também é como se eles estivessem me mostrando, nessa caverna,

eventos que acontecerão naquela época da minha vida.
D: *Então são apenas diferentes partes em uma caverna.*
P: Diferentes partes e cada pedra, ou cristal, a que chegamos - não sei o que é, é uma pedra brilhante, mas é lisa. E as coisas se movem dentro da pedra e lhe dizem coisas diferentes sobre o planeta e sobre você mesmo naquele período de tempo. Eles me levaram até lá e explicaram o processo para que, quando eu chegar lá, não seja um choque tão grande. Porque a Terra é um lugar diferente, é um choque para mim. Querem que eu entenda as coisas. A caverna era apenas para explicar minha vida para mim antes de eu chegar lá, para que eu entenda mais do que está acontecendo.
D: *Eles podem mostrar a você o que você faria no futuro?* (Sim.) *Podem levá-la para ver o que você fará no ano de 2002? Isso é muito tempo à frente, não é?*
P: Sim, é. Eu tenho apenas três.
D: *Pergunte se eles podem mostrar a você esse tempo em sua vida. Você estará bem crescida, não?*
P: Sim. Eu me vejo andando ... é uma grande pedra. Parece que tem facetas. E cada faceta tem a ver com o meu trabalho e as coisas que estou fazendo. É como se eu estivesse trabalhando com muitas pessoas, mas as pessoas não sabem que estou realmente afetando-as de uma forma que elas não entendem. E foram apenas minhas energias ou minha presença. As coisas que fizeram ao meu corpo afetam essas pessoas. Posso arrumar o cabelo das pessoas, posso fazer minhas demonstrações. Posso apenas andar entre as pessoas em um shopping e afetá-las de uma forma muito positiva. Porque fizeram coisas no meu corpo, e essas energias saem e entram nas pessoas.
D: *O que eles fizeram com seu corpo para que isso aconteça?*
P: Deixe-me perguntar. (Pausa) Estão me dizendo que tem algo a ver com a alma e em um nível molecular também. Mexeram em um nível molecular e mudaram meu corpo. Você sabe que todo mundo tem uma energia em seu corpo, como uma aura. E quando as pessoas entram na minha aura, são modificadas. Isso é realizado em um nível molecular e também em um nível de alma. Então as pessoas são afetadas, não apenas mentalmente, mas física, espiritual e emocionalmente. Não tenho consciência disso.
D: *Estas mudanças na estrutura molecular foram feitas durante um período de tempo?*

P: Vim para fazer isso. Entrei com as facetas do meu corpo para fazer isso. As facetas no cristal que eu estou olhando são como as facetas do meu corpo. É como se elas fossem pontos de energia diferentes no meu corpo. Elas se movimentam pela minha espinha. Essas energias, usando um computador na nave, podem fazer as coisas acontecerem no meu corpo para afetar as coisas no planeta e as pessoas ao meu redor. Tudo é controlado por uma pequena coisa que eles têm na nave.
D: Então você veio assim.
P: Sim! Eles fazem ajustes para se certificarem de que está sintonizado corretamente, e pegam esse dispositivo e o executam. Estou sentindo que elas se movimentam pela minha espinha ou na minha cabeça de alguma forma. É assim que elas se alinham. Como ficou fora de alinhamento, eu estou muito cansada. Sim, tenho trabalhado muito, mas ficou fora de alinhamento no ano de 2002. Vai melhorar em 2003. Me cansei muito e a desalinhei. Eles sabem que não posso fazer nada sobre isso. Posso ver essas pequenas facetas diferentes no cristal. São como as facetas do meu corpo, os pontos de energia no meu corpo, e se conectam com o que está na nave. E manifestam energia através deles como os pontos psíquicos de um corpo. Mas é feito em uma estrutura molecular que me afeta molecularmente, portanto, afeta outros molecularmente. Eles entram em contato com a minha aura de energia e isso os altera. Eu posso estar sentada em um shopping, as pessoas podem estar a uma centena de metros e também são afetadas pela energia. E é por isso que foi colocado dessa forma.
D: Quando eles fazem esses ajustes, eles precisam levá-la fisicamente a algum lugar?
P: Sim, mas não estou ciente disso. Eles me levam a bordo da nave. Existem todos os tipos de seres lá. Vejo alguns altos e magros agora. Eles não são feios como os primeiros. Estes são magros e parecem diferentes. Usam como que trajes ou algo assim.
D: Como você embarca na nave?
P: Eles só me levam. Mudam a estrutura molecular do meu corpo e ele se desmaterializa e me levam a bordo da nave. Não posso ir fisicamente porque não atravessaria as paredes (Risos).

Isso também me foi relatado várias vezes e está no meu livro *The Custodians*. Os alienígenas são capazes de quebrar a estrutura molecular do corpo para que ele possa passar através de objetos sólidos. É comum a pessoa atravessar as paredes ou o teto do quarto.

P: Sim, eles têm que me mudar, para que eu possa atravessar as paredes.

D: Isso acontece quando você está dormindo?

P: Sim, algumas vezes eles me tiraram do meu carro. Porque quando estou no meu carro, estou em um estado diferente de consciência. E, às vezes, estou pensando em outras coisas e eles podem vir e me pegar. Posso estar dirigindo o carro e, mesmo assim eles podem trabalhar no meu corpo.

D: Sem qualquer perigo de ter uma batida ou algo parecido.

P: Não, não, não. É a minha mente consciente que está fazendo outra coisa, e eles podem entrar e mexer no meu corpo porque estou ligada ao computador.

D: Quando eles te tiram da sua cama, o corpo físico é levado a bordo da nave?

P: Preciso perguntar a eles. (Longa pausa) A única coisa que estou recebendo é que eles estão me levando fisicamente. Olho para trás, para minha cama, e parece que vejo algo nela, mas não estou lá. É como se eu visse uma concha, mas não estou lá. É como um pedaço de energia, mas eu não estou na cama.

D: Mas eles fazem isso e você não lembra de nada.

P: Não, não, nunca me disseram nada.

D: Tudo bem se você sabe agora?

P: Eles querem que eu saiba. Nunca soube de nada disso. Nunca me disseram nada. Nunca tive nenhuma marca no meu corpo.

D: Mas agora é hora de você saber? (Sim.) Patrícia estava querendo saber sobre o seu propósito. O que Patrícia estará fazendo neste momento em sua vida? Em 2002. A partir daí, o que ela deveria estar fazendo? Eles podem te dizer?

P: Sim. Eles querem que eu compreenda melhor as outras pessoas. E saber que os terráqueos têm limitações. Eu espero que as pessoas da Terra sejam mais atenciosas e amorosas umas com as outras e não tenham guerras. E elas não estão fazendo isso. Estou frustrada porque não posso mudar sozinha, agora. Eles têm leis espirituais do universo ou algo assim. Eu não sei o que é, deixe-me perguntar a eles. (Pausa) Disseram que têm um livro de símbolos e querem que os símbolos cheguem ao planeta porque quando as pessoas olham para os símbolos, isso muda sua consciência. E os símbolos são apenas de paz, luz e amor. Não há coisas ruins nos símbolos, e mudam a mente das pessoas. Em vez de pensar em assassinato, ódio e ganância e destruir o planeta. Pensam apenas em luz, paz e harmonia. Eles querem que este planeta seja um planeta de luz, amor e carinho. Querem que eu escreva alguns símbolos. Querem que eu escreva algumas palavras em alguns livros. Para contar às pessoas sobre as coisas boas que elas podem fazer umas às outras. Mas meu vocabulário ainda não é tão bom para que eu consiga lhe dizer exatamente. Eu sou novinha agora.

Patrícia ainda estava vendo coisas do ponto de vista da criança. Eu tinha me esquecido disso. Eu teria que ver essa informação da perspectiva da Patrícia.

D: *Pergunte a eles, é isso que está acontecendo no ano de 2002? Muitas pessoas dizem que estão desenhando símbolos? É isso que está acontecendo?*

Eu estou trabalhando com outros pesquisadores em todo o mundo neste projeto. Estamos todos recebendo desenhos de símbolos e escritos estranhos que esperamos que possam ser decifrados por um computador. A semelhança destes é incrível, e está se tornando mais difundido. Também me disseram que este é o propósito dos Crop Circles. Uma quantidade grande de informação pode ser transmitida à mente consciente pela observação de um único símbolo no círculo. A pessoa não precisa estar fisicamente no círculo. Elas só precisam ver o símbolo para que a informação seja transferida para sua mente subconsciente. Os círculos são uma linguagem que é entendida no nível subconsciente. Não se destina a ser entendido pela mente consciente. Mais sobre este assunto é comentado no *The Custodians*. Eles me deram exemplos de como nossas mentes recebem blocos inteiros de informações de um único símbolo, mesmo em nossa vida cotidiana. Disseram-me que a informação é inserida no cérebro em um nível celular, e estará lá para ser acessada quando precisarmos dela. Será espontâneo e nunca saberemos de onde veio a informação.

P: Os símbolos são uma tentativa de nos comunicarmos com a humanidade. Os símbolos, como afirmei antes, são de pura luz divina e paz e harmonia. E quando as pessoas da Terra puderem olhar para esses símbolos, e levá-los para suas mentes subconscientes, elas entenderão a beleza e a paz que somos. Nós somos a beleza, a paz e a luz e desejamos isso para todos no planeta. Nós temos muito amor por aqueles que estão no planeta.

D: *É por isso que esses símbolos estão sendo comunicados para as pessoas?*

P: Sim, sim, sim! Existem aqueles no planeta que conhecem o seu significado e eles vão aparecer e tornar o conhecimento conhecido para todos no planeta, porque é muito importante neste momento. Isso é 2002.

D: *Mas você quer dizer que as pessoas não precisam entender os símbolos? Eles apenas precisam vê-los.*

P: Eles entram na mente subconsciente. A mente subconsciente tudo sabe. A mente subconsciente veio da fonte do Uno. O Uno tem o conhecimento. Quando eles vêm sobre este planeta e veem os símbolos novamente, eles se lembram. É uma forma de comunicação que eles conhecem em um nível de alma. Eles não sabem disso em um nível consciente. Então, quando leem esses símbolos, sabem o significado deles, e há aqueles no planeta que podem interpretá-los para os outros. E é por isso que estamos fazendo isso. Não é para prejudicar, não é para assustar; apenas para nos comunicarmos em um nível de alma.

D: *Já me disseram isso antes, então eu acredito.*

P: Estou trabalhando com eles. Eles me mandaram aqui. Eu não queria vir, porque sabia que seria difícil para mim. Fisicamente, a atmosfera é diferente aqui, é difícil respirar. Eu tenho problemas de sinusite. Às vezes, faz meu estômago doer.

D: *De onde você veio o que era diferente?*

P: Eu vim de um planeta mais gasoso. Não vejo um planeta físico, parece ser um planeta gasoso. Muitos gases, mas nós temos cidades lá. Se você olhasse, não veria, porque existimos em outra dimensão, em outro nível. Se você pudesse ver nosso planeta, você veria gases. Você não veria nossas belas cidades. Nós temos palácios, temos cidades magníficas e vivemos em perfeita harmonia.

D: *Que tipo de corpos vocês tem aí?*

P: São corpos de luz. De fato, você pode nos ver porque temos um invólucro externo que pode ser visível. É como uma forma. É como o homem que veio na minha janela. Ele não é um deles; ele só trabalha para o meu povo. É por isso que ele parece feio. Meu povo tem um corpo e você pode ver o corpo, mas por dentro não há nada além de energia. Não temos órgãos, não

temos sangue e não comemos. Nós existimos em um nível espiritual *superior*, um plano espiritual superior. Temos corpos de luz. É por isso que podemos nos mover através do tempo e do espaço e as pessoas não nos veem.
D: *Por que disseram a você para vir à Terra se você não queria vir?*
P: Não, eu não queria vir porque sabia que teria que entrar em um lugar *espesso*. Aqui é espesso e pesado. E quando movo meu corpo, é pesado. Nossa atmosfera não é assim. Não gosto disso, e as pessoas são malvadas às vezes. As pessoas não são más de onde eu venho.
D: *Então por que você teve que vir para cá?*
P: Eles queriam que eu viesse aqui para ajudar a mudar o planeta. E eles colocaram essas coisas no meu corpo para que eu pudesse vir. Queriam que alguém viesse e afetasse a vida das pessoas comuns. Se estamos em uma posição especial, se eu fosse o presidente dos Estados Unidos, não teria afetado a quantidade de pessoas que estou afetando agora. Eu estou alcançando pessoas comuns. O presidente dos Estados Unidos está apenas afetando e no meio de algumas poucas pessoas no planeta.
D: *Ele está isolado das pessoas normais?*
P: Isso mesmo. Eles queriam que eu afetasse as pessoas comuns. É por isso que eles colocam essas coisas no meu corpo. Então, quando estou com pessoas comuns, estou alcançando as massas. Embora eu nunca tenha pensado que estivesse atingindo massas. Isso é o que eu queria, me senti frustrada porque eu senti que estava apenas fazendo o cabelo de algumas pessoas. Ou apenas indo ao supermercado, só coisas bobas que temos que fazer aqui. Nunca senti que estava realmente fazendo o que realmente queria fazer. Mas eles disseram, não, isso não é verdade. Isso é por causa dessa energia dentro da minha aura, as pessoas mudam só por eu *passar* perto. As pessoas com quem falo, mudam. Se eu falo ao telefone, as energias podem passar pelas linhas. Simples assim. Estão todos mudados. Nunca me disseram isso. Nunca me disseram nada. (Risos) Não queriam que eu soubesse. Estou tão feliz que tenham me dito agora. Eu realmente não queria vir aqui porque é muito ruim. Um corpo pesado. Odeio estar neste corpo porque é grosseiro.
D: *Mas existem muitos outros que estão servindo ao mesmo propósito, não é?*
P: Sim, existem *milhares* aqui. Não são todos do meu planeta;

podem ser de outros reinos, outras dimensões. Isso é difícil explicar ... é como um elevador. Se você subir em um elevador, há muitos níveis e muitos andares diferentes. E é assim que os seres estão neste planeta. É como um elevador. Há seres aqui de muitos níveis diferentes e todos estão trabalhando dentro do seu próprio nível, afetando o planeta. É como alguém fazendo seu trabalho no décimo andar, mas que não é maior ou melhor que a pessoa do primeiro andar. É apenas diferente. Essas milhares de almas foram enviadas de todo o cosmos para ajudar o planeta porque estavam preocupados que o planeta estivesse morrendo. A estrutura genética havia mudado e todo o experimento teria que ser detonado, através de um cataclismo. E decidimos que não faríamos isso, que mudaríamos. E é isso que estamos fazendo aqui.

D: *Mas é muito difícil para essas pessoas porque elas não estão acostumadas com a Terra.*

P: Não, eu não queria vir. Para pessoas como eu, é especialmente difícil porque nem sequer temos bocas e nem temos órgãos. Nós não tínhamos que comer. Podíamos ir a qualquer lugar que quiséssemos, e agora tenho que entrar em um carro. Isso não é idiota? Eu tenho que ir em um carro.

D: *Mas Patrícia sente que os seres têm se comunicado com ela em sua mente.*

P: Os seres que estão se comunicando com ela desde a infância, somos nós. Somos sua família do planeta gasoso com as belas cidades. Somos altos, magros e temos os olhos grandes. Somos nós. Ela é uma de nós.

D: *Mas você disse que ela era uma energia brilhante no interior.*

P: Sim, é verdade, por dentro somos todos luz. Se outro ser nos visse, nós manifestaríamos estes corpos finos e brilhantes com olhos grandes, de modo que este é um ponto focal. Através da evolução nós mudamos. Nós originalmente não parecíamos assim. Originalmente, tínhamos uma boca muito pequena, tínhamos órgãos, mas, através de milhões e milhões de anos, nossos corpos mudaram, nosso planeta mudou. Não é mais físico. Passou do físico para o gasoso. Então, passou por milhões de anos de evolução espiritual. E agora somos apenas seres de luz. Nosso planeta é de luz também.

D: *Então você tem se comunicado com Patrícia toda a sua vida para que ela não se sinta solitária?* (Sim.) *Ela estava pensando sobre você. E ela queria saber se você pertencia a alguma*

organização ou conselho?
P: Nós pertencemos a um conselho. Eu estou vendo... deixe-me ver ... você quer que eu tenha três anos de idade?
D: *Nós podemos avançar em sua idade agora como um adulto.*
P: Ok, então eu posso entender um pouco melhor o que eles querem.
D: *Vamos passar para o ano de 2002. No ano de 2002, Patrícia tem mais vocabulário e mais compreensão. Vamos olhar para isso dessa perspectiva.*
P: O conselho ao qual pertencemos é um conselho espiritual. Não é um órgão governamental, é um conselho espiritual. Nós seguimos as leis do Uno. Essas leis nos chegam diretamente da Fonte. E nós somos guardiões da Luz e do conhecimento do Uno. E é por isso que Patrícia está aqui. Ela recebe sua informação diretamente da Fonte. Do conhecimento do Uno. E nós permitimos que isso aconteça. Esses são ensinamentos espirituais. Estes são mais do que apenas ensinamentos. Isso é uma existência. Isso não é apenas ser bom um com o outro, mas sendo um ser de luz você mesmo, sendo Deus. É por isso que ela está aqui para ensinar as pessoas como ser Deus.

Voltei a me referir às perguntas de Patrícia:

D: *Ela também queria saber, existem outros tipos de seres se comunicando com ela, ou é só você?*
P: Existem outros. Eles estão aqui sob nossa direção. E eles estão fazendo experimentos com ela para determinar como os seres humanos reagem a nós. Não necessariamente para *nós*, mas os outros seres que estão nos ajudando com os experimentos. Nós temos os pequenos greys, temos alguns reptilianos. Nós temos alguns seres que em sua mente seriam muito estranhos, como bolas sobre bolas sobre bolas. Como três bolas andantes juntas, mas na verdade é um ser. Nós temos alguns seres muito incomuns conosco, mas eles estão trabalhando com ela para determinar a reação dos humanos para nós, ou para os diferentes tipos de seres. Ela vê diferentes tipos de seres, mas não se lembra, porque eles podem assustá-la. Nós tentamos antes e a assustamos. Nós permitimos que essa espécie em particular aparecesse, se manifestasse fisicamente e ela estava com medo. Portanto, sabemos que se eles pousarem em uma cidade grande ou algo assim, as pessoas reagirão com medo e poderão usar armas nucleares ou algum tipo de retaliação.

D: *O que não seria bom para ninguém.*
P: Não, não. Então, estamos apenas usando-a para isso. Ela está ciente disso em outro nível.
D: *Medo, esse é o lado humano das pessoas.*
P: Sim, mas eles têm que aprender a crescer para perceber que a aparência física não tem nada a ver com a espiritualidade da alma. Somos seres muito espirituais. Muito amorosos, muito carinhosos, mas eles olham para nós e sentem medo. Estamos tentando trabalhar com pessoas diferentes no planeta para superar esse medo. Estamos chegando a pessoas como Patrícia e estamos nos manifestando. Às vezes, eles se lembram, às vezes, não. Queremos acostumá-los a olhar para nós, para que, quando chegarmos em pessoa, não haja medo.
D: *Pessoas, humanos apenas veem a parte externa.*
P: Isso mesmo, e precisam perceber - e eles vão - que existe um lado espiritual e as pessoas devem ser julgadas por sua essência espiritual. Ela tem que aprender a se acostumar a se comunicar conosco em um reino físico. Até agora, só temos nos comunicado principalmente pelo pensamento. Por isso ela nunca nos viu, não estava pronta. Temos que acostumá-la a ouvir ruídos físicos. É por isso que a acordamos no meio da noite. Ela tem que se acostumar com as manifestações espirituais que fazem barulho porque nos comunicaremos com ela no futuro. Nós vamos visitá-la fisicamente. E ela tem que ser capaz de aceitar isso. Vamos dar a ela alguns ensinamentos, e diferentes tipos de seres vão vir e lhe dar informações, e virão fisicamente. E ela vai ficar com muito medo. Vai ficar apavorada. Não será capaz de lidar com isso. É por isso que estamos fazendo esses experimentos com ela para prepará-la para o futuro, para que possa se comunicar diretamente com nossos seres. Temos muitas organizações diferentes. Muitos tipos diferentes de seres. Eu não chamaria isso de organização. São grupos de seres que são formados juntos para um propósito. É por isso que chamamos de organização no seu idioma. Mas, na nossa língua, é um propósito divino. Cada grupo de seres tem um propósito divino. As pessoas com quem ela se comunica agora, seu próprio povo, temos um propósito divino que recebemos diretamente da Fonte. Existem também outros seres que recebem diretamente da Fonte, mas eles têm diferentes missões. E ela estará se comunicando com todos esses seres. Assim como você mesma tem seu próprio conjunto de seres que trabalham com você através da

hipnoterapia. Isso causa uma certa vibração de energia que atrai essas almas que operam nesse nível particular de energia ou vibração.

D: *Mas ela estava preocupada se estava atraindo outros tipos que poderiam ser negativos.*

P: Nenhum deles é negativo.

D: *Isso é o que me disseram.*

P: Não, ela não entende porque não estava pronta. E nós não queríamos dizer-lhe muito antes que ela estivesse pronta. Ela teve muitas coisas da Terra com que lidar, mas foi necessário passar por essas coisas da Terra para torná-la mais forte. Assim, quando ela eventualmente fizer nosso trabalho, ela não será apenas forte espiritualmente, mas também física e mentalmente, e poderá lidar com as coisas da Terra com muito mais facilidade. Uma vez que ela se torne mais hábil em lidar com as coisas da Terra, isso não afetará seu trabalho espiritual. É por isso que não viemos até ela antes.

D: *Algumas pessoas têm a ideia errada de que existem muitos seres negativos por aí. Mas me disseram que não é permitido que interfiram com as pessoas na Terra por causa do conselho. Isso está correto?*

P: Existem seres que consideramos não muito evoluídos espiritualmente. Isso não significa que eles sejam negativos. Nós não temos negatividade dentro do universo. Não há positivo nem negativo. Existe apenas a beleza do Uno. O que temos são seres que não evoluíram espiritualmente como gostaríamos, mas não os chamamos de negativos. Eu queria acentuar, por exemplo, os seres extraterrestres que estão trabalhando com o seu governo. Esses seres estão aqui para seus próprios fins para obter metais da Terra e diferentes produtos químicos, elementos e coisas que eles podem usar. Às vezes, eles tiram mais do que dizem ao governo. Nós não aprovamos, mas permitimos que eles desçam porque a vibração do planeta é mais baixa e eles podem entrar nessa vibração e se comunicar com os governos. Isso não significa que eles sejam negativos. Eles estão crescendo espiritualmente. E nós permitimos que eles entrem. Eles não estão prejudicando o planeta porque eles aprenderam que eles devem dar. E eles estão dando tecnologia para o governo. Então é um dar e receber. Nós discordamos, mas eles não são negativos. Eu não conheço nenhum ser negativo que esteja operando neste planeta.

Isso foi abordado em meu livro *The Custodians*, de que existem alguns seres que só tem vindo nos últimos 1000 anos com permissão para recolher metais e minerais de que precisam. Estes são materiais comuns na Terra, então eles não estão prejudicando este planeta, tomando-os. Eles estão sob observação rigorosa do conselho para garantir que eles não façam nada que não devam.

P: Alguns seres aqui pensam em termos de bem ou mal, e essa não é a maneira de encará-los. Deve ser visto em termos de avanço espiritual. Alguns desses seres não são tão espiritualmente avançados quanto os outros. Isso não significa que eles são negativos.

D: *Alguns dos outros pesquisadores acham que algumas das coisas que as pessoas estão relatando que lhes foram feitas são negativas. E eu vejo isso de uma maneira diferente porque recebo informações sobre o que está realmente ocorrendo. Mas não acho isso negativo.*

P: Não, você está vendo do jeito que queremos que você veja. Você está vendo isso da maneira como realmente é, e tentando explicar às pessoas deste planeta que alguns de nós não são negativos ou que algumas dessas ações não são negativas, mas suas consciências neste momento não podem aceitar. Talvez no futuro. Você deve buscar e manter seus pensamentos positivos sobre nós, porque é isso que eles precisam saber de nós, porque isso é a verdade.

D: *Isso é o que eu tenho tentado fazer nas minhas palestras e meus livros, é apresentá-lo da maneira que deveria ser. Uma pergunta que fiz muitas vezes, e me disseram que parte disso, tem a ver com as mutilações do gado. Muitas pessoas percebem isso como negativo. Você pode nos dizer algo sobre isso?*

P: Sim Existem diferentes espécies trabalhando com mutilações de gado. Aqui nos Estados Unidos eles usaram muitos ... hormônios - acho que é como vocês os chamam - produtos químicos no gado. E algumas espécies estão examinando os efeitos desses hormônios no gado. Portanto, eles pegam os órgãos e os pedaços da vaca que podem ser afetados e estão determinando os resultados. Os resultados adversos desses hormônios para as vacas. Há uma outra espécie, que está usando o sangue desses animais. Não só vacas, mas também ovelhas, cães e gatos. Eles estão determinando a estrutura molecular do sangue. E, novamente, as pessoas pensam que essas coisas, que esses seres, estão fazendo são ruins. Mas não é ruim; eles estão examinando o sangue para determinar os efeitos negativos dos poluentes deste planeta nessas plantas e animais. Você não percebe nas plantas porque - o que é uma planta? Mas quando a sua melhor vaca é mutilada, então eles vão dar uma olhada.

D: *Isso faz sentido para mim. Porque eu sei que você está examinando muitas coisas. Eu tinha algumas informações, mas não tive a resposta completa. Obrigada por me dar essa informação.*

Finalmente uma resposta que fazia sentido. Disseram-me que eles estavam muito preocupados com os poluentes do nosso ar, com os conservantes, etc., que acrescentamos à nossa comida. Estão preocupados com os efeitos sobre a saúde de nossos corpos, e também que esses aditivos estão causando um aumento no câncer. Os experimentos dos chamados "abduzidos" tratam disso. Os ETs estão verificando os efeitos desses aditivos e poluentes no corpo humano. Estão também vendo se estão afetando a estrutura genética. O que poderia ser mais natural que verificar os alimentos que comemos com poluentes que afetam nossos corpos? Alguém tem que fazer. Nosso governo certamente não está.

D: *Também seu pessoal me disse que as dietas da maioria dos humanos estão mudando. Sei que a minha mudou.*
P: Isso é porque as energias do planeta estão mudando. Se você não mudasse sua dieta, ficaria muito doente e poderia morrer. A comida no planeta está mudando. Tudo no planeta está mudando gradualmente. Isso é antes de iniciarmos esta grande explosão de luz que planejamos fazer no futuro. (Veja a seção New Earth.) Está mudando. Temos que mudar porque, se não o fizéssemos, você morreria por causa de todos os poluentes. Você tem que mudar sua dieta porque seu corpo se tornou mais sensível aos poluentes ao longo dos anos e está se deteriorando. As forças divinas instigaram essa mudança através da genética para fazer o corpo das pessoas durar. Nós queremos que eles durem. E eles não estão aguentando, estão se deteriorando. E essa mudança ajudará a reverter o processo.
D: *Isso é o que me foi dito; estamos nos afastando de alimentos pesados para alimentos mais leves.*
P: Certo, porque à medida que os corpos do planeta mudam, se

tornam menos densos. E, claro, corpos menos densos exigem alimentos mais leves. Você sabe que as vacas são muito densas. Galinhas são melhores. Elas são mais leves. Frutos do mar são melhores. As plantas são ainda melhores porque seus corpos estão se tornando menos densos. Você vai comer comida menos densa. Isso é indiscutível. Suas dietas vão mudar, e isso é para proteger seu corpo. Então, a composição genética não será completamente destruída.

D: *Isso está acontecendo comigo também.*
P: Absolutamente! Você está morando aqui, não está?
D: *Sim, é verdade.* (Risos) *Me disseram que isso está acontecendo em todo o mundo.*

Eles me disseram que, à medida que mudamos nossas dietas, estaremos mudando para mais líquidos, como sopa e vitaminados, e longe de comidas pesadas.

Quando estávamos chegando ao final da sessão, os seres tinham uma mensagem para Patrícia:

Quero dizer a ela que a amamos muito e que estamos ao lado dela constantemente. Ela não precisa ter medo. Nós sempre estaremos aqui para protegê-la. Não podemos aparecer fisicamente porque nossos corpos são tais que seria quase impossível para nós aparecermos fisicamente, pois somos seres de luz. E se descermos e aparecermos fisicamente, isso perturbaria as energias espirituais contidas em nosso ser. E levamos algum tempo para superar algo assim. Então, nós não fazemos viagens físicas para cá. Nós temos seres que querem visitá-la fisicamente, e ela ficará feliz em saber disso porque é sobre isso que ela nos perguntou no passado. Ela não está pronta no momento atual. Você deve se certificar de que ela saiba que não está pronta agora. Mas estará pronta em cerca de dez anos, em anos terrestres.

CAPÍTULO VINTE E DOIS

OUTRO OBSERVADOR

Essa sessão foi feita como uma demonstração para minha aula de hipnose no Havaí. Teresa já praticava hipnose e trabalhava como curadora, mas queria saber se estava no caminho certo. Ela era atormentada por muitas dúvidas e incertezas. Vivia como um errante, alguém que ia de um lugar para outro, trabalhava por um tempo e depois seguia em frente. Não tinha uma casa de verdade, mas não parecia incomodar-se com isso, embora admitisse que se sentia só às vezes.

T: Eu gosto de ficar só, mas você não conhece muito bem essas pessoas porque trabalha para elas. Eu fico, talvez, dois meses, depois, quando meu trabalho termina, vou embora. Eu apenas sei quando meu trabalho está feito, ou alguém me diz que estamos prontos, então é hora de partir. Estou vendo essa estrela agora. Continuo vendo essa estrela enquanto você está me fazendo essas perguntas. Às vezes, a estrela me diz. Às vezes, eu sei. Quando é hora de ir, eu apenas caminho. Ou alguém vem e me pega, e eu vou para o próximo trabalho.
D: O que você quer dizer com a estrela diz a você?
T: Isso é engraçado. Eu continuo vendo essa estrela e sei que me diz coisas, e eu ouço.
D: Como está dizendo coisas para você?
T: É um feixe de luz dourado que desce e eu sei das coisas.
D: De onde vem o feixe de luz?
T: Vem de longe no céu em uma noite escura. Eu não sei se é um planeta ou uma estrela, mas é algo lá fora. Quando isso acontece, eu apenas sei das coisas na minha cabeça. É por isso que tenho que estar ao ar livre. Eu sinto que estou mais perto disso ... mais

perto de tudo, quando estou fora.

Isso poderia ter durado um bom tempo, então a movi para um dia importante. Quando chegamos lá, ela disse que estava tonta. "Tudo está começando a girar agora. Isso é o que estou sentindo no meu corpo. Totalmente como se eu estivesse dando voltas e voltas." Dei sugestões de bem-estar para que ela não experimentasse nenhuma sensação física. "Meu corpo todo está girando como se eu estivesse numa centrífuga. É o que parece. Não estou vendo nada. É como se tudo fosse laranja e todo o meu corpo estivesse girando e não conseguisse parar de girar. Está tudo escuro ... um laranja escuro, uma cor laranja. É como se eu estivesse dentro de algo que está girando. Definitivamente estou dentro de algo."

D: Você quer descobrir o que é? (Sim) *Você pode descobrir.*
T: Sei que posso. Estou recuando, estou em algum tipo de nave. Estou olhando para a nave pelo lado de fora. É plana na parte inferior e tem uma cúpula no topo e bordas que saem como uma tigela que está virada de cabeça para baixo no seu topo, e tem algo por baixo. Luzes. Vejo que não é muito grande. E ... estou girando.
D: A nave inteira está girando ou é algo em que você está dentro?
T: Eu acho que é o quarto em que estou. Está começando a desacelerar agora. O quarto está dentro da nave. Existe um ser. Não estou só, mas eles não estão onde estou.
D: Com que eles se parecem?
T: Não consigo ver. Só tenho uma noção. É um ser grande ... alto. Quero dizer "criatura", mas não é uma criatura. É um ser. Estou vendo isso do lado de fora. Estou em dois lugares ao mesmo tempo. Estou no quarto e estou vendo o lado de fora do quarto. Estou vendo o topo do que é. É como um material de vidro. Você pode ver dentro, mas não é de vidro.
D: Você está falando da parte do domo?
T: Sim. Eu posso ver controles ou algo assim. Eu acho que são controles. (Ela estava sorrindo.) Eu sei que existem outros seres ... menores. É engraçado porque eles parecem tão diferentes. (Grande risada) Não são como eu imaginaria. São pequenos e meio azulados, e não como vi nas fotos. São azuis e o outro é de uma cor diferente, como laranja.
D: Você consegue ver como são seus rostos?
T: Não, eu os vejo por trás. (Risos) E na verdade eu sou um deles.

Ainda não me vejo, mas eu sei que sou um deles. Não sei qual deles ainda. Eu só gostaria de tirar a máscara. Tirar a máscara para ser quem eu sou... não a pessoa que entrou lá. Não é quem eu sou.

D: *Então quando você chegou lá você parecia diferente?* (Sim) *Por que você acha que estava naquela câmara giratória?*

T: Para voltar a ser quem eu sou. O ato de girar faz algo com a sua estrutura molecular. Isso muda suas moléculas. Eu não sei se é minha verdadeira forma, mas outra forma. E eu sou um dos seres grandes.

D: *Você terminou seu trabalho? É por isso que você está aí agora?*

T: Não, eu não acho que terminei. Eu só acho que eu precisava voltar e ficar na nave por um tempo. Eles têm que me dizer coisas, as coisas mudaram e eles não puderam se conectar comigo por algum motivo. Eles não podiam me dizer alguma coisa e, então, eu precisava ir até lá e aprender mais. Algo mudou.

D: *Então eles queriam restabelecer a conexão?*

T: Sim. Acho que eu precisava estar com eles novamente. Eu precisava disso. É solitário lá embaixo. Aqui não é solitário.

D: *Qual é o seu trabalho quando você está lá?*

T: Sou um tipo de capitão ou algo assim.

D: *O que você se vê fazendo?*

T: Não estou fazendo nada porque não estou mais na mesma forma. Mas posso dirigir a nave, viajar e fazer coisas que me disseram para fazer. E eu gosto.

D: *Quem te diz o que fazer?*

T: A pessoa com quem trabalho e para quem trabalho. É em outro planeta. Eu estava na Terra, mas não sou da Terra.

D: *Esse é o único lugar para onde você vai?*

T: Não, já estive em outros lugares, mas agora estou na Terra. Tenho um emprego na Terra. Apenas esqueci o que era aquilo.

D: *Qual foi o propósito de vir à Terra e fazer essas coisas?*

T: Explorando primeiro e observando as pessoas, vendo como elas evoluíam e quais eram seus medos.

D: *É por isso que você realmente não se misturou muito com eles?* (Sim) *Apenas observando?* (Sim) *O que você faz com as informações depois de acumulá-las?*

T: Passo para outra pessoa, e elas resolverão. Então vamos para outra jornada. Fui a muitos outros lugares além da Terra. Acho muito interessante.

D: *O que você achou das pessoas da Terra enquanto as observava?*

T: Bem, onde eu estava, não havia muitas pessoas e elas estão sobrevivendo. Estão vivendo, mas não de uma maneira significativa, ainda.
D: *O que você vai fazer a seguir? Você sabe?*
T: Não, não me disseram ainda. Talvez volte à Terra. O que quer que queiram está bem para mim. Espero que mudem para um outro tempo.
D: *Um período de tempo diferente ou um lugar diferente.*
T: Ambos. Eles escolhem.

Mudei o tempo para adiante até a decisão de retornar à Terra. "Eles te disseram onde querem que você vá e o que querem que você faça?"

T: Não, apenas me colocaram lá.
D: *Acho que você gostaria de dizer algo sobre isso, não é?* (Nós duas rimos)
T: Não, tudo bem. Eles me colocaram lá. Então vão me dizer tudo o que preciso saber.
D: *Onde eles colocaram você?*

Ela se viu parada na beira de uma floresta. "Disseram o que você deveria fazer?"

T: Não. Apenas sei. Eu sei quando o vejo, mas ainda sou uma observadora. Eu sou apenas uma observadora.
D: *Não é para você se envolver demais?*
T: Não, não devo. Sou apenas uma observadora. Eu assisto. Não pareço humana. Não sei o que sou. Sou alta e magra ... não sei se sou humana. Sinto que estou em algum outro planeta. A floresta ... existem estruturas que são cúpulas familiares para mim. São de metal com grandes tetos abobadados. E eu pareço diferente. Sou muito, muito pálida, magra e diferente. Talvez eu seja uma criatura deste lugar, mas não sou humana agora. Eu sou uma observadora. É um trabalho interessante. Estou apenas assistindo e vendo. É como o outro trabalho, mas é melhor. É mais caloroso.

Isso poderia ter durado um tempo, e eu poderia ter explorado essa vida alienígena também. Mas, neste momento da sessão, era hora de chamar o SC para que pudéssemos obter respostas e terapia.

Além disso, foi uma demonstração para a classe e não tive tanto tempo quanto em uma sessão privada. Perguntei-lhe qual a razão para mostrar aquela vida à Teresa.

T: Para ela entender mais sobre o que ela viu e ir mais fundo. Ela precisa entender seu passado.
D: *Ela sempre foi uma observadora?*
T: Nem sempre.
D: *Mas, nessas vidas, ela foi?*
T: Sim. Ela também precisava saber como ajudar as pessoas. Para ver todas as facetas das pessoas ... para ir mais fundo.
D: *As pessoas têm muitas facetas, não?* (Sim) *Complicado.*
T: Muito. Ela vê abaixo da superfície, mas ela nem sempre entende. Ela duvida de si mesma.
D: *Por que ela decidiu se tornar humana se teve essas vidas como outros seres?*
T: Para ir mais rápido em sua evolução. Então ela era apenas uma observadora. Ela pode ir muito mais rápido em um corpo humano. Ela decidiu fazer isso, mas esquece a maior parte.
D: *É por isso que você queria lembrá-la do porquê ela está aqui?*
T: Sim, ela tem muito trabalho a fazer. Ela é uma viajante. Vai de um lugar para outro, mas ficou em um lugar por muito tempo ... muito tempo. Desta vez, eles escolheram um lugar distante (Havaí). Apenas para se mover ... ela esqueceu que gostou. Ela precisa fazer seu trabalho agora, assim que puder. Mas ela continua inventando responsabilidades porque esqueceu.
D: *O que ela deveria fazer quando viaja?*
T: Conversar com as pessoas, ouvir as pessoas, ajudá-las e fazer o trabalho dela. Ajudando a fazer as pessoas se sentirem bem novamente ... serem felizes novamente, curar a dor delas. As pessoas vão reconhecê-la e virão a ela. Ela poderá ajudá-las. Pergunte e depois escute. As perguntas fazem parte da escuta. Outras coisas são apenas aberturas. Eles só a trouxeram para cá. Novas coisas virão. Ela estará compartilhando.

D: *Ela captou que ela estaria por aqui por trezentos anos.* (Nós duas rimos.) *O que você acha?*
T: Ela poderia estar se ela realmente quisesse estar.
D: *Nós temos controle sobre o corpo humano, não temos?*

T: Sim, mas ela não sabia que isso era verdade.
D: Eu ouvi que você pode viver o tempo que quiser, porque você pode controlar o corpo, não é?
T: Sim, nós podemos.

"Estamos mudando as coisas dentro dela ... seu DNA ... está mudando."

D: Isso está acontecendo com muitas pessoas, não é?
T: Sim, está.
D: Por que o DNA está mudando?
T: Porque tudo está mudando. O planeta está mudando. Seu DNA está mudando. Tem que mudar ... para manter a energia, para manter a frequência.
D:Algumas pessoas não conseguem lidar com isso, conseguem?
T: Não, e eles têm que sair. E estão felizes em sair. Sabem que é o que têm que fazer. É uma coisa boa.
D: Os que estão ficando estão ajustando suas frequências, e o DNA está mudando para se ajustar.
T: Sim. Você pode sentir isso às vezes. Você sente as coisas na sua coluna.
D: De que maneira?
T: Como redemoinhos. Este corpo está sentindo isso agora.
D: Algumas pessoas diriam que é a Kundalini.
T: Não. Isso não é a Kundalini. Isso é DNA.
D: Isso significa que quando as coisas estão mudando, vamos sentir vibrações no corpo?
T: Sim, e, às vezes, dores de cabeça quando nos ajustamos. Dores nas costas ... dores de cabeça. Mas vão embora. Não são crônicas.
D:E conforme nos tornamos mais e mais ajustados às frequências, elas param?
T: Sim, param. Estamos dando muito mais energia a ela. Ela estava fechada para mudar. É por isso que ela estava sentindo pouca energia. Muitas coisas dentro dela estavam mudando, e agora vão se transformar com essa mudança, com o DNA.

T: Ela discutiu conosco para vir aqui na aula. Ela queria vir, mas não queria vir.
D: *O que você quer dizer? Explique.*
T: Vou explicar, ela precisava se conectar com você, não apenas com um de seus alunos. Precisava estar aqui com você, ouvi-la e senti-la, porque isso mudou sua energia. Sua energia muda as pessoas apenas estando em sua presença. Não é só o que você ensina. Isso é o que você faz.
D: *Você disse que ela não queria vir?*
T: Não. Ela queria vir, mas não sabia o quanto era importante vir. Foi muito importante estar hoje neste tempo e neste espaço com você e essas pessoas.
D: *Você acha que esse grupo será capaz de fazer o que eu ensinei?*
T: Ah, sim ... nem todos, mas a maioria deles. Alguns não querem fazer isso. Alguns vieram apenas para experimentar, mas alguns vão fazer.
D: *Precisamos alcançar o maior número de pessoas possível.*
T: Sim, precisamos.

Mensagem: Ela está sempre sendo cuidada. Ela é amada e nós estamos aqui sempre. Estamos sempre aqui para *todos*. Nunca sozinhos.

CAPÍTULO VINTE E TRÊS
O MELHOR PLANO PARA A TERRA

Randy trabalhava em casa com o computador. Ele estava altamente envolvido com a metafísica e estava usando isso para procurar sentido em sua vida. Era casado e tinha filhos, mas estava frustrado porque achava que havia algo que deveria fazer para ajudar a Terra. Este foi o principal motivo da sessão: ajudá-lo a descobrir por que estava aqui.

Quando Randy saiu da nuvem, ele estava observando uma cena estranha. Estava num terreno coberto de neve em um local isolado e observava duas naves espaciais que haviam pousado na neve. "Estão num ponto muito remoto na Terra. Parece um dos polos ... o Polo Norte." Uma das naves tinha uma insígnia em forma de diamante. Cada uma delas parecia ser grande o suficiente para conter cerca de dez pessoas. Ele sentiu que representavam duas facções diferentes, embora não soubesse o que isso significava. Havia pessoas ao redor da nave. "Estão usando acessórios leves. Não sei se é um uniforme, mas é mais para uma camada protetora. Mais como um traje espacial do que uma roupa. Seu corpo inteiro está coberto, até mesmo com capacete. Eles estão bem protegidos do frio." Ele parecia estar apenas observando o encontro, sem participar. As pessoas não estavam cientes dele.

R: Eles são como duas facções diferentes. Estão falando sobre algum tipo de negociação.
D: Você quer dizer como dois países diferentes?
R: Não, eles são duas visões ou ideias opostas. Tem algo a ver com a Terra. Ambos desejam que a evolução da Terra aconteça. Eles têm sugestões sobre a melhor maneira de isso acontecer. Um grupo quer uma influência direta e o outro grupo quer uma

influência menos direta. São duas perspectivas diferentes. Duas ideias diferentes: uma influência direta ou indireta.
D: *Poderiam ter resultados diferentes, não poderiam?* (Sim) *Você disse que ambos concordam com a evolução da Terra?*
R: Certo. Esse é o objetivo comum deles.
D: *O que eles veem como evolução da Terra?*
R: A evolução da consciência humana. Tirá-los do ciclo em que estão. Então, um grupo gostaria de uma influência radical - não quero dizer radical em sentido negativo. Uma abordagem mais direta e o outro grupo seria como uma abordagem mais sutil.
D: *Mas ambos concordam que é hora da consciência da Terra evoluir?*
R: Sim. E também concordam que querem trabalhar juntos. Não querem ter facções separadas. Não querem ter dois modelos opostos. Isso é parte do que estão falando. Apenas tentando ver as perspectivas uns dos outros para que possam criar uma meta unida.
D: *Você sabe se alguém lhes disse para fazer isso?*
R: Não, parece que estão em um nível mais elevado de consciência, no qual podem ver os pensamentos uns dos outros.

Então perguntei-lhe como percebia seu corpo. Fiquei pensando se ele era um deles. "Bem, neste momento eu sou apenas pura consciência. Apenas observando."

D: *Como consciência pura, você pode captar os pensamentos deles?*
R: Exatamente.
D: *Estiveram envolvidos em ajudar as pessoas da Terra antes?*
R: Sim, sempre estiveram aqui.
D: *Então esta não é uma nova facção que entrou?* (Não) *Se sempre estiveram aqui, em que parte estiveram envolvidos?*
R: Influências sutis. Eles se mantêm em vários planos diferentes, então, em certo sentido, apenas a presença deles, a frequência deles.
D: *O que essa presença e frequência alcançaram?*
R: Acho que você poderia dizer que trouxe luz. Já vejo a correlação.

Ao começar a explicar, de repente, ficou muito emotivo. Estava querendo chorar, mas estava tentando se conter.

D: *Por que isso te deixa emocionado?* (Randy ainda estava tentando

ganhar o controle de si mesmo.)
R: Mais ou menos como ser pais ... tentando proporcionar um ambiente saudável e feliz. Torna-se um senso de responsabilidade.
D: Então, o que isso tem a ver com o porquê você está aqui?
R: Posso voltar e olho para esses seres que estão aqui. Eles operam em multidimensões. Em uma dimensão eles têm naves. Têm formas físicas manifestadas. Têm a capacidade de influenciar outros seres e suas intenções. E operar nessa dimensão, pois podem influenciar apenas com sua mera presença. Isso limitará a quantidade de outros seres que podem vir aqui e influenciar. Então, embora não se envolvam em nada, sua presença é conhecida e, numa dimensão mais elevada ou numa dimensão diferente, a frequência de sua consciência, sua intenção, também ajuda a criar a proteção ao redor da Terra. Não é um encapsular. Ainda existe livre-arbítrio absoluto, fluxo livre, mas existe uma energia que é acumulativa.
D: Seria ir contra o livre-arbítrio deles se influenciassem a consciência. Certo?
R: Sim, mas eles não estão influenciando. Estão simplesmente fornecendo uma frequência e uma energia, então, é por isso que estou dizendo que é como uma luz ... uma luz sagrada.
D: Então eles têm as melhores intenções?
R: Absolutamente.
D: Mas você disse que existem outros seres que não teriam intenções mais elevadas?
R: Sim, em vários níveis diferentes. É aí que está o atrito ... as duas perspectivas diferentes. Existe uma facção que quer influenciar mais diretamente, portanto, em um sentido amplo, isso poderia significar que eles estão aqui interferindo no outro grupo. Esse é um nível, e eles podem influenciar fazendo mudanças materiais nesta realidade dimensional ... mudanças observáveis. Uma facção acha que seria mais benéfico e o outro grupo é mais passivo. Eles ainda não têm certeza.
D: Então ainda está em aberto de que forma a Terra deveria prosseguir?
R: Não é como a Terra deveria prosseguir. É apenas uma questão de intervenção ou talvez não intervenção. É a questão de voltar para a coisa dos pais. Quando você orienta ou como você guia e não interfere ou intervém? Então essa é a linha tênue entre interferir e intervir ou algo assim. Eles simplesmente não têm certeza se a

intervenção, sua interferência ou qualquer outra ação direta que o outro grupo esteja considerando, é sem consequência.
D: *Existe alguém que os aconselha?*
R: Parece haver um coletivo.
D: *Parece que eles querem que a Terra evolua; como se fosse algo que deveria acontecer.*
R: Ah sim. Sim, isso está claro.
D: *Isso significa que querem que eles evoluam positivamente e longe da negatividade?*
R: Não tenho certeza se eles veem assim. Acho que veem como evoluindo para estar ciente de seu livre-arbítrio e livre escolha. Então, acho que o grupo que quer ação direta é um pouco impaciente. (Risos) Essa é minha interpretação. Acham que está demorando demais e que com algumas de suas ações podem acelerar. Mas, novamente, o grupo que é mais observador ou da influência menos direta, respeita o nível de consciência daqui. E tem um pouco do Catch 22, é como se ambas as consciências não soubessem do livre-arbítrio, não sabem que têm uma escolha e é difícil seguir em frente. Então, como podemos introduzir que existe a possibilidade de livre-arbítrio sem afetar seu livre-arbítrio? Em outras palavras, se não evoluírem naturalmente para o estado de consciência em que reconhecem o livre-arbítrio, então isso poderia ser potencialmente como se nunca tivesse acontecido. Então, isso tem que acontecer dentro de sua consciência coletiva através da evolução ou, como um dos grupos sugere, poderia ser mais rápido por influência. E a influência poderia ser simplesmente por introdução de novas ideias e novos conceitos e sistemas de crenças. Não precisa ser por contato físico ou interação necessariamente.
D: *Então eles podem introduzir novas ideias na consciência coletiva da raça humana?*
R: Sim, mas essas ideias já estão lá. É como fazer com que as pessoas olhem para elas. Como fazer com que as pessoas fiquem cientes delas. Agora as pessoas estão apenas olhando para os pés. Não podem ver nada além dos dedos dos pés, mas todos os conhecimentos e dons dos universos estão bem aqui. Não parecem saber. Eles não têm nenhuma das ferramentas, em nível consciente, de como obter essas informações.
D: *Eles provavelmente nem sabem que existem.*
R: Certo. Há outro aspecto de intervenção, ou seja o que for, e é como usar essa habilidade. É uma aptidão. Bem, isso em si é

apenas uma ideia. Como você os leva a aumentar sua consciência?

D: Eles têm alguma ideia de como isso pode ser feito?

R: Há também ideias diferentes dentro desse grupo. O mais ousado seria que eles fizessem a sua presença conhecida, mas parece que isso criaria um enorme evento positivo e negativo. As pessoas que estão prontas poderiam reconhecê-los facilmente, e as pessoas que não estão prontas estariam facilmente suscetíveis ao medo, incerteza e dúvida, e correriam na direção oposta. Seria extremamente benéfico para alguns, mas poderia ser potencialmente desastroso. Não é desastroso em um sentido global, mas não ajuda. Esse é um dos itens em discussão.

D: Quais são os outros?

R: Entrar em contato com algumas pessoas selecionadas que estão prontas e trabalhar com elas para ter uma ideia.

D: Isso deve ser através de contato físico? (Sim) *De uma forma que não assustaria a pessoa.*

R: Certo. Esse é o cerne da questão. Essa é uma das coisas que estão em debate. É uma situação muito complicada. Você se apresenta a eles, sugere potenciais e, então, eles pegam algumas pessoas para solidificar o potencial. Deixa se tornar muito intenso. Então você sabe que não estaria infringindo o livre-arbítrio, e o plano seria fazer com que a intenção se tornasse maior para introduzir mais pessoas à ideia. Talvez essa seja a pessoa curadora que cria as ideias que espalha, de modo que ela instigue uma evolução baseada na consciência humana.

D: Dessa forma, não vai contra o livre-arbítrio. (Correto) *O truque é fazer com que outras pessoas escutem.*

R: Essa seria a responsabilidade ou tarefa do ser humano. Então, a coisa seria obter o momento de inércia. Obter massa crítica e massa crítica pode ajustar as sementes da consciência coletiva.

D: Está no plano deles entrar em contato com os governos?

R: Não. Existem muitas outras ideias lá. Isso não parece ser predominante. Seria contato com pessoas que estão prontas.

D: Há outras ideias na mesa?

R: A última sobre a qual falamos parece ser a ideia ou solução mais provável e possível, se for nessa direção. Assim, a outra direção é a mais passiva, em que percebem que ela se desdobraria naturalmente em algum momento, o que levaria mais tempo.

D: *Bem, se contatarem essas pessoas, que tipo de informação vão lhes dar ou compartilhar com elas?*
R: Acho que é baseado no indivíduo. Não existe a habilidade de compartilhar mentes, então, eles sabem em que as pessoas contatadas estão interessadas ou - interessadas parece ser a melhor palavra - sabem qual é a sua inclinação. E eles trabalhariam com essa pessoa, com base no nicho ou interesses individuais desse indivíduo. Para começar, haveria uma mensagem individual para cada pessoa.
D: *A pessoa seria capaz de aceitar contato com algo que definitivamente não é humano?*
R: As pessoas contatadas não teriam problema. Porque eles podem ver a mente das pessoas.
D: *Nos últimos anos, as pessoas têm visto naves no ar; e mais e mais pessoas estão falando sobre ter contato.*
R: Eu acho que esse é um grupo diferente. Um grupo que nunca foi visto. É um grupo completamente diferente. Este é um grupo que não interveio ... não interferiu. Sempre foram observadores. Sempre estiveram simplesmente presentes aqui. Serão mais diretos no futuro. Agora não estão fazendo nada.
D: *Eu estava pensando em como a missão deles tem sido a de observador, durante todo esse tempo, e, de repente, mudar.* (Certo) *Mas eles acham que essa poderia ser a melhor ideia?*
R: Uma facção sim.
D: *Como apareceriam para as pessoas?*
R: Da melhor maneira que uma pessoa pudesse aceitá-los. Os seres que estou vendo têm vários potenciais simultâneos. Podem estar em qualquer dimensão que necessitem, de modo que podem estar em forma física, ou podem ser éter, para que possam influenciar múltiplos níveis de realidade simultaneamente. Então apareceriam da forma mais aceitável.
D: *Qual é a aparência normal deles?*
R: Essa é a coisa interessante. É paralelo. Eles podem ser etéricos ou simplesmente físicos, e podem ser ambos ao mesmo tempo.
D: *Então eles não têm uma forma física normal?*
R: Sim ... não. Eu acho que você poderia dizer que a forma de frequência mais baixa é uma projeção de sua consciência superior, mas de alguma forma é totalmente simbiótica.
D: *Você está vendo esses seres vestindo trajes para se adaptar ao ambiente, então eu pensei que eles tinham algum tipo de forma física dentro desse traje.*

R: Isso foi interessante. Talvez isso tenha sido apenas para os contatos porque, sim, eles têm forma física. Não sei exatamente qual é a frequência da forma, mas isso também parece ser flexível. Eles estavam na Terra para esta reunião, que pode ser apenas para meu benefício.
D: Isso explica por que você está aqui na Terra?
R: Então, por que estou aqui? Eu vi o paralelo entre a intenção deles e a minha intenção. (Risos) Eu pareço estar um pouco mais "nisso". É estar aqui, estar vivo, manter a frequência, manter o que é bom e permitir que seja acessível. Mesmo que as pessoas saibam que está lá ou não. (Tornando-se emocional novamente.) E volta às minhas frustrações sobre se devo intervir ou interferir ou ... se devo ter uma influência mais direta.
D: E o que você acha que é o seu trabalho?
R: Meu trabalho neste estado de consciência ou meu trabalho em forma humana?
D: Qualquer que seja. Você pode falar sobre os dois.
R: Parece que é para observar individualmente. Eu sinto que como é em cima é embaixo ... seria observar. É difícil ser um observador desapaixonado. Acho que parte do desafio é ser o observador e apenas o observador com uma perspectiva particular. Em algum nível, o que quer que aconteça é apropriado. E eu sinto que há um certo e um errado, ou um bom e um mau, ou uma luz e uma escuridão, ou uma influência melhor ou uma influência negativa. E eu escolho agir lá ou fazer diferença, intervir ou interferir. Quando estou operando nesse nível, sou a cura ou parte do problema? E, novamente, isso exigiria outro nível de análise, então acho que não tenho a certeza de como jogar.
D: Qual parte você deveria jogar no jogo?
R: Vejo se influencio, então estou influenciando apenas pelo estado de consciência que estou mantendo naquele lugar em particular. Mas se não faço nada e só observo, isso parece um estado mais natural para mim. É por isso que me sinto só lá.

Este foi certamente um enigma, e apesar de termos recebido alguma informação, eu sabia que havia algo mais que não seria possível descobrir dessa maneira. Então eu o fiz sair da cena e chamei o SC. Perguntei por que foi mostrada aquela cena a Randy quando poderia ter sido mostrada qualquer coisa (especialmente quando estávamos pretendendo encontrar vidas passadas).

R: Foi a analogia mais lógica.
D: *Por que você queria que Randy a visse?*
R: Para colocar em perspectiva. A razão para estar na forma física.
D: *Explique para ele. Essa é uma das coisas que ele queria saber.*
R: Existem múltiplos níveis de realidade curvada e dobrada experimentando essa criação mais ampla. Não vejo uma tarefa em si em uma forma física para ele neste momento. Ele tem livre-arbítrio e não sabe o que fazer com ele. Isso é parte do aspecto futuro, por que qual é o próximo nível quando você reconhece que tem livre-arbítrio? O que você faz com ele? E ele está na linha de frente disso. Quando ele descobrir isso (Risos), então será cumulativo para a evolução da consciência.
D: *Você pode dar alguma sugestão para ele descobrir?*
R: É por isso que estamos rindo porque essa nossa labuta é tentar a intervenção contra a interferência versus evolução.

Randy havia participado de muitas aulas de metafísica e explorado muitos caminhos e modalidades diferentes. O SC não achou que isso fosse importante. "O mais simples é apenas expressar seu livre-arbítrio. Tudo o que ele tem que fazer é expressá-lo. Essa é a única coisa que resta. Não há mais conhecimento, não há mais conhecimento necessário. Simplesmente chegar a um ponto de autoconsciência. Então eu acho que é a autoexploração, tentando descobrir o que fazer com o livre-arbítrio. Agora que ele entende o livre-arbítrio e acredita no livre-arbítrio e vê o livre-arbítrio, precisa estabelecer sua intenção de expressar esse livre-arbítrio. Isso vai acontecer no planeta, e todos, quando entenderem o livre-arbítrio, vão se deparar com a mesma situação. Então, nós temos livre-arbítrio, nós o reconhecemos agora. Podemos escolher isso, podemos escolher aquilo, mas, novamente, eles precisam estabelecer a intenção para manifestar a realidade. Então, simplesmente saber que se têm a habilidade de escolher o livre-arbítrio ou escolher certo ou errado, da esquerda para a direita, para cima e para baixo, tem que se manifestar para ter a experiência ... para ter o conhecimento ... para ter a sabedoria para fazer a evolução. Se quisermos ver o conceito de uma ideia, não será a evolução na sua forma mais livre."

D: *Então ele tem que descobrir por si mesmo?*
R: Isso faz parte do processo de descoberta, sim.
D: *Ele está concluindo seus ciclos?*
R: Sim, correto.

D: *Então, ele completou todos os seus estudos, este deve ser o último da Terra?*
R: Realmente não há nenhum estudo. Não houve requisitos. Não houve nenhum processo tradicional lá.
D: *Eu estava pensando em semelhante a uma escola.*
R: Bem, certamente, há algo a ser aprendido em qualquer lugar e em todo lugar que você tenha uma oportunidade de ter uma experiência. A razão para essa experiência é saber, experimentar o livre-arbítrio de múltiplos níveis. Os seres que tradicionalmente encarnam aqui também estão ascendendo a alturas mais elevadas na consciência, e seu processo de reencarnação mudará dramaticamente. E parte de nossa manifestação de encarnação em múltiplos níveis em paralelo é ajudar nesses níveis no paralelo.
D: *Como o padrão de reencarnação vai mudar?*
R: Há sistemas de crenças que existem na dimensão da realidade que também são fabricados por níveis de consciência dentro dessa realidade, que são autolimitantes. E, assim, como na Terra, a evolução da consciência para se tornar consciente de algo mais amplo também está ocorrendo no próximo nível de consciência.
D: *Mas ainda há algumas pessoas que precisam continuar voltando, reencarnando, não?*
R: Sim, não e possivelmente. As pessoas que acreditam ter que reencarnar, que não estão dispostas a se abrir para novas oportunidades, podem continuar perpetuando essa realidade indefinidamente. Os seres que se permitem ser mais receptivos a outras ideias e crenças terão a oportunidade de explorar outras opções e passar para diferentes realidades. Depois, há os seres que esperavam que isso acontecesse há muito tempo. Então, as pessoas, os seres, que estão esperando que isso aconteça, você pode dizer que são alguns dos mestres que ainda existem neste planeta e que ficaram aqui para ajudar, para oferecer seu apoio, suas habilidades, seus conhecimentos, sua sabedoria, suas influências. Eles sabem que há algo mais e podem seguir em frente.
D: *Então tudo está mudando?*
R: Certamente, tudo está mudando.
D: *Ele diz que está procurando a verdade. E o que é a verdade, afinal?*
R: A verdade, da perspectiva mais ampla, é tudo e é incompreensível. Você pode ver o quadro mais amplo ou

visualizar os menores detalhes. Então a verdade - para responder à pergunta - não há nada que seja incongruente, a não ser seus pensamentos e suas crenças e suas ideias. Que não há inverdades, em outras palavras. Ele fez todo o trabalho. Tem o conhecimento. Tem a experiência. Tem a sabedoria. Só precisa escolher o que fazer com isso. Se estruturar suas intenções, não há limitações. Ele tem potencial ilimitado. Isso é o que vai acontecer no plano da Terra. Sua consciência vai despertar para o seu potencial, e ainda não manifestará seu valor acadêmico ... seu intelecto. Tem que haver intenção e inércia e motivação e direção e uma solidificação desse conhecimento antes que se torne real nessa realidade. E muito poucos conseguiram fazê-lo e isso faz parte do seu trabalho.

D: Parece complicado.

R: (Risos) É tão simples quanto apertar o botão.

D: Ele liga o interruptor ou você?

R: Ele. Nós nunca interferimos. Vamos reformular a afirmação. Vamos mantê-lo em seu contexto como um ponto de referência. Aqui está ele com a capacidade de criar qualquer coisa. Ele tem o sistema de crenças que lhe permitirá manifestar suas intenções e desejos ... para apoiar suas intenções e desejos. Não há conflito entre seus sistemas de crenças e a capacidade de se manifestar. O cerne da questão é que, embora ele acredite ter a habilidade, o que ele faz, ele não colocou em ação essa habilidade. Então dizemos que é uma mudança, mas é uma mudança de intenção. Não é uma mudança em nenhum outro termo ou maneira. Mas é simplesmente aceitar a si mesmo como quem você se percebe ser. E não é intenção de saber se, em um termo mais amplo da consciência coletiva humana, você poderia dizer: "Quem você quer ser hoje?" E, definindo isso, então a manifestação se seguirá. Eu estou tendo muita dificuldade em descrever isso, mas quando ele chegar ao ponto de se fundir ... ao ponto de se integrar ... ao ponto em que ele não se vê mais como um aspecto separado. Quando ele chegar a esse ponto, ele simplesmente "É". E quando ele se torna esse ponto, então ele vai causar um impacto aqui, e, então, ele tem livre-arbítrio. E não é predeterminado ou predestinado, mas quando chegar a esse ponto, ele se manifestará. Estamos em um ponto em que ele tem que tomar uma decisão para seguir adiante. Tem que tomar uma decisão para estabelecer sua intenção e definir sua intenção e criar sua própria realidade.

CAPÍTULO VINTE E QUATRO

UM ALIENÍGENA É ABDUZIDO POR UM ALIENÍGENA

Michael era um jovem empresário que migrou da Rússia para os Estados Unidos. Embora fosse casado com filhos e razoavelmente feliz com seu trabalho, tinha grande insegurança e medos. Sentiu que estava bloqueado e tinha um sentimento constante de solidão, de não pertencimento. Essas eram as coisas que ele queria explorar durante a sessão. Eu sabia que o SC iria encontrar as respostas, mas certamente tomou um caminho estranho desta vez. Sempre espere o inesperado!

A primeira coisa que Michael viu quando entrou na cena foi o solo vermelho e um céu que não parecia ser a cor correta. Então, quando olhou em volta, percebeu alguns edifícios ao longe, mas, ao olhar mais de perto, pareciam ser *restos* de edifícios, semelhantes a escombros ou ruínas. Nenhuma árvore ou vegetação, apenas o solo marrom avermelhado e ruínas. Nenhum sinal de criaturas. "Existe um sentimento de que houve destruição. Não sinto nenhum medo. Não sinto nenhum terror ou algo assim. Estou sozinho nesse lugar e não entendo por que estou lá. Parece algum tipo de entulho no horizonte." Quando se aproximou das ruínas, havia um cheiro de queimado no ar, embora ele não tenha visto nenhum fogo. Havia restos de vários edifícios de pedra que foram nivelados em algum tipo de destruição. Perguntei se ele sentia alguma ligação com esse lugar. "Sinto que talvez não seja um lugar em que eu tenha morado, mas eu pertencia a este lugar e vim e vi que ele havia desaparecido. Sinto tristeza por dentro. Não me vejo lá quando aconteceu." Ele se percebeu em um tipo de corpo feminino basicamente humanoide, usando uma roupa solta.

Eu estava assumindo que, se ela tivesse uma conexão com esse lugar, provavelmente estava em outro lugar quando isso acontecera. Sabendo que podemos nos mover em qualquer direção que quisermos durante essas sessões, eu a fiz retroceder para ver onde ela estava antes de vir para cá. "Agora estou no espaço aberto e vejo a curva do planeta à minha frente. Vejo as estrelas. Parece uma galáxia em algum lugar, mas a cor do planeta é escura. Como o lado escuro da manhã, mas a borda é brilhante. Estou no lado escuro deste planeta."

D: Esse é onde você estava, ou você sabe?
M: Eu não sei, mas estou no espaço.
D: Você está viajando em alguma coisa?
M: Não sei como explicar. Tem uma janela, mas a janela está... suspensa. Não é como um disco voador, mas a janela é semiesférica na minha frente, arredondada com uma curva na parte superior e reta na parte inferior. Eu olho através disso. E parece que estou voando dentro desse veículo ou algo assim.
D: Tem mais alguém no veículo com você?
M: Me viro. Parece alguém. Não consigo ver a forma, mas parece que existem alguns seres. Não estou só. Parece um uniforme do tipo prata e tenho braços longos. Está quente. Eu me sinto quente.
D: Qual é o seu trabalho nessa nave? O que você se vê fazendo?
M: Há, na minha frente, um tipo de sistema de aviação ... algumas luzes. E parece que estou fazendo alguma navegação porque a luz do sistema está na frente dessa janela. E parece que estou manobrando esse veículo.
D: Você tem um lar de onde você veio?
M: Me veio: Marte. (Risos) Isso é o que veio primeiro para mim.

Pedi-lhe para voltar àquele lugar que ela chamava de lar e descrever como era. Ela disse que ainda estava se sentindo quente, e lhe dei sugestões para que ela se sentisse mais fresca e confortável. "Parece que estou dentro de um prédio que tem uma cor avermelhada. Não vejo uma janela, mas o chão é de pedra. Estou tentando sair desse lugar, e o céu não é azul, é mais como um cinza. Não vejo nenhum sol. Não sei se é onde eu fico quando não estou viajando, mas vi esse lugar neste planeta." Quando perguntei se ela comia, ela disse que não via nada que envolvesse comida. Eu a movi adiante para um dia importante e perguntei o que ela via agora. "Eu me vejo olhando para um ambiente bem mais leve para o que parece ser uma nave espacial vertical. Esse veículo é de cor prateada e está no chão. Quando olho em volta, há vegetação verde à distância."

D: Então você está na frente do que parece ser uma nave. Essa é a nave em que você mora?
M: Não. Estou olhando surpresa para essa nave.
D: Você está surpresa com o quê?
M: Vendo a nave e olhando para ela com curiosidade.
D: Então não é familiar para você? (Não) Me diga o que acontece.
M: Vejo uma abertura na nave embaixo da porta onde desce, e parece que alguém está descendo da nave. Sua cor é meio esverdeada, com uma cabeça grande e olhos grandes ... braços finos ... e vem em minha direção.
D: É diferente do seu pessoal?
M: Sim, diferente ... mais baixo, e parece estranho para mim. Eu estou sentindo algo diferente ... algum medo por dentro, porque eu não entendo o que é.

Viu então um raio de luz saindo da ponta da nave alta e indo em um ângulo perpendicular à sua esquerda.

D: Qual é o propósito da luz? Você sabe?
M: Não sei o propósito, mas temo que isso seja algo que não entendo. E tenho medo de que possa ter alguns - como você diz - motivos negativos ou algo que não entendo. - Tenho a sensação de que devo correr e, de repente, sou levantado do chão e sinto que estou flutuando horizontalmente com as pernas de frente para a nave. Parece que algo está me puxando para dentro. Eu sinto as energias me sugando para a nave, porque eu estou me movendo para dentro dela. Agora estou dentro e não parece muito grande por dentro, mas o que vejo são tipos de compartimentos, uma espécie de sala ... é como um holodeck ou algo assim. Eu vejo outro ser, que é diferente do primeiro. Pernas muito finas, braços muito finos, cabeça menor, colarinho prateado.
D: Mas eles são diferentes do seu povo?
M: Eles são diferentes, sim, e agora sinto que não tenho nada a temer. É como se estivessem tentando me acalmar. É um sentimento diferente.
D: Você pode perguntar por que eles te levaram lá?

M: Sinto um experimento. Eu faço a pergunta, por quê? "O DNA. Tem a ver com seus padrões. Padrões. Temos que realinhá-los." Estou tentando obter mais informações. Estou ouvindo isso .... É uma reestruturação de alinhamento. Estão tentando fazer uma reestruturação dos padrões de DNA. Por quê? Para melhorar a funcionalidade. Que tipo de funcionalidade? Melhores habilidades. Para abrir mais fontes. (Ele estava falando com eles.) Fontes para o quê? Para manipular energia. Para progredir em uma nova direção ... uma nova dimensão é o que me vem à mente.

D: *O que eles querem que você faça com essa energia, uma vez que eles realinham tudo ou mudam o DNA?*

M: Trazer a paz para a Terra é o que me veio à mente. Paz para a Terra.

D: *Eles querem que você vá para a Terra?* (Sim) *Com essas habilidades que eles estão ajustando?* (Sim) *Por que eles te escolheram?*

M: Destruição. Eu estava lá? Estou tentando descobrir. Eu devo usar a energia de uma maneira mais produtiva. Não teria sido bom se eu estivesse lá durante a destruição, mas qual foi o motivo?

D: *Mas eles querem que você vá para a Terra com essas habilidades?* (Sim) *Como você vai fazer isso?*

M: Como? Reencarnar.

D: *Isso significa que você tem que morrer naquele corpo? Eu estou apenas tentando entender.*

M: Até agora, estou ficando quente. Estou recebendo palavras diferentes, mas não frases completas. Estou tentando descobrir flashes de informação.

D: *Então essas novas habilidades têm a ver com manipular energia?*

M: Estruturando energia de maneira mais produtiva. Para conectar-se a outras pessoas ... para transcender apenas palavras e ouvir "imagens gráficas". É um pouco difícil conectar os pontos. (Risos) Só ouço em minha mente como vão fazer isso. Eu me pergunto se estou sozinho, ou existem outros seres que eles estão enviando para a Terra? Eu estou ouvindo ... como um grupo.

D: *Por que eles escolheriam você?*

M: Por causa das habilidades de unir energia. Mais foco e concentração.

D: *Então essas são habilidades naturais que você já tem?*

M: Sim, e eles queriam torná-las mais focadas. Tenho que usá-las quando for à Terra.

D: *Então o trabalho deles é encontrar seres que façam a mudança, para que possam vir à Terra?*
M: Sim. Eles sabem onde você está e quem você é. Estou me referindo a um grupo de pessoas e eles saberão quem são e onde encontrá-las.
D: *Eles os encontram e mudam o DNA para que eles possam fazer esse trabalho?*
M: Sim. Estou tentando perguntar sobre os bancos de dados. É um enorme armazenamento na galáxia de pessoas com habilidades diferentes.
D: *Isso vai contra o livre-arbítrio das pessoas?*
M: É onde o grupo deles está. É muito confuso.
D: *Tudo bem porque é algo que você não conhece. Mas eles querem que você leve essas habilidades para a Terra e as use?*
M: Parece.

Então, pensei que poderíamos obter mais informações entrando em contato com o SC de Michael. Eu o tirei daquela vida e chamei o SC. Perguntei-lhe por que escolheu essa estranha circunstância para Michael ver.

M: Foi importante.
D: *O que você quer que ele saiba sobre isso?*
M: Sobre suas habilidades. Como usá-las.
D: *Naquela vida, ele era um tipo diferente de ser, não era?*
M: Sim. Ele tinha a habilidade de manipular energia.
D: *O outro ser alterou o DNA para intensificar essas habilidades. Não é verdade?*
M: Sim, mas ele usou mal sua energia. Desta vez, é para aprender a usá-la corretamente para o benefício das pessoas. O uso indevido de energia foi genérico e teve consequências graves
D: *Então você quer dizer que agora isso tem que ser pago?*
M: Teve que mudar o jeito de usar a energia de uma maneira mais criativa.
D: *É isso que você quer que o Michael faça? É por isso que você mostrou a ele essa vida?*
M: Foi um exemplo.
D: *Ele deve usar essas habilidades agora?*
M: De certa forma para decodificar ... decodificar o quê? Padrões de energia ... voltando aos padrões de energia. Alguns tipos de padrões de energia. Praticar o foco. Concentrar-se em energia.

Sistema de manipulação de energia. Restauração da paz. O universo e o equilíbrio.

Houve uma forte tempestade durante a sessão e isso dificultou a transcrição da fita.

M: Organizar outras pessoas e promover vidas saudáveis. Ele pode usar suas habilidades de organização para organizar as pessoas e criar mais impacto na Terra sobre a vida de muitas pessoas. É mais poderoso. É mais incrível. Uma organização em que as pessoas podem coletivamente transformar a energia de maneira positiva, para que não haja negatividade, medo ou tristeza. É um trabalho tremendo. Ele deve se preparar e gradualmente virá a ele. Um corpo dimensional e pessoas organizadas e eles irão para uma nova Terra. Para espalhar a consciência sobre isso, mudando a transição. Para ajudar as pessoas a entenderem isso. Um maior uso de energia ... sobre maior uso de algum campo magnético. O som é muito poderoso, um componente estrutural. Ele vai ajudar quando se concentrar e pedir apoio. Fornecerei todas as fontes de que ele precisa para prosseguir com esse propósito. Sempre que ele escolhe, estamos lá. Ele sabe disso.

Esta foi uma sessão bastante confusa, e eu esperava ter mais informações do SC, mas parece que um alienígena também pode ser abduzido e ter a experiência realizada nele. Tudo para o mesmo propósito. Não parece ser um fenômeno terrestre estritamente humano. Os extraterrestres também estão sendo incluídos nos grupos de pessoas que foram trazidas para ajudar a Terra neste momento.

CAPÍTULO VINTE E CINCO

UM SER ALIENÍGENA INCOMUM

Dorothy veio da Austrália para fazer esta sessão. Ela era uma enfermeira trabalhando em um consultório de cirurgia plástica e nunca se casou. Tinha muitas perguntas pessoais sobre a direção de sua vida, especialmente sobre encontrar alguém para compartilhar sua vida. Também conselhos sobre sua carreira. Em circunstâncias normais, isso deveria ter sido uma rotina, regressão a vidas passadas. Mas SC tinha outros planos e, definitivamente, não eram rotineiros.

Dorothy veio através de luz azul para dentro de uma porção luz branca. Ela se sentiu cercada por ela.

"Tudo o que vejo agora é branco. Sinto que quero tocar essa brancura. Dá para senti-la. Não se desfaz, mas eu posso andar por ela. Ela flui. Não é sólida. Agora estou caminhando através dela e posso ver diferentes luzes nas paredes, como um túnel. As paredes são feitas dessa luz. As paredes *são* as luzes." Ao examiná-la, viu que as luzes eram na verdade cristais que tinham suas próprias luzes. "Estou atravessando por esse túnel e sinto minhas mãos tocando nelas e que elas se tornam sólidas e frias ao toque. Estou tocando os cristais e eles estão irradiando luz e, agora, é apenas uma luz branca. Na verdade, estou andando sobre cristais porque existem cristais debaixo de mim e eles têm luzes. A cor vem dos cristais ... luz natural. Eu posso senti-los nos meus pés e posso tocá-los com minhas mãos." Os cristais estavam em toda parte, de modo que ela estava cercada por eles e pela luz colorida oscilante deles. Embora ela estivesse andando sobre eles, não eram desconfortáveis.

Então, enquanto ela continuava andando, as paredes do túnel se tornaram vidro transparente e ela podia ver através delas. Viu que estava no espaço, em algum tipo de nave, e olhava para um planeta parcialmente coberto por nuvens. Ela ficou maravilhada com a extrema beleza enquanto flutuava ao redor do planeta nessa nave. Então, se tornou consciente de seu corpo, que, definitivamente, não parecia humano. "Minhas mãos ... não daria para chamar de mãos, mas parecem mãos porque eu estava tocando. Vejo algumas pequenas coisas longas, mas não são exatamente dedos. Tem como geleia em torno deles. Não são como tentáculos de polvo, mas têm as pequenas coisas sugadoras de polvo debaixo deles. São azuis escuros e um pouco de laranja no topo. Pensei que tinha pés, mas é algo diferente. São tentáculos? Estranho ... é muito estranho. Fica mudando."

Então perguntei sobre o resto do corpo dela. Parecia ser composto do mesmo material. "Parece uma espécie de plasma ... uma coisa gelatinosa? É diferente. Não é um corpo humano. Estou tentando tocar meu rosto. Parece uma flor, a textura de uma pétala. Parece macio e sedoso, mas não consigo distinguir olhos ou boca. Mas sou capaz de respirar. Sou capaz de enxergar. É muito difícil descrever. É como um pedaço de ... parece com a textura de ovo frito. E quando se move, pode mudar e cria essas coisas como tentáculos, e posso mudar suavemente. Talvez mais como plasma. Muito diferente ... como uma água-viva."

Isso soou parecido com a criatura na série de filmes do Exterminador que podia mudar a forma de seu corpo. Normalmente, tal descrição seria surpreendente, para dizer o mínimo, mas, depois de todos esses anos explorando esses casos, nada parece fora do comum, porque a fantasia que usamos durante essas aventuras de vida é apenas isso: uma fantasia. É a alma interior que é importante.

DO: Ainda estou dentro dessa coisa de vidro que posso tocar e isso me permite ver do lado de fora no espaço, mas essa coisa de cristal de vidro também me permite ver todos os lugares.
D: *Você está sozinha nesse lugar ou há outros com você?*
DO: Eu pensei que estava sozinha, mas há mais dois ou três comigo. Nós estamos olhando para o planeta. Eles estão tomando notas.
D: *Eles se parecem com você?*
DO: Não, parecem diferentes de mim ... espécies diferentes ... diferentes.
D: *Você está tomando notas também?*
DO: Sim. Não como faria se fosse humano. Tudo é feito a partir da mente, entro nesta câmara e ela toca o cérebro. Quando você

coloca a mão no vidro e olha para fora, a informação passa por você e para esse objeto, e esse objeto manterá o registro do que você está vendo.

D: Como se estivesse absorvendo isso? (Sim) *Como é o objeto para o qual você transfere a informação?*

DO: É preto sólido e é minúsculo. Tem pequenas luzes vindo através dele. Não parece frio, nem quente, e estou me estendendo até ele. Uma mão contra o vidro e a outra - o que você poderia chamar de mão - vai para o outro lado e toca o objeto. E tudo o que vi passa por mim diretamente para essas máquinas.

D: Então é como uma pequena máquina que está dentro dessa câmara.

DO: Sim. É estranho, é uma câmara porque está ao redor. E posso ver outros seres ... seres engraçados. Eles são mais altos e diferentes, e estão tocando as coisas na frente deles. Seres muito estranhos, mas estão todos muito ocupados. Não prestam atenção em mim. Estão fazendo seu próprio trabalho, e eu deveria estar fazendo meu trabalho com essa coisa de cristal que tenho com as diferentes luzes. Estou apenas olhando para eles, mas eles continuam fazendo anotações.

D: Mas você está apenas observando esse planeta?

DO: Observando, sim, observando a forma desse planeta. As nuvens estão se formando de algum tipo de gás, que cria as nuvens. Ficamos muito perto do planeta, e a nave absorve parte do gás e passa por ela. Você pode ver por onde passa porque está claro. Queremos saber mais sobre esse planeta. Do que é feito e tomamos notas e pegamos amostras do gás. Você pode ver que está vindo pela parede porque é muito claro. Ele atravessa pequenas câmaras contra esses cristais, e se mantém lá, então se torna sólido e nós não o vemos. Nossa nave está flutuando no gás do planeta e, de alguma forma, algo o absorve. Então ele entra nesta câmara e você pode vê-lo atravessar, atravessar, atravessar e entrar em algo, e você não pode vê-lo mais. Ele entra lá, mas eu não estou fazendo isso. Alguém mais está fazendo isso. O meu trabalho é tocar com esse tipo de mão, esse tipo de tentáculo. A informação entra em muitas, muitas pequenas luzes no meu corpo e entra nesse instrumento que tocamos.

D: O seu trabalho é ir a diferentes planetas, observar e absorver informações?

DO: Sim, mas a informação é para ver o que podemos fazer com o planeta.

D: *Você acha que existe algo que você deveria fazer com esse planeta que você está olhando?*

DO: Sim, tem a ver com outro planeta que vimos. Tem a ver com as luzes. Esse outro planeta que eu podia ver, tínhamos informações de que estava cheio de luzes diferentes, diferentes. Pessoas, seres, já estão lá. E o gás é muito importante para os recursos do planeta. Então, somos enviados para ver se podemos usá-lo. Esse é um planeta muito pequeno, mas o outro planeta é uma coisa enorme, enorme, algo colossal... gigantesco ... muito grande. Já estivemos lá, e fomos a esse pequeno planeta do qual vamos usar os recursos. Mas não vamos esgotar o planeta. Vamos usar os recursos naturais que ajudarão o planeta grande, mas não vamos danificar esse pequeno planeta. O planeta que é nosso lar é enorme, e esse é como uma ervilha.

D: *Você foi enviado para verificar outros lugares também?*

DO: Sim. Porque esses planetas, seus recursos ... gostaríamos de ver como poderíamos usá-los nesses grandes planetas. Esse minúsculo planeta está bem. É saudável, mas não tem vida nele. Tem muitos recursos que são usados em nosso planeta. Esse pequeno planeta é do tamanho de uma pequena ervilha e nosso planeta é do tamanho de uma laranja.

D: *Você teve que percorrer um longo caminho para encontrar esse planeta?*

DO: Não, não. Essa é a beleza disso. Você se aquieta e se liga a essas películas de luz, e elas vão levá-lo para onde você quer ir.

D: *Então você não precisa ir numa nave ou aeronave?*

DO: Onde estamos é uma espécie de bolha - se é que se pode chamar assim - feita desse vidro que você pode sentir, mas também pode tocar nessa luz.

D: *Então é como um veículo.* (Sim, sim, sim.) *E você não tem combustível?*

DO: Não que eu pudesse ver, mas precisamos tocar nessa placa de luz. Essa placa de luz se move e, ao se mover, nos leva para onde tínhamos que ir. É a luz, a placa de luzes à qual nos ligamos e depois vamos.

D: *Alguém te diz para onde ir?*

DO: Já está na pequena cápsula que temos. Já foi colocado lá e temos que nos conectar com as diferentes luzes coloridas. Todos sabíamos que seria muito bom. Estamos pegando amostras e voltaremos mais tarde.

D: Você disse que não iria esgotá-lo?
DO: Não, não, não, nunca acontece assim. Nós nos certificamos de que isso não vai prejudicar o planeta ou quaisquer habitantes de lá. Os gases vão ser muito bons para nós. Existem certas composições que precisamos, que podemos usar para criar todas as coisas em nosso planeta.
D: Você sabe que composições são essas?
DO: Eu só podia vê-las em cores, e estamos atrás desses gases que têm uma espécie de cor amarela. Vemos que esse planeta tem, mas precisamos limpá-lo para chegar a essa cor.
D: O que você vai fazer agora? Você vai levar as informações de volta ao seu planeta?
DO: Sim. Sabíamos onde iríamos conseguir. Só queríamos ter certeza de que é seguro, se está certo e se é o que precisamos. Pegamos uma amostra e a informação e, então, vamos e todos têm o que precisam.
D: Você pode ir e voltar rapidamente?
DO: Sim. Nós não voltamos da mesma forma que entramos. Só passamos por um caminho e, depois, voltamos de um jeito diferente, como buracos de minhoca, eu acho. Quando estamos prontos para ir, apenas passamos por esses buracos de minhoca que têm correntes de coisas ou tiras de luz azul. Passamos por isso que nos leva para casa. Alguém sabe como fazer isso.
D: Como é quando você volta?
DO: Estou pairando acima disso. Estamos prestes a entrar. Pairamos. Estou espantada e vejo sempre este planeta feito de luz ... longas correntes de luzes azuis e luzes brancas. Você pode ver o céu contra ele. É quase azul marinho e tem pequenas estrelas muito distantes. E, se você olhar para o planeta, é feito apenas de fluxos de luz entrando. Quando você passa por esse fluxo de luz, somos levados naturalmente. Apenas escolhemos onde queremos ir e vamos. Pousamos em algum lugar. Olho para cima e lá está o espaço e o céu não tem estrelas, ou quase nenhuma. Vejo muitos tubos pequenos que levam de muitas maneiras diferentes, mas não há muitas pessoas por perto. É porque é aqui que trabalhamos. Este não é o lugar onde todos vivem, então, apenas aqueles que estão destinados a estar lá estão lá. Há muitos tubos, você vê outros tubos com janelas que se cruzam e vão para todo lugar.
D: Então é onde você trabalha e não onde você mora.
DO: Agora está me levando para algum lugar como se estivesse em

uma montanha-russa. Estou neste tipo de corpo gelatinoso de plasma, é divertido fazer esse passeio. Parei e desci, e meu plasma pode se esticar para formar braços ou pernas, se eu quiser, ou simplesmente flutuar.

D: O que precisar fazer ele faz?
DO: Sim. Esta é uma plataforma branca onde parei. Estou em casa. E tem esse humanoide, mas é diferente de mim. Não é como eu. Eu sinto que é uma esposa. Este é o meu lar.

D: Como é esse lugar?
DO: É feito desse cristal e metálico branco. E há janelas para você olhar para fora. E, quando você olha, pode ver esse espaço quase sem estrelas. Nós usamos vidro como janelas. Você pode ver do lado de fora e as paredes são uma mistura de metais e cristais e você tem esse material esbranquiçado, e tem tamanhos diferentes. Ele entra e sai. Está ao redor e é branco. E quando você toca nele, luzes aparecerão e você saberá qual delas deseja pressionar para o caminho que deseja seguir. Você não anda. Você flutua, e estou falando com esse ser. Está animado com o que descobrimos. E só olha para mim e flutuamos.

D: Você tem que consumir comida nesse lugar?
DO: Na verdade, não. Se eu quisesse comer alguma coisa, sei que poderia me estender por um toque de mão ou luz. E eu pressiono minhas mãos naquilo e obtenho o que preciso.

D: Então você tem que consumir alguma coisa?
DO: Não é sólido. São principalmente pequenas bolas de energia que flutuam. Temos pequenos tentáculos. Eu sei que essas pequenas luzes brancas estão lá e, quando eu pressiono a minha mão nelas, elas entram em mim e eu sinto muita energia.

Ele explicou que sua esposa era um tipo diferente de ser. Eu perguntei se eles tinham procriação, duplicação, naquele planeta, e ele fez o melhor que pode para explicar. "Você pode, mas é feito em outros lugares. Como fazemos isso? Ah, sim. É como se você pressionasse suas mãos contra isso, e é preciso um pouco de você e isso pode levar um pouco dela. Eles podem misturá-lo e algo mais surge. Estou pedindo a ela para me explicar como podemos procriar, e estou ouvindo ela dizer: 'Ah, nós apenas fazemos isso'. Então, podemos ver na nossa frente como o novo ser é criado, e entra noutra coisa até amadurecer. Mas nós não os mantemos. Eles não estão conosco. Vão para outro lugar e precisam ser cultivados. E depois que crescem, se desenvolvem. Agora, podemos vê-los quando são mais velhos. Eles precisam ir para um lugar especial para crescer." Parecia algum tipo de manipulação genética de laboratório feita fora do corpo. Provavelmente feito com células e genes. Eles tinham que viver nesses recintos por causa do trabalho em que estavam envolvidos. "Entramos nessas estações alocadas. Quando você nasce, você meio que sabe disso. Por isso você pode fazer isso. Você nasceu com isso." As pessoas *normais* viviam fora desses recintos na superfície. "Existem muitas diferentes, diferentes formas de vida. O planeta tem isso. E eles vivem em paz."

D: E um dos principais trabalhos é ir e encontrar coisas que o planeta pode usar?
DO: Sim. Esse é meu trabalho. É agitado. O dela é diferente, mas ela não sai como saio. Ela fica e posso dizer que ela faz pesquisa.

Já que ela parecia diferente, pedi a ele para descrevê-la. "Ela tem uma forma mais humanoide. Um longo pescoço com uma cabecinha e braços meio pequenos. Mas não vejo nenhum pé, talvez porque ela não ande."

Achei que era hora de avançar para um dia importante, e algo caótico estava acontecendo. "Algo deu muito errado. Há muita energia muito ruim e todo mundo está em pânico. É na estação em que estou trabalhando, que está dentro do planeta. Uma explosão! Algo aconteceu. Algo vazou. Posso ver a explosão. Não há nada que eu possa fazer. Estou no meio disso e tudo que eu posso ver é a explosão. Cega meus olhos. É muito brilhante. Surge do nada." Ele parecia estar atordoado quando repetiu: "Uma explosão. Explodiu. O lugar em que estou. Explodiu e tudo foi para o espaço. Foi grande ... algo causou a explosão, e rompeu essa estação em que estamos, e a explosão foi para o espaço. Ninguém ... ninguém sobreviveu! Foi ruim."

D: Você disse que era tão brilhante que te cegou?
DO: Sim. Eu olhei para isso. Foi no meio do dia, e explodiu e explodiu e se tornou grande e destruiu tudo, rompeu o vidro e foi para o exterior. Pude ver a explosão. Eu podia me ver tentando não olhar, mas ... não resta nada. Nós perdemos tudo. Não sobrou nada da explosão da estação. Todos morreram. Alguém não percebeu o que estava fazendo. Algo vazou e criou essa coisa de combustão e aumentou e ninguém teve tempo de fugir.

Assim, mesmo com seu grande conhecimento e experiência, os acidentes ainda poderiam acontecer. Ele agora estava fora de seu corpo, mas ainda estava sendo afetado pela reverberação da explosão. Estava empurrando-o para fora e mais longe. "Me sinto cansado. Ainda estou olhando para a massa de explosões. Mas sinto que preciso descansar. Preciso me afastar. Foi rápido. Estou vendo o que aconteceu, mas isso não está me afetando agora."

D: *Normalmente, naquele planeta, as pessoas adoecem e morrem?*
DO: Sim. Como aqui, agora, com a explosão, ouço gritos diferentes. Não há nada que eles possam fazer. Eles têm que selar as áreas e ver se há mais danos. Eu morri, mas sinto minha esposa olhando o que está acontecendo. E não há nada que ela possa fazer porque eles selaram essa área. Ela sabe que eu morri na explosão.

D: *Mas naquele planeta as pessoas já adoeceram?*
DO: Na verdade não. Eles vivem por um longo tempo.

D: *Mas é possível morrer?*
DO: Sim, sim. Você poderia decidir quando morrer. Mas não foi minha escolha desta vez. Isso foi um acidente. Mas, neste planeta, você pode voltar a ser jovem e saudável, ou simplesmente se deixar ir em paz ... sem doenças. Você decide se deixar ir.

D: *Então tudo tem a ver com a mente?*
DO: Não está na mente. Parece a essência. (Grande bocejo.) Eu vi a explosão e agora estou olhando para ela, e me senti sonolento. Estou à deriva em algum lugar. Estou apenas flutuando. Faço parte das nuvens amarelas e cremosas. Tudo que vejo é essa massa amarela de luz na qual preciso entrar. (Ela continuou bocejando.) Algum lugar para descansar.

Ela então foi para o local de descanso, o que seria natural depois de experimentar uma morte tão violenta e inesperada, por isso, foi difícil obter mais informações. Normalmente, quando o espírito entra no local de descanso, ele pode permanecer lá por muito tempo, se necessário, antes de decidir (ou receber a instrução) de retornar à roda cármica. Então deixei Dorothy se afastar daquela cena e convoquei o SC. A primeira pergunta que sempre faço é porque o SC escolheu essa vida em particular. Sempre tem suas razões.

DO: Para mostrar a ela que tudo o que ela achava possível é

possível.
D: *Do ponto de vista humano, essa foi uma vida muito estranha, não foi?*
DO: Não para ela, não. Ela parece acostumada com isso. Para saber sobre outros mundos. Ela pode lidar com isso.
D: *Por que você quer que ela saiba disso?*
DO: Para mostrar que estava certa da existência de vida e que viveu como sempre imaginou. É possível e é verdade, e ela vem - como ela diz, "das estrelas". Só queríamos dizer a ela: "Sim, você estava certa." Você esteve lá em cima todo esse tempo.
D: *Ela disse que sempre se interessou por outros mundos.* (Sim) *É por isso?* (Sim) *Ela teve muitas vidas em outros mundos?*
DO: Muitas delas ... muitas.
D: *Aquela tinha um corpo muito estranho.*
DO: Não, é normal.
D: *Como Dorothy, esta é a primeira vez que ela vive em um corpo humano?*
DO: Não, não, não é a primeira vez.
D: *Mas você não foi para nenhuma dessas vidas.*
DO: Não precisa. Não há necessidade. Isso é mais importante. Ela teve vidas em corpo humano, mas não tanto quanto em outros planetas. Ela não precisava saber sobre os corpos humanos. Ela precisava saber sobre sua vida naquele planeta.
D: *Uma de suas perguntas foi: ela tem algum carma para pagar?*
DO: Feito ... feito. Todo dia é um novo dia para ela. Ela precisa aprender um pouco mais sobre o amor. Muito.

Então levantei a eterna pergunta que todos querem saber: seu propósito. Ela não tinha certeza sobre permanecer em sua atual carreira de enfermeira e queria conselhos. "Ela precisa aprender a confiar e manifestar. É por isso que mostramos isso a ela, para acordá-la. Ela tem o conhecimento de ser outra coisa. As vibrações vão ajudá-la nesse momento. Diga a ela para se concentrar em vibrações. Ela está no caminho certo. Vibrações, sons ... ela precisa dos sons ... importante. Quando ela ouve sons, as vibrações melhoram. Ela não está fazendo o suficiente com sua música. Esqueceu de ser feliz ouvindo a sua música. Ela costumava ter música em sua vida, precisa mais agora. Muitas e muitas. O tipo de música que move seu corpo é bom. Faz com que seja bom para suas vibrações. Ela não está fazendo isso.

D: *Ela também diz que cheiros, perfumes são muito importantes para ela.*

DO: Seus sentidos ficarão sintonizados com o cheiro do perfume. É disso que ela precisa, dos perfumes. É por isso que colocamos os perfumes para ela usar. É bom para ela. Limpa seus sentidos. É disso que ela precisa. Precisa se rodear de mais plantas perfumadas. Isso limpa os seios nasais. Ela precisa se concentrar no treinamento de sua mente. Nós mostramos a ela como manifestar e ela se apavorou. Não há necessidade de surtar. É da natureza dela fazer isso. Será uma explosão de conhecimento e consciência e estará bem sintonizada. Será bom para ela. Ela acha que não merece, e ela merece isso e muito mais. Podemos dar mais a ela. Ela só precisa permitir. Precisa se concentrar todos os dias ... todos os dias até que se torne uma segunda natureza para ela. Então, ela pode ir para os próximos níveis de seu estudo, mas sua mente é muito poderosa para ela se expandir. Precisamos que deixe ressoar mais. Precisamos das vibrações dela. É importante para nós. Ela precisa nos ouvir mais alto e elevar suas vibrações. Quanto mais elevada a vibração, mais fácil ela ouvirá o amor. Precisamos que ela use perfume, felicidade e música para isso.

CAPÍTULO VINTE E SEIS

O FAROL

Alice entrou em cena de pé numa praia olhando para o oceano. Estava focada em um lindo arco-íris no horizonte, que tocava a água. Ela então mergulhou na água e nadou em direção ao arco-íris. "Nadando com as cores, indo em direção às cores. Estou nelas agora. Amarelos, laranja, rosa, branco. Lindo! Mergulhei nelas. Estou no arco-íris." Ela suspirou profundamente, "É lindo! Cercada pelas cores. Estou virando-me nelas, ou elas estão se virando em volta de mim. Estou me misturando na cor. É maravilhoso! É quente e tão pacífico. Estou em uma nova vibração, estou em energia cristalina."

D: Conte-me sobre isso. O que você quer dizer?
A: Energia cristalina. É um todo-saber. Por que eu estou chorando?
D: Porque é lindo. Por que você chama isso de energia cristalina?
A: (Suspiro profundo) É uma frequência. Envolve. É muito reconfortante. É muito branco com ... não sei explicar. Não tem realmente uma forma. Apenas tem cor. Não é uma forma.
D: Você também disse que é onisciente.
A: É apenas ... um lugar. Eu me sinto cercada pela luz. Mas também estou pegando a vibração. Então essa é uma diferença. É difícil explicar.
D: Tudo bem. Já ouvi falar desse lugar antes.

Parecia ter voltado à Fonte, que é frequentemente descrita como uma luz branca bonita e confortável. Também é descrita como várias cores pastel.

D: É um bom lugar. Como você se percebe?
A: Estou derretendo. Não derretendo, mas não tenho um corpo.

Quando entrei na cor, me dissolvi na cor.
D: *Então você não precisa de um corpo nesse lugar?*
A: Não. Eu não gostaria de um. Sendo terrestre você tem que ter o corpo, e isso é muito frustrante. Tenho o físico nessa outra vibração. Estou assumindo a forma da vibração.
D: *Então tem um sentido físico, você quer dizer?*
A: Sim. Porque ainda estou lá.
D: *Você está sozinha ou sente outras pessoas com você?*
A: Não tem ninguém aqui.
D: *Só você e a vibração?*
A: *Você está* aqui. Ou eu posso te ouvir.
D: *Este é um lugar familiar para você?*
A: Não é novidade. Estou indo embora agora.
D: *Para onde você está indo?*
A: Não sei. Saí de lá e estou indo para outro lugar. Estou flutuando. Estou passando através e é nada. Nada. Apenas passando. Não há nada aqui. Apenas a energia nesta sala agora. Roxa. Ela entra. É uma energia forte no seu quarto - nesta sala. É muito forte.
D: *Onde você está indo?*
A: Não me pergunte. (Risos) Eu não tenho certeza. Passando pela energia agora. Não há nada. Nada.

Decidi movê-la para a casa dela em Las Vegas para que ela pudesse visualizar *algo* e, em seguida, movê-la para uma vida passada apropriada. Ela encontrou-se em sua cama. Mas a próxima coisa que ela viu foi uma luz brilhante vindo através da janela do quarto. Isso foi inesperado porque ela não mencionou a possibilidade de um encontro ET.
"Tem uma luz muito brilhante. Nossa! Está piscando. É enorme. Está fora da casa. É muito brilhante! Está me puxando para fora! Está machucando meus olhos. Estamos subindo - subindo! Está me puxando para dentro dessa luz agora. É tudo o que está lá. Está piscando como se estivesse no meu terceiro olho. Estão colocando algo no meu terceiro olho. Estou recebendo informações através da minha testa. Estou na luz e está derramando na minha cabeça. Posso sentir isso agora. (Um sussurro) Nossa! Deixe-me concentrar nisso. (Pausa) Obtendo sabedoria. Soa ridículo. (Pausa) Que coisa! Conseguindo essa sabedoria cristalina. Está entrando na minha cabeça. Está derramando. É isso o que está acontecendo. Eu não sei onde estou. É muito brilhante. Eu mal posso suportar, é tão brilhante! Não consigo abrir meus olhos."

D: *Mas você sente que a sabedoria está entrando em sua cabeça.*
 (Sim, sim, sim.) Você sabe que tipo de sabedoria?
A: Sim. Rastreamento. Tenho que manter contato. É como eu me comunico. Ah! Eu vou chorar de novo! (Emocional) Eu sinto falta de onde eu venho. Eles vieram para casa porque estavam tentando se comunicar, porque - juro que isso é ridículo. - Eu sou daquela nave! Quero voltar. (Chorando) Sinto falta daquela nave! Estou ligada a ela. Estou me comunicando através do meu terceiro olho. (Então um suspiro profundo e uma repentina revelação.) Ai, caramba! Eu sou uma vibração! Sou uma vibração de algo tão grande - tão grande. Eu vejo isso. Vejo isso. É incrível - é como uma grande luz estroboscópica. Estou ligada a ela. Ai, caramba! É tão distante! Tenho saudade.
D: *Como você chegou aqui se você veio de lá? Você pode ver como isso aconteceu?*
A: Sim, posso. Eu estou explodindo em um ... é um milhão de pequenos pedaços ... Vejo isso. Oh, Deus, é um milhão ... atirando para fora - atirando para fora. Muito pequeno, mas muito brilhante.

Isso soou como a separação da Fonte no começo, quando explodiu e todas as pequenas faíscas voaram para fora. As faíscas que eventualmente se tornaram nossas almas individuais.

D: *Alguém te disse para se atirar para fora de lá?*
A: Sim, foi um plano.
D: *Você conhece o plano?*
A: Sim. Não estou confortável com esse plano. Tive que vir para cá. Semeando ... É ridículo. Semeando a Terra. (Pausa) Sabedoria do além. Compartilhando a sabedoria do além, ao longo dos séculos. E eu quero dizer ao *longo* dos séculos. (Pausa) Vejo o velho, o velho sábio. Eu era cego. Eu era um homem velho e pobre. Eu vim do além, eu vim do espaço, e me colocaram em um corpo horrível. Eu tinha muita sabedoria, mas era pobre. Mas meu cérebro, eu podia ver tudo mesmo que estivesse cego. Então eu tinha um corpo decrépito, mas sabia de tudo. Eu estava muito distante. Era pobre. As pessoas achavam que eu era cego e patético. E eu vi tudo o que vejo agora e senti tudo. Eles não me deram um bom corpo quando me mandaram para cá, mas me deram a sabedoria.

D: *Você conseguiu compartilhá-la com alguém naquele momento?*
A: Não. Eles não ouviam. Estavam com medo por causa do jeito que minhas pernas estavam e por causa da minha cegueira. Fazia parte do plano e eu não gostava disso. E eu não gosto agora também. (Riso)
D: *Você ainda faz parte do plano?*
A: Faço parte do plano. Não acho que seja um plano muito bom, para dizer a verdade.
D: *Mas não é você quem faz o plano.*
A: Não. Não sou eu.
D: *O que aconteceu depois disso, você foi para outros corpos?* (Sim*) Você foi capaz de compartilhar a sabedoria?*
A: Sim. Eu compartilhei em comunicação constante com o espaço. Estou sempre ligada. Eles visitam e me trazem de volta.
D: *Quando eles visitam, onde você vai?*
A: Vou com eles. Vou na nave. Eu vou. Amo isso.
D: *É quando eles baixavam mais sabedoria?*
A: Sim. Isso. Eu entrava na nave. Eu subo e entro, e vejo os seres agora. Eu os amo, são meu povo.
D: *No começo você disse que era apenas dessa luz.*
A: Eu vejo agora. Estou dentro da nave. Ou eu poderia estar em um planeta. Eles vêm e me pegam. Podem me enviar de volta para a luz. Entendo agora. Enviam-nos através da luz e vibração.
D: *Eles vêm e te pegam de vez em quando?* (Sim) *O que eles fazem durante esses períodos?*
A: Eles me regeneram. É maravilhoso. Eu tenho cura agora. Tenho mais energia. Tenho mais telepatia. Eles colocam ... é como uma carga de energia.
D: *E eles tem feito isso ....*
A: Sim, sempre. Sempre.
D: *Durante toda a sua vida como Alice também?*
A: Sempre. Eu tive que pegar mais. Começou a me impactar mais. Eles tiveram que voltar e fazer mais ajustes.
D: *O que começou a impactar você?*
A: Novas dimensões. Eu sou mais multidimensional e tenho que ser capaz de sair do corpo mais rápido. Eu tenho que ser capaz de sair mais rápido. Tenho que ser capaz de mudar para a luz mais rápido, e eles tinham que fazer algo para isso - isso soa realmente maluco ... isso é loucura. - Mas eu tinha que ser capaz de me transferir para um novo tipo de energia luminosa.
D: *Para fazer as coisas que você tem que fazer agora, você quer*

dizer?
A: Sim. Eu tenho que ser capaz de reagir porque eles também têm novas tecnologias.
D: *Eles estão crescendo também?*
A: Eles estão crescendo, estão crescendo muito. Eu acho que tenho uma mensagem para você. Eu conheço a mensagem.

Isso é sempre uma surpresa, mas não sem precedentes.

D: *Você tem algo para mim?*
A: Eles querem que você saiba que eles estão mudando e estão mudando você. E que suas energias são como a nossa energia. Que você poderá - você está mudando rapidamente também - eu chamo isso de alterar. Você é capaz de alterar mais rápido agora, e eles estão trabalhando em você. Suas naves estão crescendo em número e estão por todo o planeta. Eles querem que você saiba que você vai ser mais rápida. Que eles estão levando você também. E que ... (um suspiro profundo) É incrível. Você provavelmente já sabe disso, mas está ficando cada vez mais rápido. Está ficando muito mais intenso, e o que fazem aqui na Terra, nunca vai alcançá-los. E eles estão rodeando o planeta com tanta luz e muita eletricidade - não é realmente a eletricidade como nossa física na Terra conhece. Mas eles estão rodeando porque aquilo que a Terra está fazendo será capaz de penetrar porque eles são muito mais avançados e muito mais rápidos. Não tenha medo.

Isso soou como as rajadas de luz que os ETs estavam enviando em direção à Terra para compensar o dano que os humanos estão causando ao planeta. Isso foi explicado em *Convoluted Universe, Livro Dois*.

D: *Existe uma razão pela qual isso está acontecendo?*
A: Sim. Tecnologia espacial e espaço na Terra. Há uma grande mudança. Estrelas diferentes. É uma proteção, é uma camada. (Firmemente) O governo nunca irá tocá-los.
D: *Isso é bom, mas o que você quer dizer com uma camada ao redor da Terra?*
A: Eles estão colocando uma camada em torno de suas naves. É uma nova tecnologia. Não poderão mais chegar até eles. Tudo porque eles tinham que fazer isso na luz. É uma frequência rotativa. Eles

têm que fazer isso para sobreviver. Eles ainda poderão vigiar aqui. Eles têm que ir e vir porque deixaram muitos de nós aqui e ainda não terminaram com os nossos que ainda permanecem aqui. Então eles têm que nos proteger e se proteger.

D: *E esta é a razão pela qual eles ainda estão em contato com aqueles que eles deixaram aqui?*

A: Sim. Eu sou apenas um canal. Tudo que faço é enviar informações sobre o que está acontecendo ao meu redor. Eu capto muito. Eu mando de volta. (Pausa) Existe um grande plano. Eles estão capacitando pessoas. Não sou só eu, são muitas pessoas. Eles estão fazendo isso por vibrações. Embora você tenha que estar em uma área desobstruída. Tem muita interferência. É por isso que é bom onde você está. (Eu moro em um lugar isolado no país, no topo de uma montanha.) Por exemplo, preciso sair de Las Vegas - há muita interferência.

D: *Sim, é uma energia muito caótica.*

A: Sim, é interferência. Então, eles estão tentando nos levar a lugares onde é mais transparente, mais limpo - não poluído. Nenhuma poluição, nenhuma interferência. Eles têm que nos ter por que estamos, por algum motivo, dando-lhes feedback. Não posso ver como fazem isso.

D: *Deixe-os mostrar para você.*

A: (Pausa) O que eles querem que eu faça? (Pausa) Nada. Eu acho que sou como um farol. Eu também não entendo.

Já expliquei anteriormente sobre algumas pessoas que são simplesmente canais, antenas ou, neste caso, faróis. Elas não precisam fazer nada para ajudar nas próximas mudanças. Elas simplesmente têm que apenas ser. Dessa forma, estão ajudando, transmitindo informações inconscientemente.

D: *O que eles querem dizer com feedback?*

A: (Sussurro) O que você me diz? (Pausa) É tão ridículo. Eu deveria te contar? Não faz nenhum sentido.

D: *Sim, me diga. Pode fazer sentido para mim.*

A: (Suspiro profundo) Ok! Eu sou um farol. Se os fios estiverem muito cruzados em uma determinada área, posso enviar-lhes campos de energia de volta. (Ela estava fazendo movimentos com as mãos.) Eu envio de volta quando é seguro entrar. Posso senti-los agora. É muito estranho porque eles não podem entrar se houver muito caos. Eles estão monitorando a Terra, e parte dela vai ser destruída. Muito será destruído. E eles estão nos seguindo porque estamos conectados, a fim de nos levar aos lugares mais seguros (Suavemente para ela: *"Isso é tão bizarro"*), porque alguns lugares estão emaranhados. A rede está toda emaranhada. Então, eles estão nos movendo para poder ter grupos juntos. Eles nos querem juntos. É uma energia cristalina. Eles vão colocar as pessoas juntas. Eles precisam de energia cristalina. É como eles ficam em contato com a Terra sem pousar na Terra. Eles não precisam pousar aqui se nos têm. Nós não somos da Terra. Estamos conectados a eles. É mais seguro para todos. É mais seguro. É mais visível.

D: *Então eles não querem todos no mesmo lugar, mas querem que todos estejam conectados?*

A: Sim, eles nos querem todos conectados. Eu sinto essas intensas vibrações de cristal descendo, e estamos conectados até agora, até agora. É lindo! E nós temos algo em nós. Por que eles nos querem por toda parte? Eles nos querem espalhados porque lugares serão atingidos. E eles querem um bom padrão de energias dispersas pelas quais possam transmitir. Eles querem transmissores aos quais possam se conectar quando houver muita destruição acontecendo. Porque certos lugares vão explodir por si mesmos!

D: *Você quer dizer literal ou naturalmente?*

A: O natural, o não natural. Existe destruição esmagadora em certas áreas. Uma guerra, claro, chegando. Claro, sabemos que há uma guerra. Mas isso lhes dá um pouco mais de conhecimento de primeira mão sobre o que está acontecendo na Terra se eles nos espalham por aí. Há muitos de nós também. Muitos.

D: *Então podemos estar em comunicação sem nem saber que estamos? Quando Alice entrou nesta vida, ela entrou com esse plano? Que ela deveria fazer parte disso?*

A: Eu não queria fazer parte do plano. (Risos) Eu vi tudo antes de entrar. Eu já sabia que esse não era um bom plano para mim, porque vi e já tinha visto antes. Eu realmente gostaria de me aposentar. Sou muito mundana. Gostaria de ficar numa única vibração. E não dou atenção ao caos. Não gosto de drama e caos.

D: *Você disse que esses outros seres estão acumulando as informações que estamos enviando?*

A: Estão.

D: *O que eles vão fazer com isso?*

A: Quero te dar a informação correta. Eles estão compilando. É como um programa de rádio. Eles estão estudando isso para as futuras gerações. Guardando uma história. Planetas. Estão registrando isso. Eu os vejo agora. (Risos) Criaturas engraçadas. Sim. Eles são criaturas engraçadas. São instruídos a fazer isso.

D: De onde eles tiram suas instruções?

A: Deixe-me ver. (Pausa) Eles são programados. Somos todos programados, parece. Eles estão recebendo suas instruções da nave-mãe, da fonte mãe. Existe uma grande fonte, que é como a mãe da invenção. Tão engraçado, a mãe da invenção. (Risos) É como se eles estivessem sempre testando. OK. Eu não vou inventar. Você realmente quer que eu te diga o que estou vendo? *(Sim)* Existem pequenos grilos azuis nesta nave. Um pequeno escritório. É tão fofo! Eles estão colocando coisas pequenas no lugar e estão realmente trabalhando duro. Estão constantemente trabalhando. Eles têm braços longos, como pequenas abelhas operárias, mas não são abelhas. E estão trabalhando duro. Eles são muito mecânicos quando estão guardando essas coisas, quando você chega lá em cima ... Sou eu? Talvez. Eu não sei. Estou arquivando - guardando as coisas. Colocando as coisas em seus lugares. Tudo está indo para um lugar. Eu gosto de guardar as coisas. Gostei desse trabalho, foi um bom trabalho. Ahhh, está sendo acumulado! E é como uma espécie de Bíblia, então eles podem se referir a ela. Eles querem poder se referir a ela. É um guia de referência para o futuro, caso eles recebam pessoas da Terra. Então eles querem saber, "Ok, é agradável conversar com essa pessoa? Queremos ser capazes de ter uma referência." Eles entenderão exatamente o quê precisam saber. Estamos integrando nossas sociedades agora e eles querem poder ter um registro como um registro hospitalar. Eles querem saber como se associar. E é por isso que eles estão colocando faróis em diferentes locais. Assim, eles podem ter o registro, ler de volta no histórico para que possam rastreá-los. Setecentos anos a partir de agora eles poderão olhar para trás. É quanto tempo eles vivem, setecentos anos. É o que eles fazem na vida deles. Eles têm que ser capazes de vir e fazer um trabalho, para nós são sete séculos, mas para eles isso é apenas uma vida. Eles têm que olhar para essas coisas, gravar. Eles não têm uma opinião. Estão apenas observando. Gravando.

D: *Você disse que também houve uma integração?*

A: É uma integração das sociedades. Nós temos que nos integrar. Estamos nos tornando almas avançadas. Eles querem nos ajudar a avançar. Eu sou uma alma avançada, você é uma alma avançada. Estão querendo ver o quão longe podem ir com um corpo humano, a fim de avançarmos para o nível deles. Eu sou multidimensional enquanto estou aqui. Sim, eu devo acumular esta energia podre estúpida. (Risos) Sim, eu sou como o rato de pesquisa.

D: *Alice deveria usar isso de alguma forma? Ou apenas acumulá-lo e passar adiante?*
A: Essa é uma grande questão. Eu tenho a capacidade de compartilhar isso com outras pessoas usando minhas mãos. Eu tenho a capacidade de colocar minha energia na testa de alguém. Posso passar adiante. Não sei se devo fazer isso.

D: *O que eles dizem?*
A: Eu deveria estar transmitindo sabedoria e, sim, devo fazer isso. Posso passar essa sabedoria. Está em mim. Posso sentir isso agora.

D: *E você nem saberia de onde estava vindo.*
A: Não, não saberia. Bem, eu sei agora. Trabalhe com o terceiro olho. É tudo sobre o terceiro olho.

D: *Mas você disse que eles querem que eu continue com o que estou fazendo?*
A: Você é um farol. É por isso que você tem que ir a todos os lugares. (Risos) Eles estão enviando você para todos os lugares porque é imperativo.

D: *Eles disseram que estavam regenerando o corpo de Alice.*
A: Eles estão regenerando você também. Eles estão regenerando você porque você tem que continuar indo para esses lugares diferentes. E toda vez que você sai de um lugar, você deixa um pouco de você e eles podem encontrar. Eles amam você. Você tem que ir.

D: *Estou tentando passar a informação adiante.*
A: Sim, você deixa lá e eles vão encontrar. As pessoas que você está ensinando, eles vão encontrá-las porque você deixa algo lá.

D: *Eles estão regenerando meu corpo?*
A: Sim. Eles estão regenerando, e você sabe disso. Eles não querem que você fique ligada à Terra. Eles querem você com eles. Eles querem você mais iluminada. Querem você em luz transparente.

D: *Então eles vão cuidar do meu corpo para que eu possa continuar a fazer essas coisas?*
A: É o que eles querem, você mais iluminada. Você vai se tornar como um cristal. Eles estão refazendo todo o seu corpo. Estão

refazendo tudo em você. Eles estão refazendo o seu cérebro.

Disseram-me a mesma coisa no início do meu trabalho. Antes de começar a viajar, me disseram que eu estaria indo para muitos países, e que em todos os lugares que eu fosse deixaria uma parte da minha energia. Isso não me esgotaria, e eu nem perceberia, mas seria deixada naquele lugar e seria sentida pelos outros. Eles também disseram que meus livros carregariam uma energia que seria sentida pelos outros. Então, muitas coisas parecem estar acontecendo sem o nosso conhecimento consciente.

CAPÍTULO VINTE E SETE

ENTRADA

Durante a sessão, Pamela queria explorar algo que ela pensava ser uma experiência com OVNI. Ela se lembrava de ter visto o que achava que era um OVNI, mas não sabia se mais alguma coisa tinha acontecido. Eu a levei de volta para aquela noite. Ela entrou em cena enquanto dirigia o carro para casa. Ela viu algo no céu, mas teve dificuldade em descrevê-lo. No começo, ela pensou que era uma luz nas colinas. Mas, então, "Não, não era uma luz. Era uma nave que parecia uma enorme lua. Eu sabia que não era de fato a lua. Tinha apenas a forma de uma lua, e era assim que me parecia. Parece que fiquei no meu carro e lembro-me de estacionar na entrada da garagem. Mas eu sabia que tinha ido lá para cima, também. Eu me vi dirigindo. Eu me via indo para casa, mas também sabia que estava lá em cima, que tinha sido levada para aquela nave. Não posso nem explicar o que estou vendo."

D: Como estar em dois lugares ao mesmo tempo?
P: Sim, porque eu estava ciente de estar no carro e ir para casa, mas também estava ciente de não estar no meu corpo. No entanto, eu sabia que o corpo tinha ido para casa. Agora eu estou vendo longos ... tenho que chamá-los de "feixes" porque eu não sei o que são. São apenas energia com pontos nela. (Movimentos de mão de algo passando horizontalmente.) São planos, mas são energia. Não acho que seja metal. Acho que é só energia. Tem um núcleo e um centro, e o centro parece escuro. E ao redor do centro existe uma luz amarela brilhante, mas você também pode ver feixes de luz saindo. Deve estar vindo de algum lugar à minha esquerda. Tudo é apenas energia. Não há estrutura. Tudo parece estar funcionando em conjunto, mas também indo em

direções diferentes. E vejo uma roda aqui em cima. (Acima dela.) Acima, do topo, uma enorme roda gigante. E há algo aqui (à esquerda) que tem luz brilhante saindo dela. É uma luz *brilhante*. Quase não se pode olhar porque é muito brilhante. Parece ser - quero dizer o "Sol", mas não tenho certeza de que seja isso.

D: *Tem alguma coisa a ver com aquela roda?*
P: Não, a roda foi embora agora. É apenas a luz brilhante. Eu estava pensando sobre a nave, e para onde ela me levou, de volta a este lugar. Pertenço a este lugar.

D: *Por que você sente isso?*
P: Porque é confortável. É isso que sou, essa luz. Onde quer que este lugar seja, onde quer que exista, esta é minha casa. Isso é quem eu sou, essa luz. E está projetando - quase como lanças ou grandes projeções que estão saindo. Eu realmente não sei o que está acontecendo, mas é muito brilhante e muito confortável, e há muita energia lá. Existem muitos seres e todos são energia. Todos são um.

D: *E você sente que já esteve nesse lugar antes?*
P: Ah, sim! É muito familiar. E brilha. Não posso nem pensar em uma analogia para explicá-lo. Apenas está lá.

D: *Isso é dentro dessa nave ou aeronave?*
P: Não. Eu nem sei como a nave está relacionada a isso. Mas, quando cheguei na nave, vi aquelas flechas - pareciam feixes descendo em ângulo – e, então, havia flechas se afastando dessa luz brilhante, deste lar. É apenas lar, tudo é pacífico e incrível lá. Ilumina tudo. Há muita energia lá, e tudo é um. Você só se separa quando deixa esse espaço. Mas, neste corpo, que está *aqui*, posso sentir que tudo é molecular. Você pode sentir cada molécula de que *isso* é feito. E posso sentir que há uma conexão entre os dois. Não sei como está conectado.

D: *Entre o corpo e o lugar?*
P: E a luz. É um aspecto dele. Eu acho que você diria que o corpo é um pedaço dele.

D: *Mas você não disse que isso não é mais uma aeronave ou uma nave?*
P: É outro lugar. A nave era um portal para passar para lá, como um ponto de partida. Quando você chega *lá*, então é trazido para cá. Era quase como um triângulo, estar aqui, depois ali e depois aqui. É assim que está conectado.

D: *Primeiro você tinha que ir para o que parecia uma lua.*

P: Sim, e isso foi como uma entrada. Foi isso. Ela (a nave, aeronave) era apenas uma porta de entrada, uma passagem para este lugar. Este lugar é tudo. É um corpo inteiro de energia, um espaço onde toda a energia está se misturando. E nós deixamos esse lugar para ir e experimentar os corpos. Aquela luz brilhante e bela de que as esferas estão saindo. É brilhante e cintilante.

D: Mas você está vivendo em um corpo na Terra. Por que você voltou lá naquela noite quando estava dirigindo?

P: Só para visitar. (Sua voz falhou quando ela ficou emocionada.) Eu preciso voltar lá apenas para lembrar de um lar. Apenas para me lembrar. Só para saber que meu lugar é lá. E não é nada além de energia. Não existe estrutura. *Só é meu lar.* Você pensaria que eu seria capaz de lhe dizer o nome, mas não tem nenhum nome físico para isso. Além do que posso dizer, o que diriam na Terra: é "lar". Mas *aquele é lar*. É apenas um lembrete adorável.

D: É por isso que você foi autorizada a voltar naquela noite?

P: Eu volto lá com frequência. Só não me lembro.

D: Por que você se lembra daquela noite?

P: Acho que fico frustrada com o que acontece neste planeta. Por causa de toda a tristeza e de todas as coisas que acontecem aqui. E me sinto impotente por não poder fazer isso direito.

D: É um lugar desafiador, não é?

P: Às vezes, é um lugar feio.

D: Você disse que havia outros lá. Você pode falar com eles?

P: Você não precisa falar com eles porque uma vez que você está lá e está incorporado no Todo, todo mundo se conhece e se entende, é como uma renovação. Você não fala. Você apenas *é*. E sabe que está tudo bem. E que você precisa estar *aqui* para ajudar. Mas, de vez em quando, você tem que voltar apenas para sentir. Porque, quando desce aqui na Terra, você se envolve com coisas terrenas, e é puxado para diferentes direções. E você precisa sentir aquele todo novamente. Precisa sentir esse amor e conforto na luz. Você só precisa sentir.

Então, parece que esses seres puros e inocentes que nunca foram à Terra e foram chamados para vir aqui durante o tempo de necessidade da Terra, de fato sentem-se isolados. Tenho tido muitos casos em que seres em OVNIs interagem com alguém, e a pessoa chora porque quer ir com eles. Não querem ficar aqui. Elas se sentem tão perto desses seres, mais próximos do que da família da Terra. Mas os seres geralmente os lembram: "Você não pode ir ainda. Lembre-se de que você está em uma missão. Você não pode ir até que tenha terminado. Mas, principalmente, lembre-se de que você nunca está só." Portanto, faz sentido que lhes seja permitido retornar e visitar "o lar" às vezes (e ainda assim não lembrar conscientemente porque a memória pode interferir no "plano") a fim de tornar a vida na Terra suportável. Além disso, se eles se lembrassem muito, não gostariam de ficar aqui.

Este *lar* também soava muito como o modo como a Fonte ou Deus é descrito pelas pessoas que voltam para lá. Então, os ETs também são capazes de ajudar a pessoa a voltar para lá? Se, durante o monitoramento da pessoa, eles percebem que realmente precisam ter um vislumbre de onde eles vieram, eles podem ajudar a levá-los para uma breve visita. Parece haver muitas razões diferentes para as pessoas experimentarem o que consideram ser uma abdução. Quando entendem as razões reais, isso não é negativo e pode ser extremamente gratificante. Saber que eles são cuidados de forma tão bela e amorosa.

D: *Se aquele lugar era tão bonito, e você estava tão feliz lá, por que você entrou em um corpo físico?*
P: Porque eu realmente pensei que poderia fazer a diferença.
D: *Alguém te disse para vir?*
P: Não. Você escolhe vir. Não é que você se canse de estar no Todo porque você é o Todo. Mas você vai e faz outras coisas. Eu estou vendo um monte de coisas diferentes agora. Eu não sei o que essas outras coisas são. Mas você vai a lugares diferentes e eu vim para a Terra porque queria ajudar.
D: *Daquele lugar você poderia ver a Terra e o que estava acontecendo?*
P: Não, eu não via o que estava acontecendo.
D: *Então, como você soube que precisava de ajuda?*
P: Você apenas sabe. É parte de quem você é. É parte do conhecimento porque você é parte do Todo. Você é parte de tudo o que é. Você é essa luz. Apenas sabe. Mas a Terra não é um lugar ruim para se estar. Só que você precisa ir para casa de vez em quando apenas para saber que as coisas podem ser tranquilas, bonitas e pacíficas.
D: *Como você achou que poderia fazer a diferença?*
P: Eu não sei. Estou vendo esse portal novamente. É aquela lua e agora está na posição invertida. Apenas por estar aqui. Apenas quebrando a frequência que está acontecendo aqui. Pensei que

minha frequência faria diferença. São muitos de nós que pensam assim. E, vendo agora, bem, agora, faz realmente diferença. Só que a frequência, a energia, a energia da massa, o todo, o padrão neste planeta Terra estava... emperrado? É essa a palavra certa? Estava emperrado. Não estava mudando. E, assim, por diferentes fragmentos vindos a diferentes lugares, perfurando esta energia que está acontecendo neste planeta, isso faria a diferença.

D: *Quase como se a energia do planeta se tornasse estagnada? Isso seria uma boa palavra?*

P: Sim, está presa. Isso foi o que vi. Aqueles feixes de luz eram fragmentos entrando. E os feixes que iam na outra direção eram energias que estavam partindo. Aqueles longos fragmentos pontiagudos que saíam antes que eu visse meu "lar". E uma vez que deixaram a luz, não pareciam mais luz. Começaram a parecer acastanhados ou como se tivessem mais substância. Eram energias que estavam saindo para outros lugares, e não sei para onde todas foram. Algumas vieram para a Terra e penetravam no Todo, na massa. Fariam buracos e separavam a energia. Sim, é isso mesmo. É isso que faz a diferença. Havia pencas saindo de cada vez, mas não sei para onde foram. Alguns de nós vieram para cá, mas vão para lugares diferentes.

D: *E quanto à energia dos seres que já estão aqui na Terra? Não podiam fazer nada para fazer mudanças?*

P: Estão emperrados. Fizeram a mesma coisa por tanto tempo que estão presos.

Especialmente se viveram incontáveis vidas na Terra e se enredaram no carma. Como digo, "Eles carregam tanta bagagem e lixo". Precisam liberar tudo isso antes que possam começar a fazer diferença. E muitos, muitos de meus clientes são incapazes de liberar o carma, a única coisa que os prende aqui. Eles dizem: "Como posso perdoar a ele (ou a ela)? Você não sabe o que fizeram comigo". Então, aparentemente, enquanto essas atitudes permanecerem, ficarão presos e incapazes de criar ou participar das mudanças tão necessárias.

P: Precisávamos, então, furar o que estava acontecendo para que a energia pudesse ser dispersada. Essa é a única maneira de fazer mudanças. Seria como se você tivesse um grande amontoado de algo - é isso, um amontoado. E se você mandasse lascas sobre ela, isso separaria tudo. E então a energia começaria a ser

diferente.
D: *E foi isso que você decidiu fazer.*
P: Quando saí da luz, é exatamente para onde vim. Outros também.
D: *É a primeira vez que você esteve em um corpo físico?*
P: Não, mas não me vejo parecida com isto antes. Eu me vejo como uma substância. Mais densa que energia, mas não me vejo com o corpo em que estou vivendo agora. Não me vejo assim, nunca. Estou olhando. (Pausa) Não estou vendo físico. Estou vendo substância. Estou vendo energia etérea, mas não estou vendo substância sólida. É diferente do corpo da Terra.
D: *Mas é diferente daquela de onde você veio.*
P: Ah, sim. De onde venho é... Eu não consigo nem explicar o sentimento e a euforia porque é maravilhoso. É leve, claro, é elevado. Todo mundo é *um*, ou tudo é um. Toda energia é uma e tudo é simbiótico. Acho que esta seria uma maneira de explicar isso. E, então, quando você começa a sair, sente que não é tão confortável, mas todos nós vamos. Podemos entrar em outros reinos e assumir formas. Posso ver formas, mas elas não são densas como esta. Não são tão densas.
D: *Você consegue ver que tipo de formas eram essas?*
P: Posso ver um desfile de formas, na verdade, algumas são magras e altas, algumas são apenas translucidas e algumas são delgadas. Parece que as coisas estão começando a entrar em um núcleo novamente, em uma bola. Parece escura sempre que começa a fazer isso. Fica muito densa e você não pode mais ver através dela.
D: *Você acha que estava mais ou menos experimentando diferentes formas e substâncias?*
P: Todos nós fazemos isso. Vamos e experimentamos para ver onde podemos viver. Onde podemos fazer o maior bem. Onde é mais confortável.
D: *E de alguns deles você não gostou?*
P: Na verdade, quando olho para eles, todos parecem bem. Acho que o melhor é onde você não tem uma forma sólida, mas você tem forma suficiente para que possa se mover, voar e flutuar. Parece que, de todos os lugares em que estive, no entanto, o planeta Terra é o mais denso. É o lugar em que se tem muitas experiências.
D: *Muitas lições. Muitas coisas para aprender?*
P: Sim. Eu só não vejo como aprender tudo isso é necessário. Talvez, quando eu voltar, faça mais sentido.

D: *Então o corpo de Pamela é o primeiro que você teve como corpo físico?*
P: Estou sentindo que este é o primeiro corpo físico que tive assim. Parece diferente. Não parece muito bom. Não houve limitações com os outros. Podia movimentar-me livremente e, neste corpo, se está preso. Estar preso não é bom. Você sabe que pode fazer mais.
D: *Pamela disse que quando era criança ela podia levitar as coisas e movê-las.*
P: Sim, eram tempos divertidos, quando pequena. Ela também podia passar por coisas sólidas. Mas não pode mais fazer isso. (Emocionada) Não sei o que aconteceu. É por isso que não é divertido estar aqui porque você não pode ser quem é. Tem que fazer o que todo mundo faz. Você não pode fazer as coisas que sabe que pode fazer. Quando criança, ela sabia que poderia fazer essas coisas. E ela ainda sabe que pode, mas não funciona mais. Tudo tem a ver com crença. Quando ela sobe, não está presa porque a energia é diferente. E você pode se mover, pode ver e sentir. E você pode fazer todas as coisas que você não pode fazer quando está preso em um corpo. Você chega aqui e começa a pensar que pode fazer isso e pode fazer aquilo. E, então, você começa a tentar fazer a diferença, e aí está o problema. É por isso que tenho que voltar para a luz, para que eu possa lembrar e ser lembrada disso.
D: *Então ela tem que perceber que ela não pode tentar mudar todo mundo.*
P: Não, não é assim que ela é. Não é a energia dela. Sua energia é apenas ser quem ela é. Tudo é simplesmente perfeito lá. No fundo, ela conhece essas coisas. Só que não pratica o que sabe. Sempre que você sabe alguma coisa e continua tentando fazer outra coisa, isso realmente o destrói. É daí que todos os problemas físicos vêm. Continuamos tentando negar para que estamos aqui. Há muitos de nós aqui embaixo. Há pessoas de muitos outros lugares que estão aqui também, que estão ajudando. Há muitas pessoas.
D: *Todos vieram com o mesmo propósito?*
P: Não. Muitas pessoas - não são pessoas - muitas energias vieram para sentir como é. Alguns desceram para aprender. Acho que todos têm seu próprio motivo. Não conheço as energias deles. Parece que vieram ajudar do seu modo. Eu diria que sim, isso seria verdade.

D: *Todos eles vieram do mesmo lugar?*
P: Ah, não. Existem muitos lugares.
D: *Então eles não vieram todos do lugar da energia.*
P: Ah, não. Não, estou vendo um lugar que parece uma substância reflexiva. E há uma luz verde azulada saindo dela. Às vezes, parece que tem um teto pontiagudo e, outras vezes, parece que continua pelo infinito. Muitas das energias vieram deste lugar de substância reflexiva. Não sei onde é. É longe. Sinto essas energias. Estou vendo outro lugar também. Ahhh, este lugar não parece muito bom porque está escuro em torno dele. É um lugar escuro e essas energias não são boas. Mas as energias que vêm dessa substância reflexiva estão vindo para ajudar.
D: *Muitos estão entrando em um corpo físico pela primeira vez?*
P: Deixe-me verificar. (Pausa) Alguns. O que estou recebendo é que quando estamos em nosso estado de energia, todos sentimos que podemos ajudar, independentemente de para onde vamos. E todos nós escolhemos nos separar, em vários momentos, para ir a lugares diferentes porque sentimos que nossa energia seria útil para onde estamos indo. E, na maioria das vezes, eu diria que é. Então eu entendo que nós - eu digo "nós" porque tudo é energia - que nós vamos para muitos lugares diferentes onde pensamos que podemos ser úteis, ou vivenciamos algo que não experimentamos antes.
D: *Mas, claro, quando você chega aqui, é diferente, não é?*
P: Ah, é muito diferente. É muito diferente.
D: *Principalmente porque as pessoas não se lembram quando entram no corpo físico.*
P: É quase como se você fosse cortada de quem você é. Eu volto sempre. Acabei de perceber que vou voltar muitas vezes. E me lembro de querer voltar e ficar lá. E não sei quem são *os* que me dizem, ou talvez seja eu mesma que me diga, que eu preciso ficar aqui. Sou eu. Não existem *eles*. Eu preciso ficar e fazer o que vim fazer aqui. Resumindo, eu teria saído daqui há muito tempo. Eu teria ido embora, mas não é disso que se trata a energia. Eu sei que não é disso que se trata. Só que sempre que você vai para a Terra e se envolve lá, você sente como "Eu não quero estar lá. Esse lugar é feio. Eu quero ir embora". Mas não é tão fácil assim. E é isso que estou vendo agora, a energia que deixamos para trás não está nos deixando voltar porque precisa experimentar isso, sentir isso.
D: *Precisa experimentar?*

P: A mensagem que estou captando agora é que eu queria experimentar isso. Descobrir. Mas é isso que estou recebendo.
D: E você não pode voltar até que tenha feito o seu trabalho. (Não) Mas muitas das coisas que Pamela lembrava, ou sentia, ela achava que tinham a ver com ETs e espaçonaves. Não parece assim.
P: Deixe-me ver a foto aqui. (Pausa) Agora estou vendo muitas naves. Ah! Você sabe o que é? É assim que viajamos às vezes. Esta é a nave em que viajamos. Eu não. Eu digo "nós" porque estou pensando naqueles que vieram - *nós* não tínhamos nenhuma nave quando viemos para a Terra. Nós acabamos de descer em nossa forma de energia. Estou vendo um bebê pequenino agora. Não é engraçado? Somos essa enorme energia, e nós descemos para este bebê tão pequenino. Parece incrível porque para onde iria o resto da energia?
D: Você teve que ter permissão para encarnar em um bebê?
P: De alguma forma, tudo foi resolvido, e não estou vendo isso agora.
D: Eu estava pensando que tem que haver regras e regulamentos.
P: Temos orientação. Tudo é orientação. Eu não estou vendo isso agora.
D: Bem, qual é o propósito de viajar na nave?
P: É ir a outros lugares onde você precisa viajar com seu próprio tipo de energia. Porque onde estamos, mesmo quando digo que posso ver a linda e brilhante bola de luz - essa é uma energia específica. Essa é uma energia de casa. Então, quando você viaja para fora do seu reino, você precisa viajar em uma nave que é daquela energia em que você vive, que você é.

Também me disseram que essa energia única tem que ser contida ou se fundiria com outras energias pelas quais estava passando. Esta era uma forma de proteção. Muitos dos seres que viajam nesses OVNIs são seres de luz. Muitos deles também têm a capacidade de mudar sua forma para se adequar ao ambiente em que se encontram.

D: Ela faz isso em seu corpo físico?
P: Não, não. Essa é apenas outra parte dela que está viajando. (Uma realização.) Isso é o que acontece porque ela está intimamente conectada com essas outras partes. Então ela está sentindo essas outras partes enquanto estão fazendo essas coisas, mas ela não está entendendo o quadro todo. Estou vendo uma parte dela

agora viajando em uma nave para um lugar que tem pilares muito altos. Existem cristais e seres de energia. E não é de onde ela é, então ela tem que viajar em sua própria energia para chegar lá. Eu não sei o que ela está fazendo lá. Na verdade, não é uma "ela".

D: Mas é outra parte dela? (Sim) *Como se quando ela se separou da luz do lar, o lugar do lar, foi em pedaços diferentes?*

P: Sim, existem muitas peças diferentes.

D: E uma dessas peças é Pamela?

P: São todos o mesmo pedaço, como quando os feixes se separam do todo. Esse feixe pode então entrar em muitos lugares diferentes em diferentes reinos para ter experiências diferentes. De qualquer forma não consigo me conectar com todos eles. Só sei o que acontece. Tem uma faixa colocada em torno de sua cabeça. Parece uma tensão que está ao redor da cabeça. (Movimentos da mão mostrando que está na testa.) Isto sela essa conexão. É uma conexão para que ela não receba as outras partes. Acho que ela não poderia. Só para saber que existem outras partes em funcionamento, outras energias de trabalho. Deve ser um artefato, para saber que está tudo bem. Que tudo está em perfeita ordem. Que todas as partes estão trabalhando juntas e fazendo o que devem fazer, e elas estarão juntas em breve. É essa a mensagem, é para ser um conforto.

D: Você sabe como os humanos são. Se não entendem algo, eles o temem ou o aumentam fora de proporção.

P: Você sabe o que é isso? É por causa das limitações daqui. Eu acho que, uma vez que você está fora do corpo, você é quem você é e todos estão conectados. É como uma grande panela de sopa. Você pode ser uma cenoura ou uma batata, mas ainda é sopa e está tudo conectado. Então, quando você é retirado da sopa e colocado em diferentes partes ou locais, então você está separado do todo. Você não está entendendo e é confuso. Não está fazendo sentido então. Mas, uma vez que você está de volta ao lar, ou junto novamente, então você sabe que está tudo bem e que tudo está do jeito que deveria ser.

D: Então, quando ela está tendo essas ideias sobre naves espaciais e ETs, ela está apenas pegando as memórias ou as experiências dessas outras partes de si mesma.

P: Sim, é isso que está acontecendo.

D: Ela estava se perguntando sobre implantes. Você sabe se tem algum em seu corpo?

P: Sim, existem implantes. Tem um na têmpora; no ombro direito.
D: Quem os colocou lá? Ou como eles chegaram lá, digamos assim.
P: Na verdade, quando ela veio, ela tinha aqueles, e eles são energéticos, de onde ela é. Eles sempre estiveram lá. Nos últimos anos, ela se perguntou sobre isso, mas ela sabe que está tudo bem.
D: No meu trabalho eu sei que outros seres colocaram implantes nas pessoas por várias razões.
P: Não, não foram outros seres, eles são de onde ela é.
D: Qual é o propósito deles?
P: Informação à qual ela pode recorrer. Ajuda a localizar portais para que ela saiba como chegar em casa.
D: Quase como se tivessem sido colocados quando ela veio para cá, para que ela não se perdesse. Isso seria uma boa maneira de dizer isso?
P: Sim, esse seria o jeito certo de dizer.
D: Assim ela não se perderia no físico e permitiria que ela encontrasse os portais para ir para casa.
P: Certo. Isso mesmo. E também é um lembrete de quem ela é. Fui informado de que sempre que eles coçam e fazem com que ela os note, é quando ela tem mais contato com o lar. Eu não acho que ela perceba isso.
D: Vejo diferentes tipos de pessoas. É ela um tipo diferente dos outros com que trabalhei?
P: Não, acho que você já trabalhou com muitos de nós antes.
D: Claro, me disseram para não colocar essas pessoas juntas.
P: Isso é verdade. Eles são mais eficazes por conta própria. Se eles se reúnem, a necessidade de voltar é reforçada. E eles precisam ficar aqui.
D: Disseram-me que a energia seria diluída se eles fossem colocados em contato uns com os outros.
P: Seria diluída.
D: Disseram-me que eu encontraria vários, mas nunca tenho certeza. Este é aquele tipo de energia então.
P: É um tipo diferente de energia. Havia todos os diferentes tipos de energia. Nós viemos de lugares diferentes; trazemos coisas diferentes que fazem as partes do todo. E a parte da qual eu sou, não conheci antes. Sinto que você conheceu. Mas não acho que neste planeta Terra essas energias precisem entrar em contato umas com as outras porque elas são mais fortes sozinhas.
D: Recebi a analogia de que elas são como duas ondas em um

oceano.
P: Isso é verdade. Elas seguem caminhos diferentes.
D: *Mas sempre que as ondas são colocadas juntas, isso dilui seu poder.*
P: Então começam a ir para uma direção.
D: *Então é por isso que está tudo bem eu saber sobre eles, mas eu não deveria colocá-los em contato uns com os outros.* (Não) *Mesmo que eles fiquem solitários.*
P: Não achei que estava sozinha no corpo de Pamela. Eu me sinto muito forte estando sozinha. Tenho mais força sozinha do que quando me misturo com os humanos porque eles parecem estar muito dispersos. Eles estão tão envolvidos com o que está acontecendo em seu planeta que esquecem quem são. E o corpo de Pamela, quando ela está sozinha, se lembra e se sente muito forte. Mas quando ela fica com outros humanos e começa a fazer coisas que os humanos fazem, isso a puxa em direções que não a deixam confortável. E é por isso que ela gosta de ficar sozinha.
D: *Mas quando ela viu a luz pela primeira vez, ela queria voltar. Então eu pensei que ela estava sozinha.*
P: Foi um sentimento de desespero como se você mal pudesse esperar para chegar em casa. Há muitos de diferentes partes do cosmos que vêm para ajudar e dispersar a energia que está aqui. E é muito necessária.

CAPÍTULO VINTE E OITO

OUTRO ASPECTO (MAIS AVANÇADO?) FALA

Essa sessão foi feita como uma demonstração na minha turma no Northwest New Mexico College em Santa Fé, Novo México. Esta faculdade é a única a oferecer um curso de quatro anos em todas as fases da medicina alternativa e cura natural.

Jane era uma jovem bonita que estava se tornando conhecida por seu trabalho como curadora psíquica. Ela nasceu com muitas habilidades que foi capaz de reter e utilizar. Elas não foram retaliadas e esquecidas, como tantas vezes acontece com esse tipo de criança. Ela queria principalmente informações sobre seu início. Esta é outra pergunta comum: "De onde eu sou?" Claro, a resposta é sempre a mesma. As pessoas pensam que vieram de um determinado planeta, mas isso é apenas um passo em sua longa jornada. Todos nós viemos do mesmo lugar, quando fomos criados por Deus (ou pela Fonte) e enviados para experimentar nossas jornadas. Ela também queria informações sobre seu caminho de vida.

Quando Jane saiu da nuvem, ela estava subindo em vez de descer para a Terra. Ela se moveu para as estrelas e ficou muito emocionada ao fazê-lo. Ela disse que parecia um regresso ao lar: "Por causa do lugar de onde venho". Ela disse que tinha perdido esse lugar, e seria bom encontrá-lo novamente. Ela queria ir para o norte e, ao fazê-lo, viu que estava cercada por cristais no céu. Então, movendo-se muito rapidamente pelo espaço, ela estava chegando ao lugar que estava procurando. Na distância, viu naves chegando. "São pequenas e redondas, pretas e prateadas. Estão vindo me receber. Não são realmente de onde eu sou ... são apenas saudações." Então ela sentiu que foi subitamente sugada por uma das naves. Em seguida, aconteceu um fenômeno estranho que já tinha acontecido antes. Estou sempre preparada para o incomum porque, para mim, não é incomum. No entanto, para uma aula, pode ser surpreendente. Uma voz diferente surgiu, e parecia que eu estava em comunicação com algum tipo de entidade que estava a bordo da nave, em vez de Jane. Quando isso acontece, eu apenas acompanho.

D: *O que você vê depois de entrar?*
J: (Confusa) Eu não entendo sua linguagem.

Dei instruções de que seria capaz de me entender e se comunicar comigo. "Você pode acessar essa parte do cérebro de Jane que pode entender o que estou dizendo? Eu realmente gostaria de falar com você. Isso será aceitável?" Ela concordou. Expliquei que sabia que não usava linguagem, e que geralmente se comunicava mentalmente. No entanto, *nós* temos que usar palavras para nos comunicarmos. "Quero que você se sinta confortável e possamos nos comunicar. Você será capaz de fazer isso?" A entidade concordou, então comecei a fazer perguntas.

D: *Estamos procurando informações. Tudo bem se você nos contar sobre esse lugar?* (Sim) *É uma nave pequena?*
J: Sim. É muito pequena porque não passo muito tempo aqui. Só é usada para ir e voltar. Parece um pequeno avião dentro, exceto que não tem assentos. Tem uma pequena cozinha feita com algo parecido com metal. Não sei bem como explicar. Faço comida lá, mas realmente não entendo a cozinha.
D: *Se é uma cozinha, você tem que comer alguma coisa?*
J: Eu não tenho que comer .... Não sei como explicar isso. Os humanos chamam de comida, mas nós criamos minerais ... não, essa não é a palavra certa. Nós apenas criamos coisas que nossa estrutura usa para energia. Não posso explicar. Eu sinto, mas me pedem para deixar ... há pessoas que precisam saber dessas informações porque elas precisam trabalhar com essa energia.

Pedi uma descrição de seu corpo. "Eu não pareço com nada. Não consigo me ver. Me sinto como uma energia ... os humanos chamam isso de orbe. No entanto, somos capazes de nos transformar em diferentes formas, dependendo do lugar para onde viajamos."

D: *Você faz isso apenas quando quer, ou quando as circunstâncias*

são ...
J: Só quando é necessário. Nós não abusamos de nossas habilidades.
D: *Você já teve um corpo físico?*
J: Sim, estou muito familiarizada com um corpo físico. Não entendo, mas conheço esse sentimento de quando era criança e meu corpo se tornaria energia e eu simplesmente desapareceria.
D: *Então você teve um corpo físico ao mesmo tempo?*
J: Sim. Eu tive muitas formas.
D: *Essa é a habilidade do seu povo?* (Sim) *Eles podem começar com o físico, depois mudar?* (Sim) *Ah, isso é maravilhoso. Então você não precisa mais do corpo. Você acabou de se tornar energia?* (Sim) *Bem, o que você faz como energia?*
J: Nós ensinamos pessoas. Fazemos muitas coisas. Há muito trabalho a fazer no universo porque os seres humanos estragam muitas coisas.
D: (Risos) *Ah, eu acredito nisso.*
J: Então, quando projetam sua energia fora, temos que realinhar as estrelas e temos que tirar seus gases. Não entendo o que é essa energia que projetam. Existem energias estranhas que vão para o universo e poluem todo o universo. É muito perturbador.
D: *Isso vem de humanos?* (Sim) *Você está perto da Terra?* (Não) *Então isso se estende por um longo caminho?* (Sim) *O que eles estão projetando que é tão negativo?* (Jane começou a chorar.) *É difícil lidar com isso, não é? Você tem que limpar a bagunça. Você tem um trabalho importante. Por que isso te deixa emocionada?*
J: Ah, eu simplesmente não compreendo porque todos os humanos não entendem o que estão fazendo conosco. Eles estão abusando de sua alquimia no planeta. Eles estão criando substâncias químicas que se espalham para diferentes universos e não entendem isso.
D: *Eles não percebem que essa alquimia não fica apenas em seu próprio mundo?*
J: Isso mesmo.
D: *Isso se propaga e afeta seu mundo?*
J: Não tenho um mundo. Pertenço ao universo.
D: *Você teve uma vez, não?*
J: Sim ... (Chorando) antes de ser destruído.
D: *Diga-me o que aconteceu.*
J: Vivi no planeta dos cristais. Os gases eram tão fortes que dissolveram o planeta, então tivemos que criar uma nave para

que tivéssemos um lugar para onde ir.
D: *Por que o planeta se dissolveu?*
J: Foram os gases do mundo humano. Eles eram fortes demais e derreteram-no.
D: *Os gases se acumularam após um período de tempo?*
J: Sim. Os gases destroem muitos planetas, então temos que resgatar muitas pessoas também. Muitos seres diferentes em outros planetas. Nós recolhemos seres diferentes.
D: *Então isso destruiu muitos planetas?*
J: Sim, continua destruindo planetas e continuamos tentando....
D: *Você quer dizer que a energia ainda está saindo?*
J: Sim, e continuamos filtrando e tentando consertar, mas eles continuam fazendo coisas para abrir sua camada de ozônio e isso sai e ... (Respiração profunda) é muito perturbador. Tanta coisa precisa acontecer.
D: *Então, quando seu planeta foi destruído, você disse que foi embora?*
J: Nós construímos uma nave para podermos sair e ainda fazer o nosso trabalho. Então percebemos que não tínhamos mais um planeta.
D: *Você teve um corpo físico na época em que estava na nave?*
J: Ele tinha uma estrutura para isso.
D: *Então o que aconteceu que você decidiu não ter mais um corpo físico?*
J: Nós não precisamos. Foi uma bênção perder o planeta porque já estávamos evoluindo para o lugar onde não precisávamos mais de um lar. Nós não precisamos de nenhuma estrutura física para conter nossa forma de energia.
D: *Você evoluiu além disso.* (Sim) *Então, quando você se tornou esse ser de energia, o orbe, que você é agora?*
J: Foi depois.
D: *Alguém lhe disse que você teve que fazer esse trabalho?*
J: Foi decidido pelo conselho. Bem, não apenas meu trabalho. Existem vários de nós que fazem isso.
D: *Você se reuniu com o conselho?*
J: Eu sinto que eles deram instruções. Nós não os vemos. Apenas nos comunicamos energeticamente com eles e eles estão ao nosso redor.
D: *E você concordou em sair por todo o universo e tentar corrigir essas coisas que estão acontecendo?* (Sim) *Como é quando você encontra a energia que vem da Terra? Como você identifica*

isso?
J: Ela tem uma frequência muito densa e baixa, e nem entendo como isso sai para essas dimensões. É quase como uma cobra preta e esfumaçada que desliza, mas não nos dominou. É bastante fácil limpá-la. É desnecessário gastar nosso tempo dessa maneira quando há outras funções que precisam ser executadas.

D: *Eu queria saber como poderia sair para tão longe da Terra para essas outras dimensões.*

J: Sim, vai além da nossa galáxia. Vai além e para outros universos. É muito penetrante e sabemos que os humanos não têm a intensão. É muito perturbador observá-la.

D: *Eles acham que só permanece na Terra e que estão apenas machucando um ao outro.*

J: Sim. Fechamos muitas dessas portas, infelizmente os seres humanos sentem que ainda precisam de certos professores. Os seres humanos sentem que precisam aprender as coisas da maneira mais difícil, por isso convidam energias que lhes ensinam as lições de maneira difícil.

D: *Bem, é um planeta de lições.*

J: Sim, correto.

D: *Você disse que essas energias negativas eram fáceis de limpar? Como você faz isso?*

J: Eu não entendo a palavra para isso ... nós as cercamos com um tipo muito poderoso de cristal líquido. Nós as aprisionamos e depois criamos cálculos diferentes. Temos que testar a frequência e descobrir uma frequência forte o suficiente para dissolvê-las. Então elas se dissolvem em energia, mas, como mencionei, toma muito tempo. Existem outras tarefas no universo que são muito mais benéficas para o coletivo.

D: *O que é o coletivo?*

J: A totalidade do universo e habitantes do universo. Existem muitas outras espécies, e os humanos não entendem isso. Mas nós gostamos dos humanos. Eles são uma parte de nós e descobrem isso quando deixam o corpo. Se soubessem disso, se comportariam de maneira diferente. Eles são muito agradáveis. Têm boas intensões, e todos têm esse amor em seus corações, e nós apenas queremos que eles amem pelo coração deles. Quando amam de coração, não criam essas coisas que acontecem.

D: *O amor é tudo de qualquer maneira, não é?*

J: Correto. O Criador é muito amoroso. Eles só têm um vislumbre de quanto amor o Criador tem por eles.

D: Mas eu acho que isso é parte do porquê eles estão na Terra, para descobrir essas coisas.
J: Isso é correto. Eles não veem as árvores acenando para eles, piscando e dizendo olá. Eles apenas as derrubam.
D: Não veem que tudo está vivo. Acham que tudo está aqui para seu benefício.
J: Correto.
D: Se você não estivesse gastando tanto tempo limpando a bagunça, o que você gostaria de fazer?
J: Ah, existem muitos projetos. Há muitos planetas esperando para nascer, mas sabem que não é seguro o suficiente para nascer. E há muitas outras espécies que desejam se tornar parte do processo de evolução para o coletivo.
D: Então isso faz parte do que você poderia fazer?
J: Sim. É muito fácil criar planetas, assim como é muito fácil destruir planetas. Ou mudá-los para outras galáxias e formações que servem ao coletivo.
D: Conversei com outras pessoas como você, que criam planetas. Faz parte do grupo de co-criadores, não é? (Sim) *Você faz isso com energia?*
J: Sim. É mais que energia. Se os humanos entendessem isso ... nós pensamos, então acontece.
D: É por isso que os pensamentos são tão poderosos, não são? (Sim) *Talvez seja por isso que os humanos não estão nesse ponto.*
J: Os seres humanos são muito engenhosos em seus cérebros. E se usassem o pensamento e a intenção de maneira diferente, criariam uma existência muito mais pacífica. Quando criamos o planeta, ele foi criado como um oásis. Eles não estão destinados a sofrer. Alguém os ensinou a sofrer ... não nós. Mas todos sabem em sua profunda sabedoria que seus cérebros são muito poderosos. Usam apenas uma pequena porção de seu cérebro, do tamanho do amendoim, mas seu cérebro é muito grande. E se acessarem toda essa energia em seu cérebro, será um lugar muito diferente no planeta. Na verdade, eles sabem o que está acontecendo. Sentem isso. Estão fazendo a transição. E este planeta Terra não está sendo destruído. Realmente gostaria que eles não se concentrassem nisso, porque estão se concentrando na energia da destruição e, portanto, estão criando isso.
D: Qualquer coisa em que se concentram eles criam.
J: Isso está correto.

D: *Você está feliz com o que está fazendo?*
J: Sim, eu realmente amo meu trabalho. Quando eu digo "trabalho", isso é o que os humanos diriam.
D: *Sim, é isso que diríamos. E você viaja de um lugar para outro e faz o que deveria fazer.* (Sim) *Isso é maravilhoso e você está muito feliz com isso?* (Sim)

Agora era hora de fazer a conexão com Jane. "Você está ciente de que você está falando através de um ser humano?"

J: O que eu sinto é engraçado, estranho. Existe alguma obstrução aqui.
D: *É por isso que você teve que usar um idioma.* (Sim) *Isso te incomoda?*
J: Usar um corpo humano?
D: *Para se comunicar comigo.*
J: Não. É necessário.
D: *Eu gostaria de esclarecer uma coisa. Quero saber se você é ela ou faz parte dela? Como você percebe isso?*
J: Ela é uma parte de nós.
D: *Ela faz parte do seu grupo?* (Sim*) Conte a ela sobre isso. Ela está procurando por respostas.*
J: Ela já sabe as respostas.
D: *Sim, mas ela não as conhece conscientemente. Você pode dizer a ela para que entenda?*
J: Sim. Ela está aqui para ensinar as pessoas a criar. Como usar suas energias de onde ela vem.
D: *Energias de onde você vem?* (Sim) *Ela é realmente você, não é?* (Sim) *Isso é o que fica complicado quando tentamos colocar em nossa linguagem.*
J: Sim. Coloca-a, muitas vezes, em situações que são muito poderosas. E, muitas vezes, em sua existência humana, ela teve situações que você chamaria de "alto perfil". E as pessoas não entendem que ela só quer ensiná-las a criar.
D: *Se você estava feliz com o seu trabalho lá, por que você decidiu se tornar um ser humano?*
J: É necessário.
D: *É restritivo, não é?*
J: Sim, e ela não gosta disso.
D: *O que aconteceu a primeira vez que você teve que se tornar humana? Foi-lhe dito para fazer isso?*

J: Sim. É difícil explicar por que ela nunca se inscreveu para ser humana. Mas ela sempre aceitou suas atribuições.
D: *Você quer dizer que ela não se voluntariou?*
J: Correto.
D: *Existem voluntários, não existem?*
J: Sim. Existem muitos que os humanos diriam estar na "lista de espera" para entrar no planeta agora.
D: *Mas ela não se ofereceu.*
J: Não, ela não gosta de um corpo.
D: *(Riso) Então, foi-lhe entregue uma tarefa?*
J: Existem muitos de nós - muitas partes do todo com quem você está falando - existindo em outras dimensões atualmente, e ela escolheu estar no planeta Terra. Mas existem muitas outras divisões de nós em outros lugares agora.
D: *Acho que entendo isso mais do que a maioria das pessoas, porque entendo que temos muitas partes.* (Sim) *Não somos apenas uma parte.* (Sim) *Então ela pode estar existindo como humana, e existindo como você também.*
J: Isso é correto. Mas ela tem muitos deveres e entende que existe um cenário maior. Ela precisa trazer as frequências e os ensinamentos necessários para os humanos focarem sua energia. Redirecionar sua atividade cerebral para servir mais ao seu Criador e seu universo. E, quando deixam seu corpo, entendem isso.
D: *Ah, sim, é muito claro então. Mas de qualquer forma, ela decidiu aceitar essas atribuições e se tornar humana?*
J: Sim. Ela nunca discute sobre isso. É por isso que nós lhe damos as atribuições difíceis. Ela gosta. Gosta de ser desafiada.
D: *Não é fácil quando você é humano e tem essas habilidades diferentes (suas habilidades psíquicas). Não é verdade?*
J: Sim. Ela fez o melhor que pôde para fazer com que as pessoas se sentissem à vontade antes de mostrar o que realmente está acontecendo.
D: *Bem, essa, através de quem você está falando, o nome dela é Jane.* (Sim) *Ela teve outras vidas na Terra?* (Sim) *Tem alguma que ela precise saber?*
J: Não, não é necessário saber neste momento.
D: *Então, seu foco agora é o mais importante.*
J: Correto.
D: *Qual é a sua tarefa desta vez?*
J: Ela tem que ensinar muitas pessoas, e existem muitos curadores

que precisam lembrar quem são, e quais são suas frequências, as que eles trazem para cá, e suas energias, para que possam fazer o seu trabalho com o potencial máximo.

D: *Parece uma grande tarefa.* (Sim) *Ela disse que se lembra, mesmo quando era bebê, de fazer coisas muito estranhas.*

J: Sim. Ela costumava se comunicar conosco de seu berço. Por causa de sua tarefa, ela não precisava ter o mesmo nível de esquecimento que os outros humanos.

D: *Porque a maioria das pessoas não se lembra de quando eram bebês.*

J: Isso é correto. A maioria das pessoas não gostaria de lembrar. Mas essas almas são muito bonitas, e os humanos não as reconhecem como tal, e elas precisam entrar sem memória para que possam servir às pessoas que podem estar servindo ao planeta.

D: *No entanto, ela ainda se lembrava de quando era capaz de fazer essas coisas.* (Sim) *Mas a família dela era muito compreensiva.*

J: Sim, eles eram complexos.

D: *No entanto, ela teve que colocar essas habilidades em segundo plano, se você entende o que estou dizendo.* (Sim) *Porque, para viver como ser humano, você tem que se adaptar.* (Sim) *Ela quer saber se é possível trazer de volta essas habilidades agora?*

J: Sim, chegou a hora. Ela sabe como usá-las, mas ela precisava contê-las porque havia muitas - o que os humanos chamam de energias "cinzentas" - no sistema escolar em que ela estava trabalhando. E ela sabia que eles poderiam ver o que ela podia fazer. Então, para proteger a informação, ela precisava colocar as habilidades em espera. Ela estava se protegendo, mas também protegia a informação.

D: *Então ela teve que se misturar naquele momento e se tornar humana.* (Sim)

Eu sabia que a parte com que eu estava falando seria capaz de responder às perguntas que Jane queria saber, e sabia que não teria que chamar o SC. Ele disse que eu já estava falando com ele. Às vezes, é difícil saber distinguir a diferença entre um guia ou outra entidade e o SC. O guia ou outra entidade pode não ter acesso ao tipo de informação necessária e, muitas vezes, é o primeiro a reconhecer. Às vezes, me dirá que devo chamar o SC porque não pode responder às perguntas. Tudo remonta ao fato de que somos todos um de qualquer maneira. Todas as outras partes de nós mesmos mais o SC são partes da Fonte. No início, ele soava como um ET ou típico alienígena encarregado dessa pequena espaçonave. Depois soou como um Ser Criador e, então, se identificou como outra parte de Jane. Foram muitas coisas, como todos nós somos. Portanto, eu sabia que seria capaz de obter informações para Jane sem chamar o SC.

D: *Podemos apenas conversar e ter informações, não podemos?*
J: Sim, e você é um canal maravilhoso para essa informação, e agradecemos por tudo o que você faz.
D: *Eu trabalho com você o tempo todo.*
J: Sim.
D: *Eu conheço seu poder e o respeito. Mas se ela puder trazer essas habilidades de volta, será bom? Será seguro?*
J: Sim, vamos criar os mecanismos de proteção em volta dela para trazê-las. Existem muitos humanos no planeta agora que estão esperando essa informação que vem por ela. Está no momento certo.
D: *Sou muito protetora, e não queremos fazer nada que possa machucá-la ou atrapalhar sua vida. Ela tem que viver aqui, afinal de contas.*
J: Certo. Por isso reestruturamos seus átomos.
D: *Conte-me sobre isso.*
J: Eles possuem mais carbono e são capazes de reter mais hidrogênio, então a expansividade da energia e a força da energia são permitidas em seu campo de energia.
D: *Por que as células tiveram que ser reestruturadas?*
J: Você pode imaginar a quantidade de frequência que vai passar por ela. (Sim) Então, não queremos que o corpo físico dela seja destruído.
D: *Me disseram isso antes. Algumas energias são tão fortes que poderiam destruir os corpos físicos.*
J: Isso está correto, e isso aconteceu com muitos humanos.
D: *Muitas vezes, quando seu tipo de criatura tenta entrar, o corpo do bebê não consegue conter a energia. (Sim) É abortado ou nasce morto. Isso é o que ouvi. (Sim) Então você tem que tentar novamente fazendo ajustes.*
J: O feto está bem. É a mãe que não está cuidando da energia que envolve o feto.
D: *É demais para a mãe. (Sim) Você teve que fazer algo para Jane antes dela nascer?*
J: Ah! Sim. Jane não entrou no útero até cerca de seis meses, porque eles estavam trabalhando no receptáculo dela. O corpo da mãe.

Então ela não pôde entrar até seis meses no útero.

D: *Então o bebê foi desenvolvido seis meses antes de ter permissão para testar as águas, por assim dizer?*

J: Sim. Mas ela estava ocupada fazendo outras coisas. Não sei como explicar, mas basicamente o eu superior do ser humano ativa sua própria sabedoria de como criar seu corpo. Como estruturar o feto em um nível celular, para que a energia possa entrar.

D: *Muitas vezes você está tão ocupado que não quer entrar até o último minuto.*

J: Sim. Isso é o que Jane estava fazendo.

D: *Você quer dizer a alma, o espírito, que vai entrar?*

J: Correto. Eles não entram.

D: *Eles estruturam o feto para o que eles querem que seja?*

J: Sim. O feto sempre configura a mesma coisa e, então, quando o feto está pronto, preparado para a alma entrar, ela chega.

D: *Então eles não manipulam ou mudam o feto?*

J: Bem, eles vão, sim, mas a mãe precisa criar as ... as almas precisam se formar. Às vezes, energias ou almas dizem à mãe que estão vindo, em seguida estão ocupadas fazendo outras coisas e, às vezes, esquecem de entrar no corpo.

D: *Isso acontece?*

J: Sim, então o bebê nasce sem alma no corpo, e isso porque outras coisas têm prioridade ... é isso.

D: *Como pode um bebê existir sem uma alma no corpo?*

J: Bem, o corpo humano da mãe é projetado para enviar todo o sangue e todo o oxigênio para as células para criá-lo. Assim a sabedoria do corpo humano assume a formação do feto real ou da estrutura física para a alma chegar.

D: *O corpo é uma entidade separada, não é?*

J: Sim. É quase como uma produção de fábrica. De tempos em tempos, o corpo sabe como criar o feto. É por isso que a alma pode confiar que pode chegar mais tarde porque o trabalho já está sendo feito.

D: *É por isso que eu disse às pessoas que o feto vive da mãe e sua força vital o mantém vivo. Então a alma não precisa estar no bebê até que se separe da mãe.*

J: Não. Às vezes, a alma vem e verifica, e é quando sentem chutar e coisas assim. E sai de novo, e é por isso que a mãe não pode prever os chutes porque a alma entra e se anuncia, e faz um pouco de sua própria impressão, e depois sai novamente. Claro, a alma pode estar em muitos lugares ao mesmo tempo.

D: Isso é o que eu digo às pessoas. Não precisa permanecer no corpo até se separar da mãe. (Sim) *Então tem que estar lá ou o bebê não vai viver.* (Sim) *Mas você disse que tudo tinha que ser reestruturado para que Jane pudesse lidar com esta energia.* (Sim) *E ela tem as memórias de suas habilidades quando criança.* (Sim) *E agora ela poderá usá-las?* (Sim) *Como você vai reativar?*
J: Chegaremos enquanto ela dorme esta noite e iremos lembrá-la. Lembrá-la de como trabalhar com segurança e como usá-las quando estiver perto de outros humanos. Como ensinar isso com segurança; como usá-las com segurança. Essas habilidades são muito poderosas, você sabe. Ela está pronta.
D: Quais habilidades você vai trazer primeiro?
J: Bem, ela realmente precisa estar em muitos lugares ao mesmo tempo. Então ela vai dominá-las e depois ensiná-las.
D: A bilocação de que ela estava falando?

Essa era outra das habilidades que ela lembrava ter quando criança. Ela podia instantaneamente mover seu corpo físico de um lugar para outro apenas pensando nisso.

J: Sim. É mais que isso. Ela viaja muito no futuro e já prepara seu futuro. Haverá mais disso e haverá viagens para mais países preparando simultaneamente as condições para quando ela chegar para ensinar-lhes as informações de que precisam.
D: As pessoas vão vê-la como um ser humano sólido?
J: Sim, sim, ela assumirá formas diferentes.
D: Você quer dizer que ela não viajará bilocando como um espírito?
J: Não, ela irá escolher uma forma e entrará nela.
D: Será parecida com a forma que ela tem agora?
J: Não ... bem, às vezes. Depende de onde ela está indo e como ela precisa se misturar.
D: Então outras pessoas a verão como um ser humano físico? (Sim) *Em seu corpo como Jane, ela estará ciente de que está fazendo essas coisas?*
J: Sim. Ela já está fazendo isso. Ela simplesmente não está ciente.
D: Então tudo bem se ela souber agora?
J: Sim. Ela está sempre ajudando pessoas.

Uma das perguntas de Jane era sobre a sensação de que algo estava vindo para ela à noite. Eles pareciam ser tipos diferentes de seres.

J: Ah, são suas muitas atribuições. Com base no que ela faz no universo, as pessoas fazem o check-in com ela e informam como estão as tarefas e pedem a ela que participe e ajude em outras áreas.

D: Ela disse que às vezes isso a incomoda.

J: Sim, bem, ela gosta de estar ocupada.

D: Ela disse que, às vezes, sentia que havia ajustes sendo feitos.

J: Sim. É muito desafiador para ela deixar o corpo continuamente e, então, temos que continuar ajustando-a para que toda vez que ela retornar ao corpo, ela se lembre de estar em um corpo. Então fazemos isso à noite.

D: Se ela entender isso, será mais fácil. (Sim) Que outra habilidade você quer trazer de volta? Você quer que ela as domine uma de cada vez?

J: Ela fará isso simultaneamente. Ela tem muito movimento em torno dela e precisa aprender a mover as coisas com mais facilidade, e gastar menos energia tentando mudar as coisas. Ela pode apenas movê-los antes que ela chegue.

D: O poder da levitação que ela teve quando criança? (Sim) Explique o que você quer dizer.

J: Estão me mostrando uma foto dela em seu veículo e, às vezes, existem obstáculos na estrada, ou existem outros veículos no caminho. Ou outras situações que estão acontecendo no caminho em que ela está dirigindo e que a atrasam de estar onde ela precisa estar. E, assim, esses serão movidos.

D: Ela só saberá disso e será capaz de movê-los? (Sim) Esse é um talento muito interessante de se ter.

J: Sim, é. Às vezes, ela esquece que seu carro não é uma nave espacial. (Eu ri.) Ela dirige rápido. Existem alguns projetos maiores lá. Existem alguns vulcões onde os humanos chamam de "área do Havaí", que estão se preparando para entrar em erupção, e não é hora. Então, ela precisará trabalhar com eles para atrasá-los. Esse tipo de movimentos.

D: Ah? Estas são as tarefas que você está dando a ela à noite? (Sim) Ela fará isso em seu estado de sono? (Sim) Então ela não terá uma memória consciente?

J: Ela vai lembrar. Temos que permitir que ela descanse em algum momento.

D: Definitivamente. Nós não queremos desgastá-la.

J: Certo.
D: *Então, quando ela faz essas tarefas, ela irá lembrar?* (Sim) *Ela não precisa contar para todo mundo, não é?*
J: Ela não encontraria as palavras certas para descrevê-lo.

Fiz mais algumas das perguntas dela. Uma foi se ela deveria se mudar do Canadá.

J: Ela precisa mudar. Não é bem a hora. Existe muita energia muito forte onde ela vive que precisa ser dissolvida. Muita energia tóxica no ambiente da cidade. Muita poluição. Vou lembrá-la de como dissolver e como filtrar o ar, mas ela sabe ... ela vê o alvorecer daquela substância química que se forma sobre a cidade. Ela vê os grandes anjos ao redor da cidade quando ela chega.
D: *Esta é uma das suas atribuições?*
J: Sim. Existe muita poluição lá ... muita poluição na água.
D: *Então ela tem que fazer isso antes de sair do Canadá.* (Sim) *Ela queria saber o melhor lugar para ela ir ... o lugar ideal para ela estar.*
J: Ela deveria ir para Seattle. As pessoas a entenderiam lá. E tem trabalho de reparo que precisa ser feito na terra. Existem partes que estão se preparando para afundar. Estão ficando sobrecarregadas com energia. Ela vai se mudar para lá em cerca de um ano, em tempo humano. Vamos mandá-la para as áreas costeiras. Tem muito trabalho a ser feito lá. Ela está querendo se conectar conscientemente com a gente. Estamos nos preparando para ter reuniões com ela em sua sala de estar. O que ela quer é nos ver porque sente falta de nós. Seu cérebro humano não entende que não temos forma. Mas ela gostaria de nos ver e, assim, chegaremos de vez em quando. Vamos selecionar uma forma com a qual ela se sinta confortável.

Corpo físico: Fizemos uma varredura do corpo. "Os químicos não estão equilibrados. Os hormônios. O sistema endócrino está restaurando isso agora. Estava sobrecarregado. Precisamos que ela diminua a velocidade. Sua coluna foi manipulada por tantos praticantes desinformados que também precisaremos realinhar sua coluna. Eles estavam trabalhando com um tipo de corpo diferente do que eles estão acostumados. Estamos ajustando, mas isso levará alguns dias. Ela não deveria deixar ninguém mais trabalhar nela.

Outros curadores não entendem esse corpo. Além disso, ela não percebe que está assumindo as energias das outras pessoas. Ela precisa proteger seu estômago. Ela sente essas coisas lá. (Eles cuidaram disso.) Criamos um escudo energético em sua área do estômago para protegê-la das energias das pessoas com quem ela trabalha."

Mensagem de despedida: Temos muito orgulho dela e sabemos que ela trabalha muito. Ela tem um trabalho importante a fazer e ama a todos. Estamos satisfeitos com o trabalho que ela está fazendo.

D: Nós estávamos procurando por vidas passadas, mas você disse que elas não eram importantes?
J: Não. Ela integrou toda a sua realidade multidimensional. Esta vida é a mais importante.
D: Então nos foi mostrado o orbe porque essa era uma de suas principais energias? (Sim) *E eu não precisei pedir para você se apresentar.* (Não) *Você sabia o que íamos fazer, não sabia?*
J: Isso está correto.

CAPÍTULO VINTE E NOVE

UMA PROFESSORA É MORTA

Loretta era uma massagista cuja principal preocupação eram muitas lembranças de experiências extraterrestres. Ela queria saber se eram apenas sonhos ou reais. Sempre espere o inesperado porque a sessão teve algumas reviravoltas interessantes. Loretta não perdeu tempo. Assim que entrou em transe, foi imediatamente para uma grande pirâmide no Egito. Ela viu uma grande porta se abrindo na pirâmide e, sem hesitação, entrou e desceu por um túnel escuro. Ela passou por quartos que sabia que não tinha permissão para entrar e continuou. Em resposta às minhas perguntas, ela disse que era uma jovem mulher com longos cabelos negros. Sua voz falhou como se estivesse chateada e assustada. "Há muita emoção. Não estou com medo. É energia. Posso sentir isso no meu plexo solar. Acho que sinto a energia da pirâmide. - Tem uma escada. Tenho que subir a escada e entrar nesta sala. Estou na sala e aqui na minha frente estão duas grandes estátuas de gatos pretos. Eles estão guardando uma porta. Parece que existe uma luz lá atrás, mas está escuro. Quero saber o que tem lá. Tem uma tocha aqui. Vou pegar essa tocha e vou olhar. - Bem, tem outra porta. Pego uma chave e abro a porta. Não vejo um quarto. Só vejo luz roxa em todos os lugares. Quero perguntar se tem uma mensagem. Está dizendo: "Sabedoria dos Tempos". Ele disse que é tudo ... sabedoria dos tempos. Esta é uma luz roxa que eu vi antes. Vejo isso frequentemente e quando esta luz roxa vem, está transmitindo a sabedoria dos tempos. "

D: *Como está transmitindo isso?*
L: Apenas sabendo ... às vezes, sei respostas. Sei coisas e não sei como sei.
D: *Você pede mais informações?*

L: Eu não pergunto. Isso só vem. Eu nunca sei o que isso vai me dizer.
D: O que quer que você saiba hoje?
L: Isso vem do templo. (Espantada) Vem de um templo ... são as palavras que aparecem, mas eu estou em uma pirâmide. Ah! É um templo construído dentro da pirâmide.
D: Você está conectada ao templo de alguma forma?

Ela estava recebendo informações de que a porta protegida pelos gatos pretos era a entrada do templo. A luz roxa estava dentro. Ela viu que sua tarefa era trabalhar com os mortos.

L: Tem uma mesa com um corpo e vou preparar o corpo.
D: O que você faz quando prepara o corpo?
L: São besouros ... escaravelhos, envolvidos como múmias.
D: O que você quer dizer com escaravelhos?
L: Escaravelhos ... algo com escaravelhos. Eu coloquei escaravelhos no corpo. Existem jarros e os jarros contêm diferentes plantas secas. Eu as coloco no corpo quando o envolvo.
D: Por que você faz tudo isso?
L: É uma honra preparar o corpo para as tumbas.
D: Os túmulos estão no mesmo lugar?
L: Não. (Ela estava se tornando emotiva.) É como se eu preparasse os corpos, então eles vêm e os levam.
D: Por que isso está te deixando emotiva?
L: Parece muito triste. Não quero fazer isso.
D: Por que isso é triste?
L: Algo a ver com os besouros.
D: Pensei que você estava triste porque a pessoa tinha morrido.
L: Não. Isso não é ruim. - Acho que os besouros estão se arrastando por todo o corpo para que possam comê-lo.
D: Eles estão embaixo do envoltório?
L: Sim. Isso deve fazer parte do processo. Posso ver agora ... eles estão rastejando em cima do corpo. Eu não sei se estão no corpo.
D: Mas por que isso te deixa triste se faz parte do processo?
L: Isso traz lágrimas. Eu me pergunto se o corpo não está morto. Eles me trariam alguém que não estivesse morto? Talvez estejam me trazendo pessoas para envolver, para sepultar que não estão realmente mortas. Hhhmm.
D: Você pode dizer olhando para eles se eles estão mortos ou não?
L: Não. Acho que é como um coma. Podem estar em um estado

como esse e não sei.
D: Eles não estariam respirando? (Não)

Loretta teve um insight repentino muito desagradável. "Então, e se isso é ... talvez não seja eu arrumando-os. Talvez seja alguém *me* arrumando, e *eu* estou na mesa? - Acho que é isso." Ela ficou muito aborrecida e assustada. Imediatamente dei sugestões para tranquilizá-la. Que ela seria capaz de assistir objetivamente se quisesse, e ser capaz de falar sobre isso. "Eles me embrulharam quando eu ainda estava viva ... (Atormentada.) E colocaram escaravelhos em mim. Eles me colocaram em um túmulo. Eu não estava morta! (Chorando.) ... Eles achavam que eu estava morta?" Ela começou a respirar pesadamente.

Esse movimento para a frente e para trás sobre se ela era o observador ou o participante era típico da proteção que o SC faz para garantir que a pessoa não receba mais do que pode suportar. Decidi movê-la para trás, para antes que isso acontecesse. Seria uma maneira de tirá-la dessa situação desagradável e descobrir o que levou a isso. Ela começou a se descrever: "Posso ver a parte de trás da minha cabeça, tenho cabelos longos e pretos, e sou aquela jovem que vi antes." Tenho coisas de ouro no meu cabelo. E estão me dizendo: "Para o bem das pessoas". Hhhmm ... não faz sentido. "Para o bem das pessoas, você será sepultada."

D: Por quê? Como isso ajudaria as pessoas?
L: Parece que sou uma jovem muito franca e isso vai ensinar às mulheres que elas não podem ser assim. Através do exemplo. Fui muito franca. Estava mostrando a elas, pelo exemplo, como vivi a minha vida, então elas fizeram de mim um exemplo. Vejo a luz roxa. Posso me ver em pé diante de um homem e ele me dizendo que estavam fazendo de mim um exemplo. E agora eu não posso me ver. Eu vejo a luz roxa.
D: Mas você disse que estava ensinando a elas pelo exemplo?
L: Sim, fui um bom exemplo. Este homem não queria que eu ensinasse isso. (Desafiante) Mas se eu estivesse ensinando algo ruim, por que veria a luz roxa? Vejo-os me arrastando para longe. Dois homens ... um em cada um dos meus braços, arrastando os pés. Eles me bateram no lado da cabeça. Fizeram isso comigo. Devem ter me derrubado. Então me levaram para ... colocar os besouros em mim e coisas secas, me embrulharam e me colocaram em uma *caixa!* Eles pensaram que eu estava

morta. Eles me enterraram viva!

Isso tudo foi muito emocional para ela, e tive que continuar me lembrando que o SC nunca mostraria à pessoa mais do que ela poderia suportar. Em muitos casos, o SC se recusou a dizer ao cliente sobre vidas passadas violentas ou horríveis, porque não queria perturbá-lo. Neste caso, deve ter pensado que era importante para ela ter essa informação perturbadora. Eu a movi para longe daquela cena, assim, ela não teria que experimentar a emoção. Eu ainda queria descobrir por que ela estava sendo punida. O que ela fez para merecer uma morte tão drástica? "Você era uma professora?"

L: Eu estava ensinando magia. Magia é bom. Tinha a ver com os grandes gatos pretos. Vejo o que aconteceu naquele lugar. Havia um círculo de mulheres no templo com os dois gatos. Eu as ensinei em um círculo e acho que estava ensinando o que a luz roxa estava me ensinando.

D: Você disse, a Sabedoria dos Tempos?

L: Sim. Os homens não gostaram.

D: Eles não queriam que as mulheres soubessem essas coisas? (Sim) *É por isso que eles decidiram te matar?*

L: Sim. Quando você faz essas coisas ... veja o que acontece com você.

D: Eles queriam assustar as demais. (Sim) *Bem, agora você está fora desse corpo e você pode olhar para toda essa vida de uma perspectiva diferente. Toda vida tem um propósito. Existe alguma coisa que você aprendeu com essa vida?*

L: Ensinei o que achava certo e fui lacrada em uma caixa.

D: Então o que você acha que aprendeu?

L: A lutar com mais força talvez, pelo que eu acredito.

D: Mesmo que você tenha sido morta por isso?

L: Ou lutar com mais força pelo que eu acreditava, ou dizer que morri desnecessariamente. Não gosto de morrer desnecessariamente. Não sei por que tem que ser uma luta.

D: Você acha que foi isso que estava tentando te ensinar? Você pode lutar pelo que acredita?

L: Sim, já fizeram pior. Um dos meus ditados favoritos é: "O que eu tenho a perder?"

Quando a afastei daquela cena para tentar encontrar outra vida, ela apenas se viu flutuando no espaço sem um corpo. Havia apenas a sensação muito boa de ser energia. Era um lugar tranquilo onde ela se sentia afastada de tudo. Tentei movê-la para outra coisa, mas "Não estou vendo nada além de energia passando. Passa em bolhas. Bolhas roxas ... roxo escuro e cinza e laranja. Pareço estar em um mundo de luz. Muita energia. Ainda estou nesse mundo energético de cores vindo para mim."

D: Você deveria usar essa energia de alguma forma?
L: Estão me dizendo que sim. Para usar essa energia ... luzes coloridas. Como eu deveria usar essa energia ... com meus olhos? Como faço isso ... apenas olhando e sendo? É fácil assim? É fácil assim. Projeto a energia com meus olhos. Estão me ensinando a focar.
D: Para onde vai quando você a foca?
L: Para a pessoa com quem estou trabalhando. Trabalho com pessoas idosas. Com jovens. Com as pessoas na rua.
D: Apenas olhando para eles?

Loretta era obviamente uma das da Segunda Onda.

L: Sim. As pessoas vêm até mim para conversar e não sabem por quê. É para que eu olhe para elas.
D: Isso não requer nenhum esforço, não é? (Não) *Você sabia que estava fazendo isso?*
L: Recentemente pensei que talvez. Sei que estou fazendo mais com os meus olhos; especialmente com os idosos porque meus olhos chamam a atenção deles e então me escutam.
D: *É da Loretta que estamos falando?* (Sim) *Então você entrou no corpo de Loretta?* (Sim)

Então a voz mudou e se identificou como alguém ou algo de uma nave, que dizia ser a nave *dela*. Começaram a direcionar energia para o corpo dela para curar e tornar mais fácil para ela focar a energia com a qual estaria trabalhando.

L: Ela olha para as pessoas e elas melhoram. Quer se trate de coisas físicas, coisas mentais. Ela trabalha com pessoas e elas nem sabem, mas melhoram. Ela tem feito isso, mas não sabia, mas pode saber agora, porque este é o seu trabalho. Ela estará viajando, conhecendo pessoas. Apenas como o vento. O vento toca muitas pessoas. E é muito fácil. Não precisa ser difícil. Vai para onde o espírito a manda. Ah, tem algo maior. Ela vai trabalhar com outra luz. Esta outra luz é dourada e brilhante. Abre uma experiência maior... mais ampla.

Pedi mais informações sobre a nave. "Por que está interessado em Loretta?"

L: Disse: "Você é minha filha. Você vai trabalhar com seus olhos. Você é uma filha da luz".

A informação parou quando pedi mais informações sobre a nave. Ela parecia estar com medo, e isso anulou a comunicação. Chamei então o SC e perguntei por que escolheu a vida pela qual passamos.

L: Não precisa ser assim. Foi errado fazer isso e ela não precisa fazer isso novamente. Ela acha que sempre é punida por dizer a verdade. (Ela mudou para a primeira pessoa, o que significava que Loretta estava tentando interpor.) Acho que, em muitas, muitas, muitas vidas, fui punida e talvez agora não saiba como proceder nesta vida.

Usei sugestões positivas para liberar as coisas que aconteceram naquela vida, para que elas não tivessem mais controle sobre ela. Isso levou um tempo para repetir sugestões, até que ela exclamou: "Eu vi. Eu vi a liberação de energia!" Então retornei às perguntas e enfatizei que ela deveria permitir que o SC respondesse.

D: *Ela teve um incidente que aconteceu anos atrás, quando ela estava morando em Edmond, Oklahoma, onde ela viu alguns seres em seu quarto. Ela queria saber o que aconteceu com ela naquela noite. Você pode falar sobre isso? Foi um evento real?*
L: Sim. Foi um amigo que voltou para ela. "Eu voltei para levá-la para casa por um tempo."
D: *Onde a levou?*
L: Para um planeta azul. Havia árvores e grama, mas, olhando para o planeta do espaço, parece azul. Tem uma cidade lá também. Ela a chama de Cidade Dourada. Pessoas felizes. Eles fizeram uma celebração para comemorar sua vinda para casa. Ela estava fora por um tempo.
D: *Se ela estava feliz, por que ela deixou esse lugar?*
L: Deveria ajudar ... se ofereceu para ajudar o universo. Ela se

ofereceu para ser uma humana.
D: Como ela iria se voluntariar para ajudar?
L: Sendo humana. Pela sua energia de ajudar.
D: Quando a experiência começou naquela noite, ela viu algo que pareciam triângulos.
L: Sim. Triângulos brancos brilhantes! Volta para a nave espacial. De volta à nave espacial em um raio de luz. Os triângulos estavam no teto. São energia. Essa é a energia que foi necessária para fazê-la atravessar o túnel ... pelo buraco da minhoca.
D: Para levá-la de volta para uma visita?
L: Sim, e eram feitos de luz branca. Os triângulos eram a fonte de energia. E os triângulos também eram seres de luz. Eram seres de energia. Ele me levou de volta para a nave que tinha o feixe de luz em cima de mim. (Loretta começou a intervir novamente.) Não acho que todas essas naves sejam boas. Eles querem trabalhar em mim. Eu me lembro de estar deitada em uma mesa muito fria sem roupas. Eles estão todos ao redor da mesa.
D: Pergunte por que você está lá.
L: Estamos tentando ajudar você. Me ajudar? (Perguntando-lhes.) Vocês precisam falar comigo. Eles não sabem a minha língua. O que vocês querem dizer com vocês não sabem minha língua? Posso ouvir vocês. - Disseram que estavam tentando me ajudar. Não acho que estão tentando me ajudar. Eles me seguraram. Isso não está me ajudando. (Desafiadoramente) Por que eles estão colocando uma sonda no meu nariz até meu cérebro? (Chateada) Vocês querem que faça isso com vocês?
D: Diga a Loretta porque isso está acontecendo. Explique para ela. Ela não terá medo se vocês explicarem para ela. Os humanos gostam de ter as coisas explicadas.
L: Ajustando a pituitária ... ajustando?
D: Por que isso precisa ser ajustado?
L: Não é grande o suficiente ... mais conhecimento.
D: Você quer que ela recupere um pouco desse conhecimento que ela tinha antes?
L: Sim. Para ajudar as pessoas.

Eles explicaram que não eram eles que lhe enviariam o conhecimento. Ele viria de outro lugar, mas a pituitária tinha que ser grande o suficiente para recebê-lo. Ela então ficou chateada novamente. "Eles cutucaram algo na minha vagina. Óvulos? Você quer óvulos?"

D: *Por que você quer os óvulos?*
L: Embrião ... salvar ... para ela? - Eles estão salvando para mim?
D: *Por que eles precisam ser salvos para a Loretta?*
L: Vida diferente. Futuro ... vida futura.
D: *Por que eles têm que ser salvos para outra vida?*
L: A biologia agora é importante.
D: *O que você quer dizer? Na vida futura, ela não conseguirá produzir seus próprios óvulos?*
L: Não assim.
D: *O que há de diferente nisso?*
L: As coisas mudando ... mudando ... transmutando ... mudando.
D: *Você quer dizer que eles são agora, ou vão ser?*
L: Agora ... as coisas são diferentes agora. Óvulos são diferentes agora.
D: *Eles estão mudando?* (Sim) *E você quer preservá-los?*
L: Sim. Posso não voltar a esse estado.
D: *Eles estão mudando para melhor ou estão se tornando pior?*
L: Não é pior ... apenas diferente. Eles serão usados depois.
D: *Então, no futuro, eles não vão fazer os óvulos assim?*
L: Não, assim não.
D: *O que está causando a mudança dos óvulos?*
L: Vibração.
D: *Eu sei que as vibrações estão fazendo o corpo mudar.* (Sim) *Mas também está fazendo os óvulos mudarem?*
L: Sim ... DNA mudando.
D: *Mas ela não pode mais ter filhos. Isso faz alguma diferença?*
L: Nesta vida ela não terá filhos.
D: *Mas os óvulos ainda são viáveis?*
L: Tem que ser.
D: *Então os óvulos devem ser pegos e salvos? É isso que você quer dizer?* (Sim) *Podem então ser implantados nela numa vida futura?* (Sim) *O que haverá de errado com os óvulos na vida futura?*
L: Errado não ... apenas diferente. Este parece ser um momento especial de transportar vibrações realmente altas. Isso faz as coisas mudarem ... faz com que as coisas mantenham mais o seu poder.
D: *Mas, no futuro, os óvulos não terão essa vibração alta?*
L: Não para ela. Ela não vai fabricar óvulos no futuro.
D: *As pessoas vão parar de fabricar óvulos ou só ela?*

L: Não posso dizer. Ela não vai. Ela tem algo diferente para fazer no futuro, e as crianças serão diferentes ... processo diferente, não como aqui na Terra. Ela está salvando os óvulos para trabalhar com eles mais tarde no novo processo.
D: *Nesse tempo ela vai entender?*
L: Sim, ela vai entender. Ela saberá nesse tempo.
D: *Ela terá um corpo físico?*
L: Provavelmente não.
D: *Os óvulos serão usados para produzir outros seres humanos?*
L: Outros híbridos ... não humanos. Seria um híbrido de vibração muito alta. Talvez na nova Terra!
D: *Parece que vai ser muito importante.*
L: Sim. Existe uma equipe fazendo coisas assim. Ela faz parte disso ... uma equipe.

Mensagem de despedida: Ame a si mesmo. Ame a si mesmo. Nós nos amamos.

CAPÍTULO TRINTA

ENXURRADA DE INFORMAÇÃO

Evelyn era uma enfermeira que trabalhava com pacientes moribundos. Ela demonstrou grande compaixão e gostava de fazer esse tipo de trabalho. No entanto, ela queria saber sobre um possível incidente de OVNI. Ela lembrava de ser visitada em seu quarto e era isso que ela queria explorar durante a sessão. Ela também tinha memórias irracionais de ver alienígenas em uma incubadora e local de animação suspensa. Quando ela estava em transe, a levei de volta para sua casa na suposta data do incidente, pouco antes de ir para a cama. (O que chamo de abordagem "indireta".)

Ela descreveu seu pequeno apartamento e disse que seu gatinho e seu cachorrinho gostavam de dormir com ela em sua cama grande. "Nós pegamos o cachorrinho (um cockapoo) do abrigo, e o gatinho estava desabrigado. Eu o tenho há anos. Eles têm um bom lar. São mimados." Nessa noite ela estava inquieta e estava tendo dificuldade em adormecer, mesmo depois da meia-noite. Então, algo começou a acontecer que tornou essa noite diferente. "Esta figura desceu pelo teto. Estou surpresa. Os animais veem-no, mas não há nada que possam fazer." Pedi uma descrição, e ela descreveu dois seres, "Eles têm braços longos ... como braços humanos ... têm roupas ... trajes pretos ... e camisas pretas ... sapatos pretos".

D: Eles se misturam com a sala escura, não é? Como são seus rostos?

E: Quase humanos, mas não são humanos ... grandes olhos negros e redondos, como humanos, mas são maiores. Sem emoções. Eles não falam. Não sorriem. Eles não parecem zangados. Eles não

parecem nada... apenas um rosto... cabelo curto e escuro.
D: *O que acontece?*
E: Puxou meu braço... meu braço direito, mas pegou no lugar errado ou algo assim. Isso dói. (Dei sugestões de que isso não a incomodaria.) Forte... ele é muito forte. Está me puxando pelos braços. O do outro lado é mais cauteloso, eu acho, mas o da direita puxou meu braço... mas sou pesada. - Nós subimos pelo telhado.
D: *Eles devem ser fortes se podem fazer isso.*
E: Não precisam ser fortes. Funciona de outra maneira. Tem algo a ver com a gravidade. Eles sabem como fazer isso.
D: *Então você está indo em direção ao teto?*
E: Não, já estamos no telhado.
D: *Como foi a sensação de atravessar o telhado?*
E: Engraçado. Passando pelo telhado, você se torna um com ele. Você pode sentir como o telhado é feito, e ele se parece com bolhas de ar ou algo assim. O teto fica diferente. Quase como uma pintura e não existe realmente.

Existem vários casos semelhantes relatados em *Custodians*. No início, era confuso para as pessoas descobrirem que eram capazes de fazer isso. Os ETs explicaram que a estrutura molecular da pessoa foi quebrada para combinar com a estrutura do objeto que eles estavam atravessando. Em cada um desses casos, a pessoa era acompanhada por dois seres, um de cada lado. Como se isso fosse necessário para ajudá-la a passar por objetos sólidos e ir para a nave.

E: Isso me surpreendeu. Nós simplesmente passamos direto. Agora estou do lado de fora e olhando para o prédio. Isso acontece muito rápido. Nem sei o que pensar.
D: *Para onde está indo? Você pode ver?*
E: Não... para cima, para algum lugar, mas não consigo ver. Acontece muito rápido.
D: *O que você vê a seguir?*
E: Um quarto. Está escuro. Tem luz, mas ainda está escuro. Sem janelas... sem portas.
D: *Esses dois seres ainda estão com você?*
E: Sim. Estão bem atrás de mim. Penso que isso não está acontecendo.
D: *O que você quer dizer?*
E: Isso é uma nave. É uma nave espacial, e esses dois caras atrás de

mim não são humanos. Então, minha conclusão lógica me diz que alguém me escolheu para um passeio.
D: Como você sabe que é uma nave espacial?
E: Como sei? Eu só sei.
D: O que acontece a seguir?
E: Nada. Estamos apenas esperando por algo.

Eu não tinha como saber quanto tempo isso levaria, então, precisei que ela condensasse o tempo para que visse o que esperavam. Ela então viu luzes acesas em um longo corredor e uma criatura se aproximou dela. "Essa criatura é muito, muito alta. Ele é muito agradável, não me lembro de ter visto nada parecido antes. Seu rosto tem a forma de uma pera ... sem cabelos e sem queixo, e é muito inteligente, esperta. Eu acho que é algum tipo de líder. Sua pele é muito diferente da nossa. É como se fosse uma pele sólida, sem roupas, sem sapatos ou qualquer coisa."

D: O que você quer dizer com pele sólida?
E: Sem poros respirando na pele como os humanos teriam. Mas é suave. É muito, muito macia ... dedos finos, muito, muito longos.
D: Quantos dedos?
E: Quatro dedos, mas eles têm quase o mesmo comprimento. Parece que tem um polegar, mas acho que eles não estão localizados da mesma maneira, e estão mais próximos uns dos outros.
D: Ele tem olhos, nariz e boca como nós?
E: Sim, mas ele não está usando. Eles não têm uma função realmente. Ele não está usando o nariz para respirar. Não está usando a boca para comer ou beber. E não tem dentes ou língua também. É apenas para, eu não sei, decoração ou algo assim.
D: E os olhos dele?
E: São longos, ovais ... muito bonitos. Nunca vi essas cores antes. Assim como o meu ... azul esverdeado ... da mesma cor que o meu. Ele não precisa usar os olhos como usamos. Ele vê, mas faz tudo em sua mente. Não os usa para ler nem para nenhuma função que conhecemos, mas também são olhos muito sensíveis ... muito suaves.

Neste ponto Evelyn começou a tossir e teve dificuldade em parar. Dei-lhe sugestões para aliviá-la para que pudéssemos continuar e não a tosse não a distraísse mais.

E: Ele está me dizendo algo sobre meus pulmões. Poluído... muito poluído.
D: *Ele pode ver seus pulmões?*
E: Sim. Em sua mente.
D: *Ele pode ver dentro do seu corpo?*
E: Ele não precisa ver. Ele pode sentir. Ele apenas sabe tudo.
D: *Há algo que ele possa fazer sobre os pulmões, ou é isso que ele faz?*
E: Ele faz muitas coisas. Ele faz tudo. Ele diz que todo o nosso ambiente está poluído.

Evelyn ainda estava com problemas tossindo, então tive que dar mais sugestões.

E: Ele disse que a poluição quase chegou a um ponto de ruptura, por isso precisa ser limpo. O clima em si ... ele me mostrou que grandes ventos precisam vir e acabar com toda a poluição.
D: *É possível fazer isso?*
E: Tudo é possível, você sabe. Ele tenta me dizer em palavras que eu possa entender, dizendo que se os grandes ventos vierem à superfície e girarem ao redor da Terra no sentido horário, com certos elementos ou energias neles, tomarão todo o veneno cinza escuro. A poluição não é apenas a poluição do ar, são todas as emoções humanas negativas que são poluentes. Está tudo conectado. Ele está mostrando como tudo está unido ... tudo é um.
D: *Mas se enviarem um vento forte e tentarem soprar para longe esses poluentes, isso afetará as pessoas?*

Sobre esse ponto, eu poderia dizer que Evelyn não estava mais agindo como o observador recebendo respostas da entidade. Como geralmente acontece, a entidade assumiu e começou a responder às perguntas diretamente. Ou pode ter sido o SC, porque começou a usar a mesma terminologia e frases que conheço. De qualquer forma, Evelyn foi retirada da conversa. Quando isso acontece, posso obter respostas diretamente sem passar pelo filtro mental de censura da pessoa.

E: Não teria que matar o povo porque a combinação do vento teria partículas de energia nele, como forças de energia embutidas nesse vento. Teria centenas e centenas de diferentes partículas nele. Não só limparia o ar, mas também limparia as vibrações. Sopraria através do corpo humano como uma onda de energia, limpando-o e todas as montanhas, rios e animais, então, não é apenas um vento. Tem centenas de componentes diferentes. Ele disse também que eu não entenderia.

D: *Então não é como um furacão ou esse tipo de vento?*
E: Vento muito forte, mas também contém energia. Sopra sobre todo o planeta.
D: *Nós sempre pensamos em ventos fortes como sendo destrutivos.*
E: É uma simulação de vento que giraria no sentido horário ao redor do planeta, uma névoa no vento. É um vento forte, mas não causará danos como furacões. É como uma energia nebulosa, limpa e clara. Terá muita energia neutralizadora. Irá neutralizar energias, energias ruins, veneno, miséria, depressões, dinheiro ... nenhuma dessas coisas nem importaria. Quando esse vento atravessa o planeta, as pessoas esquecem coisas que aconteceram no passado. Amnésia, teriam amnésia. Essas partículas eliminariam muitas coisas.
D: *Como assim, esqueceriam coisas que aconteceram no passado?*
E: Terão um novo começo.
D: *Você quer dizer que vão esquecer as coisas que não queriam deixar para trás?*
E: Não. O que quer que tivessem, eles terão, mas passarão a ver as coisas de maneira muito diferente... de uma perspectiva diferente, uma visão diferente, uma compreensão diferente, uma consciência diferente. Só dessa maneira podemos limpar este planeta. Foi feito muito dano.
D: *Você acha que isso afetará todas as pessoas daqui?*
E: Ah, sim ... o planeta inteiro. Tem que afetar. Não podemos apenas fazer uma metade e a outra metade não.
D: *Mas algumas pessoas são profundamente negativas.*
E: Não importa. Ficam mais fortes. Isso lhes dará amnésia das coisas ruins, e precisam seguir em frente com as coisas boas ... muita luz e amor. Isso colocará um ponto final no tempo e nós teremos uma nova página. Nenhuma pergunta sobre o seu passado. Muitos estão ansiosos por isso. Sabem que algo está chegando.
D: *Sabem que é hora de deixar o passado para trás?*
E: Sim, e trabalhar com uma luz guia ... trabalhar com o universo.
D: *Mas, fazendo isso, você não está indo contra o livre-arbítrio delas?*
E: Não, porque o tempo não existe, então colocamos um ponto final

nesse tempo. Basta adiar, se você quiser olhar o tempo, basta adiar.

D: Mas eu estava pensando que o livre-arbítrio é muito importante. Pensei que não estavam autorizados a interferir no livre-arbítrio.

E: Entendemos o que você está dizendo, mas teremos mais tempo para explicar. Vamos colocar desta forma. Prioridade ... existe prioridade. Nossa prioridade é ... não, isso não é uma boa explicação. - Nós somos um. Somos Deus ... com Deus ... energia. Vocês têm jogado seus jogos por muitos, muitos milhões de anos. Estão em um pequeno cercadinho e nós assistimos o tempo todo vocês praticando seus jogos. Mas vocês estão causando danos ao cercadinho e não queremos que essa doença se espalhe para outras pessoas que ainda estão no processo de aprendizagem.

D: Por outros, você quer dizer outros planetas?

E: Outros planetas ... outros seres que ainda estão meio que em pé brincando em uma caixa de areia.

D: Não estamos todos em diferentes estágios de aprendizagem?

E: Você aprende o que escolhe aprender, mas já sabe disso. Você realmente não tem nada para aprender. Você é Deus. Você é o onisciente de toda a luz. Somos todos luz.

D: Mas você sabe, quando chegamos à Terra, nos esquecemos de todas essas coisas.

E: Porque você escolhe brincar na sua caixa de jogo com o seu livre-arbítrio. Pode fazer o que quiser, então, realmente, não está interferindo, porque você não pode interferir com o Deus como um. É apenas uma escolha. Você brinca na caixa de jogo e nós estamos observando, e queremos ter certeza de que seu jogo não saia do controle como com crianças pequenas. Está ficando fora de controle, então, deixamos você jogar com o tempo e, agora, apenas limpamos a caixa de jogo. Isso é tudo. Apenas adia as coisas.

D: Então, quando nos mudarmos para esse novo tempo, como você disse, algo acontecerá à velha Terra? Conversamos sobre os ventos, mas será que mais alguma coisa vai acontecer?

E: Água ... águas subindo ... barragens rompendo, oceanos e ondas muito grandes. Não é só o vento que vai limpar nossa superfície, mas também ajudará o planeta, uma vez que atravesse o planeta também, não apenas a superfície, todo o planeta dentro e fora. Dentro ... fora.

D: *Eu sei que existem cidades sob o planeta, não existem?*
E: Sim ... para eles limparem suas caixas de jogo também ... alguns deles. Então, vamos fazer o trabalho de qualquer maneira. Eles não são todos perfeitos, e alguns até estão jogando jogos mais sujos do que aqueles da superfície. Então, vamos limpar todos eles. Você está pensando que todos têm que morrer. Não significa isso. Só que essas vibrações do vento passarão por dentro e por fora.
D: *Estava pensando que a água também seria uma limpeza.*
E: Ah, é preciso muito mais do que água para limpar a caixa de areia. Tudo vai mudar no seu planeta. Lamento não poder explicar os detalhes, mas tudo vai mudar a partir do que você está vivenciando hoje. *Nós* temos o conhecimento que temos hoje porque nunca realmente fomos para brincar. Não escolhemos isso. Muitos fizeram, o que é bom, é o que fazem. Nós ficamos na luz. Durante todo o tempo humano, nós não escolhemos isso, mas isso não significa que não saibamos o que está acontecendo em seu planeta ou em outros planetas. A vibração do planeta será mais elevada. Embora não consigam ter ainda a vibração que carregamos, ainda haverá mudanças significativas. As frequências estão mudando. Como ondas de radiofrequência ... corpos de energia, energias.
D: *Vamos manter nossos corpos físicos?*
E: Muitos podem, sim, absolutamente, com algumas mudanças. Mudanças virão da luz, dos suprimentos alimentares. As pessoas viverão mais em paz com o meio ambiente e com seus corpos. Eles entenderão que o propósito desse corpo é servir ao propósito do jogo. E, assim, serão ordenados a alinhar esse corpo para acomodar qualquer jogo que estão jogando. Eles serão mais conscientes - se é a palavra certa - mais conscientes do corpo, mais conscientes da mente, e mais alertas e despertos para o jogo.
D: *Como os corpos vão mudar?*
E: Vão ser mais borbulhantes... mais vibracionais.
D: *Ainda vamos consumir comida?*
E: Bem, você vai parar de matar animais para comê-los porque comer as vibrações de uma criatura agora vai deixá-lo muito, muito doente. Você vai comer mais coisas aquáticas, e quando plantar sua comida, vai plantar não em quantidade, mas com uma qualidade de amor. Isso trará as vibrações mais elevadas quando plantar suas árvores, e as frutas serão de vibrações mais

elevadas, então você não precisa mais comer tanto.
D: *Nós realmente não vamos precisar da comida?*
E: Na verdade, não... apenas um mínimo para sustentar a parte líquida. Contém mais líquido que sólido. Qualquer coisa que você plantar terá outras vibrações. As raízes da planta que você coloca no chão, você planta em uma vibração mais elevada porque suas mãos e seus pensamentos, sua mente, vibração mentalmente superior, vão para o plantio, então, tudo está se alinhando com uma vibração mais elevada.

Durante a entrevista, Evelyn mencionara (e era uma de suas perguntas) que agora estava enjoada de comer comida. Me perguntei se a causa era essa. "Elevando suas vibrações muito rápido. Ela é muito teimosa e agora a comida a deixa doente."

D: *Por que isso está acontecendo?*
E: Ela quer elevar a vibração mais rapidamente e, assim, o corpo não está em conformidade com as informações que ela conhece subconscientemente. Nós não entendemos porquê. Não podemos sincronizar o corpo adequadamente. Por alguma razão, não está cristalizando o corpo. Tivemos alguns problemas no corpo físico para cristalizá-lo, para elevar a vibração... sua vibração original. Vemos em seus pensamentos que ela gosta de comida, que é desistir do que vai sentir falta, mas nós precisamos fazer isso mais rápido.

D: *Mas você sabe que ela tem que comer para se manter viva.*
E: Ela permanece viva com seus bons líquidos e cristal precisa de pureza. Para elevar a vibração no corpo, você precisa cristalizar e purificar o corpo de seus envenenamentos. Precisa de um processo mais rápido. Quanto mais trabalhamos no corpo, mais envenenados pela Terra se torna, então é um passo à frente, dois passos para trás ... um para frente ... dois para trás ... não conseguem acompanhar isso por algum motivo. Nós fazemos muitas afinações e fazemos muitas outras coisas com o corpo físico.

D: *Você quer dizer que ela está resistindo por algum motivo, essa é a palavra certa?*
E: Muita tristeza por ela não saber o que deveria fazer, e o nível de resistência ... a tristeza disso.

D: *De onde vem a tristeza?*
E: Solidão na Terra, muita, muita solidão. Nós entendemos que ela

quer voltar para casa. Nós sabemos disso e isso a deixa muito, muito triste ... muito solitária ... isolamento ... se isola.
D: Ela não quer se machucar. Ela já se machucou muito.
E: Veja, o problema aqui é a mente. Que pensa. Sua outra mente com a qual *nós* pensamos, a mente superior ... sabe o que ela é. Ela sabe quem ela é ... ela sabe.
D: Nós não sabemos essas coisas conscientemente. Esse é o problema.
E: Nós realmente não entendemos porque temos que dizer tudo em palavras para vocês.
D: Entendo. (Risos) *Trabalho muito com vocês. Nós fazemos isso de maneira lenta.*
E: Sim, mas, porque sabemos tudo por sintonizarmos o conselheiro, a ciência de Deus, a luz o cegará se você disser isso. Não te cega. É apenas uma expressão. Nunca gostei de estar neste corpo antes. Nunca tive dedos físicos, entende? Então, acho que, de certa forma, realmente não entendemos essa parte. Não entendemos, se *você está* vindo de casa, de onde você vem, de onde *ela* veio, como você não sabe? Ela sabe, mas não sabe. O que isso significa? Como você pode saber e não saber ao mesmo tempo? Veja, se você tem uma venda ou algo sobre seus olhos, então você a remove, ou qualquer outra expressão que você use. Suas mentes não estão conectadas? Nós entendemos isso, mas por que você precisa fazer todas essas perguntas quando você já sabe quem é e o que é?

Evelyn começou a divagar durante esta parte, e isso não fazia sentido, então eu eliminei um pouco disso. Tentei ficar com o que parecia ser o mais importante.

E: Isso remonta à tristeza dela. Ela precisa remover todo o consciente, removê-lo porque você pode funcionar sem ele, acredite ou não. Não, isso não é verdade porque vemos que você precisa usar uma linguagem, fazer matemática e dirigir um carro. (Risos)
D: *Porque precisamos da consciência para viver neste mundo.*
E: Sim, entendemos isso agora. Estamos ensinando uns aos outros. Ok? Então, precisamos tirá-la dessa dimensão um pouco mais e permitir que ela entenda um pouco mais, permitir que ela veja um pouco mais, para que sua outra mente, sua mente consciente fique à vontade e nos permita fazer a troca de frequência, para

obter as vibrações muito mais elevadas.

D: *Mas, naquela noite nós começamos a examinar, ela acha que esta é a primeira vez que ela foi à nave e conheceu você.*

(Evelyn riu) Trabalho com você o suficiente, sei que provavelmente não foi a primeira vez. (Nós duas rimos) *Por que ela foi levada para lá naquela noite?*

E: Para lembrá-la conscientemente. É por isso que permitimos que ela se lembrasse de todos os detalhes, para que possa assumir a curiosidade e fazer mais perguntas, em vez de apenas dizer: "Ah, sim, tanto faz".

D: *Isso foi parte de sua curiosidade, o que mais aconteceu naquela noite?*

E: O que aconteceu foi que o topo da cabeça dela foi simbolicamente removido. Isto é simbolicamente, não fisicamente. Nós não cortamos a cabeça dela. (Risos)

D: *(Risos) Sim, eu sei disso.*

E: E permite que ela experimente completamente a plenitude da luz. Então ela quer que tudo seja colocado em palavras. Bem, não temos cinquenta milhões de anos para colocar tudo em palavras. (Risos) Então é muito difícil. Você não pode colocar isso em palavras. Não há tempo suficiente no universo. É irritante.

D: *Eu sei. Já me disseram isso muitas vezes, que as palavras eram ineficientes.*

E: Nós nem temos palavras. É irritante. Uma noite ela vai lembrar da luz.

D: *Por que você quer que ela se lembre disso?*

E: A luz? É a origem dela. Sempre esteve lá. Foi apenas coberta. Queremos que ela se lembre e saiba completamente ... o pleno conhecimento ... sem palavras. É por isso que este é o tempo que ela não consegue explicar porque não havia tempo no onisciente. Ter uma memória cheia e não se preocupar com outras coisas e questioná-las. "É verdade ou não é verdade?" Não há explicação. Deus é luz, a energia. Aquele que você chama de Deus... apenas é... sem palavras.

D: *Você acha que essa memória vai ajudar a vida dela?*

E: Sim. Então, quando ela traz energia para a mente consciente, ela também irá espalhar por toda parte. Veja, isso faz parte do vento. Esse conhecimento e as partículas que ela espalha são parte do vento. Não é como se um corpo explodisse e se transformasse em um milhão de pedaços. Essa energia, mesmo que não a projete de todo o corpo, mas da mente, será parte do vento. Mas

espalhar isso é um conhecimento completo e principalmente sai do terceiro olho também. Você traz isso, o que vejo agora. Você sabe o que vejo agora? (O quê?) Nada. Não há nada. Sem palavras, sem pensamentos, sem nada e, ao mesmo tempo, é tudo. Uma vez que você projeta isso, esse conhecimento, tudo e nada se tornam parte do vento.
D: No entanto, você existe nessa nave também como esse ser, não é?
E: O de olhos azuis? Não.
D: Não tenho certeza com quem estou me comunicando aqui.
E: O original de olhos azuis. Mas eu não sou um corpo. Eu sou uma luz. A imagem que eu projeto é uma projeção. É como um filme. É só para o olho ver ... se relacionar, mas não sou eu ... não. É para o olho ver e lembrar ... algo tangível. Você precisa dar imagens aos humanos. Então ela pode contar a história de que "Eu vi um homem alto". Porque se ela dissesse que viu a luz ... ninguém saberia o que ela estava dizendo.
D: Eu saberia porque eu trabalho com isso.
E: Mas eles não. Impaciente. Ela tem essa impaciência. Agora que ela foi informada de que espera que todos saibam disso e está contribuindo para outra carga no corpo. Porque toda emoção negativa, impaciência, frustrações, tudo isso será apenas mais um obstáculo que provavelmente podemos ignorar neste momento, porque ela, conscientemente, precisa se livrar disso. Ela precisa estar alinhada. - Você sabe que é triste - quais são as palavras? - quanto mais você sabe, mais você não entende os outros. Quanto mais você entende algo que você não pode nem colocar em palavras, menos paciência você tem em relação aos outros. Como que não entendem a luz quando todos vieram da origem? Como podem esquecer? Como você pode ser assim tão --- não quero dizer a palavra que ela usa. Começa com "E" - (Sussurros: estúpido) Como você não consegue entender? Como você pode não saber e ter algo em você que ativa um pouco de bondade e puro amor incondicional? Ela não quer uma pessoa inteira ... esse ser de luz. Ela quer apenas uma luz microscópica em todos para ser ativada. Ela tem a capacidade de ativar estes e, no entanto, ao mesmo tempo, ela faz danos a si mesma por causa da falta de paciência, não compreensão. Eles não entendem e, de certa forma, em um nível consciente, ela não entende também. Então, o que é melhor? Saber menos ou saber mais? Como podemos equilibrar isso igualmente? - Como você descobriu que eu não tinha corpo?

D: *Eu falei com seres como você antes, que são luz. E muitos deles projetam uma imagem que é mais fácil para os humanos entenderem.*

E: Ah, absolutamente. Estamos familiarizados com pessoas que vieram aqui para trabalhar com a luz como pessoa. É muito difícil explicar as coisas. Mas nós enganamos as pessoas para dar-lhes uma imagem do corpo, então agora você tem centenas de corpos. (Risos) Confuso, né? Esta é uma piada legal para você.

D: *As pessoas sempre pensam em você como sendo negativo, e sei que não é disso que se trata.*

E: Nós nem entendemos o que é negativo. (Risos) Nós não podemos nem mesmo compreender isso.

D: *Mas os que não entendem dizem que você é negativo.*

E: Isso é porque eles não veem a luz e estão com medo. O medo. Vamos lavar isso também. Pelo menos, filtrar significativamente.

D: *Ela queria saber se será capaz de se comunicar com você com mais frequência.*

E: Sim, isso faz parte da sua tristeza. Você sabe, nós sempre temos a ligação. Eu não sei como explicar isso, mas você sabe que todos nós temos ligação. Estava sempre lá desde o primeiro dia, quando ela veio a este planeta nesta vida. No segundo antes do nascimento, tínhamos a ligação. Então, provavelmente mostraremos a luz com mais frequência. Como agora, é tão brilhante e tão brilhante, e este é o único lugar onde ela encontra paz. Não em suas atividades mundanas. Nada nunca fez com que ela sentisse alguma coisa, apenas quando fomos capazes de nos conectar totalmente à luz.

D: *Mas ela teve tantas coisas negativas acontecendo com ela quando criança que naturalmente ela esqueceu. Ela se tornou humana.*

E: Muito ocupada, sim, muito ocupada com a vida. Muito ocupada porque precisávamos limpar algum ambiente ao seu redor. Precisávamos espalhar um pouco dessa luz e ativá-la, e então, como agora, você disse livre-arbítrio. Alguns concordaram e outros não. Quando tinha momentos muito ruins, ela não sabia que estava aqui conosco. Nós a trouxemos para casa. Dessa forma, ela foi capaz de seguir em frente e continuar ... um dia de cada vez. É por isso que a chamada "autodestruição" não acontece; só existe no corpo físico. Não é permitido, mas ela

estava aqui conosco. Ela estava no seu lar.
D: *E sobre esse som que ela ouve em seu ouvido de vez em quando?*
E: Tentamos elevar a vibração ajustando os corpos. Estamos tentando ajustar. Não é um chip físico, implantado - simplesmente é. Não sei como explicar isso. Ela precisa prestar atenção a esse som e saber fazer algumas mudanças.
D: *Quando Evelyn faz meditações, ela se projeta de volta a essa nave, e, às vezes, se vê em uma incubadora. Você pode contar-lhe sobre isso?*
E: Esse é o corpo físico dela. Não apenas ajudamos com partículas físicas, átomos e a manifestação da terceira dimensão, mas também cada vez que fazemos um pouco mais de ajustamento vibracional com as frequências. É como um tubo de afinação.
D: *Você quer dizer que o corpo físico de Evelyn está sendo trabalhado?*
E: Sim, o corpo físico também precisa ser ajustado. O tubo é como um dispositivo de afinação, mas não apenas ajuda o corpo físico a se curar. Ao mesmo tempo, você chega em casa e passa seu tempo conosco na luz, é do corpo físico. Quando você remove a alma, o corpo é multidimensional. Nós não podemos ver através dele, então eu não diria multidimensional, mas é holográfico. Imagens ... assim, essas partículas, quando projetamos uma certa luz nas frequências, essas imagens holográficas captam e transportam, como se você estivesse sintonizando essas máquinas ou algo assim.
D: *Ela acorda a tempo de ver que está em algum tipo de contêiner.*
E: Isso é um pouco do conhecimento que permitimos que ela saiba e veja. Então ela pode realmente dizer: "Eu não estou louca". Eu toquei. Eu vi e o corpo fica lá, e depois devido a maquinário, luzes e coisas, o holográfico. Mas, ao mesmo tempo, ela é capaz de entrar na luz e rejuvenescer completamente e, então, quando ela retorna ao planeta, tudo é diferente. Tudo é perfeito. Nada aconteceu. Tudo é suportável. Tudo é apenas diferente.
D: *Ela também viu milhares de outras pessoas em outros contêineres, então isso significa que isso está acontecendo com outras pessoas?*
E: Milhares ... milhões. Precisamos de muitos deles agora para ajudar. Precisamos regenerar ou gerar. Nem todos eles são entidades como ela. Também tomamos outras entidades que podem ou não carregar corpos físicos e não discriminamos. Somos todos um e tentamos sintonizar o maior número possível

de corpos físicos para que eles possam carregar as vibrações mais elevadas, capazes de sobreviver, capazes de espalhá-la e de poder participar disso.

D: *Mas todo mundo é capaz de fazer isso?*

E: Não, nem todos. Mas estamos indo muito bem agora ... muito bem. Vai fazer uma grande diferença. Isso é uma coisa de corporação, você sabe. Você tem que mudar as imagens holográficas para se ajustar ao corpo humano nesta Terra porque nada mais será tolerado. Então o corpo original - que pode ter corpos físicos – está mantendo frequências vibracionais mais baixas do que as nossas, mas altas o suficiente ... isso é complicado, não é? (Sim) Mas, de qualquer forma, eles têm a capacidade de projetar o corpo humano ou de fazer sombra sobre ele, também; como se você colocasse um filme em cima de um filme. - Este corpo é levado para a nave até a incubadora, e imagine o corpo físico como nada além de imagens holográficas ocupadas pela luz que está dentro.

D: *Eu diria que uma vez que a centelha da vida se foi, o corpo se deteriora?*

E: Não, porque as imagens holográficas são aquelas em que estamos trabalhando, porque é o que ela está usando nesta vida.

D: *Eu quero dizer que o que chamamos de "morte" ocorre quando a centelha da vida deixa o corpo, e então o corpo se deteriora.*

E: As imagens holográficas se deterioram, sim, porque a mente não mantém mais os padrões de pensamento.

Tive outros casos (que são relatados em meus outros livros) em que a pessoa viu seu corpo *alienígena* sendo preservado e cuidado em um tipo de cilindro ou recipiente. Em alguns desses casos, esse outro corpo está sendo mantido vivo em alguma forma de animação suspensa, enquanto a alma viaja para a Terra para experimentar o corpo humano. Ele é mantido lá para que, quando a vida temporária na Terra terminar, a alma possa retornar à nave e continuar sua vida lá. Tive muitos clientes observando isso e sentir uma identificação com o corpo no cilindro.

A alma (ou ET) concordou em vir e ajudar a Terra em tempo de necessidade, mas não quer ficar aqui. Realmente quer continuar sua vida na nave porque é até onde avançou. Além disso, a Terra é um lugar agitado para viver, e eles não querem ficar. Outra razão para estarem protegidos, para que não acumulem carma, porque carma exigiria que eles permanecessem no ciclo da Terra. É muito corajoso e audacioso que uma alma pura ou avançada se ofereça como voluntária porque está se expondo a um perigo muito real de ficar presa aqui. Isso explicaria por que a energia da alma deve ser ajustada (e a energia da mãe) antes que a alma possa entrar. Às vezes, apenas uma pequena parte da alma pode entrar no começo, porque seria demais para o corpo. Isso, muitas vezes, causa aborto espontâneo do feto porque a energia é muito forte. Conforme a criança cresce, mais pedaços da alma inteira podem ser integrados. Assim, o corpo do voluntário é colocado para dormir e monitorado enquanto aguarda a conclusão de sua missão. Um cordão de prata foi visto conectando a alma ao corpo no cilindro. Sei que temos um cordão que nos conecta a esse corpo físico e esse cordão é cortado na morte. Então, isso significaria que, porque temos muitos corpos todos vivendo ao mesmo tempo (todas as nossas vidas simultâneas: passado, presente e futuro), devemos ter vários cordões de prata conectados a fragmentos (muitos corpos) em volta da alma principal. Em alguns dos meus outros livros, isto tem sido visto como uma fonte principal, como algo parecido com tentáculos indo em todas as direções. O corpo ET na nave destina-se a permanecer vivo para que a alma possa retornar. Às vezes, o suporte de vida foi visto passando por tubos que parecem luzes pulsantes (energia).

É também uma maneira de passar as habilidades do ET em animação suspensa para o nosso tempo.

Outros ETs foram observados trabalhando em naves espaciais (e não colocados em animação suspensa), enquanto uma parte, ou parte deles, viaja para a Terra como voluntária e vive a vida em um corpo humano. Esse tipo pode continuar sua vida e está, essencialmente, em dois lugares ao mesmo tempo. Isso vai ao encontro da ideia de que estamos vivendo muitas vidas ao mesmo tempo. No entanto, uma parte não está consciente da outra. Como eles entendem mais sobre o que está acontecendo neste processo, estão cientes da parte de sua alma que está vivendo na Terra, embora a contraparte terrena não esteja ciente. Pensou-se que o humano, especialmente, não deveria estar ciente, porque os conceitos são muito difíceis para a mente humana assimilar. No entanto, à medida que o véu está diminuindo, mais conhecimento está se infiltrando, e estão sendo autorizados a vislumbrar o que o SC acha que eles são capazes de manipular. É complicado, não é?

Eu queria me concentrar nos problemas físicos de Evelyn. Dores de cabeça desde a infância tinham sido um problema real. Era difícil para essa entidade entender e reduzir para nossos termos de compreensão, porque via tudo como imagens holográficas que não eram reais de qualquer maneira. Eu tive que explicar que isso era real para Evelyn porque estavam criando problemas, eu queria fazer o meu melhor para aliviá-los. Realmente tinha que chegar ao básico que eu pudesse entender para explicar isso.

E: É quase como tentar encher essa garrafa e você está sobrecarregando-a com energia e com coisas mais originais. É realmente complicado reduzir o tamanho. Você sabe o que quero dizer, reduzir as energias? (Sim) A luz que temos, por que diminuímos para tão baixa? É uma tecnologia muito mais difícil, se for assim, mais difícil de diminuir. Acho que aumentá-la seria muito mais fácil de aprender, do jeito que vemos, do que a reduzir.

D: *Isso também está causando o problema da pressão arterial?*

E: Absolutamente, essa é uma das principais causas das frequências agora. Para ajudá-la com esses problemas, precisamos de mais alinhamento. Precisamos varrer mais o corpo e alinhá-lo mais com vibrações mais elevadas. Você entende isso?

D: *Você pode fazer isso enquanto ela está a bordo da nave?*

E: É o que fazemos. Estou olhando agora. Há pressão lateral esquerda no cérebro. Estou olhando para as imagens holográficas agora. Precisamos aumentar os padrões de vibração de todos os padrões de artérias e veias em seu coração e em todos os órgãos. Então é assim que vamos fazer.

D: *Não fará mal nenhum?*

E: Não, nenhum mal. Às vezes, quando você equilibra as imagens holográficas com as imagens dentro das imagens holográficas, vamos balanceá-las todas bem.

D: *Então isso vai liberar a pressão?*

E: Quando você está colocando muitas partículas quânticas diferentes juntas, tem que estar perfeitamente alinhado, então você tem que elevar a vibração aqui ... abaixar ali. Você sabe que faço gráficos e outras coisas, então vamos trabalhar com as veias e artérias do coração, e é um corpo saudável. Ela tem muita energia. É por isso que ela diz que não consegue dormir.

D: *Eu estava pensando sobre isso também.*

E: É por isso que ela não consegue dormir porque quando estamos fazendo isso, uma hora de sono é igual a muitas para você, entende?

D: Sim, e queremos deixar o corpo em equilíbrio.
E: Sim, e não apenas equilibrá-lo, mas estamos elevando-o a uma vibração mais alta.

Conversaram mais sobre comida e sugeriram que ela ficasse longe de comida sólida e passasse para mais líquidos. Perguntei sobre sopa, e disseram que estava tudo bem, contanto que fossem sopas sólidas. "Não há grandes coisas na sua sopa. Faça tudo mole. Faça coisas sólidas ficarem líquidas em sua sopa. Usa muito menos energia para digerir." Comentei que muitas vezes comemos em restaurantes e, às vezes, não podemos evitar comer sólidos.

E: No futuro você vai. Quando todas essas coisas acontecerem, muitas coisas vão mudar. Agora, sim, é mais difícil, mas quando você começa a beber sucos sólidos, ele passa pelo seu sistema digestivo com muita facilidade. Não tem esse trabalho extra do fígado ou da vesícula biliar para liberar certos tipos de coisas porque o líquido é mais fácil de se mover sem pressionar tanto os órgãos. Apenas os deixamos bem suavemente passar por ele e então, qualquer energia que não usamos na digestão, usamos em outras coisas.

D: Mas ocasionalmente podemos ter comida sólida agora.
E: Ah, sim, mas isso só será no futuro em sua vida, pode ser daqui a centenas de anos ... cinquenta anos talvez ... isso é o que será.

Acho que ele estava dizendo que esta seria a maneira normal de comer no futuro. "Agora, isso é para acostumá-la a líquidos mais sólidos para ela usar menos energia. Nós não desperdiçamos energia para digerir."

Tive clientes que disseram que quando nasceram, não queriam mamar. Tiveram que permanecer no hospital e serem alimentados por via intravenosa até começarem a chupar. O SC disse que eles vieram de lugares onde o corpo não precisava de comida. Claro, tiveram que se adaptar para sobreviver aqui.

Encorajei o SC a continuar trabalhando nos problemas físicos enquanto Evelyn estava meditando ou dormindo, ou na incubadora. Eu disse: "Meu trabalho é tentar ajudá-la da melhor maneira possível. Você vê isso de uma maneira diferente, mas eu tenho que tentar ajudar as pessoas na parte física enquanto estamos morando aqui agora."

E: Sim, e essa é uma das coisas difíceis de fazer. Seu trabalho é mais difícil que meu trabalho.
D: (Isso foi uma surpresa.) *Você acha?*
E: Sim, porque você precisa fazê-los entender o que eles não conseguem compreender.
D: *Sim, mas você tem muito poder, então acho que é mais fácil de fazer.*
E: Não, porque eu entendo o processo. Eu entendo o programa, o holográfico, os pensamentos. Eu conheço o programa e você está vivendo dentro do programa, então, na verdade, para ser realista, como você diz, é mais difícil você perceber que está em um programa real. Depois sair do programa e tentar fazer os outros acreditarem que estão em um programa, entende?
D: *Sim. Você me disse muitas vezes que é uma ilusão.*
E: Não tem existência alguma. É por isso que é tão engraçado para nós.
D: *É um jogo. É uma peça.*
E: Sim, é um filme. Não é nem um filme, porque é tão simples.
D: *Mas você sabe, quando estamos envolvidos nele, é muito real. Essa é a parte difícil.*
E: Esse é o projeto. É propositalmente projetado assim.
D: *Para fazer parecer real e vivo.*
E: Sim. E, assim que você sair, perceberá que estava em um programa. Mas, enquanto você está nele, você não pode nem imaginar - não que existam outros programas - mas que há apenas um programa e esse é o programa de Deus. Cada jogo tem que ser real para que você interaja um com o outro. Você sabe, interagir? (Sim) Então, o que acontece é que você vem aqui. E, como um ser de luz, estamos olhando para você como: "Ah, olhe para esses bebês. Olha como eles brincam. Eles são tão fofos." (Nós rimos.) Nós realmente não compreendemos sua dor e agonia porque sabemos como o programa funciona. Mas também sabemos que é apenas um programa, por isso precisamos viver neste programa para concretizá-lo, tal como acontece com você. Mas, no entanto, não há nada a aprender se você estiver voltando à origem de todos. Com ou sem o programa, existe apenas um. Eu diria assim: você ficou muito entediado, então você criou um programa. Você sabe, há algumas maneiras de explicar isso ... apenas algo para fazer.
D: *Espero que estejamos aprendendo alguma coisa.*

E: Porque o programa é um programa dentro do programa, veja o que quero dizer. Um programa de experiência de aprendizagem, mas você iniciou um original antes mesmo que o programa chegasse, ou depois que o programa fosse encerrado. Seja qual for o jeito que você está olhando. O programa pode durar para sempre, mas o começo e o fim são apenas o Uno.
D: Então a Fonte ... a Fonte de Deus projetou ou nós fizemos isso?
E: Não há Fonte de Deus. Há apenas um. Ele é isso.
D: Ele projetou esse programa ou nós mesmos fizemos isso?
E: Ok, precisamos voltar para a Fonte original, certo? Você não pode compreender que esta Fonte é uma só. Você está dividindo em individualidades. Não sei se isso vai ser uma boa explicação. Nessa entidade que será chamada de seu Deus, ela possui zilhões e bilhões de padrões de pensamentos, jogos, matrizes de todos os tipos de coisas. Nunca foi separado de nada. Sempre foi um e sempre será um. Essa é a melhor maneira que talvez eu possa assimilar. Eu posso ter cinco bilhões de coisas, mas ainda é minha cabeça. Entende o que quero dizer agora? É mais fácil de entender? Eu tenho uma cabeça, mas tenho milhões e milhões de padrões de pensamento naquela única cabeça. Posso ter coisas boas. Posso ter muitas coisas. Eu poderia ter o que eu gostaria, mas ainda é um. Aquela cabeça nunca explodiu em muitas outras cabeças. Sempre foi, então ... nós brincamos na minha cabeça. Isso seria bom? *(Sim)*

Minha cabeça girava tentando entender a enxurrada de palavras e analogias vindas dessa entidade. No entanto, eu sabia que tinha mantido Evelyn em transe muito mais tempo do que o habitual, então eu teria que interromper o transe e trazê-la de volta à consciência. E liberar essa entidade para voltar para o lugar de onde ela veio.

E: Informação é comum para você?
D: Recebo de muitas pessoas. A maioria das pessoas não entende, mas eu escrevo sobre isso e divulgo as informações para as pessoas. Você quer que eu tenha as informações para que eu possa dizer a outras pessoas.
E: Sim, é muito importante espalhar a luz e as notícias. Você tem a centelha. Quero dizer, você sabe que sabe quando entende isso. Isto é muito bom.
D: Bem, eu ainda estou aprendendo.

E: Você vê, você já sabe tudo. Você só precisa remover os óculos escuros e ver a luz absoluta e, em seguida, você saberá. É um entendimento difícil de fazer com que eles entendam, então você saberá. Não podemos fazê-los entender o que isso significa, mas eles saberão quando souberem.

Mensagem de despedida: Não procure pelo meu corpo. Eu poderia me projetar como qualquer coisa. Não procure imagens em semelhanças, mas apenas olhe para a luz onde ela está. E é aí que todas as respostas de todos os tempos virão. Em vez de se ocupar em procurar por mudanças e entidades particulares, olhe para a luz e a resposta virá. Em vez de ocupar a mesa de jantar, a maneira humana de entender e essa é a única maneira de se comunicar, isso não é verdade. Posso ocupar qualquer imagem, cores de olhos em qualquer nave ou qualquer imagem que eu possa criar. Não é consistente. Não temos corpo, então eu tenho que projetar algo. É por isso que escolhi os olhos dela. Olhei seus olhos, e são azuis. É mais fácil para ela se relacionar.

Eu disse ao SC que era hora de ir. Disse: "Eu diria: 'Deus esteja com você', mas somos todos Deus e somos todos um, por isso estamos todos juntos o tempo todo".

Então, o que começou como um caso típico de OVNI se expandiu e teve muitas reviravoltas e se transformou em algo bem diferente. Parece que, quando a pessoa se lembra do evento, está apenas lembrando do que pode suportar e assimilar em sua mente consciente. E mesmo essa versão limitada é distorcida, por isso, é impossível saber o que é real e o que é ilusão. Quanto mais profundamente sondamos além da consciência e nos aventuramos no SC, encontramos respostas que confundem a mente. Por esta razão, é melhor deixar isso de lado e só aceitar o significado superficial? Aceitar apenas o que nossas mentes e a sociedade em geral podem suportar? Ou cavar mais fundo e procurar explicações muito mais complicadas que possam revelar a verdade quando nossas mentes estiverem prontas para aceitá-la. E como "eles" dizem, de qualquer forma, o que é a verdade?

CAPÍTULO TRINTA E UM

OS GUARDIÕES DA REDE

Esta sessão com Joan não tem nada a ver com ETs ou seres de luz, mas é tão importante que eu quis incluí-la neste livro. Mas onde colocar? É um desvio dos outros tipos de voluntários que venho descrevendo porque introduz outro grupo que chegou neste momento com um propósito muito especial. Sinto que os outros também se identificarão com este grupo, embora sejam em menor número. Existem provavelmente muitos outros grupos de seres especiais que ainda tenho que descobrir. Uma das perguntas de Joan ligava-se a seu fascínio por cristais. Esse interesse era tão grande que ela tem uma loja em que vende cristais. Ela queria saber de onde vinha esse interesse avassalador.

Joan entrou em uma cena desértica: areia, sem vegetação. Ela podia ver uma grande pirâmide, e também viu muitas pessoas vestidas com túnicas muito simples cuidando de seus negócios, carroças e bois, etc. Então notou um homem barbudo que se destacava por estar vestido de maneira diferente: uma túnica verde com o cabelo coberto por um lenço branco. Quando ela olhou para si mesma, viu que também estava vestida de maneira diferente: vestes vermelhas de seda e fluidas. Ela era uma jovem de vinte e tantos anos com longos cabelos negros e pele morena. Viu também que usava muitas joias de ouro: anéis, pulseiras, colares e adornos. Ela gostou da sensação do ouro.

Quando o homem caminhou em sua direção, ela inesperadamente se emocionou e começou a chorar. Parte disso foi ao vê-lo novamente: "Senti muita falta desse lugar".

D: Você acha que mora lá em algum lugar?
J: Sim. Quero dizer, o palácio. Está mais longe à esquerda e tem

degraus subindo... degraus largos, muito largos até uma entrada com colunas. Acho que nasci lá. Tudo é feito de pedra e é muito suave e fresco e confortável para mim ... espaço. Parece haver mulheres que cuidam das minhas necessidades e cuidam das crianças.

Perguntei se havia alguma coisa que ela fizesse na maior parte do tempo e ela se emocionou novamente. "Tenho uma sensação de estar nos templos de cura."

D: *Por que isso faz você chorar?*
J: Ah ... porque sinto muito por tudo o que foi perdido.
D: *Você acha que está perdido? Mas agora você está vendo e está tudo lá. Onde está o templo de cura? No palácio?*
J: Sim. Existem diferentes pirâmides de cores diferentes. Elas estão muito perto do palácio. São pirâmides de luz e eu passava o meu tempo lá.
D: *São de cores diferentes?*
J: Sim, frequências de luz diferentes.
D: *Como colorem a pirâmide? Estou curiosa sobre o que você quer dizer com cores.*
J: Você pode gerar frequências usando os cristais para gerar frequências de luz diferentes e... é isso que fazemos.
D: *Isso faz as pirâmides de cores diferentes?*
J: Sim. Dependendo do que é necessário no momento. Você pode ajustar refrações com cristais para gerar diferentes frequências de cura. Fazemos isso através de intenções.
D: *Você tem que entrar na pirâmide, ou faz isso do lado de fora?*
J: Você faz isso do lado de fora. É difícil explicar, porque são os dois ao mesmo tempo. Você está dentro da pirâmide, mas está fora das pirâmides coloridas que estão sendo criadas pelas frequências.
D: *Estou tentando entender. Essas pirâmides de cores são separadas da pirâmide grande?*
J: As pirâmides coloridas são etéricas. São energias etéricas geradas através da manipulação dos cristais. Estou no canto inferior direito da pirâmide, em uma plataforma plana de uma sala espaçosa. Sinto que estou nos controles ... quase como controles de aviões ou de naves ou controles eletrônicos. Algo físico.
D: *Mecânico?*
J: Um pouco, mas é diferente disso. Não é mecânico nesse sentido. É

mais sobre colocar as mãos nele e gerar intenções desse tipo de nível. E comunicar-se com os cristais para gerar as frequências etéricas que manifestam a pirâmide etérica.

D: Onde estão os cristais?

J: Alguns dos cristais também são etéricos. Mas o chão deste espaço é um cristal. A sala inteira é um cristal sobre um cristal. Os controles estão neste canto inferior direito e é um piso enorme que é um cristal. E nesse grande piso liso você gera as pirâmides de cristal etéricas. A sala inteira é de cristal.

D: É como um espaço sagrado. (Sim) *Alguém te ensinou como fazer isso?*

J: Eu nasci para fazer isso. Sempre soube disso. Não precisava ser ensinada.

D: Depois de gerar as pirâmides etéricas coloridas e definir suas intenções, o que você faz com isso?

J: Você pode curar ou criar ou cultivar qualquer coisa. Poderia usá-lo para curar qualquer coisa ... um planeta ou formas de pensamento ou....

D: É aqui que entra a intenção?

J: Sim. Você pode usá-lo para criar o que quiser. Nós podemos cultivar alimentos e melhorar as plantações.

D: Como você o usa para direcionar para essas coisas?

J: Parece que as coisas acontecem dentro dele. Estou vendo bem agora a pirâmide de cor verde onde você pode cultivar a comida. Talvez se estivéssemos falando sobre a vida na Terra, sintonizando os cristais com a Terra para ativar a frequência verde do crescimento. E energeticamente colocá-lo nas áreas etéricas onde há jardins ou qualquer estrutura vegetal.

D: De que cor são as outras pirâmides etéricas?

J: Também vejo que você provavelmente poderia curar os oceanos com os raios azuis. Quando nos aproximamos, eu estava muito consciente da pirâmide amarela e da pirâmide azul. Mas, quando falamos sobre as plantas, a verde ficou evidente.

D: Para o que você usaria a pirâmide amarela?

J: Para fazer ouro. (Ela começou a chorar.)

D: Por que isso está te deixando emotiva?

J: Não sei ao certo, porque é tão profundo. É tão profundo. A dor vem do que foi perdido.

D: Você ajuda muito as pessoas, não é?

J: Sim, mas as que vi são pessoas muito simples. É como se fôssemos uma espécie diferente vivendo aqui neste palácio. Eles

são tão simples, lidamos com o etéreo e manifestação e é como se estivéssemos sendo os deuses criadores.
D: *Eles não conseguiriam entender o que você faz?*
J: Não, eles não conseguiriam.
D: *Sua família era como os deuses criadores?* (Sim) *Então, o que você está fazendo aí entre as pessoas simples? Alguém já lhe contou a história de onde você veio e como você chegou lá?*
J: Sim. Tenho a sensação de que é como as histórias que ouvimos sobre os Annunaki, vindos de outro lugar para estar aqui para trabalhar com as energias da Terra e criar.
D: *E para ajudar as pessoas?*
J: Você sabe, quero dizer sim, mas não sinto que é sobre essas pessoas simples. Parece mais como se estivéssemos ajudando os deuses criadores.
D: *Qual é o trabalho dos deuses criadores?*
J: Trabalhar com o DNA do planeta ... é disso que se trata.
D: *Do planeta inteiro?* (Sim, Sim.)

Nos meus outros casos, ouvimos falar do DNA do corpo humano, porque ele está sendo modificado no momento atual. Eu nunca havia pensado no DNA de um planeta.

J: Não parece que somos daqui. Sempre estive lá. Devo ter nascido lá, mas meu pai não veio de lá. Me pergunto sobre a minha mãe. Eu não sei o que ela é. Ela é como eu sou.
D: *Você gosta do que está fazendo, trabalhando com os cristais e criando a energia?*
J: Trabalhar com as frequências de luz e com as frequências das energias. É importante manifestar e criar. É sobre criar as redes e criar o trabalho da rede. São as redes planetárias ... a mente e o coração, a pureza do coração ... a integridade da mente.

Achei que tínhamos aprendido o suficiente sobre essa misteriosa mulher e seu trabalho. Então, mudei-a para um dia importante. Ela começou a chorar, quando exclamou: "As redes sumiram! As redes estão desmoronando! As redes etéricas estão colapsando e criando destruição, essas belas frequências de luz estão sendo perdidas. As frequências de luz criam as redes, mas, à medida que a rede colapsa, ela destrói as pirâmides de cristal das frequências de luz. Tenho a sensação de uma rachadura, uma grande rachadura. É quase como um concreto, mas não é concreto. É como o cinza da destruição engolindo a tecnologia e a criação etérica".

D: *Aconteceu alguma coisa para fazer as redes desmoronarem?*
J: Parece ser tudo sobre a rachadura no manto da Terra, porque é o que sinto. Sinto um profundo abismo e há uma fissura. Tem uma rachadura. O que causou isso? Não sei. Algo deve estar fora de equilíbrio. Desequilibrado. E isso fez as redes desmoronarem.
D: *Então estão todos conectados?* (Sim) *Você consegue ver o que ficou desequilibrado? Foi algo feito por pessoas ou alguma outra coisa?*
J: Bem, ouvimos histórias e qual é a verdade? Mas sinto que é por causa da necessidade de pureza de intenção. Que foram as frequências de ganância e tal que causaram o desequilíbrio. Não sei o que estavam fazendo. Não foi o meu grupo.
D: *Pois você teve a intenção pura?* (Sim) *Então não foi causado no lugar em que você está?*
J: Não, mas destruiu tudo.
D: *Não admira que você esteja chateada. Existe alguma coisa que o seu grupo possa fazer sobre isso por ter poder com a mente?*
J: Não podemos parar. Estamos apenas recuperando a tecnologia que podemos. Pegaremos os cristais e os recuperaremos depois.
D: *Como você faz isso?*
J: Está nas linhas do tempo. Você apenas grava as memórias nas linhas do tempo nos cristais. Essa é a tecnologia.
D: *Você coloca as memórias nos cristais?*
J: As memórias e as frequências.
D: *E os cristais podem lembrar dessas coisas?*
J: Sim, os cristais sabem tudo, mas podemos então acessar as informações que colocamos nos cristais.
D: *Então você faz isso com suas mentes ... traz de volta a informação que você coloca nos cristais?*
J: Sim, com as frequências de luz, com a mente, com a intenção. Nós podemos salvar a informação.
D: *É nesses cristais grandes que você a está colocando?*
J: Não, não parecem ser. Parecem ser o seu típico cristal de quartzo. Você registra as informações. (Para ela mesma.) O que nós gravamos? ... Estão baixadas ... todas as informações. O uso da tecnologia da computação pensava que todo esse conhecimento, tudo o que era transferido para as redes ... deve ter sido a nossa mente. Antes do colapso, todas as frequências, toda a geometria, todos os padrões de criação foram colocados nelas. Como

colocadas no DNA do cristal.
D: *Parece complicado, mas isso pode ser acessado mais adiante no tempo?*
J: Sim, sim, as linhas do tempo estão nos cristais.
D: *É um certo cristal?*
J: Não, não. Existem muitos, muitos, muitos cristais que contêm a informação.
D: *No futuro, quando você acessar isso, você vai ter que encontrar esse mesmo tipo de cristal?*
J: Posso acessar as informações da maioria dos cristais. Você sabe, é como agora, há aqueles cristais que são como pessoas comuns e há cristais que são como eu. Que têm mais conhecimento.
D: *Então, nem todos eles têm esse conhecimento. (Não.) Se você fosse segurar um cristal, como poderia sentir se tem alguma informação?*
J: Posso dizer se há informações nele. Está no sentimento. Está tudo na frequência que eles mantêm. Está nas linhas do tempo. Nesta vida e em vidas futuras, preciso acessar as informações para restaurar as redes. (Ela estava se emocionando novamente.)
D: *Não seria complicado poder restaurar as redes?*
J: Não é complicado. É mais sobre fundir seu DNA com o DNA do cristal ... apenas acessando e intencionando e despertando as chaves. Depois de acessá-lo no cristal, você está vinculado a ele. E você pode ativar as redes da Terra através dos cristais porque as veias de cristal correm por toda a Terra. E, assim, se você tocar um, a chave, as chaves, os portais ... portais é uma palavra, mas não é tão verdadeiro. Como elas são chaves e elas mantêm frequências de energia e se você ativar as teclas, as redes serão realinhadas e remontadas.
D: *Antes eram redes no etérico, e desta vez tem que haver redes na Terra?*
J: Sim, tem, a Terra é mais etérica agora.
D: *E você disse que era como portais?*
J: Sim, mas chaves é uma palavra melhor que portais. É como desbloquear um bloqueio. Existem diferentes lugares na Terra onde as redes estão trancadas. Os cristais têm a informação como uma chave para abrir os <u>congestionamentos</u>. Eu nunca pensei na palavra "congestionamento".
D: *Isso se encaixa, não é? (Sim, sim.) Mas você disse que algumas delas estão trancadas na Terra. O que fez com que algumas dessas redes fossem trancadas?*

J: Nós tivemos que fechar a informação antes que as pessoas fossem muito destrutivas. Nós tivemos que retirar nossa tecnologia por causa do desrespeito à vida. A única maneira de impedir isso era destruí-la.

D: *Deve ter sido uma decisão muito difícil.* (Ela ficou emotiva: Sim.) *Você temia que as pessoas a usassem de maneira errada?*

J: Eles a *estavam* usando de maneira errada. Poderiam ter destruído o universo! (Chateada.)

D: *O que aconteceu naquela época que você decidiu trancar as redes?*

J: É por isso que percebo que se não tivéssemos parado esse processo na Terra, o universo teria entrado em colapso.

D: *A coisa toda?* (Sim) *Explique o que você quer dizer.*

J: Teria havido uma reverberação completa no micro e no macrocosmo, nessa ordem. Como puxar o pino de segurança. Teria sido um colapso; teria sido tudo engolido pelo esquecimento.

D: *Por que um estava alicerçado no outro?* (Sim) *Então isso foi causado por essas pessoas que a usam pelas razões erradas e a desarmonizam?* (Sim, sim.) *Então você teve que destruir as redes na Terra ou trancá-las ou...?*

J: Nós tivemos que destruir - eu quero dizer "Atlântida". Nós tivemos que destruir o continente para parar o abuso.

D: *Eu pensei que era por um desejo de poder que as pessoas trouxeram a destruição sobre si mesmas.*

J: Não. Teve que ser interrompido porque teria havido repercussão em todo o espaço e tempo ... em todas as redes. E nós tivemos que destruir isso para parar aqui.

D: *Isso teria causado um efeito dominó? Liderado pela Terra?* (Sim) *A Terra teria colapsado?*

J: Sim. Foi apenas uma coisa pequena em comparação com o que teria acontecido no cosmos.

D: *Então teria reverberado?*

J: Sim. Teria sido uma reverberação do micro para o macro e do macro para o micro ... em ambas as direções. Isso teria destruído tudo.

D: *Então foi decidido destruir o continente em vez disso?* (Sim) *E pará-lo bem ali?*

J: Sim, para derrubar a rede. Foi o que fizemos. (Ela começou a chorar alto e emocionalmente.)

D: *Mas você teve que fazer isso.* (Sim) *Teria sido muito pior.* (Sim)

No entanto, não foi tudo perdido porque você disse que preservou o conhecimento nos cristais. (Sim, sim.) *Nessa vida, vocês foram destruídos quando o continente foi destruído? O que aconteceu com vocês?*
J: Não, apenas saímos do planeta. Apenas saímos com a nossa intenção.
D: *Não precisaram de um veículo nem nada?*
J: Não, eu não vejo um veículo. Nós éramos apenas uma consciência.
D: *Para onde você foi quando saiu do planeta?*
J: De volta ao Todo. Não havia outra opção.
D: *Bem, a partir dessa posição, você pode ver tudo sobre essa vida. De onde você veio quando foi para a Atlântida? Você ganhou esse grande conhecimento.*
J: De outra dimensão de tempo e espaço. Nós escolhemos a Terra como um lugar perfeito para ir.
D: *Qual foi sua intenção ao vir para a Terra originalmente?*
J: Gerar cura, evoluir consciência, expandir luz, amor e consciência.
D: *Você disse que as pessoas que estavam lá eram muito comuns.*
J: Sim, elas são ... elas são.
D: *Você estava expandindo a consciência?*
J: Sim ... expandindo a consciência do Todo.
D: *E estava funcionando até que, de alguma forma, essa outra interferência mudou as coisas?* (Sim) *Você já descobriu de onde veio a outra interferência?*
J: Houve trapaça dentro do grupo. Havia pessoas que tinham outras planos. Estavam lá pelo poder pessoal e suas explorações tinham tomado um rumo sombrio.
D: *O que eles estavam explorando?*
J: Matéria Escura ... poder e Matéria Escura. É o oposto da luz. Isso causou o desequilíbrio. Eles estavam acessando a Matéria Escura.
D: *O que eles esperavam conseguir acessando a Matéria Escura?*
J: Acho que buracos de minhoca ou viagem. Ou como se quisessem usar a Matéria Escura para criar seu próprio universo.
D: *Eles poderiam ter feito isso?* (Não) *Mas achavam que podiam?* (Sim) *Porque eles não eram os seres criadores, eram?* (Não) *Estavam usando cristais em sua exploração?*
J: Não parecem cristais ... não. É o contrário. É como se a luz se expandisse e a escuridão contraísse. Eles estavam usando energia contraída. Eles descobriram como explorá-la.

D: Eles tinham alguma lógica por trás disso, ou estavam apenas querendo ver o que poderiam fazer?
J: Seu próprio poder e ganância, controle, manipulação e distorção. Meus pensamentos são que a curiosidade matou o gato. Mais provavelmente, o gato estava apenas curioso sobre como era a morte. Eles eram assim.
D: Eles realmente não sabiam o que iria acontecer. (Não ... não) Mas poderia ter estado realmente fora de controle?
J: Estaria.
D: Todo este universo poderia ter sido destruído. (Sim, sim.) Porque eles não tiveram sucesso em criar os seus próprios. (Não) Eles apenas criaram um poder que era negativo. (Sim) Mas você conseguiu estabilizar?
J: Sim, no colapso das redes.
D: E o conhecimento não foi perdido. (Verdade) Desta forma, o conhecimento pode ser acessado no futuro?
J: Sim, podemos acessá-lo agora.
D: Isso é o que estou pensando ... neste momento futuro, de onde estamos falando agora. Ao longo dos anos, recebi muitas informações sobre a destruição da Atlântida, mas nunca ouvi essa história antes.
J: Isso é porque nunca contamos a ninguém antes. Achamos que agora é hora de ser conhecido. Não deve acontecer de novo.

Foi apenas uma coincidência que esta informação surgiu em 2010, ao mesmo tempo em que uma controvérsia estava acontecendo sobre o Experimento Colisor? A semelhança da informação é perturbadora. O Grande Colisor de Hádrons (LHC) está localizado no subsolo nos arredores de Genebra, na Suíça, e é descrito como um dos projetos científicos mais profundos já concebidos. Construído pela Organização Europeia para Pesquisa Nuclear (CERN), é o instrumento científico mais caro já construído. É a maior máquina do mundo em que os cientistas estão fazendo experiencias com antimatéria, "matéria escura" e "energia escura" no espaço. Já foi dito que eles estão tentando criar um buraco de minhoca, ou até mesmo seu próprio universo. É complicado, mas o colisor irá disparar raios de prótons ou íons de chumbo em direções opostas. Os dois feixes colidindo dobram a energia liberada para um equivalente a 100.000 vezes o calor no centro do Sol! Os céticos estão dizendo que poderiam liberar um tremendo poder que eles não seriam capazes de controlar. Os cientistas dizem que estão apenas experimentando energia desconhecida disponível no cosmos. Minha pesquisa dizia: "Em suma, o experimento Grande Colisor de Hádrons é um grande esforço científico para vislumbrar a Mente de Deus no momento da criação". Para mim, parece o mesmo tipo de experimentos que os cientistas estavam realizando quando descobriram o poder atômico. Eles também, naquela época, não tinham ideia do que estavam fazendo. Lembra também os experimentos do HAARP que estão sendo conduzidos no Alasca para controlar o clima, disparando raios para a atmosfera. (Mais informações sobre esses experimentos são encontradas em meus outros livros.) Muitas vezes, quando recebi informações sobre a queda da Atlântida, "eles" disseram: "Você deve saber disso porque sua civilização está seguindo o mesmo caminho perigoso". Acho que é muito parecido com coincidência e acho que nossos cientistas estão andando numa corda bamba sobre uma fogueira. Eles podem desencadear o mesmo poder danificador que derrubou as redes e quase destruiu todo o universo. Os experimentos do Colisor estão operando a meia potência. Não é esperado que esteja funcionando com potência máxima até 2014.

D: Preciso chamar o subconsciente ou você pode continuar respondendo às perguntas? Você está fazendo um ótimo trabalho.
J: Quais são as perguntas? Eu verei. (Nós duas rimos)
D: Uma das coisas que Joan quer saber é como ela pode obter informações dos cristais? Ela pode acessar essa informação que ela mesma colocou lá?
J: Ela acessa todos os dias.

Joan tem uma loja de cristais, então ela está constantemente cercada por cristais de todas as formas e tamanhos.

J: Ela não sabe que está fazendo isso, mas há um plano maior a ser aprovado. É começar a trabalhar conscientemente com as redes e identificar e ativar esses portais e os nós principais nas redes de energia e reestimular sua ativação. Isso pode ser feito posicionando os cristais ou trabalhando com intenção.
D: Os cristais devem ser colocados em um determinado lugar?
J: Sim, as pessoas fizeram isso nesta vida na Terra, andando por aí e posicionando cristais. Realmente pude vê-los ao redor do planeta e reativando o trabalho da rede.

D: *Joan tem que viajar fisicamente pelo planeta ou isso pode ser feito de uma maneira diferente?*
J: Sim, é o que ela fez quando foi para St. Croix e Alasca. Consertar as redes e seguir as linhas.
D: *O que você quer que ela faça agora? Ela continuará a trabalhar com os cristais?*
J: Sim. Acessar os cristais da Terra, os grandes cristais e reativar as redes.

Isso soou como algo que Joan gostaria de fazer, mas sendo humanos, precisamos ter um método ou instruções. Perguntei se havia algo específico que eles queriam que ela fizesse para que pudesse desbloquear a informação que está nos cristais.

J: Purifique o corpo da Terra ... beba muita água. Ancore seus pés na terra e segure o cristal, e peça a ajuda de outros. Ao ativar as redes, os cristais agirão como um intermediário entre as redes etéricas que foram estabelecidas e as redes da Terra que estamos tentando reativar. Então, ao segurar os cristais, enquanto ancorado na Terra, o receptáculo humano se torna o elo entre a rede etérica e as redes da Terra que estamos tentando reparar.
D: *Ela pode fazer isso sozinha ou seria melhor fazer isso com outras pessoas?*
J: É melhor fazer isso em números de três, seis, nove ... qualquer número divisível por três é a chave para ativar as redes ... triangulações de energias.
D: *Eles operam em três?*
J: Sim, para triangular. Dentro do DNA deles no planeta. Eles devem fazer isso ao ar livre, perto da água. Eles trabalharão com os outros no etérico. Os que mantêm a rede etérica no lugar. Eles são seres de consciência e luz.
D: *E o trabalho deles é manter as redes da Terra?*
J: Sim. Os guardiões da rede.
D: *Esse seria um bom nome para chamá-los, os "Guardiões da Rede", e chamá-los para ajudar.*
J: Sim, para reparar as redes.
D: *E eles podem usar a energia do corpo humano e a energia cristalina?*
J: Sim, e triangular de todos os diferentes pontos da Terra.
D: *Dessa forma, ela não teria que ir fisicamente a esses lugares?*
J: Não. Seria uma triangulação entre a equipe da Terra, a equipe de

Rede e o ponto de ativação. A chave da rede.
D: *Eles sabem em qual ponto de ativação eles estão se concentrando?*
J: Sim. Será aquele que se torna evidente em sua consciência. Eles apenas saberão. Surgirá em sua mente e em sua consciência. Eles poderiam delimitar diferentes lugares, para trabalhar em um mapa do mundo, evidentes pelos desastres naturais que ocorrem, se você olhar para as zonas de terremotos predominantes. Veja o que está acontecendo no golfo agora.

Esta sessão foi realizada no início de maio de 2010, quando o vazamento de óleo no Golfo do México estava dominando as notícias.

J: Há dissonância de energia. A dissonância máxima é indicativa das teclas que precisam ser "ajustadas" ou alinhadas ou abertas. Os vulcões, os furacões, o derramamento de óleo atualmente, os terremotos, a guerra ... tudo isso são indicações.
D: *De distúrbios na rede?*
J: Nas redes, sim. E também em alguns dos vulcões, isso não é desequilíbrio na rede. Isso é realmente um equilíbrio na rede.
D: *Trazendo de volta ao equilíbrio?*
J: Sim, e isso é bom. Uma liberação de energia.
D: *Esses seres da rede lhes darão o conhecimento?*
J: Sim, os Guardiões sabem, pois têm uma visão geral.
D: *Ela também pode usar essa informação sobre os cristais para curar?*
J: Bem, esta é a cura da Terra, e por isso é usada para a cura. Se você trouxer um sistema de volta ao equilíbrio, o resultado é a cura.
D: *Então isso é mais importante do que trabalhar em uma cura individual?*
J: Sim, sim. Trabalhar com as redes da Terra e as redes de energia. É mais importante curar o oceano do que curar um indivíduo.
D: *Estamos recebendo mais informações novas de que estamos mudando para uma Nova Terra. Isso está ligado a essa cura?*
J: É como a preocupação com a criança. Nós curamos a mãe para que a criança esteja bem. Nós curamos a mãe para que ela possa dar à luz a Nova Terra. Para torná-la a Nova Terra.

É por isso que temos que curar a Velha Terra.

D: *Ela colocou a informação nos cristais, então ela deveria ser capaz de recuperá-la.*
J: Sim, e há um prazo para isso ... tudo no seu tempo apropriado. É como se as pétalas de uma flor se abrissem, e você não pode apressar o botão ou estragará a flor. Sinto que tudo está no tempo divino e se abrindo como deveria ser. Nós podemos restaurar as redes. Esse é o primeiro passo ... para curar o planeta.
D: *Você me disse antes que não quer destruir uma civilização inteira novamente. Demora muito para reconstruí-la.*
J: Sim, e há muita perda.
D: *Você me disse que todo povo ou civilização tem livre-arbítrio, e você não tem permissão para interferir no livre-arbítrio. Você disse que não estava autorizado a interferir no desenvolvimento das civilizações por causa do livre-arbítrio.*
J: Sim.
D: *Mas as pessoas nos perguntaram por que a Atlântida foi destruída, porque não foi permitido o livre-arbítrio para fazer essas coisas? Acho que você respondeu.*
J: Bom, sim. (Riso)
D: *Porque mesmo o livre-arbítrio pode ter seus limites.*
J: Sim, mas se alguém não sabe o que está fazendo ...
D: *Como uma criança brincando com fogo. (Sim) Você disse antes que a única vez que você poderia intervir seria se nós estivéssemos caminhando para destruir o mundo, porque isso causaria reverberações. (Sim, sim.) Então talvez você tenha me dado a peça que faltava e que eu não tinha na minha história. Faz muito mais sentido e está mais claro agora. Então isso é muito importante. Você é como os "Vigilantes" também. (Sim) Joan era uma Vigilante quando estava cuidando do planeta?*
J: Sim, era.

Quando nossa vida humana foi criada neste planeta, foi decidido dar a este belo lugar uma criatura com inteligência e livre-arbítrio. Para ver o que ela faria com isso. Há poucos planetas no universo que puderam ter livre-arbítrio. Explorei alguns desses em meus outros livros. Mas outra regra foi a principal diretriz, a de não interferência. Isso é frequentemente falado na série "Star Trek", mas não é ficção. É muito real e é cuidadosamente seguido por todas as pessoas do espaço. Isso significa que eles não podem interferir no desenvolvimento de uma civilização. Disseram que havia apenas uma exceção a essa regra, que é se a civilização chegasse ao ponto de destruir o planeta. Então, foram autorizados a intervir e pará-lo, porque se fizéssemos algo assim, poderia ter reverberações em toda a galáxia. Quem pensaria que um planeta tão pequeno como a Terra teria esse tipo de influência? *Somos* um planeta pequeno e estamos deliberadamente isolados e em quarentena aqui em nosso cantinho do sistema solar. Eles estão com medo de *nós*, com medo do que poderíamos fazer com a nossa violência. Esta é a principal razão pela qual têm nos observado por tantos éons. As reverberações poderiam se espalhar por todo o sistema solar, pela galáxia e até mesmo em outras dimensões e estaríamos interferindo e destruindo outras civilizações desconhecidas. As consequências seriam horripilantes. Agora sabemos que esta foi a razão para enviarem almas puras como voluntários para ajudar a Terra neste momento, para evitar que a destruição aconteça.

Agora sei, através do meu trabalho, que muitas civilizações foram destruídas através dos tempos. "Eles" me disseram que isso aconteceu quando alcançavam o auge do conhecimento intelectual e aperfeiçoavam suas mentes ao ponto de poderem fazer coisas maravilhosas. Mas, em cada circunstância (incluindo Atlântida), as pessoas abusaram de seus poderes e começaram a fazer coisas por ganância e poder, e não para o aperfeiçoamento do povo. No caso da Atlântida, sabemos que estavam usando os cristais para um poder extremo. Também estavam indo contra as leis da natureza, usando a manipulação genética para combinar e criar seres meio homem/meio animal. Estavam definitivamente ultrapassando seus limites. Mas, como minha filha Júlia observou, estavam apenas exercitando seu livre-arbítrio. Não fazia sentido para ela que "eles" tivessem que destruir essa civilização. Ela disse: "Afinal, uma regra é uma regra". Ela é muito rigorosa em obedecer às regras e sabe que elas foram feitas por um motivo. Então, os atlantes estavam fazendo coisas que não deveriam ter feito, mas não haviam colocado o planeta em perigo de explodir. É verdade que os cristais eram poderosos e não estavam sendo usados corretamente, mas onde estava a ameaça perigosa que fez com que "eles" decidissem acabar com toda a civilização? Essa foi a peça que faltava e que eu não tinha pensado, até que ela mencionou. Agora ficou óbvio. Os atlantes chegaram ao mesmo ponto em que estamos agora em nossos dias. Eles estavam experimentando com Matéria Escura e não sabiam que as repercussões poderiam sair pela culatra e destruir todo o planeta. Então foi por isso que "eles" tiveram que ir contra a diretiva principal. Isso foi feito tantas vezes ao longo da história da nossa Terra que não quiseram ter que fazê-lo novamente. Todas as vezes que as habilidades tiveram que ser retiradas e a civilização teve que ser reconstruída a partir de um estado primitivo, muito tempo e tecnologia foram perdidos para que a humanidade ascendesse de volta. Neste momento atual, eles não quiseram seguir esse caminho novamente. Então, para evitar que isso acontecesse de novo, o chamado foi para os voluntários virem e ajudarem o planeta Terra.

D: Joan teve outras vidas na Terra? (Essa foi uma das perguntas dela.)
J: Apenas um pouco de conhecimento na forma física. A maioria de suas vidas foi nos reinos da luz.
D: Mas Joan não é a única a fazer isso, é? (Não) *Seria um trabalho muito grande.*
J: Eu ouço o número: dez mil de nós. Espalhados pelo planeta.
D: Todos fazendo o mesmo trabalho de restaurar as redes?
J: Sim ... variações sutis, mas todas com a mesma intenção. Nós todos sabemos porque estamos aqui. Alguns mais consciente do que outros. Talvez seja uma forma de despertar os outros.
D: Então eles podem curar a Mãe Terra?
J: Sim. Também tem a ver com o DNA. O DNA é como a ponte da vida e o despertar das chaves é como despertar as partes do DNA que estiveram inativas.
D: O DNA humano?
J: O DNA humano ... é tudo DNA de tudo. É a escada cósmica que acessa tudo. Isso liga tudo, portanto DNA humano, DNA planetário é tudo a mesma coisa.
D: Então todos têm que ser ativados ou alterados?
J: Para despertar as partes de DNA que foram desligados quando nós desmoronamos as redes.
D: Então quando você derrubou as redes, você também desligou partes do DNA? (Sim, sim.) *Isso foi por alguma razão?*
J: Sim, para diminuir a velocidade ... diminuir a velocidade. Desativar as partes onde o conhecimento estava no DNA. Agora é hora de estimulá-los.
D: Também me disseram que as habilidades psíquicas estão voltando. (Sim) *Isso é parte do despertar do DNA?*
J: Sim ... acesso aos códigos de vida.
D: Como isso está sendo ativado?
J: Com frequências de luz. Aumentando nossas frequências de luz.

D: *Dentro do corpo?*
J: Sim. Ela vem de fora através dos raios cósmicos que entram no nosso sistema planetário. Estimula as partes de DNA que ficaram latentes, então ativamos os códigos de luz.
D: *Isso afeta o humano e também o planeta?*
J: Sim, o planeta e toda a vida ou luz.
D: *A luz é muito importante. É o TODO realmente. É tudo o que existe.* (Sim) - *E as pessoas que são negativas? Aqueles que não estão na luz? O DNA deles também será ativado?*
J: Parece que eles apenas continuarão dormindo. É como se fossem almas que estão dormindo. É assim que vejo. Estão dormindo. Tenho uma sensação de "fechamento", como um sono, uma curvatura em si ... uma dobra de energia. Mas isso não significa que em algum outro momento ... você sabe, estamos falando sobre isso como um nó do tempo *agora*. Em outro momento, será hora dos códigos deles serem despertados. Não é uma coisa ruim ficar para trás. Eventualmente todos os códigos serão ativados, mas você sabe, se você não estiver acordado, tudo bem. Não é a sua hora. Mais uma vez, é sobre o prazo... as linhas do tempo. São como sementes. Você não pode ter todas as sementes brotando de uma só vez. (Riso)
D: *O que você quis dizer com "nós do tempo"?*
J: Um nó do tempo é uma energia contida de luz e espaço. Nós existimos nos nós do tempo e assim acontece com a Terra atual. Nós diríamos que a Terra em 2010 é um nó do tempo.
D: *Tudo bem. Mas quero esclarecer algumas coisas que ouvi. Será que eventualmente haverá duas Terras separadas, quando nos mudarmos para a nova Terra e deixarmos a Terra velha para trás?*
J: Não penso assim. Não sinto que isso é como uma nova Terra. Estou sentindo que há apenas uma expansão, uma dimensão ou uma expansão. Como se você tivesse um ponto. Se você conectar isso a outro ponto, você tem uma linha. Bem, esse primeiro ponto desapareceu quando se tornou uma linha? É a mesma coisa. Só que será uma mudança dimensional. Três D ainda existira, mas nos tornaremos também mais expandidos para as frequências de luz.
D: *Então são duas Terras separadas ... uma na outra dimensão?*
J: Não separada. Aquele ponto está separado da linha? Eu acho que é essa a questão. Esse ponto ainda existe e esse ponto ainda é esse ponto. Mas a linha é outra coisa, assim como a Terra será outra

coisa. A velha terra ainda existirá. A nova Terra existirá, mas será nessa analogia do ponto e da linha.
D: Em outra dimensão ... em outra frequência?
J: Outra frequência expandida ... uma frequência de expansão.
D: Então aqueles que são luz, sua frequência está mudando o DNA, e irão com essa outra, eu acho.
J: Sim. Como se houvesse uma existência simultânea. É apenas uma mudança dimensional.
D: Isso é difícil para as pessoas entenderem. Nós estamos existindo de qualquer maneira em outras dimensões.
J: Sim. Nós não temos a nossa consciência nem temos o nosso DNA despertado para estar conscientes disso.
D: Desta vez estaremos conscientes? (Sim) Estaremos conscientes da nossa Terra velha, aquela onde as pessoas estão dormindo?
J: Não será nossa preocupação.
D: Nós vamos seguir em frente. (Sim) Toda vez que eu recebo um pouco mais de informação, fica mais claro, pois tenho pessoas fazendo muitas perguntas quando falo sobre isso. - Você me disse uma vez que nem sabe o que realmente vai acontecer. (Riso)
J: Não, não sabemos.
D: Porque é a primeira vez que isso acontece. Foi o que me disseram.
J: A primeira vez que aconteceu na Terra. (Risos) Muitos planetas passaram por mudanças dimensionais.
D: Porque a Terra está viva e tem que evoluir? (Sim) Mas esta é a primeira vez que isso aconteceu nesta parte do universo? (Sim)

Joan estava experimentando lasers e achava que seria capaz de usá-los de alguma forma na cura.

J: Estou vendo que as luzes de laser podem ser usadas para conectar os pontos da rede, a rede etérica aponta para as redes da Terra. É para isso que ela deve usar os lasers.
D: Mas você disse que seria para o futuro. (Sim) Como você quer que ela use o laser?
J: Apenas fazendo-os brilhar para o cosmos e triangulando para fora pontos definidos e triangulando-os, usando a luz para ancorar as redes etéricas na rede da Terra.

D: Assim como os cristais?
J: Sim, isso deve ser uma parte disso. A luz se ancora no cristal.

Nós respondemos as demais perguntas dela, e o SC fez a cura do corpo físico.

Mensagem de despedida: não tenha medo do fracasso. São apenas mais oportunidades.

Então agora, depois de muitos anos trabalhando nisso, eu tinha descoberto as Três Ondas de Voluntários que vieram para ajudar a Terra durante esses tempos muito importantes e essenciais. Mas, durante esta sessão, descobri outro grupo que veio: 10.000 Guardiões da Rede. Estão aqui para um propósito diferente, para restaurar o dano causado às redes da Terra pela destruição da Atlântida. Para trazê-los de volta ao equilíbrio. Também estão aqui para descobrir e acessar o conhecimento oculto que foi colocado dentro dos cristais. É um conhecimento muito valioso que tem esperado por esse tempo especial para ser revelado mais uma vez. Vamos usá-lo corretamente desta vez!

PARTE III

A NOVA TERRA

A NOVA TERRA

Esse livro inteiro focou nos voluntários que vieram à Terra neste momento para participar da mudança para a Nova Terra. O que é exatamente esta Nova Terra de que todos eles estão falando? Como saberemos quando chegarmos lá? Notaremos alguma diferença? A informação sobre a Nova Terra surgiu gradualmente durante os últimos cinco ou mais anos. Eu acumulei pequenas peças de centenas de clientes, e levou muito tempo para ver um padrão emergindo. Ele foi espalhado através de alguns dos meus outros livros (mais notavelmente a série *The Convoluted Universe*). Muitas pessoas em minhas palestras e através de correspondência por e-mail sugeriram que eu colocasse todas as informações sobre a Nova Terra em um livro. Então estou tirando isso desses livros e colocando tudo junto aqui. Nas sessões deste livro há mais pequenas peças. A coisa incrível é que nada disso entra em conflito. Todos os meus clientes estão dizendo as mesmas coisas, apenas usando palavras diferentes. Isso adiciona validade porque tudo isso se complementa mutuamente. A seguir estão as informações dos meus outros livros.

CAPÍTULO TRINTA E DOIS

A NOVA TERRA

Durante nossas vidas, quando frequentamos a igreja, ouvimos os seguintes versículos da Bíblia: *"Vi um novo céu e uma nova terra; porque já o primeiro céu e a primeira terra passaram... E eu, João, vi a santa cidade, a nova Jerusalém, que de Deus descia do céu ... E ouvi uma grande voz do céu que dizia: Eis aqui o tabernáculo de Deus com os homens, e com eles habitará, e eles serão o seu povo, e o mesmo Deus estará com eles, e será o seu Deus, e Deus enxugará de seus olhos, toda lágrima; e não haverá mais morte, nem pranto, nem clamor, nem dor; porque as primeiras coisas são passadas. ... Eis que faço novas todas as coisas. E disse-me: Escreve, porque estas palavras são verdadeiras e fiéis ... E a (nova) cidade não necessita de sol, nem de lua, para que nela resplandeçam: porque a glória de Deus a tem iluminado ... E não entrará nela coisa alguma que contamine, e cometa abominação e mentira. ... E ali não haverá mais noite e não necessitarão de lâmpadas nem de luz do sol; porque o Senhor Deus os ilumina; e reinarão para todo o sempre."* (Apoc. 21-22)

Muitas explicações diferentes foram oferecidas pela Igreja desde a escrita da Bíblia. Mas o livro do Apocalipse permaneceu enigmático *até agora*. As explicações nesse livro trazidas por muitas pessoas, quando em transe profundo, parecem conter as respostas. O Reino de Deus foi descrito, muitas vezes, como um lugar de luz onde se tem uma alegria muito grande ao se reunir com o Criador, a Fonte. Ali, todos se tornam seres de luz e não há desejo de retornar à forma física terrena. Isso explica alguns dos significados dos versos, mas e a profecia da Nova *Terra*? Mais uma vez, a resposta parece vir através de muitos dos meus pacientes durante as minhas sessões. Foi apenas quando eu estava juntando as partes do livro que a semelhança com a Bíblia se tornou aparente. Estamos todos falando da mesma coisa. João, que escreveu o livro do Apocalipse, descreveu sua visão com palavras e vocabulário do seu tempo. É o mesmo hoje. Meus pacientes tiveram que usar a terminologia com a qual estavam familiarizados. Eu sei, portanto, que estamos vendo apenas uma pequena parte de toda a imagem do novo mundo que está chegando, mas foi o melhor que puderam fazer. Pelo menos nos dá um vislumbre desse lugar maravilhoso e perfeito.

Durante o meu trabalho, ouvi muito que tudo é composto de energia e que a figura e a forma são determinadas apenas pela frequência e vibração. A energia nunca morre, só muda de forma. Me disseram que a própria Terra está mudando sua vibração e frequência, e está se preparando para se elevar para uma nova dimensão. Existem inúmeras dimensões ao nosso redor o tempo todo. Nós não podemos vê-las porque, conforme a vibração acelera, elas são invisíveis aos nossos olhos, mas, no entanto, ainda existem. Em meu livro *The Custodians*, eu expliquei como os extraterrestres utilizam isso e viajam elevando e abaixando as vibrações de sua nave. Às vezes, também vamos para outras dimensões e retornamos sem estarmos cientes disso. Isso foi escrito em *The Legend of Starcrash*. Eu tenho tocado nesse assunto ao longo dos anos, mas não tinha entendido o significado completo disso até que comecei a receber mais e mais informações. "Eles" querem que saibamos mais, porque acontecerá em breve. E será um evento importante. É claro que, mesmo na Bíblia, foi descrito como vindo "em breve". Mas agora podemos ver e sentir os efeitos ao nosso redor enquanto o mundo se prepara para mudar para uma nova dimensão.

"Eles" disseram que vamos notar mais os efeitos físicos à medida que as frequências e vibrações aumentam. Muitos de nós podem sentir em outro nível do nosso ser que algo está acontecendo. Com as mudanças sutilmente acontecendo ao nosso redor, nossos corpos físicos também precisam mudar para se ajustar. Alguns desses sintomas físicos são desagradáveis e causam preocupação. "Você verá e notará que, à medida que a frequência do planeta continua a aumentar em termos de sua vibração, você terá menos dificuldade com os sintomas de bloqueios de energia."

Ao longo do meu trabalho, meus pacientes estão sendo informados de que precisam mudar sua dieta para se ajustar ao novo mundo. Nossos corpos devem se tornar mais leves, e isso significa a eliminação de alimentos pesados. Durante as sessões, meus pacientes são avisados repetidamente para parar de comer carnes (especialmente carne bovina e suína), principalmente por causa dos aditivos e produtos químicos que estão sendo fornecidos aos animais. Disseram que os produtos químicos e componentes artificiais depositados em nossos órgãos permanecerão lá por até seis meses. É extremamente difícil filtrá-los e removê-los do corpo. Nós fomos especialmente advertidos contra a ingestão de proteína animal e alimentos fritos que agem como um irritante para o corpo. "Eles agem como agravantes do seu sistema depois de muitos anos de uso indevido. Não queremos ser críticos, mas o corpo é construído para um certo tipo de tráfego veicular. O corpo não pode ascender em frequência a reinos dimensionais mais elevados se a densidade e as toxinas estão poluindo o ambiente do corpo humano."

Claro que se você conseguisse encontrar carnes orgânicas que não contivessem toxinas, seria seguro, com moderação. Disseram que o frango era melhor, e peixe, porque são carnes mais leves, mas que o melhor de tudo eram frutas e vegetais "vivos". Quer dizer, aqueles que são comidos crus em vez de cozidos. Também fomos alertados sobre a eliminação do açúcar e o consumo de água pura e engarrafada e sucos de frutas que não contenham açúcar. Eventualmente, conforme a frequência e a vibração continuam a aumentar, nós nos adaptaremos a uma dieta líquida. O corpo deve se tornar mais leve para fazer a ascensão. "À medida que as energias no planeta continuam a se tornar elevadas e mais rarefeitas, seu corpo precisa mudar com isso." Nada disso é novo. Há muito tempo ouvimos sobre esse tipo de alimentação. Mas parece ser necessário agora prestar mais atenção à nossa dieta, pois tudo está começando a mudar.

Em 2001, "eles" intervieram para, drasticamente, chamar minha atenção e fazer com que eu mudasse minha dieta e estilo de vida. Durante as sessões, eles literalmente gritavam comigo para passar sua mensagem. Em 2001, tive problemas com desidratação enquanto estava na Flórida e estava sentindo efeitos físicos desagradáveis. "Eles" me repreenderam e me fizeram desistir da minha bebida padrão, "Pepsi", que eu havia me permitido por muitos anos. Eles mudaram completamente meus hábitos de comer e beber e mudaram minha dieta para melhor. Em 2002, eu tinha limpado uma grande quantidade das toxinas do meu sistema e estava percebendo a diferença. Demorou vários meses antes de estar "desintoxicada", por assim dizer. Toda vez que eles têm uma chance, me avisam que ainda estão me monitorando e sou repreendida quando me veem voltando para velhos hábitos. Durante uma sessão na Inglaterra, eles disseram: "Para entender as novas energias nas quais você estará trabalhando, o corpo está sendo ensinado a lidar com elas. Não se esqueça de que existem energias externas que não lhe serão favoráveis. Nesse momento, talvez, essas energias não devam ser desprezadas ou afastadas de você. Por não lhe serem familiares, você está pensando: 'Elas não são adequadas'. Mas pergunte-se: Que energias são essas?' Na verdade, elas são novas energias, talvez estejam reajustando seu corpo e, ao fazê-lo, estão eliminando toxinas, especialmente se os seus rins estiverem trabalhando com uma energia indesejável do passado. Apenas aceite que o processo de limpeza está ocorrendo e continuará a ocorrer".

Foi-me dado então um processo para energizar a água que bebemos para ajudar no processo de desintoxicação. "A água, na base de setenta por cento de você e setenta por cento do planeta, é extremamente importante. Portanto a ressonância da água que você bebe é muito importante. Quando você bebe água, energize-a com o conhecimento que você tem. Envie-lhe esse conhecimento. Espiralize-o nela. Imagine a água espiralando, criando um vórtice nos dois sentidos, horário e anti-horário. Criando uma chave positiva e negativa. Você deve desequilibrá-la. Imagine uma energia entrando na água e espiralando, criando um vórtice. É só fazer isso. O pensamento energizará a água, que então reintroduzirá a força vital de volta à água, que é a essência da força vital do planeta. Todo fluido, neste planeta, seja ele de rocha ou líquido fluido, é líquido cm um movimento mais lento ou mais rápido. Tudo tem a ressonância e a memória do que é. A humanidade perdeu a ressonância e a memória, mas a água pode ser reenergizada. O padrão do pensamento humano as processa de volta e ajuda a trabalhar com sua ressonância. Você deve ter em mente que a energização de uma garrafa de água pode durar apenas algumas horas. Você pode precisar reintroduzi-la. Portanto, a fórmula pode ser, antes de beber qualquer líquido, faça o mesmo processo. Você também pode fazer esse processo com a comida. Sendo a comida simplesmente líquido em um movimento mais lento. Isso ajudará o corpo. Isso também ajudará a esclarecer e criar um lugar chamado "clareza" em seu padrão de pensamento mental, pois você começou a perder um pouco da clareza. Essa clareza vai voltar."

De um e-mail enviado para mim de uma fonte desconhecida:

O tempo está realmente acelerando (ou colapsando). Por milhares de anos, a ressonância de Schumann ou pulso (batimentos cardíacos) da Terra tem sido 7,83 ciclos por segundo. Os militares usavam isso como uma referência muito confiável. No entanto, desde 1980, essa ressonância tem aumentado lentamente. Agora é mais de 12 ciclos por segundo! Isso significa que existe o equivalente a menos que 16 horas por dia, em vez das antigas 24 horas.

Uma das indicações de que a frequência e a vibração estão ocorrendo é a aceleração e o encurtamento do tempo.

Cliente: A partir de 2003, haverá um influxo de energia que realmente impulsionará a Terra. Haverá uma divisão maior entre o grupo de pessoas que ficarão para trás e as pessoas que estão seguindo em frente. O resultado será um aumento vibracional mais alto na Terra. Isso está afetando todo o universo. Isto não é apenas a Terra. Isso é galáctico.

CAPÍTULO TRINTA E TRÊS

A VELHA TERRA

Anne disse que queria ir para casa e experimentar como era seu lar, então, neste ponto da sessão, "eles" deram a ela um vislumbre e ela se emocionou. "Diga-me o que você está mostrando a ela. Com o que se parece?"

A: (Suavemente) Energia. (Ela chorava muito agora.) É como se estivessem me dando uma carga de energia ou algo assim. (Sussurrando) Eu posso senti-la no corpo todo ... (Chorando) É como o amor.

Deixei Anne chorar por um tempo, então a acalmei para que a outra entidade pudesse retornar, responder às perguntas e dar informações sem emoção. "Nós a amamos muito."

D: Eu sei que foi preciso muita coragem para deixar aquele lindo lugar e ser voluntário para vir aqui neste momento.
A: Ela sente que não está cumprindo seu propósito. Essa é sua principal e maior frustração - não estar fazendo o que veio fazer. Ela quer terminar. Ela tem muitas habilidades e talentos, e acha que deveria usá-los de algum jeito. E não pode fazer isso sozinha.
D: Você disse que ela se ofereceu para vir aqui durante as mudanças. Estas são as mudanças que me contaram? (Sim) Você quer falar sobre essa parte?
A: Muitas mudanças. Em quais você tem trabalhado?
D: Que estamos nos movendo para novas frequências e vibrações?
A: Isso está correto. Você tem perguntas?
D: Me deram muitas informações, que tudo está acelerando e que as

vibrações e frequências de toda a nossa dimensão estão mudando. Isso está correto?
A: Turbulência, muita turbulência chegará muito em breve. E é necessário estar muito ancorado. Muita agitação. Haverá necessidade de sua estabilidade e de todos aqueles que estão aqui porque as pessoas estarão perdidas, confusas e sofrendo. Você entende?
D: Por turbulência, você quer dizer mais das violentas mudanças da Terra que estão acontecendo?
A: Situações causadas por humanos e situações causadas pelas mudanças da Terra. E a vinda de novas energias e seres que os humanos não estão acostumados a ver. Isso causará uma grande quantidade de caos, que somente aqueles que estão entendendo o que está acontecendo, manterão a calma e serão uma segurança para aqueles em confusão. Lembre-se e apenas esteja preparada para isso porque é muito fácil teorizar até que a situação esteja no físico. Então, o corpo físico precisa estar preparado para lidar com as mudanças de energia e o choque que acompanha o processo de mudança. Uma coisa é sentir que você pode entender o que está acontecendo. Mas outra é estar no meio do caos e manter-se calmo quando isso acontece.
D: Isso é difícil para os humanos, não é?
A: É difícil. E essa é uma área crucial e real para se concentrar neste momento, porque é no corpo físico que você está ajudando. Existem outros níveis ajudando, mas você está no físico como ela e outros seres. Então, no físico, eles podem transmitir essa calma que será necessária durante os tempos de caos.
D: Mas eles vão nos ouvir?
A: Não cabe a você decidir. Cabe a você ter certeza de ter a tranquilidade e a energia ancorada para aqueles que querem ouvi-la. Só isso requer muito trabalho no físico para manter essas energias no lugar porque é isso que você veio fazer. Anne é muito treinada porque suas experiências de vida exigiram que ela mantivesse um nível de calma no meio da loucura.

Anne viveu uma infância com pais abusivos e instáveis e, depois, um casamento caótico.

A: Isso tem sido um bom campo de treinamento para ela, de modo que, quando chegar a hora, não seja tão difícil para ela manter essa calma no físico. Você entende?

D: *Sim, entendo. Já me disseram que essas mudanças vão causar uma separação em duas Terras. A velha Terra e a nova Terra, à medida que as vibrações e as frequências aumentam. Isso está correto?*

A: Isso está correto. Existe um mundo diferente, onde algumas almas permanecerão ou escolherão para viver depois das mudanças. O mundo que mantém o nível de vibração em que elas desejam permanecer, e será onde permanecerão, ou mudarão. Mas as novas energias só serão suportáveis para aquelas almas que trabalharam sua própria energia até essa vibração.

D: *Mas a turbulência de que você falou, será na velha Terra?*

A: É agora, enquanto passamos por essas mudanças. Este é o momento da transformação nos próximos anos, e o resultado foi profetizado por muitos. Não tenho muito a acrescentar, além disso, aqueles que estão aqui agora precisam lembrar do importante papel que estão desempenhando no físico antes que as mudanças aconteçam ou antes que as mudanças finais aconteçam. No meio do processo, existe a necessidade, para aqueles que estão aqui, de prestar assistência, de se posicionar, como se estivessem no exército. É hora de se fazerem visíveis e estarem cientes de que estão sendo chamados para marcarem presença e estarem prontos. E se manterem ancorados porque pode haver situações em que uma alma pode estar em um ponto crucial, em que possa escolher uma coisa ou outra no sentido vibracional. E você pode fazer a diferença naquele momento.

D: *O que você quer dizer com uma coisa ou outra?*

A: O crescimento espiritual deles pode estar em uma área cinzenta. Eles podem se qualificar para avançar para uma vibração mais elevada, se tiverem a coragem de saltar. Ou, então, podem escolher não saltar, e essa escolha é deles. Mas o seu papel, se você mantiver sua energia, pode ser crucial para alguém nessa situação, porque você pode ser a mão que se estende para ele dar o salto.

D: *Dar o salto para a vibração mais elevada.* (Sim) *Mas a vibração mais elevada, a nova Terra, não experimentará essa turbulência?* (Não) *Parece que agora, estamos nessa parte que está passando pela turbulência.*

A: É apenas o começo. Já começou, mas o caos não começou. O caos, a loucura das pessoas correndo em confusão, porque todas as suas ilusões foram destruídas, esse será o momento do teste da força que precisa surgir para aqueles de vocês que estão aqui para ajudar no processo. Haverá um tempo em que as pessoas correrão nas ruas confusas e com medo, não muito diferente do furacão na Louisiana.

D: *Eu estava pensando nisso, no tsunami e nos furacões.*

A: Mas isso multiplicado mundialmente, na maioria das cidades, é um cenário muito diferente.

D: *Haverá desastres semelhantes em muitas cidades?*

A: Alguns de origem natural, alguns causados por aqueles que estão no poder e que estão fazendo todos os esforços para manter as coisas como estão. Eles estão cientes das mudanças, mas se recusam a aceitar. Como uma criança que não quer ouvir a verdade, se recusam a admitir que não estão mais no comando. Então, continuam presos ao modo antigo e podem causar mais confusão. Sentem que podem retardar o processo e manter uma baixa vibração, mantendo o medo na superfície.

D: *Estão tentando incutir medo nas pessoas.*

A: O medo sempre esteve nas pessoas porque é assim que as sociedades, na sua maioria, se não todas, deste mundo, têm funcionado por muitos anos. O medo é a maneira como eles mantiveram o poder, e quase todos neste mundo estão com medo. Existem diferentes níveis de medo, mas essas mudanças e a tecnologia que permitiu a todos se comunicarem livremente causaram grande preocupação aos que estão no poder, porque agora o medo está desaparecendo. Muitas coisas que estão ocorrendo, até mesmo as catástrofes, atuam como um catalisador para o medo vir à tona para que seja tratado. E é uma limpeza de certa forma. Mas os que estão no poder não querem que esse processo ocorra e preferem manter um nível de medo sob as águas. E, como uma criança desesperada, tentam todas as táticas que podem imaginar neste momento para não deixar que o medo se dissipe, porque é isso que está acontecendo. O medo está se dissipando apesar do que a superfície parece mostrar.

D: *As pessoas estão começando a pensar por si mesmas.*

A: Estão. Elas estão enfrentando seus próprios demônios, porque a vida está levando-as a lidar com coisas com as quais, em outros tempos, não precisavam lidar. Portanto, seus medos, embora estejam muito presentes, estão pelo menos aparecendo, e antes não estavam. Portanto é uma limpeza que, à medida que continua, só liberará mais e mais, o que é um processo que os que estão no poder têm conhecimento. Querem desacelerar, achando que pode haver uma maneira de evitar isso. Então, vão empurrar e empurrar até onde puderem, até que as coisas fiquem muito difíceis. E muitas pessoas não estarão preparadas para esse limite para o qual eles estão pressionando.

D: A guerra é uma das coisas?

A: A guerra, com certeza as guerras, também suas doenças com as quais assustam as pessoas.

D: Essas doenças não são reais, são?

A: Elas podem ser se as pessoas permitirem que essas energias entrem em seu corpo. Mas, na maioria das vezes, elas estão apenas nos campos energéticos. E, como qualquer outra coisa que é falada ou pensada, pode se tornar realidade no físico.

D: Sim, se muitas pessoas aceitarem isso como sua realidade.

A: Mas as doenças são extremamente desproporcionais e não são epidemias como são retratadas. A mídia e os filmes estão mostrando seu desespero, pois insistem em apresentar às massas informações completamente negativas e baseadas no medo. Temas como assassinato, morte e traição, ataques e coisas assim mantêm a consciência focada nesses assuntos, ao contrário de retratarem imagens na mídia de esperança e inspiração. Mas, no entanto, há bastante dessas mensagens positivas sendo transmitidas neste momento, que, como num efeito dominó, não podem mais ser interrompidas.

D: Outro temor que o governo está tentando promover é o terrorismo.

A: Sim. É apenas mais uma ferramenta, como as doenças, para encontrar desculpas para dar às pessoas uma razão para ter medo e não se unificar e confiar que o governo resolverá seus problemas. São problemas imaginários e, no subconsciente, muitas pessoas estão se conscientizando disso. Não estão mais acreditando, embora muitos estejam, nas massas. Mas em seu nível subconsciente, estão começando a despertar e os poderosos sabem disso. Essa é a razão pela qual estão recorrendo a histórias ridículas que somente os que desejam acreditar, acreditam, porque qualquer pessoa com uma mente lógica e razoável não acreditaria.

D: Sim, qualquer um que pense por si.

A: Então estão dando às massas a oportunidade de escolher, pois estão pressionando além dos limites. E, dessa forma, estão servindo a um propósito, empurrando ao máximo, para que todos façam uma escolha, porque este é um momento de escolha. Este não é mais um momento de meio termo e neutralidade.

D: *Você disse anteriormente que estaríamos aqui sempre que o caos explodisse. Isso seria causado por muitos desses desastres?*
A: Desastres e o colapso das estruturas do governo. E o colapso da rede de segurança que a maioria das pessoas sente que faz parte. Tal como a sua Segurança Social, seus salários, empregos e suas crenças religiosas. Especialmente se e quando as naves e/ou outras coisas semelhantes começarem a se tornar parte da consciência para a qual muitos não estão preparados. Portanto, eles podem correr em choque e confusão, sem saber o que é real e o que não é. A estrutura do governo está quebrando, e vai quebrar ainda mais a um ponto de caos. Como um efeito dominó, como um desmoronamento.
D: *Se as naves chegarem, qual seria o propósito delas virem?*
A: Elas estão sempre aqui. É apenas um tempo para que se tornem visíveis à medida que as permissões são dadas, porque é um tempo não apenas de livre-arbítrio, como existe agora, mas também um tempo para que outros reivindiquem seu lugar no novo mundo. Não apenas os humanos, mas outros que também pertencem ao planeta, mas estão em uma vibração diferente. Então, parcialmente, não é que escolham tornar-se visíveis, é, em parte, que as energias os tornam visíveis.
D: *Estou ciente de que estão aqui. Eu tenho trabalhado com eles. Sei que são positivos. Não tive problemas com eles.*
A: Mas, ao se tornarem visíveis e parte da consciência do povo, e governos desmoronarem, caos e desastres naturais, a maioria das pessoas ficaria completamente chocada. Com suas religiões e sua ideia de uma vida estruturada derrubadas, elas não teriam nada em que se apegar. Isso causa muito medo naqueles que não saíram de sua zona de conforto. Esse medo pode levar à loucura ou esquizofrenia ou outros tipos de reações. E, nesse momento, esse tipo de reação vai deixar as pessoas mais vulneráveis, tornando você mais útil.
D: *Então, outros, como eu e Anne, são alguns dos que estão aqui para ajudar?*
A: Aqueles que estão preparados para ver essas mudanças e não desmoronarem de medo serão os pilares sobre os quais os outros se apoiarão quando nada fizer sentido para eles. Não significa que você irá lhes fornecer a verdade, significa apenas que você não está desabando como eles estão.
D: *Eu estava pensando, o que podemos fazer quando todo mundo está no caos?*

A: Quando você não está perdendo a cabeça e está calma, não importa o que você faz. As pessoas verão isso em você e buscarão isso em você, porque não sabem o que fazer com o que estão vendo. E você pode não saber o que fazer com o que está vendo, mas está preparada. Portanto, você saberá e terá algum senso de confiança de que as coisas estarão bem. Você não é louca.

D: Onde os outros não terão nenhuma preparação.

A: Exatamente.

D: Você sabe que muitas pessoas, que são curadores ou estão sendo informados por você subconscientemente que devem ser curadores, me procuraram nos últimos dois anos. Continuamos nos perguntando por que o mundo precisaria de tantos curadores?

A: Você conhece a população do planeta?

D: Sim, é bem grande.

A: Isso pode ser um dos motivos. Além disso, é um tempo que é muito precioso para muitas almas por causa das lições de aprendizado disponíveis, pois é um momento incomum que este planeta não experimentou. Portanto é uma oportunidade para experimentar uma jornada única de alma, para elevar o nível da alma, em experiência sábia, devido aos desafios apresentados. Portanto muitas almas avançadas estão interessadas na oportunidade para si mesmas.

D: Eu estava pensando que se as estruturas quebrarem, a profissão médica definitivamente seria uma delas. Talvez isso seja uma razão para ter curadores que possam usar energia e cura natural.

A: Chegará um tempo em que a energia será alta o suficiente para que a doença não seja como você a conhece hoje. E embora a ajuda desses curadores seja necessária, haverá um tempo em que essas doenças não existirão mais. Portanto a cura é apenas temporária. Os curadores curarão quando houver necessidade. Se não houver hospitais porque todos deixaram a cidade, por exemplo, ou talvez tenham se afogado (ela está se referindo à cidade inundada?), então há curadores disponíveis para ajudar. Mas essa não é a única razão pela qual eles estão aqui. Estão aqui para seu propósito de aprendizado, pois sua alma está interessada em experimentar essa mudança.

D: É por isso que todos nós escolhemos estar aqui neste momento?

A: Um grande motivo.

D: *Também me disseram que nosso DNA está sendo alterado para que possamos nos ajustar a essas mudanças. Isso é verdade?*
A: Existem muitos grupos que estão participando da aceleração de energias e eles têm sua própria tecnologia. De nossa perspectiva, diríamos que a infusão de vibrações mais elevadas no planeta reflete sobre as pessoas. Portanto não é o DNA delas que está sendo ajustado, pelo menos da nossa perspectiva. São as vibrações mais altas que estão naturalmente afetando seu DNA, dormente em algumas áreas. E que, portanto, está sendo ativado.
D: *Eu ouvi que esse é o motivo de muitos sintomas físicos que as pessoas estão experimentando neste momento.*
A: Áreas de obstrução no corpo, sejam elas questões cármicas ou suas próprias doenças causadas pela falta de autodisciplina com seus hábitos alimentares, ou outras coisas, independentemente da causa da doença. Mas são basicamente áreas de bloqueios que estão sendo trazidas à tona com essas novas energias, enquanto que antes poderiam estar adormecidas. Estão vindo à tona como as questões cármicas que estão sendo trazidas à superfície. Essas energias estão forçando essas áreas a lidarem com a negatividade negra, de modo que a energia possa fluir livremente, e esses bloqueios precisam ser desobstruídos. Para que isso aconteça, as questões que estão causando essas doenças precisam ser cuidadas, o que requer um nível de participação das pessoas que estão sofrendo. E é escolha delas cuidarem ou mão dessas coisas.
D: *O que ouvi é que muitos desses sintomas físicos que as pessoas estão experimentando estão sendo causados pela mudança na vibração enquanto o corpo humano se ajusta a ela.*
A: Isso está correto.
D: *Se o caos pertence ao velho mundo, isso acontecerá ao mesmo tempo em que os dois mundos estão separados? Eu não sei se estou certa. A nova Terra deve estar entrando numa nova vibração e numa nova dimensão. E foi descrito como separando, tornando-se dois mundos. Isso faz algum sentido?*
A: Existem muitas teorias. Dependendo da perspectiva, é uma questão de vibração energética. E uma vibração é visível e algumas vibrações não são visíveis uma à outra. Portanto, se uma vibração - a vibração mais baixa ou mais lenta - permanecer, não é que ela se torna um mundo separado, simplesmente não é mais visível. É o novo mundo que é basicamente dividido por causa da vibração mais alta.
D: *Mas no novo mundo, as coisas são diferentes do que no antigo.*

Isso não é verdade? (Sim) *Eles não experimentarão o caos?*
A: Não, o caos é principalmente uma quebra dos sistemas de crença. O caos é causado pelo fato de os sistemas de crenças serem desafiados e reduzidos a uma lousa totalmente em branco, ou limpa. Esse é o caos para muitos. Aqueles que vão para o novo mundo estão confortáveis com os novos sistemas de crenças e, portanto, não lutarão mais da maneira como lutam agora. Não é uma transformação em que, de repente, as pessoas se tornam algo que não são. São apenas as mudanças. As pessoas podem seguir em frente ou não.

D: *Isso é o que tenho tentado entender. Já me disseram que o novo mundo seria lindo, não teríamos esses problemas. E disseram: não olhe para trás, pois você não quer ver o que está acontecendo com o velho mundo.*
A: É muito desencorajante olhar para trás. Não é que você não possa olhar para trás, é que você não pode mudar as escolhas das outras pessoas. E, portanto, se você olhar para trás e isso lhe causar sofrimento, apenas sua mudança é mais lenta.

D: *Mas você disse que deveríamos estar envolvidos com essas pessoas.*
A: Estamos aqui durante o tempo das mudanças. Estamos aqui para manter nossa energia aterrada. Não é para só estar com aqueles com uma vibração mais elevada, porque podem cuidar de si mesmos, mas também não é só para estar com aqueles em profunda negatividade. É para estar com os que estão no meio da confusão, mas talvez estejam prontos para dar um salto, para esses somos úteis.

D: *Isso significa que temos que ficar no velho mundo como trabalhadores?*
A: Você só vai ficar até chegar sua hora de ir. Durante o tempo que você ficar, você pode fazer o seu serviço. Quando for a hora de você ir, você saberá, e então você não estará mais disponível para eles. Não é uma questão de "Quanto tempo devo ficar?" Essa é uma pergunta que é respondida eventualmente. É uma questão de saber o que fazer enquanto você está aqui.

D: *Eu pensei que nós estaríamos separados daqueles que vivenciam o caos. Nós estaríamos em um mundo bonito diferente.*
A: Por um tempo, através do processo de transformação, não necessariamente separado. Não é de um dia para o outro, existe um novo mundo do qual você faz parte e o velho mundo vai embora. Existe um processo. Eventualmente, as coisas vão

mudar. Mas aos poucos, se durar um mês ou cinco anos, é um processo do qual você ainda faz parte, como agora. Você é parte disso agora. Enquanto você estiver aqui, é seu trabalho manter a energia ancorada para aqueles que estão confusos. Uma vez que a mudança verdadeira acontecer, mesmo se quisesse estar aqui, você não poderia.
D: Aqueles que elevaram suas vibrações continuarão indo.
A: Correto.

Isso respondeu a uma pergunta que me foi feita durante uma palestra no Ashram nas Bahamas. Uma jovem disse que gostaria de ficar com a Velha Terra para ajudar aqueles que seriam deixados para trás. Eu disse a ela que era nobre, mas não achei que pudesse acontecer. Agora aqui estava a resposta. Tem a ver com as vibrações, e uma vez que suas vibrações tenham atingido a frequência correta, você automaticamente passa para o próximo nível. Como disseram: "Mesmo se você quisesse ficar, você não poderia." Sua intenção não importa. Isso é maior do que nós.

D: Então, estamos tentando ajudar aqueles que ainda estão tentando decidir e se resolver? (Sim) *É por isso que eu estava tentando obter esclarecimentos. Eu ouvi isso de muitas pessoas, mas, às vezes, é um pouco confuso.*
A: É confuso do ponto de vista de um humano.
D: Então você vê mais turbulência acontecendo.
A: Sim, certamente. Este é o começo, já que os que estão no poder não estão perto de concluir suas estratégias. Eles causarão muito mais eventos. E haverá outros eventos, causas naturais. Portanto, o caos é muito maior do que imaginamos em casos isolados. Mas, é claro, todas essas coisas podem mudar, pois não há um futuro definido.
D: Já me disseram que a idade não é mais importante.
A: Idade é uma ilusão. Será mais aparente à medida que avançamos no processo de evolução.
D: Também ouvi dizer que, quando a transição acontecer, nós poderemos levar nosso corpo físico conosco se quisermos. Isso está correto?
A: Isso é verdade, mas será apenas por um curto período de tempo. Haverá outra transição muito em breve.
D: O que vai acontecer nessa hora?
A: A humanidade se tornará energia pura.

D: *Os que fazem a ascensão.*
A: Correto.
D: *Eu também ouvi que nem todo mundo fará a transição.*
A: Todos terão a mesma oportunidade. Se podem manter essa vibração ou não é uma questão deles, individualmente. Não haverá julgamento. Simplesmente serão capazes de manter a energia ou não. Mas ninguém será destruído como já foi dito em comentários. Serão colocados em um espaço apropriado para a vibração que estão emitindo.
D: *E é isso que querem dizer quando dizem que serão deixados para trás.*
A: No plano de Deus, todos retornarão a Deus.
D: *Apenas em intervalos diferentes.*

Durante outra sessão, eu estava falando com o subconsciente.

D: *Você continua dizendo que as coisas estão mudando.*
S: Eles estão acelerando as mudanças e seus cientistas não têm controle sobre isso. O aquecimento global é devastador para a ecologia e está acontecendo muito mais rápido do que os cientistas estão dizendo.
D: *Eles não acreditam mesmo nisso?*
S: Acreditam sim, mas acham que o perigo está a décadas de distância. Não está; está aqui agora! O perigo está à nossa porta. Haverá alguns lugares seguros nos EUA.
D: *O que está causando o aquecimento global?*
S: Você sabe, aceleradores. Digo, os aerossóis, o gás, tudo o que polui o meio ambiente - poluição ambiental. É o que o homem está fazendo. É por isso que os verões são tão quentes. E haverá mais tempestades, muitas mais. É inacreditável. Você não vai acreditar no que está vindo. As regiões costeiras viverão um momento muito desagradável. As tempestades e tsunamis crescentes vão acelerá-lo. O prazo está mudando.
D: *Originalmente, havia um prazo diferente?*
S: Sim. Está sendo adiantado. Está acontecendo mais cedo do que deveria. Infelizmente por causa do que a humanidade está fazendo.

De uma outra sessão, em que um paciente viu um terrível cenário futuro:

D: *Uma última pergunta que Janice quer saber. Ela queria ir para o ano de 2325. Dois mil, trezentos e vinte e cinco. E ver se ela estará no físico naquele momento, ou se estará no espiritual. Você pode lhe mostrar uma cena ou uma foto?*

Ela foi transportada imediatamente e começou a relatar o que estava vendo.

J: Eu sou instrutor. Estou instruindo as pessoas sobre como cultivar os coogies (fonético). (Risada)
D: *Como cultivar o quê?*
J: Coogies. Os coogies. Sabe, são plantas que cresceram para servir de comida na Terra. São quase como brotos de couve-de-bruxelas. Crescem numa base enorme. As pessoas tocam a borda de metal do recipiente em que essa planta está e isso causa uma vibração que a faz crescer.
D: *Por que você tem que cultivar esse tipo de planta como alimento?*
J: Nada pode crescer na Terra. Tudo cresce no espaço sideral, em naves. Com as trepadeiras nos lados das paredes. Através de uma malha, para fornecer oxigênio para as plantas, para o local, para a nave. Eu as chamo de "coogies". Esse é um nome engraçado, coogies. Os trabalhadores viajam em trajes espaciais pelos cabos ligados ao solo. E se movimentam pelos cabos como num elevador, até as estações espaciais para cuidar dessas plantas. Estou tendo uma aula. Sou quem supervisiona esse trabalho. É importante.
D: *O que aconteceu com a Terra que não se pode cultivar comida nela?*
J: Os tolos estragaram tudo! Arruinaram a ecologia da Terra. A Terra ainda está se curando neste momento.
D: *O que os tolos fizeram na Terra para destruir a ecologia?*
J: Lutando. Ódio. Negligência. Uso indevido. Desperdício. A ecologia, eles apenas arruinaram. Arruinaram os animais, as pessoas, até que nem eles mesmos pudessem mais viver lá.
D: *Onde as pessoas vivem?*
J: Eles são povos híbridos. São remanescentes dos terráqueos e de

outro planeta espiritual. São híbridos para aceitar as dimensões que estão chegando. De quando estamos falando agora para esse período de tempo, esses corpos são usados. Os greys tornaram-se híbridos.

D: *Estão vivendo na Terra?*
J: Sim, vivem na Terra, mas vivem em trajes protetores. Há incêndios. Há partes da Terra em que o fogo se eleva do chão. Até o ano 2030, há fogo saindo do solo na área que é o Arizona hoje. As labaredas sobem de sete a quinze metros como gêiseres. E as pessoas estão brigando. Viajam pela terra em trajes protetores contra o calor e lutam umas contra as outras. Existe uma guerra entre o México e os Estados Unidos. Estão lutando por essa terra, mas é inútil. Eles não podem existir lá.

D: *Por que eles estão lutando com os americanos?*
J: Pela posse da terra. Certas terras ainda são habitáveis, mas não são muitas.

D: *Você quer dizer que a essa altura haverá grande quantidade de terra não habitável?*
J: Sim. Isso já está acontecendo, a destruição.

D: *E isso fará com que alguns locais não sejam habitáveis?*
J: Isso fará com que toda a terra seja inabitável, de acordo com a maneira como o corpo humano vive. No ano 2001, já estamos nos tornando ... é mais difícil respirar e mais difícil viver agora.

D: *Mas o que aconteceu com a Terra para causar sua inutilização?*
J: Vibrações. Quando fizeram a primeira coisa que arruinou a ecologia da Terra, desencadearam uma reação em cadeia. E essas vibrações continuam uma após a outra. Primeiro um animal, depois outra espécie, depois outra espécie. Uma reação em cadeia. A primeira vez que soltaram a bomba atômica, ela causou uma reação em cadeia. Nas vibrações da natureza, como círculos quando você joga uma pedra na água. Círculos menos concêntricos já se desvaneceram muito. A primeira vez que acabaram com uma espécie, na verdade, moldaram o gatilho para a extinção. As bombas que detonaram desencadearam repercussões que eles nunca poderiam imaginar. Mesmo em seus próprios espíritos. Vibrações que sacodem a própria criação.

D: *Eu queria saber se foi uma guerra que causou o esgotamento da terra. Mas você acha que são só pessoas.*
J: É tudo guerra. Toda vez que você faz algo negativo, é guerra. Matar um ao outro é real, o que chamam de "guerra", já é tarde demais. Quero dizer, quando você faz algo, você não pode

mudar o que faz. Causa os círculos, causa repercussões que você nem sonha. E isso causa a ruptura da natureza. Quando perturbamos a natureza, é como uma rua sem saída, porque não pode continuar intacta como a natureza pretendia. Como Deus pretendia.

D: *Isso é parte do que, os que chamamos de ETs, estão aqui em 2001 para tentar ajudar?*

J: Eles são muito cheios de amor e muito gentis. São seres de luz. A energia que vem através deles. É dos greys que estou falando e dos outros também. Estão apenas em níveis diferentes. Até os reptilianos. Eles estão todos ajudando, cada um do seu jeito. Mas os greys, especialmente, são emissários de seu povo. Acho que são enviados com mais amor que os outros. Posso até ser parcial para essa luz em particular, mas eles têm mais amor.

D: *Mas, nesta vida futura, que estava sendo mostrada para Janice, muita coisa afetou a Terra, e ela está ajudando a cultivar alimentos para alimentar as pessoas.*

J: É preciso bem pouco para sustentar um corpo físico, mas as pessoas não percebem isso. Você pode viver mais com amor, oxigênio e osmose do que com comida. A comida é difícil no corpo.

D: *Mas as pessoas não entendem isso. Elas gostam de comida.*

J: Vão entender quando se tornarem híbridos, mas estão lutando contra isso. Não aceitam. Acham que os greys estão tomando conta do mundo e ... como é assustador! (Risada) Do que estão desistindo? Estão desistindo das guerras, de seus ódios e de seus lados obscuros. Objetivos? (Risos)

D: *Mas vão entender quando o corpo for preparado para poder cuidar de si mesmo. Mas, de qualquer maneira, é nessa direção que estamos indo.*

Novamente, esta não é a primeira vez que ouço e escrevo sobre o que está ocorrendo em nosso planeta Terra. Em *Legacy From the Stars*, termino o livro com uma sessão em que uma paciente mulher foi para o futuro, em vez de ir para o passado. Ela estava vivendo uma existência em túneis de fazendas de formigas sob a superfície da Terra. A superfície estava contaminada a ponto de nada crescer ali. A atmosfera fora alterada para um gás venenoso no qual não poderiam existir. A única maneira de irem à superfície era usando um tipo de traje, e não podiam ficar lá por muito tempo. Esse ser do futuro evoluiu por viver em condições subterrâneas em algo que não se assemelhava aos seres humanos atuais. Eles se pareciam com os pequenos ETs conhecidos como "greys", citados na teoria de que eles são possivelmente nós no futuro. E talvez tenham voltado ao nosso período de tempo para nos alertar sobre o que acontecerá se continuarmos em nosso curso atual. Também pode haver o desejo de mudar seu próprio período de tempo futuro sombrio.

Também encontrei esse mesmo cenário em regressões de grupo que faço no mundo todo. Este é um workshop que faço colocando todo o público em transe ao mesmo tempo. É uma oficina divertida. Eu os faço viajar de volta no tempo para uma vida passada para descobrir informações que irão ajudá-los em sua vida atual. Neste workshop, também incluo uma viagem para o futuro para ver o que suas vidas podem ser. Eu sei que podem estar vendo futuros prováveis que podem ou não se tornar realidade, então, esta parte da oficina não deve ser levada a sério. Mas, para minha própria informação como repórter curiosa, fico surpresa em ver quantas vezes repetem os mesmos cenários possíveis. Alguns se veem vivendo a bordo de naves espaciais onde cultivam alimentos em condições hidropônicas na ausência de gravidade. Fazem isso porque a Terra precisa de comida e nada mais crescerá na superfície. Alguns se viram em um laboratório submarino, onde colhem comida do mar, para que os povos da Terra possam comer. Estes são futuros tristes prováveis que se assemelham ao que Janice viu. Não é o tipo de futuro que eu desejaria para meus descendentes, mas mostra a incrível resiliência e inovação da raça humana para sobreviver.

CAPÍTULO TRINTA E QUATRO

UMA TRANSIÇÃO ANTERIOR

Tenho recebido uma grande quantidade de informações sobre a transição que está a caminho. Muito sobre esse assunto já foi escrito no *Livro Dois* da série do *The Convoluted Universe*. E, no entanto, a informação continua a vir. Este é o nosso destino, o nosso futuro. Nesta sessão, recebi outra parte da história que faltava. Isso já aconteceu antes na Terra. No passado, grupos de pessoas conseguiram mudar em massa para outra dimensão. Esses são geralmente grupos que estão cercados de mistério porque simplesmente desapareceram, não deixando pistas sobre o que aconteceu com suas civilizações. Tem havido muita especulação, e várias teorias foram apresentadas pelos chamados "especialistas". Mas poucos consideraram o fato de esses grupos terem simplesmente saído da Terra e terem entrado em uma dimensão diferente, não deixando nenhum traço para trás. Os Maias são um excelente exemplo, também algumas tribos indígenas norte-americanas. Disseram-me, através do meu trabalho, que esses grupos haviam se tornado muito avançados em seu desenvolvimento e decidiram mudar as vibrações e mudar em massa. Disseram-me que esta era uma das explicações mais lógicas para o calendário Maia parar no ano de 2012. Se eles, em seu estado avançado, conseguiram fazer isso, foram capazes de ver que, no futuro, todo o planeta seguiria e realizaria o mesmo feito. Este seria um evento ainda maior do que o que eles realizaram. Então, eles marcaram em seus calendários como o tempo em que todo o planeta e tudo nele mudou de frequência e se moveram para a outra dimensão, levando todos os seres vivos com eles. Disseram-me essas coisas e elas pareceram razoáveis para mim. No entanto, eu não estava esperando uma regressão em que alguém voltasse a uma vida inteira na qual realmente vivenciasse tal evento.

Essa mulher conseguiu relatar algo que podemos especular agora. Foi outra peça do quebra-cabeça dada por uma voz do passado. "Eles" estavam se certificando de que eu recebesse todas as peças. Meu trabalho era organizá-las e reuni-las em uma história coerente.

Depois de experimentar a morte em um acidente nos tempos romanos, Suzanne olhou para baixo e viu a estrada em que ela andava como uma espiral. "Parece ser a estrada, mas também é simbólica. Quase como essas conchas que cortam ao meio. Esse é um bom exemplo disso. É como se, olhando para a espiral, você tivesse uma visão do Universo e uma compreensão mais profunda do que faz as coisas funcionarem. Vendo o seu lugar na espiral, vendo como a espiral se encaixa no Universo, se encaixa no tempo."

Então a movi para longe da cena da morte, e disse a ela para ir para outra coisa, para a frente ou para trás, algo que era apropriado para ela ver. "Entrei em uma escada de madeira com grades de madeira que estavam descendo pela esquerda. Algum tipo de estrutura de tronco cortado em frente, e não há ninguém lá. Quase como se você estivesse em um forte ou algo assim, e você estivesse olhando através da estrutura. É construído dentro de uma montanha, mas eles habilmente cavaram na montanha. É aí a parte principal do edifício. Está construído na pedra da montanha. Este é um lugar dos Nativo Americanos. Estou entendendo que isso está no etérico ou no astral em algum lugar. Ou pode ser de quinta dimensão agora, mas não é mais na 3-D."

D: Não é físico?
S: Parece ser físico, mas não no plano da Terra. Parece que a Terra está vibrando em outro lugar. Como se houvesse uma sobreposição da dimensão sobre a Terra, isso seria na sobreposição. Pode ter sido num tempo 3-D e aumentou em vibração. E agora é quase como um paralelo nesse universo ou algo relacionado à Terra, mas não à Terra tridimensional.
D: Este lugar parece familiar para você?
S: É meu lar para mim.
D: Essa dimensão?
S: Sim, e é muito parecido com a Terra, onde existem pedras e árvores. E é definitivamente nas montanhas. É mais parecido com o nosso Sudoeste. É muito confortável aqui. Meus interesses e meu trabalho estão ligados a coisas espirituais e cura.
D: Como você percebe seu corpo?

S: Sinto que sou homem e sou jovem - não sou uma pessoa idosa, talvez por volta dos trinta. Com experiência. Estou fazendo meu trabalho, ainda estou bem em forma.
D: *Como você está vestida?*
S: Bem simples. Algum tipo de material tecido. É muito funcional, como uma túnica. Muito simples.
D: *Mas você disse que não sente que está na Terra.*
S: Não, não é a Terra, mas está relacionado com a Terra.
D: *Mas você tem um corpo físico?* (Sim) *Então, como você é capaz de ir a esse lugar se não é da Terra? Você pode ver e entender como isso acontece.*
S: Agora parece que tudo é muito natural, não muito diferente da Terra. As pessoas nasceram e foram criadas. Mas eu estava tentando ver se já fomos da Terra e mudamos de alguma forma. Isso pode ter acontecido.
D: *Você disse que isso estava relacionado à Terra de alguma forma. O que você quer dizer com isso?*
S: Acho que temos consciência da Terra, quase como se estivéssemos em outra dimensão. Então, ou podemos percebê-la de onde estamos, ou fomos uma vez da Terra e nos afastamos de alguma forma.
D: *Então você se mudou da Terra, e levou este lugar físico com você?*
S: Parece que o que pode ter acontecido foi um grupo de pessoas - eu disse "um grupo" porque não é como se houvesse muitas pessoas por perto. De alguma forma, chegamos ao ponto de mudar as frequências, como se todos nós tivéssemos uma experiência semelhante. Como quando as pessoas fazem as coisas como um grupo. Mas foi como se toda a sociedade fosse capaz de transcender.
D: *Isso foi uma coisa intencional?* (Sim) *Foi algo que foi conversado?*
S: Conversado e trabalhado. As pessoas almejavam isso.
D: *Então todos fizeram isso, apenas um certo grupo do seu povo?*
S: Foram todas as pessoas conhecidas. Éramos uma tribo Indígena, e sabíamos que havia outras tribos ao redor, mas elas não faziam parte do nosso mundo, a sociedade da Terra. Estávamos sozinhos. Nós só nos importávamos com o que acontecia conosco.
D: *Como vocês conseguiram fazer isso? Vocês foram ensinados?*
S: Havia professores para algumas gerações, os sábios. E nós fomos

ensinados com meditação. Todos nós. Talvez tenhamos apenas algumas centenas de pessoas, mas esse foi o nosso mundo inteiro. Eu acho que nós experimentamos isso antes de mudarmos. Nós íamos e voltávamos individualmente e em grupos. A frequência foi aumentando e nós vivenciamos isso, e voltamos.

D: *Como eles sabiam que isso aconteceria?*
S: Estava justamente pensando sobre isso. É como se as pessoas simplesmente soubessem. Eu não sei se alguma vez alguém poderia ter dito a eles. Estou sentindo agora que talvez nós não fossemos da Terra, mas viemos para a Terra, estabelecendo uma colônia. Mas sabíamos mentalmente que poderíamos nos transportar e nos mover.

D: *Por que vocês queriam fazer isso?*
S: Acho que foi exploração. Apenas para ver se isso poderia ser feito. Fizemos a experiência 3-D e, em seguida, a transição, apenas nos mudamos para uma outra dimensão.

D: *Então não havia motivo para deixar a Terra, a experiência 3-D?*
S: Não, não perigo iminente.

D: *Estava pensando que se você estivesse feliz onde estava na experiência 3-D, ou na Terra, não teria necessidade ou desejo de mudar.*
S: Isso me faz sorrir. É como a natureza espiritual é: aprender sempre. Então, mesmo que as coisas sejam boas, é como: "Hhhmm, o que está por vir e o que há para explorar?"

D: *No mundo 3-D, vocês eram um grupo espiritual?*
S: Muito mesmo. Tínhamos grande respeito pela Terra e pelas forças dentro dela.

D: *Mas você não tinha vontade de ficar lá.* (Não) *Então foi decidido que todos vocês fariam isso de uma só vez?* (Sim) *Você disse que vocês iam e voltavam.*
S: No começo, sim. Foi como tentar sair, no começo. E quando nos tornamos experientes nisso, todos nós podíamos fazer uma transição. Estou vendo uma pedra azul, lápis-lazúli. Parece estar ligada ao lugar de onde viemos e é simbólica. Como turquesa seria para os Índios do Sudoeste, e para os Tibetanos. O lápis-lazúli está associado a essas pessoas de alguma forma. Parece que eles são de algum outro lugar no cosmos.

D: *Então eles não eram originalmente da Terra?*
S: Acho que isso foi feito antes do nosso tempo, mas não antes da geração dos avós.

D: *Eles contaram histórias do que aconteceu?*
S: Devem ter contado, mas não me lembro delas.
D: *Talvez seja isso que facilitou para vocês a transição para a outra dimensão?*
S: Pode ser. Certamente o conhecimento. Mas quero dizer também que as pessoas são mais inteligentes do que imaginam. Todo mundo sabe como fazer isso. Podem não saber que fazem.
D: *E seu povo levou o corpo físico e arredores com ele. Foi assim?*
S: Não tenho certeza disso. Acho que ou eles manifestaram um ambiente similar para onde foram, ou se mudaram para outra dimensão que já tinha isso lá.
D: *Você gosta daí?*
S: É mais a empolgação de aprender coisas. O "lá" não importa. A emoção é com a aprendizagem. Sou muito ativa no meu pensamento.
D: *Você tem que comer lá? Você tem que consumir alguma coisa?*
S: Nós comemos, sim, mas parece que a comida é mais leve, mais vibracional. Dura mais tempo em nós, para nós. As necessidades não são tão grandes.
D: *E você não quer voltar para a Terra?*
S: Nós seguimos em frente. Parece o próximo passo da evolução para nós.

Eu o movi para a frente para ver se algo importante acontecia ali. Parecia um lugar tão idílico, o que ele acharia que seria significativo?

S: Vejo que estamos sendo solicitados a voltar. Estou com lágrimas nos olhos agora. Estão nos solicitando que voltemos para a Terra.
D: *O grupo todo?*
S: Alguns de nós. Sabemos algumas coisas que ajudariam as pessoas. E temos grande compaixão pelo povo.
D: *Mas você não quer ir?*
S: Sim e não. É como fazer a primeira viagem para a exploração. Sim, você quer ir, mas está dividido. É triste sair de casa. Somos pessoas muito amorosas, muito compassivas. E queremos compartilhar isso com os outros.
D: *Mas esse lugar não é como o plano espiritual, é?*
S: Não totalmente. Parece ser outra existência física, mas menos densa. Não totalmente só espírito, acho que não.

D: *Não é como o lugar do espírito para onde você vai quando morre e deixa o corpo.*

S: Não sei. Parecemos ser bem eternos. Mudamos do físico onde teríamos morrido, para algum lugar ou frequência onde não é necessário morrer. Acho que nós realmente conseguimos. Tipo de transição até da estrutura molecular de nossos corpos. Acho que nos tornamos espírito de alguma forma.

D: *Você quer dizer que mudou de alguma forma?*

S: Sim, foi uma transformação e tanto quando saímos. Acho que levamos nossos corpos conosco quando saímos. Acho que pegamos os corpos físicos que mudaram e levamos conosco.

D: *Você disse que mudou a estrutura molecular?*

S: Sim, totalmente. Sim.

D: *Você só poderia fazer a transição dessa maneira?*

S: Acho que poderíamos ter morrido, mas não poderíamos ter feito isso em massa. Quer dizer, poderíamos ter morrido em massa. Mas esta foi uma experiência atípica. Foi a fusão de uma mente grupal do 3-D. Vejo que foi uma experiência precursora do que podemos fazer agora.

D: *Então foi um grupo que experimentou no começo.*

S: Sim. Acho que havia outros tentando maneiras diferentes. Este foi o nosso caminho.

D: *Você não estava insatisfeito com a Terra. Você só queria tentar algo diferente, mais espiritual.*

S: Ambos são igualmente espirituais, mas parece que temos menos restrições além do 3-D. Existem vantagens.

D: *Então alguém está te dizendo que você tem que voltar?*

S: Não tenho que voltar. É como se houvesse um chamado, uma necessidade. Existe uma oportunidade.

D: *Como você sabe disso?*

S: Tem-se falado sobre isso. Mais telepatia mental, mas é comunicada, é conhecida. É como se as coisas tivessem ficado muito piores na Terra desde que saímos, desde que nos mudamos. As coisas mudaram.

D: *Então você tem um jeito de saber o que está acontecendo na Terra.*

S: Sim, tenho. É por isso que digo que estamos conectados. Nós podemos saber essas coisas. São como processos de pensamento holográfico que acontecem. Qualquer um de nós pode sintonizar ou quase todos podem sintonizar o que querem. Existe uma relação entre o nosso pessoal e as pessoas que permaneceram na

Terra. É como se alguém tivesse essa ideia. Alguém reconheceu uma necessidade sobre a qual todos nós temos informações. Mas agora é a hora.
D: Você fez isso para saber como experimentá-lo.
S: Sim. Ah, existe uma grande vantagem em ter uma experiência pesada na Terra.
D: Então, o que você quer fazer?
S: Ah, definitivamente ir. Eu acho que posso ser útil lá, sim.
D: Você não se importa em deixar aquele lugar lindo?
S: Sim, me importo. (Risos) Mas você não pode estar aqui e ali ao mesmo tempo.
D: Como você vai fazer isso? Você sabe?
S: Chega como um bebê de alguma forma. Não posso ver se estamos recebendo uma alma, ou se é uma fusão de consciência de alguma forma. Mas é uma experiência real. Então, em algum lugar, você se une a um feto. Parece que toda a nossa consciência ativa vai.
D: Então, o que acontece lá com o seu corpo?
S: Não tenho tanta certeza de que era um corpo agora - ou apenas consciência, consciência vibracional. Energia.
D: Então sua consciência volta a ser um bebê?
S: Parece ser assim, sim.
D: Isso significa começar tudo de novo, não é?
S: Sim. Bom, quase.
D: Mas é importante. Você acha que a mesma coisa vai acontecer com a Terra novamente?
S: A mesma coisa?
D: Você disse que estava aqui para mostrar como.
S: As coisas estão tristes aqui de alguma forma. As pessoas esqueceram ou não aprenderam coisas básicas. Acho que precisam aprender mais sobre amor e perdão. Não importa em qual dimensão você esteja, a lição sempre parece ser a mesma. Que somos amor e originados do Criador Único. As pessoas estão presas à sobrevivência em muitos níveis.
D: Mas quando você voltar como um bebê, você vai se lembrar do que você deve fazer?
S: Está programado. Parece que existem programas que disparam. Sim, esquecemos. Como uma nuvem. Mas existem programas que podem ser ativados. Parece que é uma coisa liberada com o tempo. Parte é desencadeada por associações com pessoas ou eventos. Terremotos, erupções vulcânicas, tempestades severas.

Sinto isso em todo o meu corpo. Acontece como uma chamada.
D: *Então, quando os eventos da Terra acontecem, isso desencadeia as coisas?*
S: Essa é uma das coisas, sim. Sinto tudo através do meu corpo com grande energia.
D: *Então, quando essas coisas terrenas acontecem, elas acionam o programa que está nos humanos?* (Sim) *Aqueles que vieram para esta missão?*
S: Sim, quem tem esse programa. Participar de cerimônias da antiguidade também são grandes gatilhos.

Decidi que era hora de chamar o subconsciente para responder às perguntas e explicar as coisas mais detalhadamente. Embora essa outra parte de Suzanne estivesse fazendo um bom trabalho, também sugeriu chamar o subconsciente. "Embora provavelmente seja tudo um só de qualquer jeito." Perguntei por que escolhera aquela vida para ela ver.

S: Ela precisa entender que é uma exploradora primeiro e que sempre vai entrar em novas situações. E que, desta vez, na Terra, é um momento de exploração. Não é um negócio fechado.
D: *Onde ela estava, parecia ser uma dimensão diferente.*
S: Isso está correto.
D: *Ela tinha a sensação de que esse grupo veio de algum lugar fora do planeta. Sabe alguma coisa sobre isso?*
S: Sim, eles vieram da Fonte.
D: *Diretamente?* (Sim.) *Como um grupo?*
S: Não é bem um grupo. É uma mente tentando ter experiências, por isso está fragmentada. É a mesma alma. Suzanne entende que as almas fragmentam e se separam. Estas são probabilidades que têm vida própria. Só isso. E tudo bem. A piada é, somos todos um.
D: *Por que eles queriam viver na Terra?*
S: A Terra é muito especial. Há muito a ser aprendido.
D: *Mas então eles decidiram mudar as frequências.*
S: Vindo e assumindo o físico e sendo precursores. É muito importante criar um molde para criar um rastro. As pessoas podem embarcar no que aconteceu. Para os primeiros, é mais difícil, depois fica mais fácil. Você tem um termo para isso: o centésimo macaco, ou algo assim. Você torna mais fácil para os outros se você fez o caminho. E o tempo é todo um. Sempre se

soube que haveria um tempo para a necessidade de uma espécie de ascensão, de transição, de transformação, de transcendência.

D: Aconteceu alguma coisa para que eles quisessem partir e fazer esta experiência?

S: Eles estavam explorando como alterar dimensões e formas. Estavam explorando como ser genuinamente tridimensional, físico, e então usar esse corpo e fazer uma transição.

D: E levar o corpo junto.

S: Neste caso, levar o corpo junto, e foi o que foi feito.

D: É por isso que foi uma experiência.

S: Sim, e esse modelo está aqui. Esse conhecimento está disponível.

D: Foi mais fácil para eles porque vieram diretamente da Fonte?

S: Sim, eles tinham maiores habilidades, suponho, e, em termos da Terra, isso aconteceu muito rapidamente. Mas levou algum tempo.

D: Eles não estavam aqui o tempo suficiente para serem contaminados. Correto?

S: Não conheço contaminação.

D: Você sabe como a Terra contamina as pessoas. Elas ficam travadas.

S: A Terra é pura bondade.

D: Então foi mais fácil para eles, eu acho, porque não interagiram tanto com outros humanos?

S: Apenas com eles mesmos, que era realmente uma mente só. Então foi, sim, tirar o brilho da nossa grande realização. (Riso)

D: Ela disse que era um grupo de indígenas?

S: Era como um grupo de indígenas, daquele tempo. Foi na antiguidade.

D: Nós temos histórias de tribos indígenas que simplesmente desapareceram. As pessoas sempre se perguntaram o que aconteceu. Esse foi um dos exemplos? (Sim*) Então eles levaram seus corpos com eles para outra dimensão onde criaram o que queriam que parecesse? Ou foi uma dimensão onde essas coisas existiam?*

S: Na experiência de ir, primeiro, tornando-se 3-D, e, depois, nunca perdendo a conexão com a Fonte. Então, foi possível conhecer o outro, e indo e voltando, indo e voltando, indo e vindo, criando um caminho. Experimentaram porque se permitiram ser realmente densos. Mas tinham a vantagem de sempre conhecer a Fonte em espírito, sempre. Então, tornou-se uma experiência de tentar mudar o 3-D. Como elevar a frequência, como deslocar

dimensões, como fazer isso com o físico, como levar o físico. Então, em todas essas idas e vindas, às vezes, já existiam coisas na outra dimensão. E, de certa forma, às vezes, eles faziam coisas quando iam para a outra dimensão.
D: *Eles fizeram com que se parecesse com o lugar de onde vieram.* (Sim*) Mas então ela disse que eles foram chamados para voltar?*
S: Sim. Fazia parte do plano. Primeiro você explora, você faz um caminho que os outros seguirão. Outros seguirão, muitos outros seguirão. Será útil, mas alguém tem que voltar e mostrar o caminho novamente. Fazer o mesmo, pegar o caminho que eles construíram uma vez, sem nenhum conhecimento. Ela voltou para ajudar os outros para que possam fazer essa transição.
D: *Mas Suzanne não percebeu isso conscientemente.*
S: Ao chegar, não. Mas sempre conheceu a Fonte.

Ela foi informada de que iria viajar para a parte sudoeste dos Estados Unidos. "Nos canyons, nas rochas, onde é seco, onde é alto. Então sua missão será mais nítida. Existe memória na pedra e no osso. Existe memória." Esta era a área onde a tribo vivia antes de fazer a transição.

Suzanne estava viajando muito para todas as partes do mundo. Eu queria saber o significado espiritual disso. "Ela estava deixando uma trilha vibracional quando subiu em espiral. Este é o significado da espiral que se move para cima. (Veja a parte sobre a espiral no começo deste capítulo.) E enquanto ela caminhava, foi deixando a marca, então ela codifica para as pessoas que andam por ali, que entram em contato com ela. Ativa e ensina como também podem ascender pelo caminho em espiral. Ela não precisa contar às pessoas. É transferido energeticamente. Ela influencia centenas, centenas, centenas, centenas de pessoas apenas por estar lá. Em cada continente que foi, ela deixou sua marca. Queremos que ela siga o caminho da espiral. Ela sabe disso e também todas as células do seu corpo, e isso ficará claro para ela. É uma espiral de energia."

Eu me pergunto se isso se aplica a mim também. Quando comecei meu trabalho, disseram-me que viajaria extensivamente pelo mundo todo, embora naquela época eu só tivesse viajado para algumas conferências nos Estados Unidos. Disseram-me que, em todos os lugares em que estive, um pouco da minha energia permaneceria. Que isso não esgotaria minha própria energia, apenas permaneceria na área e afetaria muitas pessoas. Disseram que tudo o que eu tinha que fazer era pensar no lugar que havia visitado e minha energia voltaria imediatamente para lá. Essa previsão certamente se tornou realidade porque já fiz palestras em quase todos os continentes do mundo, e meus livros agora estão traduzidos em vinte idiomas. Então, a energia é certamente capaz de se espalhar e influenciar. E estamos totalmente inconscientes do que está acontecendo quando estamos nesses lugares.

CAPÍTULO TRINTA E CINCO

EFEITOS FÍSICOS À MEDIDA QUE O CORPO MUDA

Tenho recebido muitas informações sobre os sintomas físicos que as pessoas estão vivenciando à medida que seus corpos se ajustam a essas mudanças de frequência e vibracionais. Muitos deles incluem: dores de cabeça, cansaço, depressão, tontura, ritmos cardíacos irregulares, pressão alta, dores musculares e dores nas articulações. Estes não ocorrem todos ao mesmo tempo. Uma pessoa pode ter um ou dois por alguns dias, e então vão diminuindo e não voltam por alguns meses. Estes são causados pelo corpo que se ajusta ao elevar as vibrações, e o corpo tem que ter tempo para se adaptar. "Eles" disseram que o corpo não poderia mudar a vibração repentinamente. A energia seria forte demais para o corpo, que seria destruído. Por isso, tem que ocorrer em etapas graduais para que o corpo possa se adaptar. Um sintoma que é persistente e que pode durar por um longo período de tempo é o zumbido ou sons nos ouvidos. Não é prejudicial para o corpo, mas certamente pode ser agravante. Isso foi explicado como o corpo tentando se ajustar ao aumento de energia. Uma maneira de ajudar com isso é visualizar um mostrador e ajustá-lo mentalmente para cima ou para baixo até que a frequência desejada seja correspondida. E para dizer a si mesmo: "Eu quero que meu corpo se eleve, mais acima, mais acima, até que ele corresponda a essa frequência mais elevada". Com todos esses sintomas, as pessoas foram até seus médicos apenas para serem informadas de que não havia nada de errado com elas. Os médicos não conseguem encontrar qualquer causa para as queixas. No entanto, sua solução é colocar a pessoa sob medicação de qualquer maneira, o que não faz bem, porque eles não estão cientes da causa.

Tive clientes que experimentaram sintomas mais radicais que confundiram seus médicos. Uma foi Denise, enfermeira registrada em um grande hospital, que veio me ver em agosto de 2005. Ela tinha queixas de ter convulsões e dormência em algumas partes de seu corpo, mas os médicos disseram que não era um derrame. Ela também desmaiou um dia no trabalho. Quando realizaram as ressonâncias magnéticas e raios X, viram o que pareciam luzes de árvores de Natal em todo o cérebro. Eles os chamaram de "nódulos". Quando fizeram radiografias do tórax, encontravam a mesma coisa, nódulos nos pulmões. Ela também tinha atividade enzimática anormal em seu fígado. O médico não conseguiu descobrir o que estava acontecendo. Em exames de ressonância magnética e raios X subsequentes do cérebro, as luzes se moveram para áreas diferentes, aparecendo mais ou menos como uma faixa, em vez de estarem em todo o cérebro. Eles tiveram dificuldade em encontrar qualquer diagnóstico que se encaixasse, mas, finalmente, tiveram uma ideia do que era a *doença*: sarcoidoses. Mas um dos médicos disse: "Eu não acho que seja isso. Por um lado, é muito, muito, muito, muito raro. E ela não poderia ter conseguido isso onde vive, no deserto, onde o ar é muito seco". Esta doença deveria ocorrer onde havia umidade e mofo. Foram incapazes de diagnosticar mais do que isso. Então, eles a colocaram em esteroides que causaram diabetes.

Quando fizemos a sessão, o subconsciente disse que não havia doença. Nenhum dano foi feito ao corpo. Eles estavam religando o cérebro para que ele pudesse lidar com as mudanças do que está por vir. E o mesmo com os pulmões e as outras partes do corpo. Foi um ajuste da energia no corpo para que ela pudesse lidar com o aumento das frequências e vibrações mais elevadas. Perguntei: "Então, por que apareceram como pequenos pontos e luzes em todo o seu cérebro?" Apenas disseram: "Ligue os pontos!" As convulsões e a dormência aconteceram porque muito tinha que ser feito rapidamente. Normalmente, eles não querem sobrecarregar o corpo, então, essas mudanças, esses ajustes, estão acontecendo muito gradualmente. Mas, em alguns casos - acho que porque o tempo está acelerando e as mudanças estão se tornando eminentes -, eles precisam ajustar o corpo mais rápido. Foi, então, rápido demais e isso ocasionou as convulsões e a dormência. Quanto ao desmaio, foi uma sobrecarga no sistema. Mas disseram que ela não precisava se preocupar, isso não aconteceria novamente. Não havia nada de errado com o cérebro. E agora, se ela fizer outra ressonância magnética, não mostrará nada porque essa fase terminou. A fase seguinte foi o ajuste da química do corpo, que não produz esses efeitos.

Quando o médico disse que ela tinha uma doença estranha, disse que ela tinha menos de seis meses de vida. E ela continuou dizendo: "Não penso assim". Quando ela voltou para o check-up, o médico apenas ficou olhando para ela, e dizendo: "Eu só não entendo por que você está tão bem". Ela estava lendo seus pensamentos sem que ele dissesse nada... "Porque você deveria estar morrendo!" Denise é uma enfermeira em terapia intensiva. Ela disse: "Vejo pessoas que estão morrendo o tempo todo. Eu sabia que não estava morrendo. Então, não sabia do que eles estavam falando".

O subconsciente a viu fazendo coisas maravilhosas durante a mudança e, nos próximos dez, vinte anos, ela terá um grande papel a desempenhar em tudo isso. Eu queria saber mais sobre os esteroides. Sabia que poderiam ser perigosos, especialmente se causassem diabetes. Disseram que o diabetes seria eliminado gradualmente. Foi apenas um teste para ensiná-la sobre as lições corporais. Ela não precisaria disso agora. Disseram para não se preocupar com os esteroides. Mesmo sendo um remédio poderoso, eles poderiam neutralizá-lo para que não afetasse o corpo de maneira negativa. Ele é eliminado do sistema como um subproduto inofensivo. Eles têm a capacidade de fazer isso: neutralizar qualquer medicamento que não seja necessário e expulsá-lo do sistema.

MAIS DE OUTROS CLIENTES

Patsy me procurou reclamando de alergias a poeira e pólen. O SC disse: "Estas são reações físicas por estar neste planeta. Sinto que ela pode viver com isso. É também um lembrete de quem ela é. Que ela está vivendo em um elemento que não é sua casa". Ela também teve problemas em sua área de cólon, e uma erupção inexplicável que ela queria descobrir. "Continuo recebendo 'produções', e não posso explicar de outra maneira. Mas algo está sendo fabricado aí dentro. É quase como se um elemento necessário estivesse sendo feito que tenha reação no cólon e na pele. O muco é um subproduto das mudanças que estão sendo feitas no corpo, que é uma reação na pele.

Tem a ver com o que está ocorrendo na Terra neste momento. Ela sabe há muito tempo que seu corpo está mudando. Isso simplesmente não acontece de uma forma que você possa entender quando está em um corpo físico, mas há muitas mudanças acontecendo. Os médicos não podem ajudar nesse nível. Eles não entendem as mudanças que estão ocorrendo." Patsy também sempre teve pressão arterial muito baixa. "Isso é normal para ela. Ela não precisa ser como o resto das pessoas. E para ela operar com isso no corpo em que ela está, é tudo o que é exigido dela. Por isso a influenciamos a não ir aos médicos porque eles tentam encontrar algo errado. Ela não precisa fazer parte disso."

D: *Eles querem que todos sejam iguais.*
P: Sim. Dessa forma, são mais fáceis de controlar e medicar. Existem muitos que não são assim. Nada de mal vai acontecer ao corpo dela.
D: *Recebo muitas pessoas que sentem medo se não entendem algo.*
P: Eles estão aprendendo. O medo é destrutivo, muito destrutivo.

Carol tinha passado por uma vida passada que não é relevante para este livro. O subconsciente estava falando sobre curar seu corpo. Eles dissolveram um tumor localizado em sua área pélvica e seria retirado do corpo com segurança. É assim que o SC lida com esse tipo de crescimento. Não havia necessidade da cirurgia que os médicos estavam planejando. Isso foi causado por sua exposição às emoções negativas dos outros. "Raiva, ressentimento, medo. Medo. Ela absorve os medos de outras pessoas e transmuta-os. Em algumas situações, isso é necessário, mas, no caso dela, é destrutivo para o corpo." Ela era uma das voluntárias e nunca tinha estado na Terra antes, então, ela não conseguia lidar com emoções fortes. A primeira e a segunda onda não compreendem as emoções, que podem ser paralisantes em alguns casos.

C: É hora de parar a dor e o sofrimento e seguir em frente. Também precisaremos trabalhar no sangue, nas mudanças no sangue e nas mudanças de consistência do sangue. Existe uma intuição; uma sabedoria das células do sangue e da medula óssea e a formação e deformação das células e do material. As mudanças estão sendo criadas. Ela precisa entender como essas mudanças estão sendo criadas porque o corpo físico vai mudar. E assim ela precisa entender esse processo para que o corpo físico não morra e desista por causa das mudanças e das transições que estão no futuro, no prazo de dez anos.

D: Você disse que o corpo está mudando?

C: Sim. O corpo físico está mudando em vibração.

D: Como isso está afetando o sangue?

C: O sangue está mudando de consistência. E, às vezes, há um "espessamento" e, às vezes, há um afinamento. E, assim, como as mudanças ocorrem na vibração de todo o corpo, as células estarão funcionando de maneira diferente. Então algumas das funções antigas estão sendo descartadas e algumas células estão assumindo novas funções. Não tenho certeza da palavra certa, mas tem ....

D: Tem que aprender algo novo? (Sim) *É algo que essas outras células não fizeram antes.*

C: Correto.

D: É isso que você quis dizer, ela tem que aprender como ajustá-lo; caso contrário, o corpo não consegue lidar com isso?

C: Correto

D: Isso está acontecendo com outras pessoas ao redor do mundo agora? (Sim) *Já ouvi falar de muitos sintomas diferentes.* (Sim) *Então cada pessoa está tendo que aprender a se ajustar?*

C: Todas as pessoas, não, mas pessoas que serão instrumentos para ajudar os outros, ensinar os outros e grupos de orientação. Trata-se de trazer frequências que podem fazer mudanças massivas muito rapidamente no corpo físico.

D: Mudanças que normalmente levariam muitas gerações. É isso que você quer dizer?

C: Sim É sobre comprimir o tempo. Não há espaço e não há tempo, mas no plano da Terra há tempo e espaço. Assim, para que as curas espontâneas ocorram no plano da Terra, tem de haver uma compressão do tempo que ocorre quando as células recebem novas instruções e abandonam as instruções antigas.

D: Ah! E isso é difícil no corpo de algumas pessoas. Acredito que criaria sintomas físicos que os médicos não entenderiam. Isso é verdade?

C: Isso está correto. Eles não têm a tecnologia para entender. Alguns têm mentes avançadas e podem lidar com isso. Mas o campo da medicina em geral é muito arcaico em termos do que precisa saber ou do que precisa ter disponível. E isso não é realmente viável. Isso vai desaparecer. A mente está sendo utilizada para a mudança, mas também as pessoas precisam ser capazes de

mudar suas mentes para deixar suas crenças distorcidas e penetrar na verdade.
D: *Nós temos que ficar longe da lavagem cerebral que tivemos em nossas vidas, que nos dizem que devemos depender de fontes externas. Nós realmente não precisamos fazer isso.*
C: Isso está correto.
D: *Carol teve uma vida inteira sendo vítima e sendo traída.* (Sim) *Por que ela teve uma vida assim? Qual foi o propósito?*
C: É necessário que ela compreenda a vitimização porque haverá massas de pessoas que serão vitimadas rapidamente e em grandes grupos. Tudo isso será importante para poder trabalhar com eles simultaneamente. Haverá um saber instantâneo para que muitos passos possam ser ignorados, conhecendo os rodeios, se você me entende, da vitimização para que não seja necessário lidar com as vitimizações. Será necessário consertar espontaneamente o que precisa ser corrigido para mudar - é sobre a transição ...
D: *Ela será um instrumento para trabalhar com algumas dessas pessoas.* (Sim) *Porque ela pode se identificar com elas e entender.*
C: Sim. E ela estará trabalhando como curadora.

Nancy bloqueou várias tentativas para levá-la de volta a uma vida passada. Sua mente consciente também era muito ativa e continuou se interpondo, dizendo que estava inventando tudo de qualquer maneira. Finalmente, depois de usar vários métodos que não produziram resultados, decidi chamar o SC e deixá-lo lidar com a situação.

D: *Existe alguma vida passada importante que Nancy precisa ver para ajudá-la em sua vida atual?*
N: Sim e não. Os lados positivos são importantes para as lições cármicas. No entanto, estamos movendo para a necessidade não cármica. Então, é por isso que damos uma resposta sim ou não.
D: *Então, ela não precisa ver suas vidas passadas?*
N: Não necessariamente. Elas não importam.
D: *E quanto ao carma?*
N: O carma é virtualmente cancelado à medida que nos movemos para o novo Universo.
D: *Então isso significa que ela não tem carma com que se preocupar?*

N: Não, ela tem carma, mas não vai ser importante. Não é necessário cumprir a missão desta vida ou levar para a próxima vida.

D: É por isso que Nancy não teve permissão de ver nenhuma de suas outras vidas?

N: Não é que não teve permissão. Só que não foi necessário. Isso causaria confusão. A mente humana ficaria presa no que estava vendo. Mas não podia liberar ou abandonar o julgamento do que você queria que ela visse, ou o que você normalmente mostraria.

D: Muitas pessoas se relacionam com coisas que aconteceram em outras vidas para que possam seguir em frente.

N: Mas porque estamos nesse ponto – indo todos para esse caminho - não importa mais. Porque não haverá mais reencarnação na Terra da maneira como a conhecemos. Olhar para outras vidas seria apenas mais confuso, porque ideias e ferramentas que eram necessárias e úteis no mundo antigo não serão necessárias no novo mundo.

D: Eu ainda tenho muitos clientes cujos problemas vêm de outras vidas.

N: Mas tudo isso é descartado. Seu trabalho é importante porque existem algumas ferramentas de energia que precisam ser liberadas nesta vida. Ferramentas de energia de mais ou menos problemas de saúde. São coisas do agora que não estão relacionadas a seguir em frente, porque, no momento em que você avança, tudo será descartado e abandonado. Nós não sabemos quando a nova Terra aparecerá, mas está chegando. Vai estar aqui. É apenas uma questão de quando a vibração e a energia atingirão o nível para quase ... *estourar* e criar o segundo mundo. Então, você ajuda as pessoas com suas doenças físicas, para que elas não precisem ficar desconfortáveis até que isso aconteça. É importante porque não sabemos quando isso ocorrerá - mais cedo do que nunca. Então, se essas pessoas vierem até você, acredito que elas têm um desconforto que não há razão para alguém ter.

Nancy queria saber o seu propósito (assim como todo mundo que vem me ver). O SC respondeu, "Esta não é a resposta que ela quer, mas seu propósito ainda não foi revelado porque o novo Universo ainda não foi criado. Tudo ainda está nos estágios de planejamento, mudança e facilitação, e tudo ainda pode mudar. Podemos ver um plano, um grande projeto, mas ainda pode mudar".

D: *Você não pode dar uma ideia do que ela deve fazer porque ela quer planejar?*
N: Quase instantaneamente o pensamento virá.
D: *Existe algo que você queira que ela trabalhe para se preparar?*
N: Nada disso é necessário neste momento. Ela irá para a nova Terra e saberá imediatamente o que fazer, porque a nova energia e a vibração serão mais elevadas. O esforço é necessário aqui, mas o marcador já foi cruzado, se você vai ou não vai.
D: *Ouvi dizer que já foi decidido porque as vibrações não podem mudar tão rapidamente.*
N: Não. Uma vez que você cruzou o marcador e está indo, então, é quase como um período de descanso. E, quando você chegar lá, será tão diferente que, todas as coisas que achamos que precisamos fazer agora e apropriadas, no passado não tão distante, não serão necessárias no novo mundo.
D: *Ela disse que quer fazer a diferença na vida de outras pessoas e ajudar o mundo.*
N: O que teria sido necessário se a Terra tivesse ficado na mesma dimensão vibracional que é agora, mas é quase como se você estivesse esperando que isso acontecesse. Isso vai acontecer, mas você não saberá como será até que isso aconteça, porque é uma participação em grupo e um efeito conjunto. E tudo o que podemos dizer é que isso *vai* acontecer.
D: *Ouvi dizer que algumas pessoas nem vão perceber que algo aconteceu.*
N: Acho que esse pensamento está até mudando e, definitivamente, os que seguirem em frente saberão o que está acontecendo. Para os que ficarem para trás, ainda não está determinado - a devastação não é uma palavra apropriada para usar, mas não consigo pensar em outra - quem realmente perceberá ou não perceberá. Ainda está mudando.
D: *Mas ela está querendo fazer algo para ajudar agora. Ela estudou cura e Reiki e estudou como trabalhar com anjos.*
N: Mas todos terão os mesmos dons e ferramentas e a nova energia.
D: *Todo mundo vai fazer a mesma coisa?*
N: Bem, não as mesmas coisas, mas isso não será necessário. A razão pela qual fazemos todas essas coisas é para trazer a energia para esse nível. Mas quando todos estiverem nesse nível, não haverá necessidade de cura, porque todos seremos curados. Você ainda pode continuar trabalhando com as pessoas e ajudando-as até a transição. Mas quando todo mundo cruzar, é quase como se

vocês estivessem no mesmo nível. Vocês estão todos na mesma página e seu véu está levantado, então é o grande momento do 'aaaaahhhhh!'"

D: *Ainda existem pessoas por aí que precisam dela, não é?*

N: Certo. Existem pessoas que, minuto a minuto, estão chegando ao novo mundo. Eles estão quase em padrão de espera, mas estão parados e estão esperando. Estarão esperando lá para seguir em frente.

D: *Então ela nunca saberá quem são essas pessoas, entre aquelas com quem entra em contato.*

N: Não, nem eles. Ela deve sempre focar sua energia em uma aprovação de todas as energias de todos na Terra para seguir em frente. E, à medida que cada pessoa aumenta sua vibração, é uma reação em cadeia, e ressoa e salta para a próxima pessoa, para a próxima, para a próxima. Até que seja um enorme crescer que se torne a vibração total da Terra. Se todos parassem de fazer o que estão fazendo, seria apenas um zumbido fraco. Mas como todos nós seguimos em frente e estamos todos trabalhando em nosso próprio ritmo, isso só aumenta mais e mais até que vai se dispersar no cosmos. Então, você realmente não pode dizer para não fazer nenhum trabalho. Continue fazendo o que você está fazendo, mas o foco mudou. Ficar entediado é ótimo porque criará instantaneamente todo o conhecimento, todas as coisas pelas quais nos esforçamos aqui. Mas, "Dê-me Reiki, para me sentir melhor" ou "Retire isso", não será necessário. Todos terão as ferramentas. E, uma vez que você tenha as ferramentas, não terá as dores ou sofrimentos. É quase como uma "cláusula humana" que não estará mais em vigor. É sempre bom, em forma humana, como você diz, ter metas, sonhos e aspirações. É muito difícil colocar em palavras, porque achamos que está vindo mais rápido do que você pensa e você está perdendo tempo. Mas isso também não parece correto, uma perda de tempo. Acho que a melhor coisa que alguém pode fazer é ter boa intenção. Sempre expresse sua disposição de ajudar, e nunca afaste ninguém que venha até você. Todas as lições que ela precisa aprender agora tem a ver com a roda do carma, e isso será dispensado em breve. Uma vez que a sua vibração chega a um certo nível, você está além do "Ter que pagar o carma de volta". É por isso que não é importante buscar perguntas sobre vidas passadas. Essa é a mente humana dela, e todas as mentes humanas têm uma curiosidade sobre as coisas. É quase infantil.

"Por quê? Por quê? Por quê?" Para que você possa se sentir garantido, ou ter a certeza de que, se tiver despertado, irá para a nova Terra.

Mais tarde na sessão, o corpo de Nancy estava sendo trabalhado para remover o desejo de fumar e, depois, o comer compulsivo para que ela pudesse perder peso. Ela podia senti-los escaneando e reajustando, especialmente o lado direito de seu cérebro. Então, ela sentiu vibrações por todo o corpo. "Eles estão apenas analisando e removendo impulsos."

D: *Confie neles. Eles sabem o que estão fazendo. Estão removendo o impulso de comer demais.*
N: Sim e coisas que se tornaram hábitos. O corpo é projetado para lidar basicamente com qualquer coisa, mas o problema é com o controle e a quantidade das porções. O corpo é um milagre e o corpo pode descartar ou manusear qualquer coisa em pequenas doses. O alimento favorável seria qualquer coisa com menos aditivos, menos conservantes. Menos é melhor. Mesmo tamanho de porção menor, mas apenas para livrar o corpo de aditivos químicos, conservantes. Portanto, a tendência é ir para o que é mais saudável, mais magro e menos tóxico para o corpo. O corpo durará mais quando não precisar trabalhar tanto. Nós lhe demos os impulsos para tomar e reajustar, reajustar e programar. Ela vai amar isso. As papilas gustativas já estão mudando. Isso está começando a acontecer.

Eles sempre enfatizam porções menores e várias pequenas refeições durante o dia (eles chamavam de " pastoreio "), em vez de grandes refeições. Eventualmente, vamos nos mudar para uma dieta totalmente líquida.
Então, depois de nos mudarmos para a Nova Terra, existe a possibilidade de não comermos mais. Nesse ponto, estaremos vivendo de pura energia e luz. O mesmo que muitos dos ETs com quem falei.

⁕───••◆───◊──⋇⋅──⋇──◊────◆••──⁕

No início de 2011, enquanto este livro estava sendo organizado, ocorreram alguns eventos incomuns que deixaram claro que a mudança estava se tornando mais próxima. Esses eventos mostraram que as mudanças nas frequências e vibrações não estão afetando apenas humanos, mas também animais de todos os tipos. Ninguém está imune às mudanças que estão ocorrendo ao nosso redor e se tornando mais evidentes.

Partes de duas sessões durante janeiro de 2011:

L: Você sabe que as realidades estão mudando agora. O que você tem chamado de nova terra, é a nova terra, está se manifestando. A energia está lá. As energias mais pesadas que criam dano, desarmonia e desequilíbrio não estão se movendo para a nova terra. Elas não farão parte dela. Sua energia não ressoa. Aqueles que ressoam com essa velha energia permanecerão nessa velha energia. E eles podem se libertar a qualquer momento que escolherem se libertar, mas precisam estar dispostos.

D: *Prometi que quando te encontrasse novamente iria lhe fazer uma pergunta. Algo está acontecendo aqui no mundo em Arkansas. Estão falando sobre os pássaros caindo do céu.*

Isso foi notícia e aconteceu na véspera do Ano Novo de 2010. Foram principalmente melros de asas vermelhas e milhares deles foram descobertos. Na mesma noite, houve também uma grande mortandade de peixes no rio Arkansas. Então, foi relatado na Suécia e, alguns dias depois, em Kentucky e Tennessee. Quando as aves foram examinadas, não havia nenhuma causa óbvia, exceto trauma brusco. Claro, que houve trauma brusco, os pássaros caíram do céu e bateram no chão! A explicação oficial era que havia fogos de artifício naquela noite e isso deve ter assustado os pássaros. Se isso fosse verdade, por que as mortes de pássaros não são relatadas no dia 4 de julho? O único fenômeno climático incomum foi uma terrível tempestade elétrica que produziu tornados incomuns de inverno na área de Arkansas.

L: A simbologia disso é a mudança de energia, porque os pássaros, as vacas, os peixes, as baleias, as tartarugas, as abelhas, todos são representações da mudança de energia e ficaram presos. Eles não mudaram rápido o suficiente.

D: *Estamos todos mudando, nossas vibrações e frequências. Eles são menores e não conseguiram mudar suficientemente rápido?*

L: Os animais estão em um nível de energia diferente dos humanos e são muito mais sensíveis à transição. E parte disso era artificial, o homem interferiu.

D: *O que você quer dizer?*

L: Existe uma mudança na energia do planeta enquanto a nova terra está tomando forma. Existem alguns movimentos entre energias antigas e novas. A separação está acontecendo, mas existe energia alimentando ambos. Às vezes, os pássaros, os animais, as abelhas, até as plantas e os seres humanos. Se eles estão sintonizados de uma determinada maneira, responderão de alguma forma a essa energia mutável, e seus corpos físicos não serão capazes de resistir. Seu espírito residente precisa se mover com a energia.

D: *Isso é o que me disseram, se a energia mudasse de uma só vez, destruiria o corpo humano.*

L: Destruiria, e assim o corpo humano está sendo mudado.

D: *Uma adaptação gradual das frequências e vibrações.*

L: É por isso que existe doença, porque a doença é outra forma de adaptação do corpo.

D: *Foi-me dito que aqueles que não conseguem se adaptar ou mudar suas vibrações e frequências para se adaptar simplesmente deixarão o planeta.*

L: Eles não podem manter sua alma e seu corpo físico juntos. A Fita de Möbius se rompe. Ela se desfaz.

Eu nunca tinha ouvido o termo "Fita de Möbius", então tive que fazer uma pesquisa. Descobri que é um termo matemático, também chamado de cilindro trançado. Matemática sempre foi a minha pior matéria, então eu tive que tentar romper com isso para que pudesse entender mais ou menos, e pudesse transmitir para o leitor. Uma esfera tem dois lados. Uma folha fina de papel sobre uma mesa também tem dois lados. Uma Fita de Möbius tem uma superfície unilateral: somente um lado e somente uma borda. Uma maneira simples de fazer uma é começar com uma tira de papel. Torça uma extremidade em 180 graus (meia volta) e cole as pontas juntas. Para comparação, se você cola as extremidades sem torcer, o resultado pareceria um cilindro ou um anel. A Fita de Möbius é conhecida por suas propriedades incomuns. Um inseto rastejando ao longo do centro da curva continuará indo na mesma direção. Tenho certeza de que há muito mais sobre isso e provavelmente há leitores que poderiam explicar muito melhor. Então, me perdoe pela minha compreensão limitada. Todos nós temos nossas limitações.

O SC está dizendo aqui: "Eles não podem manter sua alma e seu corpo físico juntos. A Fita de Möbius se desfaz. Ela se rompe". Eu acho que está comparando a força energizante da alma a uma Fita de Möbius contínua. Quando a fita desmorona, torna-se uma simples tira de papel novamente sem propriedades incomuns. Talvez a mesma coisa esteja ocorrendo com os pássaros e os animais. Eles estão recebendo muita energia, uma explosão que é mais do que o corpo pode suportar, e isso faz com que a matriz se rompa ou se desfaça. "Eles" disseram muitas vezes que, se o corpo receber mais energia do que pode, será destruído.

D: Então esses pássaros estão fazendo a mesma coisa?
L: É a mesma coisa.
D: Isso estava acontecendo aqui no Arkansas, mas também longe, na Suécia.
L: Isso aconteceu em todo o mundo, mesmo no leste do Texas, com pássaros caindo.
D: Eles simplesmente não colocaram no noticiário.
L: Não, se fala na comunidade. Houve alguma discussão entre várias pessoas. É relatado, mas não é reportado.
D: Foi interessante que tenha acontecido na véspera de Ano Novo.
L: Há aqueles que usam isso como um meio de manipular para uma visão apocalíptica negativa. Mas não é - bem, depende - você é na maior parte negativo ou é mais positivo? Se você é positivo em sua maioria, isso é uma indicação das mudanças de energia entre o velho e o novo. E o que assusta os cientistas e os jogadores de Sandbox jogos é que sabem que não têm controle sobre isso. Não podem camuflá-lo. Podem suprimi-lo, negá-lo, mas não podem mudá-lo. Não podem pará-lo e isso diz a eles que esta mudança está aumentando. Os animais ainda têm sua alma. Todas as coisas vivas têm almas.
D: Não se pode matar as almas.
L: Não. A alma está bem, mas o corpo físico, seja pássaro ou baleia, fica para trás na transição e não vai para o novo. A velha energia estava no lugar a que pertencia. Não poderia transmutar para a nova energia, por isso ficou com o velho. Mudando energia. A nova terra já existe, mas está se aprimorando, ficando mais consistente, melhor, momento a momento.
D: E para a nossa realidade.
L: Sim, no seu tempo e espaço.
D: Então a Velha Terra ainda existirá enquanto a Nova Terra é

formada. Nós pensamos, no começo, que era como uma divisão.
L: Não, é como uma Fênix saída das cinzas. (Risos) Só que isso é assustador demais para algumas pessoas, porque acham que para a Fênix surgir das cinzas significa, é claro, que o planeta tem que ser cinzas.
D: *E tem que ser uma catástrofe. Toda a negatividade, os diferentes cataclismos serão com a Velha Terra.* (Certo.) *Estamos todos indo para a outra.*
L: Certo. Estamos todos com dores de crescimento.
D: *Disseram que nem seremos capazes de perceber a diferença. Não será apenas de repente ... PUF, estamos lá.*
L: Não. Você saberá através de como se sentir. Se a vida parece mais suave, mais gentil, mais doce, mais feliz. Se parece mais alegre, você saberá.
D: *Estamos nos mudando para a Nova Terra?*
L: Sim, isso vem acontecendo há muitos anos. Nós estamos aqui ...estivemos. A última coisa que você quer é abalar a mente psíquica ... você quer que a mente viaje com o corpo. Se você se desestruturar, então tudo desmorona. Então, essa mudança permite que todos se adaptem suavemente, como uma adaptação suave.
D: *Disseram-me que os outros ficarão com o que eles criaram e está tudo bem.*
L: Sim. Tudo bem, porque tudo é aprendizagem. Como você sabe o que você aprecia? Como você sabe o que é sentir alegria se nunca conheceu a dor? É um conceito até você sentir, mas não, você não tem que continuar sentindo isso de novo e de novo. Chega...já deu!

D: *E a Nova Terra?*
J: Eu vejo camadas. São camadas e camadas e camadas e camadas, como camadas de cebola. E você pode ver através delas, e pode escolher qualquer camada que quiser. E quanto mais longe, mais leve é. Quanto mais interna, mais próxima do núcleo, mais densa. Este é o muito denso e aquele é o que vai parecer muito semelhante. É onde estão as emoções e vejo que está vermelho, como se fosse vermelho fogo. E, então, à medida que vai saindo, fica mais leve, mais leve e mais translúcido. É mais leve e você pode se mover facilmente. É como flutuar.

D: *Existem realmente duas Terras ... a Velha Terra e a Nova Terra?*
Eles continuam dizendo que vão se separar.
J: Separa no sentido que esta é tão leve. Se afasta e tudo o que está nela é muito leve. É flutuante e fácil, e é um conjunto de conceito e estrutura de pensamento totalmente diferente. Existem emoções, mas é uma gama diferente de emoções. Quero dizer, não é raiva. Não há essas emoções densas e pesadas. Tem a luz. É uma separação desse jeito. Você tem uma separação de emoções e quando você separa essas emoções, separa quem você é. Separa como você se sente e isso faz de você uma pessoa mais leve, que o leva para esse lugar mais leve. É a separação desse jeito e os dois não estão mais juntos. Mas acontece em todas essas camadas diferentes. Existem camadas intermediárias também, então você tem extremos. Você tem o bem mais externo, que é provavelmente o epítome dessa luz, luz, luz, Terra de luz e, então, você tem o centro, que é provavelmente o epítome da velha Terra. Você só tem esse vermelho muito quente - continua parecendo vermelho quente -, raiva e emoções pesadas, pensamentos pesados, sentimentos pesados e coisas assim, e o outro é leve. Mas você tem todas essas camadas intermediárias que você pode escolher. Você se muda com elas ... entre elas e então, em algum momento, você continua fazendo escolhas. "Ah, existe o escolher ... escolhas." Você faz escolhas e isso move você através dessas camadas. E como você continua escolhendo de um jeito ou de outro, é isso que vai causando a separação.

D: *É aí que a separação acontece?*
J: Essa é a separação. Você continua escolhendo e quando escolhe a luz, você segue esse caminho. Você continua se movendo nessa direção. Você escolhe pensamentos pesados, escolhe emoções pesadas, escolhe essas coisas e se move nessa direção. Embora você continue se movendo entre as camadas, para frente e para trás, por um bom tempo. É para mostrar que você tem escolhas aqui. Isso não é do tipo "faça ou morra" ou "faça certo ou errado" ou "agora ou nunca". Você está se movendo entre essas coisas para ver que está dentro de você fazer a escolha. Está dentro de você para que aconteça. Está dentro de você fazer *sua* Nova Terra ou *sua* Velha Terra. É para tornar sua realidade do jeito que você quiser.

D: *Eles continuam dizendo que esta é a primeira vez que isso aconteceu na história do Universo, que um planeta inteiro vai se*

mover para uma dimensão diferente.
J: É muito lindo. Isto é diferente. Civilizações já fizeram isso antes. Pessoas, indivíduos, já fizeram isso antes.
D: *Eles dizem ser a primeira vez para o planeta.*
J: Isso é porque o planeta está participando. Ele é um ser também. Ele quer fazer isso e então criou todas essas camadas, então essas são as camadas pelas quais Ele está trabalhando também, então essas são escolhas que Ele está fazendo. Ele está fazendo a mesma coisa que nós, com ele, estamos fazendo. Estamos todos fazendo isso e é por isso que existem todas essas diferentes camadas da Terra, porque Ele também está fazendo o mesmo. Não é de *UMA SÓ VEZ*! É um movimento e existem essas camadas e, à medida que as pessoas se movimentam com suas emoções, se movem pelas diferentes camadas desses diferentes níveis. E, enquanto continuamos escolhendo a luz, a alegria, a facilidade, a suavidade ... então, isso também nos move. Continua nos movendo cada vez para mais perto. Conforme você escolhe, você começa a pensar: "Você sabe, eu gosto mais do sentimento disso do que daquilo". E, então, você começa a fazer escolhas que o movem mais nessa direção. Você tem que continuar testando. Você pode dar dois passos nesse sentido e então você dá um passo para trás e depois pensa: "Ah, eu não gosto da sensação disso. Vamos por esse caminho". Essas são suas camadas. Por isso é gradual. E você começa a perceber o quanto de controle você tem dentro da coisa toda, e é disso que se trata, para mostrar a você que você tem controle. Tudo é o seu controle. É tudo sua criação. Tudo é sua realidade. Você está criando tudo, o que você quiser criar, e assim você se move para lá, e cada pessoa está tendo essa experiência. Quanto mais consciente você estiver, mais você pode se divertir, porque você pode se mover com consciência e estar ciente do que está fazendo.
D: *Aconteceu um mistério nos últimos tempos com os pássaros. Disseram que estavam caindo do céu. Foi-me dito, em outra sessão, que estava acontecendo em todo o mundo, não apenas aqui no Arkansas. Você tem alguma coisa a dizer sobre isso?*
J: O que estou vendo, quando você disse isso, é que há um movimento da Terra. É como se fosse um ... (movimentos da mão). É quase como uma sacudidela, mas não é nada que sentimos na Terra. Mas foi como uma sacudidela e, quando isso aconteceu, foi nessas camadas externas. Foi uma mudança.

Mudou e, quando isso aconteceu, criou esse tipo de - como você descreve isso?

D: Uma onda de choque de algum tipo?

J: Algo parecido. É quase como um choque na atmosfera. É quase como um terremoto no ar.

D: Reverberação?

J: É mais uma vibração. Uma fissura! Moveu aqui, mas não se moveu em outro lugar, e isso criou algo como um terremoto. Então, qualquer coisa nessa camada ou nessa parte, qualquer coisa que fosse sensível ... sim, eles são muito sensíveis. É como os canários nas minas. Esse é o seu aviso. Esse é o seu sinal de que algo está acontecendo porque os animais são muito sensíveis. Eles estão em contato o tempo todo.

D: Disseram-nos que era a energia e, como são menores, não conseguem lidar com as mudanças de energia. Mas, então, eu tinha uma pergunta. Sim, isso afetou os pássaros, mas não matou todos os pássaros, apenas alguns em certos lugares.

J: Talvez fosse apenas com certos pássaros mais sensíveis ... esse tipo em particular era mais sensível naquela época.

D: Para certos tipos de vibrações? (Sim) *Mas não matou todos os pássaros desse tipo.*

J: Não. Eu acho que tem a ver com onde eles estavam. Então é como um terremoto. Vai acontecer alguma coisa ali mesmo. E era ali que estava, essa camada, esse nível, onde estava afetando certos lugares. Isso não aconteceu ao redor do mundo todo. Aconteceu em uma parte, então, essa parte estava conectada a certas áreas e essas áreas foram afetadas.

CAPÍTULO TRINTA E SEIS

OS NOVOS CORPOS

Aqui estão algumas das informações sobre a Nova Terra que vieram de vários clientes, tiradas da série *The Convoluted Universe*:

A entidade que falava através de V. tinha uma voz profunda e grave:

V: A ideia é: temos que fazer com que as pessoas se expandam um pouco mais. Temos que elevar este nível um pouco mais. E quando o fizermos, poderemos fazer a mudança e torná-la mais fácil para eles. Aqueles que não pudermos mudar serão deixados para trás. Vai ser horrível. Não conseguimos fazê-los enxergar. Não conseguimos fazê-los amar.

D: *Então, os outros, aqueles que vão mudar, irão para outro mundo? Outra Terra?*

V: É como se fosse expandir em outra dimensão. Deixe-me ver como posso explicar isso a você. É como uma elevação, se consegue entender, como se nós estivéssemos nos elevando para uma vibração diferente. Poderão ver o que está acontecendo, mas não podemos mais ajudá-los.

D: *É como uma separação? Como duas Terras, é isso que você quer dizer?*

V: Ah! não, não. É uma mudança de dimensão. Nós iremos daqui para aqui. E aqueles que não podem mudar serão deixados para trás.

D: *Quando entrarmos na outra dimensão, será uma Terra física?*

V: Será como estamos agora.

D: *Isso é o que eu quis dizer com duas Terras.*

V: Sim, sim. Mas eles não estarão conscientes de nós. Deus os ajude, que Deus os ajude. Vai ser muito terrível para eles.
D: Eles não saberão o que aconteceu?
V: Não, eles vão saber. Essa é a ideia toda. Eles saberão, mas será tarde demais para mudarem suas vibrações. Não podem mudá-la em um segundo. Têm que mudá-la durante um período de tempo. Estamos trabalhando nisso por algum tempo. Tem que penetrar e trabalhar em seus corpos, e tem que lentamente mudar e elevar as vibrações. E quando isso acontecer, será tarde demais para eles, mas eles verão. Eles vão morrer, mas eles irão ver e vão aprender com isso.
D: Aquele mundo ainda existirá, mas será diferente?
V: Não muito, não, não muito. Não sobrará muito naquele mundo. Não muito.
D: Muitas pessoas morrerão?
V: Sim. Mas acho que muito da morte delas será indolor. Acho que viverão o suficiente para ver o que está acontecendo. E acho que Deus vai poupá-las da horrível dor traumática. Oro para que aconteça assim.
D: Mas as outras pessoas que mudam para a nova vibração, com um mundo físico idêntico....
V: (Interrompido.) Sim, mas alguns nem sequer saberão que fizeram a mudança. Alguns vão. Aqueles que têm trabalhado para isso saberão.
D: Eles saberão sobre as pessoas que estão sendo deixadas para trás?
V: Acho que não. Haverá uma consciência de uma mudança que ocorreu. Não tenho certeza se será uma percepção consciente. Deixe-me pensar sobre isso. (Pausa) Nós vamos para essa dimensão e nós saberemos. Embora algumas não fiquem sabendo. Vão sentir alguma coisa. Vão sentir a diferença. Quase como uma limpeza, uma clareza. Uma nitidez, uma diferença. Sei o que é isso. Vão sentir a diferença. Vão sentir o amor.
D: Então, mesmo que elas não tenham trabalhado nisso, serão levadas junto.
V: Sim, porque estão prontas para isso.
D: E as outras não serão ....
V: Não serão, elas não.
D: Então, são deixadas na negatividade? Você disse que o mundo inteiro mudará naquele momento.

V: Sim, aquelas que podem continuar, que podem se mover para isso, irão se mover. E aquelas que não podem, não vão. E será horrível para elas.
D: E será como dois mundos.
V: Sim, dois mundos existindo ao mesmo tempo, mas nem sempre conscientes um do outro.
D: Eu sei que quando você está em uma dimensão diferente, você nem sempre está ciente da outra. Mas a mensagem que você quer transmitir é que devemos espalhar esta informação sobre o amor enquanto ainda podemos, para levar o maior numero de pessoas possível.
V: O amor é a chave. Porque Deus é amor. E amor é Deus. E o amor é o poder supremo. É isso que precisamos sentir em nossas vidas. O que precisamos dar um ao outro e sentir um pelo outro.
D: Sim, o amor sempre foi a chave. Então, eles estão tentando dizer ao máximo de pessoas, para que possam levá-las junto. É essa a urgência.
V: A urgência é que o tempo está acabando. Apenas estejam preparados. Hhmm, o quê? Diga a ela o quê?

Ela estava ouvindo outra pessoa. Houve sons de murmúrios, então a voz profunda e grave retornou.

V: Dizer-lhe ... pronta. Pronta para a mudança vindo em breve. Logo agora. Pronta ... Ela não é um bom veículo. Ela não fez isso antes. Não consigo que minhas idéias passem por ela para transmitir a você. Devo trabalhar nisso. Vamos limpar este veículo. Ah sim! Hhmm ... aí. Isso é melhor.
D: O que você quer me dizer?
V: Deve ajudar toda a humanidade. Diga-lhes o que está por vir em breve. Mudanças, transição dimensional. Aqueles que podem ouvir você, ouvirão. Estarão prontos para essa mudança dimensional. (Sua voz normal retornou.) Aqueles que não podem, não aceitarão de qualquer maneira, então (Risos), pensarão que somos loucos. Mas, os outros, eles podem não saber, mas uma faísca irá tocá-los. Quando isso acontecer, estarão prontos e poderão fazer essa mudança. Podem não saber que está chegando, mas algo dentro deles estará pronto para isso e serão capazes de fazê-lo. São aqueles que não sabem que está chegando, mas se lhes dissermos, ficará dentro deles. Então, quando isso acontecer, virá a tona e estarão prontos para isso.

D: *Aqueles de nós que fizerem a transição, vão continuar a viver suas vidas da maneira que têm vivido?*
V: Não, não, melhor. Diferente. Mais longa.
D: *Vamos continuar a vida física?*
V: Ah, física naquela dimensão, sim. Mas física nesta dimensão, não.
D: *Mas quero dizer, se fizermos a transição, vamos ...*
V: (Interrompido) Você quer dizer, você vai viver ou morrer?
D: *Vamos continuar nossas vidas como as conhecemos?*
V: Sim, alguns nem sequer perceberão. Sabe, aquela pequena coisa que nós plantamos em suas cabeças, os ajudarão a fazer a mudança dimensional e podem nem mesmo saber disso. Mas saberão que existe destruição. Verão destruição. Verão o que está acontecendo e verão os cadáveres, mas não saberão que fizeram essa mudança. Não estarão cientes do fato de que a razão pela qual não estão mortos é porque fizeram essa mudança e essa mudança não os afetou.
D: *Você disse algo sobre as coisas que são colocadas na cabeça. Você quer dizer os implantes?*
V: Não, não, não. Quero dizer uma semente, um pensamento. Eles não sabem disso conscientemente, mas por dentro, isso os ajudará. É como uma faísca que, quando chegar a hora, a mente deles já teria aceitado subconscientemente.
D: *Ouvi dizer que vamos viver mais tempo.*
V: Mais tempo, melhor. Aprender. As coisas serão melhores. As pessoas vão aprender mais depois de um tempo. Saberão mais. Vão se tornar mais conscientes das coisas. Do jeito que as coisas são. Podem não saber quando fizerem a mudança, mas vão aprender sobre ela. Vão perceber depois de algum tempo o que aconteceu.
D: *E os que não estão prontos serão deixados na outra Terra.*
V: Sim, eles terão desaparecido.
D: *E muitos, em ambos os lugares, nem sequer perceberão que algo dramático ocorreu.*
V: Aqueles que estiverem no outro lugar irão. Estarão mortos. Mas saberão porque essa é a lição que aprenderão. Depois que morrerem, saberão. Vão ver a verdade. E verão que oportunidade perderam, mas aprenderão com isso.
D: *Também me disseram que quando reencarnarem, se tiverem negatividade, carma para pagar, não mais virão à Terra porque a Terra terá mudado muito.*

V: Não poderão voltar aqui até que tenham feito o ajuste. Tenham feito a mudança.
D: *Ouvi que eles irão para algum outro lugar para resolver seu carma porque perderam a oportunidade.*
V: Sim. Alguns irão. E alguns poderão ter a oportunidade de voltar. Mas vai demorar um tempo, muito, muito tempo.
D: *Mas, enquanto isso, nós estaremos indo adiante e aprendendo coisas novas e progredindo em um mundo totalmente novo.*
V: Que mundo lindo! Um mundo de luz e paz. Onde as pessoas podem viver juntas e amar umas às outras.
D: *Mas ainda será um mundo físico com nossas famílias e casas como temos agora.*
V: Apenas um mundo mais inteligente.
D: (Risos) *Isso, eu posso entender.*

Outra paciente que estava experimentando sintomas físicos inexplicáveis descreveu o novo corpo desta forma:

S: Ela está se identificando mais com seu futuro corpo. Ainda não está ajustado, mas está lá. E esse corpo futuro leva sua essência, ou partes dela. E se funde ou se integra para que ela se acostume com esse corpo futuro.
D: *O corpo vai mudar fisicamente?*
S: Para alguns sim. Será mais forte e mais jovem. Esse corpo em que ela está agora pode ser curado e refeito, mas ela precisa do corpo futuro. Será mais leve. Mais capaz. Ela está sentindo isso agora, sua essência se fundiu com esse corpo futuro e se integrou.
D: *Então esse corpo que ela tem agora será mudado?*
S: Será essencialmente deixado para trás. Será transformado e partes dele, que não são necessárias, serão deixadas para trás.
D: *Então não é como deixar um corpo e entrar em outro.*
S: Não. Gradualmente, o corpo mais novo e o corpo mais velho serão quase totalmente fundidos. Mas haverá certas partes do corpo mais antigo que não serão necessárias, então serão deixadas para trás. Apenas se desintegrará.

Provavelmente será tão gradual que nem perceberemos a diferença. Exceto pelos sintomas físicos que alguns estão experimentando enquanto o corpo faz os ajustes. Já me disseram que a geração mais velha pode estar mais consciente de que algo está acontecendo no corpo. No entanto, não adianta se preocupar com isso, pois é um processo natural que está ocorrendo agora para todos como parte da evolução da nova Terra.

Mais de outro assunto na Austrália:

C: É como um carro. Imagine um carro que tenha uma estrutura velha. É o mesmo carro velho que você tem dirigido. E você coloca um motor novo nele. De repente, esse carro começa a funcionar de forma diferente, embora pareça o mesmo. E, então, você pega outro motor e o substitui. E o carro continua ficando cada vez mais rápido, melhor e mais potente. E antes que você perceba, o carro está ficando tão bom, que a estrutura começa a mudar. É como se a energia do novo motor começasse a reformar a estrutura. E, antes que você perceba, o carro velho se transformou em um carro esportivo. Um veículo bonito, brilhante e vistoso. É disso que se trata. As energias que estão chegando têm a capacidade de transformar o veículo. Que vai começar a ser diferente. Vai parecer diferente. Vai parecer ... bem, *mais jovem* vem à mente. Vai parecer mais inteligente e mais jovem. As células do corpo, a vibração do corpo está mudando e está combinando com a vibração da energia que está vindo. E as mudanças físicas serão as próximas.

D: *Quais serão essas mudanças físicas?*

C: Ah! O corpo vai mudar para ficar mais *leve*. E estou entendendo que parecerá mais *alto*. Não é que *será* mais alto. Mas a energia de dentro, de alguma forma, se tornará visível do lado de fora. E fará o corpo parecer mais alto, alongado, mais magro. E mais transparente.

D: *Transparente?*

C: Sim. É uma coisa pioneira.

D: *É assim que as pessoas na Terra estarão evoluindo?* (Sim) *Todos farão as mudanças?*

C: Sim, porque a todas as pessoas foi dada essa escolha. Se querem evoluir com a Terra, evoluirão para este novo ser humano. Vão parecer diferentes. E essa experiência é sobre isso. É por isso que Christine e outros estão movendo aqueles que não querem evoluir com a Terra. Eles irão partir. (Quase chorando) E trazer muita dor para suas famílias. Mas as pessoas que ficam devem manter a luz. Esse é um grande trabalho. Divorciar-se e separar-se dessas coisas que estão acontecendo *agora*. E essas coisas vão continuar a acontecer até que a limpeza esteja completa. Aqueles que estão aqui para ficar, estão levando esta *raça* de pessoas a uma civilização muito nova e diferente. Essas pessoas estão sendo testadas agora, para ver se conseguem manter a luz quando houver um desastre, e não serem sugadas. Elas são as pessoas que seguirão em frente com este planeta.

D: *Quase como um último teste?*
C: Sim. O teste está acontecendo agora. O que quer que seja que cada ser precisa para testá-los, para ver o que são capazes de retribuir para esse programa; quão firme é o seu compromisso. Quão dispostos estão para servir. Isso tudo está sendo testado agora.

D: *Então cada um está tendo seu próprio teste individual?*
C: Sim. E as pessoas que estão achando difícil agora são aquelas que ficarão. Elas são as únicas que estão passando pelos testes. Mas algumas delas não estão conseguindo.

D: *Elas não estão passando no teste.*
C: Não. Existem algumas que não estão.

D: *Isto é o que me foi dito por outras pessoas, que algumas seriam deixadas para trás.* (Sim) *E pensei que soava cruel.*
C: Não, não é cruel, porque a cada alma é dada a escolha. E se não estão se movendo e evoluindo, é porque estão optando por não evoluir. Vão reencarnar em outro lugar de sua escolha. E está tudo bem. Porque é só um jogo. Elas ficarão na Velha Terra. A Nova Terra é muito linda. Você verá cores, animais e flores que você nunca imaginou ser possível. Verá frutas que são alimentos perfeitos. Não precisam ser cozidos. São apenas comidos como são. E tudo o que o ser precisa para nutri-lo estará lá. Estas novas frutas estão se desenvolvendo agora com a ajuda do Povo das Estrelas.

D: *Não temos essas frutas e legumes na Terra agora?*
C: Não temos. São mutações de alguma forma. Estou vendo uma maça-creme como exemplo do que aconteceu. Teremos uma fruta chamada "maça-creme". E não parece uma maçã. Tem um exterior áspero e é do tamanho de duas laranjas juntas. E quando abre, é como um creme por dentro. Isso é uma fruta, mas uma comida. Não é apenas uma fruta, mas outra comida foi introduzida, como creme. Esse é um exemplo de um dos futuros

alimentos. Então, esses alimentos serão deliciosos para os sentidos. E nutritivos e substanciosos para o ... continuo sendo parado quando começo a dizer "corpo". E me dizem que devo dizer "ser". Serão nutritivos para o ser. As coisas que temos agora para cozinhar - como você cozinharia creme - serão incorporadas a essas frutas. Tem a ver com ajudar o planeta e reduzir o uso de eletricidade e energia. Então as frutas vão nos fornecer o que precisamos.

D: *Ouvi dizer que o homem fez muitas coisas na comida que não são saudáveis para o corpo.*

C: Isso mesmo. Os alimentos orgânicos estão chegando à Terra, e os agricultores orgânicos estão se movendo com o programa de evolução da Terra. É por isso que eles estão lá. É por isso que a consciência está sendo elevada nesse aspecto porque as pessoas precisam saber como crescer adequadamente. E as escolas de Rudolph Steiner estão ensinando isso às crianças. Então, as crianças que estarão na nova Terra saberão disso. Essas crianças estão ensinando agora em universidades e instituições, e estão espalhando a palavra. Assim, quando a limpeza da Terra ocorrer, muito dessa toxicidade será afastada. Você vê, a nova Terra não é dessa dimensão. A nova Terra é de outra dimensão. E vamos nos mover para aquela nova dimensão. Nessa nova dimensão, haverá essas árvores que têm roxo e laranja em seus *troncos*. Haverá belos rios e cachoeiras. E a energia será trazida de volta. Haverá energia nos córregos e na água que passa por rochas e bancos de areia. E isso *atinge* a Terra. Cria energia e será corrigida neste mundo. Muitos desses fluxos foram alterados e corrigidos para torná-los navegáveis e agradáveis. Isso está tirando a energia da Terra. A Terra vai ser limpa. Estou vendo água.

D: *Isso tem que ocorrer antes que a Terra mude e evolua para a nova dimensão?*

C: Estou nos vendo atravessando. (Assustado) Ah! O que estou vendo é que as pessoas que estão indo para as novas dimensões passarão para este novo mundo.

D: *Enquanto o outro está sendo limpo?*

C: Sim, sim.

D: *O que você vê sobre a água que vai acontecer com a limpeza?*

C: (Um grande suspiro) Não vai ser mostrado para mim.

D: *Eles não querem que você veja isso?*

C: Não, não vão me mostrar. O que eles estão me mostrando é... uma abertura? E nós entramos. Entramos, no que *parece* ser esta Terra, mas são cores diferentes. São texturas diferentes. No começo parece o mesmo. Só no começo. E, então, quando olhamos ao redor, começamos a ver que não é. Está mudando diante dos nossos olhos. É muito lindo.
D: *Mas isso não é o plano espiritual? Porque o mundo do espírito é descrito como sendo muito bonito também.*
C: Não, é a nova Terra. Não é o plano espiritual. É a quinta dimensão da Terra. Algumas pessoas passarão antes das outras. Estão me dizendo para te dizer agora que Christine esteve lá várias vezes. Tem um grupo que vai passar agora. E ela irá trazer mais. Estarão indo e vindo um pouco até que irão de uma vez.
D: *Então as outras pesoas serão deixados na velha Terra?*
C: Sim, aquelas que estão escolhendo ficar, ficarão.
D: *Estarão passando por muitas dificuldades, não?*
C: Sim, o planeta inteiro. (Assustado) Acabo de ver o planeta inteiro explodir. Isso é horrível, não é?
D: *O que você acha que isso significa?*
C: Eu não sei. Acabei de vê-lo explodir. Mas vi a nova Terra. Existe esse belo lugar na quinta dimensão com harmonia e paz.
D: *Quando eles te mostraram o planeta explodindo, isso é apenas simbólico? Como se a Terra não existisse mais para as pessoas que atravessam?*
C: Bem, as pessoas que atravessaram estão observando o que está acontecendo. Podem ver. Agora, vai explodir? Eles estão dizendo para mim: "Não se prenda no que vai acontecer porque você tem que se concentrar na luz". E esse é o desafio para essas pessoas que estarão na nova Terra. O desafio para elas é não se envolver com nada que vai acontecer, porque é isso que nos puxa de volta à terceira dimensão. Isso é o que aconteceu com muitas pessoas que estavam em um caminho à frente. Foram puxadas para trás porque foram apanhadas no medo e na tristeza e arrependimento e nas coisas negras. Então, estão dizendo: "Você não precisa saber, pois não ajudaria a ninguém se fosse conhecido". Então, o que estão realmente dizendo é: "Concentre-se nas coisas boas". Concentre-se no fato de que haverá essa bela nova existência, nova dimensão, para onde muitas pessoas da Terra vão se mudar. Já estão se mudando.
D: *Foi-me dito que sempre que você atravessar, estará no mesmo corpo físico que tem agora. Terá apenas mudado.*

C: Sim, ainda estará no mesmo corpo, mas vai mudar.
D: Então isso pode ser feito sem morrer ou deixar o corpo. É uma coisa completamente diferente.
C: Sim, nós apenas atravessamos. Christine já fez isso antes e sabe como. Ela já fez e entende.
D: Mas será triste porque haverá muitas pessoas que não entenderão o que está acontecendo. É tão difícil com tantas pessoas – quero dizer "comuns" - que não têm ideia de nada, exceto da religião que aprenderam. Não sabem que esse outro é possível.
C: Sim, mas elas não são comuns. Só parecem comuns. É uma máscara que estão usando. Elas estão mudando.
D: Mas ainda existem muitas pessoas que nem sequer pensaram nessas coisas.
C: Sim, mas estarão optando por não despertar, e essa é a escolha delas. Nós temos que respeitar isso. Foi-lhes dada a escolha como a todos na Terra e fizeram essa escolha. E tudo bem. Está tudo bem. Está certo.
D: Então, se tiverem que ir para outro lugar para resolver o carma negativo, isso é parte de sua evolução. (Sim.) Mas você vê a maioria das pessoas evoluindo para a próxima dimensão?
C: Não. Não a maioria. E os números, em certa medida, não são importantes porque o que será, será. E quanto *mais* pessoas puderem despertar e seguir viagem, mais pessoas haverá. É por isso que muitos de vocês estão fazendo esse trabalho. Ajudar as pessoas a se abrirem para a jornada e deixarem o medo. E entrarem nesse vazio onde tudo é possível. Onde a *escuridão* está residindo. É o que vocês estão todas fazendo. E você precisa fazer isso. Todo mundo com quem você fala, sai e faz o mesmo. Você pode não estar ciente disso, mas está agindo como Cristo. Todo mundo com quem você fala torna-se um discípulo e sai e, por sua vez, desperta outras pessoas. Então, está funcionando. E vai ser logo. Tudo vai acontecer em breve.
D: Você tem alguma ideia de um período de tempo?
C: Os próximos anos serão os - estou recebendo a palavra "ponto de decisão". Serão o ponto de "corte". Acho que significa que aqueles que ainda não decidiram serão deixados para trás. É crítico.
D: Mas existem alguns países inteiros no mundo que não estão prontos para isso. É por isso que estou pensando que há muitas pessoas que não farão a travessia.

C: Existem mais coisas acontecendo do que as pessoas sabem. Estou vendo alguns países onde as pessoas estão sendo perseguidas. A razão disso acontecer é para despertar a espiritualidade porque a perseguição causa isso. Quando as pessoas são perseguidas ou quando estão enfrentando a morte, ou quando estão enfrentando grandes feitos humanos. Isso é um gatilho que desperta as pessoas. E esse é o propósito de grande parte da perseguição que está ocorrendo no momento; para ter certeza de que essas pessoas estão despertas. Então, esse é o lado positivo disso.
D: *Existe algo que o desencadeia ou precipita?*
C: É como se a cortina caísse. Não tenho permissão para ver. Só estou sendo informada de que será o fim de um e o começo de outro.
D: *Estão tentando nos levar à guerra neste momento. (2002) Você acha que tem algo a ver com isso?*
C: (Grande suspiro) Temo que seja o teste. Disse que muitas pessoas estavam sendo testadas. Não percebi isso antes, mas percebo agora, isso é tudo parte do teste, se pudermos nos manter distantes disso. É como se tivéssemos que criar nossos próprios ... é como se cada um de nós fosse o universo. Todas as partes do universo são mantidas *aqui* (colocou a mão em seu corpo). E se nós mantivermos este universo aqui ....
D: *Neste corpo?*
C: Sim. Se o mantivermos em paz e o mantivermos em equilíbrio, passaremos no teste. Então poderemos resistir a qualquer coisa. E essas coisas que estão acontecendo no mundo são realmente para testar todo mundo; todos nós.
D: *Você quer dizer para não ser pego no medo.*
C: Sim. Desligue a TV. Não a ouça. Não leia o jornal. Não seja pego nisso. Seu *mundo* é o que você cria aqui. (Tocou seu corpo novamente.)
D: *No seu próprio corpo.*
C: Sim. Aqui em seu próprio espaço. Este é o seu próprio universo aqui. Se cada pessoa cria paz e harmonia em seu próprio universo, então esse é o universo que está sendo criado na quinta dimensão da Terra. Quanto mais pessoas puderem criar paz e harmonia neste universo corporal, mais pessoas estarão nessa quinta dimensão da nova Terra. Aquelas pessoas que não podem criar paz e harmonia nesse universo do corpo, não estão passando no teste. Esse é o teste.

D: *Estamos tentando fazer isso para impedir que a guerra aconteça ou diminuí-la de qualquer maneira.*
C: Estão me dizendo que não importa o que aconteça, porque é tudo um jogo. É tudo uma brincadeira. As coisas que estão acontecendo estão lá por um motivo. A razão no momento é testar cada ser humano para descobrir onde ele está em sua própria evolução. E assim, se nós mantivermos a paz e a luz aqui (o corpo), não precisaremos nos preocupar se há uma guerra ou não. É apenas uma ilusão de qualquer maneira.
D: *Mas agora parece muito real, e isso pode ter algumas consequências desastrosas.*
C: Sim, mas isso é medo para cada indivíduo. Nosso trabalho é ajudar cada indivíduo a encontrar a paz *aqui* (o corpo). E, então, é claro, à medida que você une mais pessoas, que têm paz e harmonia dentro de seu próprio universo corporal, então, isso se espalha em vez da disseminação da escuridão. E isso cria todo esse novo mundo. Se tivesse recebido todas as informações no início do seu trabalho, você estaria sobrecarregada. Estão dizendo isso pela mesma razão: "Não vamos dizer exatamente o que vai acontecer". Nós não *sabemos* exatamente o que vai acontecer. Mas não vamos dizer o que sabemos porque você não precisa saber. Tudo que você precisa fazer é se concentrar aqui (no corpo) criando o seu céu na Terra. Cada ser humano, criando seu próprio paraíso na Terra. Isso é tudo que você precisa fazer. E se unir a outros que estão criando seu próprio paraíso na Terra. E depois expandir essa energia para *fora*. E, antes que você perceba, você mudou o mundo. Você nem pensa no mundo. O que você foca é o que você cria. Pense na paz. A principal coisa que as pessoas precisam entender é que o que elas focalizam expande. Então, se elas se concentrarem, se elas puderem substituir previsões por algo que é maravilhoso que querem, e expandir isso. Então podem criar seu próprio paraíso na Terra. Estão me mostrando que, em seu livro *The Convoluted Universe (Livro Um)*, você dá uma descrição do pensamento. Estão me dizendo para lembrá-la disso. Você fala sobre uma bola de energia do tamanho de uma toranja. Essa bola tem fios de energia. Estou mudando isso enquanto vou. Fios de energia que se sobrepõem e se cruzam. Esses fios de energia podem fazer o que quiserem. Podem se dividir e se tornar quatro fios de energia. Podem tecer. Podem multiplicar. Podem ir para trás. Podem se fechar. Podem fazer absolutamente qualquer coisa.

Esta é a bola da possibilidade. Quando você tem um pensamento, ele não desaparece apenas. Torna-se uma vertente de energia. Isso se torna energia. Move-se para essa bola de possibilidades. Então, imagine seu pensamento se tornando energia. E quanto *mais* energia você der, mais forte se tornará. E se manifesta e se torna *real*. Torna-se físico. Se você enviar um pensamento de que vai haver paz, mas você segue com "Ah, mas a guerra está piorando", ou "Esses políticos estão cometendo um erro". Você enfraquece a energia: a vertente positiva que você trouxe. Portanto, temos que ensinar as pessoas a enviar pensamento positivo e depois reforçá-lo com *mais* pensamentos positivos e mais pensamentos positivos. Temos que ensinar que, quando um desses pensamentos negativos vem à mente, não apenas deixá-lo ir, mas substituí-lo por um pensamento positivo. De modo que estejam adicionando à essa bola de energia de possibilidade. Estejam contribuindo para isso. Temos que ensiná-los a fazê-lo. Eles não sabem como. Estão me dizendo para dizer-lhe para reforçar que a ilusão - não sei por que me dizem isso. Mas eles estão dizendo que se pudéssemos levar as pessoas a pensar neste conflito que está ocorrendo no Oriente Médio como um filme, isso ajudaria as pessoas. A outra coisa que estão me dizendo para lhe falar é que, para cada ação, elas podem ter uma reação oposta. Onde há nascimento, há morte. E todos *devem* deixar qualquer ganância, qualquer dominação, materialismo. Qualquer um desses problemas que os impedem de fazer este trabalho deve ser deixado de lado. Porque essas questões não vão servir a ninguém na nova Terra. Não vai haver necessidade de dinheiro, como tal. Então, por que você se incomodaria com isso? Aqueles que estão trabalhando para a Terra, para o universo, estão sendo providos e continuarão a ser. O que você precisa, virá até você. Então, é hora de abandonar essa ética de trabalho para conseguir o dinheiro. Você está trabalhando para mudar a Terra. Você está trabalhando para salvar essa situação. É aí que a força motriz deve estar. Deve vir do amor e serviço. E essa é a única maneira de maximizarmos esse esforço. Deve vir do amor e serviço, não da ganância.
D: *Tenho ouvido dizer que o amor é a emoção mais poderosa.*
C: Sim, o amor cura.

As pessoas nas minhas palestras estão sempre me perguntando o que elas têm que fazer para se mudar para a Nova Terra? "Eles disseram que há duas coisas importantes que vocês devem abandonar. Uma, como acabamos de explicar, é o medo. O medo é uma ilusão, mas é a emoção mais forte que um humano tem. Deve ser liberado ou vai prendê-los à velha Terra. Digo às pessoas para fazerem muitas e muitas perguntas. Não acreditem em tudo que ouvem ou leem. Pensem por vocês mesmos. Não entreguem seu poder a ninguém. Decidam-se e descubram sua própria verdade. Pode não ser a *minha* verdade, mas será a de vocês, porque vocês a descobriram. E, depois, não se surpreendam se essa verdade mudar. Estamos constantemente aprendendo. Mantenham-se flexíveis. Não deixem o medo obscurecer seu julgamento de forma que não possam pensar por si mesmos.

    A segunda coisa que vocês devem abandonar é o carma. Nós acumulamos carma vivendo muitas, muitas vidas na Terra, muitas vezes com as mesmas pessoas repetindo os mesmos erros. É por isso que ele é chamado de "A Roda do Carma". Ele simplesmente gira e gira e mantém vocês no padrão. Chamo de carma a "bagagem e o lixo" que carregamos conosco. Vocês devem se livrar do "lixo" para poderem ascender. Todos nós temos coisas ruins que acontecem em nossas vidas. A vida é sobre isso. Descobri que concordamos com esses eventos e coisas para aprender com eles. Pergunto às pessoas quando elas me falam sobre suas más experiências, "Você aprendeu alguma coisa com isso?" Se você aprendeu alguma coisa com isso, então, essa foi a razão pela qual o experimentou. Se disserem que não aprenderam nada com isso. Adivinha? Terão que experimentar tudo de novo até entenderem o que isso estava tentando lhes dizer. Eles têm que repetir essa série na escola. Você não pode ir do jardim de infância para a faculdade. Então, reveja sua vida. A que você está se agarrando? O que não deixou ir? Não importa mais se foi maltratada ou abusada quando criança. O que você aprendeu? Não importa se teve um casamento horrível. Livre-se disso! Alguns dos meus clientes disseram: "Não posso deixar passar. Você não sabe o que fizeram comigo!" Não estão machucando ninguém a não ser vocês mesmos, mantendo o carma, e criando mais por não o liberar. Para ascender à Nova Terra, você tem que deixar ir. Tem que perdoar, ou terá que ficar com a velha Terra e passar por tudo isso novamente. É assim que funciona a lei do carma. É isso que você quer?

    Durante minhas palestras, dou às pessoas um exercício que elas podem usar para liberar carma. Você não pode falar com a pessoa cara a cara. Isso é muito difícil de fazer. Além disso, às vezes, a pessoa de quem você está com raiva morreu e é impossível enfrentá-la. Você tem que fazer isso mentalmente. Lembre-se de que, quando você estava no mundo espiritual, você fez um plano do que *esperava* realizar nesta vida. Fez contratos com várias almas para desempenharem vários papéis em seu cenário na Terra. Alguns de seus maiores inimigos ou desafios durante a sua vida foram seus maiores amigos no mundo espiritual. Eles se ofereceram para vir e jogar o vilão em seu cenário terrestre. E alguns deles desempenham suas partes *muito bem*!

Então, imagine a pessoa em sua mente parada na sua frente. Diga a ele: "Nós tentamos. Nós realmente tentamos. Não está funcionando. Estou rasgando o contrato". E se veja rasgando o contrato e jogando fora. Então lhe diga: "Eu te perdoo. Eu te liberto. Eu deixo você ir. Você segue o seu caminho com amor e eu sigo o meu. Nós não precisamos mais estar conectados". E veja isso acontecendo. A chave aqui é que você tem que realmente dizer isso. Você tem que acreditar. Depois de ter feito isso, ele não terá mais poder sobre você. Então você tem que se perdoar. Lembre-se, sempre é preciso haver duas pessoas para criar uma situação. Nada disso é fácil, mas é essencial e imperativo, se você quiser sair da Roda e ascender à Nova Terra. Você decide!

Isso foi parte de uma sessão mais longa em 2002, na qual o assunto tinha uma conexão com extraterrestres. Eles estavam fornecendo informações sobre muitas coisas, incluindo o que eles poderiam fazer (ou têm permissão de fazer) para corrigir o dano que a humanidade causou à Terra.

P: Estão me movendo ... adiante no futuro. Estão movendo meu corpo. Oh, meu Deus, estou ficando tonta!

Dei sugestões calmantes para que ela não tivesse nenhum efeito físico. Ela se acalmou e estabilizou. A sensação de movimento se dissipou. Essa experiência também aconteceu com outros pacientes com os quais trabalhei, quando se movem muito rapidamente no tempo e no espaço.

D: *O que estão mostrando agora?*
P: Tudo o que vejo é luz. É apenas uma explosão brilhante de luz. O planeta está sendo bombardeado com uma luz especial e contém cores diferentes. E essas cores diferentes afetam a consciência das pessoas de maneiras diferentes, mas não afetam apenas as pessoas. Essa luz afeta plantas e animais e rochas e água e tudo mais. É um certo tipo de luz branca e tem todo tipo de cores nela. E muda e se move e permeia o próprio núcleo do planeta. Vejo que está vindo do centro do planeta. Enviam-na, eu acho, das naves, e ela toca o núcleo do planeta e salta do núcleo e afeta tudo, num movimento de dentro para fora. Se você estivesse em pé no planeta, sentiria as energias vindo pelos seus pés e saindo pelo topo de sua cabeça.
D: *O oposto do que costuma fazer.*
P: Isso é diferente. Está vindo das naves para o centro do planeta e está voltando para cima. E isso está afetando todo o planeta. Não querem que nos explodamos.
D: *Isso é algo que está acontecendo em 2002 ou está acontecendo no futuro?*
P: Este é o futuro. Vão fazer isso! Corrigir o alinhamento do planeta para impedir que algo ruim aconteça. 2006.
D: *2006. Será que teremos o planeta mais fora de alinhamento a essa altura?*
P: Sim, sim. Ah, há pessoas no planeta e elas estão rezando, mas não é suficiente porque está muito bagunçado. Vai sair de sua órbita. E isso afetará o resto do cosmos. Então, por direcionarem estas energias para o centro do planeta, ele vai voltar, e isso irá corrigir o alinhamento. E quando corrigir o alinhamento, também corrigirá muitas outras coisas no planeta. Ajudará as inundações, as secas e coisas assim, que o homem trouxe ao planeta. Não haverá aniquilação deste planeta. O conselho garante que isso não acontecerá. Os seres estão aqui no planeta observando, e sabem o que está acontecendo e sabem quem está fazendo isso e que isso pode afetá-los. Não é que *não podemos* intervir, não temos *permissão* para intervir.
D: *Porque existem coisas que vocês não podem fazer.*
P: Isso mesmo, mas podemos observar. E nós sabemos quem está fazendo isso.
D: *Quando o planeta chega ao ponto em que o homem o danificou muito, é quando vocês podem ajudar?*

P: É quando vamos enviar estes... vejo luzes multicoloridas. É como se fossem feixes multicoloridos de energia e estão sendo lançados ao centro do planeta. E então voltam e isso afeta todo o planeta e manterá o planeta em alinhamento.
D: Isso está sendo feito por muitas naves?
P: É uma confederação. Vejo muitas. Vejo diferentes níveis ou classificações de seres afetando o planeta. Estamos envolvidos nisso. Existem muitos, muitos seres.
D: Então é um trabalho enorme.
P: Uma confederação. Sim, sim.
D: Mas não é perigoso atirar coisas no centro do planeta? Não deu errado antes quando isso aconteceu?

Estava pensando na destruição da Atlântida. Isso foi parcialmente causado por cientistas concentrando a energia dos cristais gigantes para o centro da Terra. Muita energia foi criada e contribuiu para os terremotos e gigantescos maremotos.

P: Isso não é o que você pensa. Isso é pura energia luminosa. E o único efeito que isso terá no planeta é bom. Não irá prejudicar o planeta.
D: Estava pensando no que fizeram na Atlântida.
P: Não é a mesma coisa. É difícil explicar. Isso é feito em um nível de alma. É como pura energia divina. Não é a energia da Atlântida. A energia da Atlântida foi feita através do poder atômico. Esta é a energia que o divino criou que é feita através da luz. Não é feita por separação através de estruturas moleculares. Isso é algo que criamos e enviamos da Fonte. Qualquer coisa vinda da Fonte é boa e não vai prejudicar o planeta. Vai fazer o que quisermos. E nós fomos autorizados a fazer isso. É por causa do que o planeta causou que estamos tomando essa atitude. É necessário.
D: Isso não é interferência?
P: Não! Não podemos interferir com as pessoas daqui. Não podemos descer, intimidá-los e dizer-lhes o que fazer. Mas podemos trazer nossas naves e podemos apontar essa energia para o centro da Terra. Nós podemos fazer coisas assim. Isso está realmente no nível da alma. Portanto, não estamos interferindo na estrutura cármica das pessoas daqui. Todos aqui têm um propósito cármico e não estamos interferindo nisso. Não temos permissão para tal. Não fazemos isso.

D: *As pessoas na Terra veem isso quando acontece?*
P: Elas sentem. Em outras palavras, elas passarão pela transformação. E não vão perceber o que aconteceu com elas. Algumas delas vão perceber. Aquelas que são sensíveis saberão que algo aconteceu. Mas muitas no planeta apenas continuarão com suas vidas normais, se sentirão bem e serão mudadas e a Terra será mudada. As rochas e a água vão continuar existindo porque não estamos afetando o padrão cármico. Não podemos fazer isso. Estamos fazendo isso em nível de alma, mas isso não está afetando suas vidas na Terra no que diz respeito aos padrões cármicos. Não estamos perturbando isso.
D: *Mas a Terra tem que chegar a um certo ponto antes que vocês possam fazer isso.*
P: 2006. Está ficando ruim. Já está muito, muito ruim agora. Se for permitido continuar, o ar prejudicará muitas pessoas. E a razão pela qual estamos envolvidos é que há pessoas em suas encarnações físicas respirando essa atmosfera com toda essa poluição e mudando sua herança genética. Não podemos deixar isso acontecer e não *vamos* deixar isso acontecer! Nós demos às pessoas deste planeta sua herança genética. E agora bagunçaram sua água potável, sua comida, seu planeta. Tudo aqui está poluído. O homem destruiu sua herança genética e vamos consertá-la porque não vão atrapalhar nossa experiência! Este é um experimento divino e não podem estragar tudo. Nós vamos mudar isso.

Para saber mais sobre a grande experiência em que a humanidade está envolvida desde o seu início, veja meus livros, *Keepers of the Garden* and *The Custodians*.

P: Nós temos que fazer isso. Todo o planeta foi destruído muitas vezes. Você conhece sobre Atlântida; houve muitas outras explosões, inundações. Isso é algo que não podemos permitir que aconteça neste momento, porque isso afetará o resto do cosmos. E a Terra está um pouco mais fora de alinhamento. Estaremos colocando o planeta, não apenas de volta ao alinhamento, mas também ajudaremos a limpar e limpar a estrutura genética de tudo e de todos no planeta. E isto foi apresentado, foi decidido e será feito. Porque a humanidade chegou ao ponto em que não será limpo a tempo antes que destrua a composição genética que criamos.

D: *Então, só tem que sair um pouco do alinhamento antes que isso afete o outro ....*
P: Já afetou outros - não apenas civilizações em um reino físico que você conhece, mas também em planos mais elevados. É por isso que vamos fazer isso.

Os vários universos estão tão entrelaçados e interconectados que, se a rotação ou trajetória de um é perturbada, afeta todos os outros. No caso extremo, isso poderia fazer com que todos os universos desmoronassem e se desintegrassem. Esta é uma das razões para o monitoramento do planeta Terra pelos ETs. Detectar quaisquer problemas causados por nossas influências negativas e alertar as outras galáxias e universos para que as contramedidas possam ser iniciadas. Eles têm que saber o que a Terra está fazendo, então o resto dos universos, galáxias e dimensões podem se proteger e sobreviver.

D: *Pensei que se vocês tivessem um grande projeto como esse na Terra, as pessoas seriam capazes de ver todas essas naves.*
P: Ah, você é uma típica terráquea! Não, vocês não pode ver nossas naves. Estamos em diferentes dimensões. Existem muitos valores vibracionais diferentes. Você nem poderá ver a luz, mas está lá. Em algum momento, seus cientistas poderão medir esse tipo de energia. Serão capazes de determinar que estamos na atmosfera e verão nossas naves. Terão máquinas e dispositivos para determinar onde estão nossas naves. Mas não têm essa tecnologia agora porque nos movemos através do véu e estamos em - vamos chamá-lo - um reino astral. É um nível mais acima do que isso, mas é um nível delicado. E seus olhos não podem vê-lo, mas no futuro terão máquinas que poderão ver.
D: *Mas eles saberão que algo está acontecendo com os níveis de energia. Que algo está mudando.*
P: Vai mudar e as pessoas vão mudar, mas não vão perceber o que aconteceu. Vai ser um grande evento, mas não serão capazes de discernir em nível físico. Num nível de alma, elas podem. Em nível subconsciente saberão, mas não em nível consciente, porque vocês estão pensando numa energia física. Isso não é energia física, é energia de Deus. Isso é energia da alma. E opera dentro de uma dimensão diferente da que estão pensando. É muito diferente.

D: Então as pessoas vão sentir, mas não vão ver. Elas apenas saberão que algo está acontecendo em seus corpos.
P: Algumas vão saber. Aquelas que são sensíveis saberão que algo aconteceu, mas não saberão o quê. E é isso que queremos. Não queremos atrapalhar nada.
D: Como isso afetará o corpo humano?
P: Isso impedirá a decomposição do material genético do DNA dentro do corpo. Como eu disse, está ficando danificado e não podemos permitir isso. Não podemos ter uma raça inteira de pessoas danificadas. A energia vai mudar a estrutura genética do DNA dos humanos para que seja mais perfeita. Isso é o que realmente queremos. Nós queremos que os humanos do planeta estejam em perfeita harmonia. Não só consigo mesmos, mas conosco e com o resto do cosmos. Não estão assim agora.
D: Então, quando a estrutura do DNA for alterada, como o corpo será diferente?
P: Quando o DNA for alterado, o corpo será o que queríamos que fosse há muitos milênios atrás. Nós tentamos isso em Atlantis, falhou! A razão pela qual falhou foi porque as energias foram usadas de maneira negativa pelos seres da Atlântida. Tentamos produzir uma energia mais feminina nos dias da Atlântida, que se levantaria e causaria uma união entre o divino masculino e o divino feminino. Falhou. Portanto, o planeta Terra passou por muitos, muitos, muitos milhares de anos com mulheres sendo subjugadas e as energias femininas sendo reprimidas. Agora, esta é a hora em que ambos serão iguais. As energias divinas masculina e feminina se unirão e isso fará um ser perfeito ... como Cristo. Todos aqui perceberão que podem ser um Cristo perfeito, quando essas energias estão em equilíbrio. As energias não estão em equilíbrio; elas estão fora de equilíbrio há milhares de anos. É por isso que há tantos problemas no planeta. Assim, quando a estrutura do DNA for alterada, as energias divinas, o masculino/feminino, o yin e o yang, das energias de Deus podem se unir e haverá perfeição no planeta. Perfeição dentro dos corpos. E este planeta será algo que podemos mostrar ao resto dos mundos, ao resto do cosmos. Que esta é a nossa experiência, e isso é o que fizemos e foi bem-sucedido. A luz foi bem-sucedida porque será perfeita como queríamos que fosse por milhares de anos. Quando chegamos aqui pela primeira vez, era perfeito. Provavelmente já lhe disseram isso. Foi alterado. Você sabe que o meteorito veio, a doença veio. Tudo foi bagunçado.

Nós vamos torná-lo perfeito novamente. E isso faz parte do alinhamento que faremos para torná-lo perfeito novamente. E isso é perfeitamente normal. – Tudo isso é parte da genética, mas o que aconteceu foi que os seres humanos não estavam em equilíbrio. As energias divinas não foram equilibradas dentro da psique ou mesmo dentro da mente física, mas a psique que entra no corpo se manifesta fisicamente. Estas estão fora de alinhamento. Isso causa doenças no corpo. Quando as bactérias do meteorito pousaram aqui, se os corpos naquele momento estivessem em total e perfeito alinhamento, isso não teria importância. A doença não teria chegado. Mas os corpos já haviam começado a mudar quando foram atingidos, então não havia nada que pudéssemos fazer.

Ela estava se referindo à mesma coisa que foi mencionada em meu livro *Keepers of the Garden*, que explicou que a doença foi introduzida na Terra, e estragou a grande experiência, por um meteorito que atingiu a Terra quando as espécies principiantes ainda estavam em desenvolvimento. Isso causou uma grande dose de tristeza no conselho encarregado de desenvolver a vida na Terra porque eles sabiam que sua experiência de criar o ser humano perfeito não poderia acontecer nessas circunstâncias. Tiveram que tomar a decisão de parar o experimento e começar tudo de novo, ou permitir que os humanos em desenvolvimento continuassem, embora soubessem que nunca seria a espécie perfeita que se pretendia que fosse. Foi decidido, pelo tempo e esforço gastos desenvolvendo humanos, que eles deveriam continuar. A esperança era que, talvez em algum momento no futuro, as espécies pudessem se desenvolver em um ser humano perfeito sem doença. Esta é a principal razão para a amostragem e os testes feitos pelos ETs que as pessoas interpretam erroneamente como negativos. Eles estão preocupados com os efeitos de poluentes no ar e contaminação química de nossos alimentos no corpo humano. Estão tentando alterar seus efeitos.

O ET continuou: "Não queríamos não ter feito o experimento. Não poderíamos simplesmente jogar o planeta fora. Não poderíamos simplesmente deixar todas essas formas de vida, todas essas almas, serem alteradas para sempre. Tivemos que intervir e estamos vindo há séculos e séculos. Este é o apogeu de muitos, muitos anos de trabalho. Milhões de anos. E está chegando muito em breve e estamos satisfeitos porque a humanidade chegou ao ponto em que isso pode ser trazido à tona novamente. Como disse, tentamos muitos, muitos milhares de anos atrás e *falhou*, mas esperamos ter sucesso desta vez. Já está começando a ter sucesso. E estamos muito felizes com isso".

D: *Todas as pessoas da Terra experimentarão isso?*
P: Como eu disse antes, todo mundo será afetado. Só que há aquelas que serão sensíveis, que perceberão o que foi feito. Algumas pessoas não vão perceber em um nível consciente que foi feito. Foi feito em um nível de alma. Se você fosse colocá-las em transe, como você tem essa pessoa agora, saberiam que foram afetadas e poderiam explicar a você o que foi feito com a genética delas. Mas, em nível consciente, não têm a menor ideia. Não sabem. E é isso que queremos.
D: *Estava pensando em pessoas negativas (Assassinos, estupradores, seres desse tipo.) Elas serão afetadas de uma maneira diferente?*
P: *Todas* serão afetadas. Saberão em nível subconsciente o que aconteceu. À medida que o subconsciente muda e toma consciência disso e é ativado, sim.
D: *Elas ainda têm carma.*
P: Isso também será afetado, porque este planeta, no futuro, não terá carma. Isso é algo que não será permitido aqui. Será um planeta de Luz e Paz e será nosso grande experimento bem-sucedido.
D: *Me disseram que é por isso que muitos no universo estão observando.*
P: Sim, está certo. Estamos aqui para fazer isso. E isso será seguro.

Uma informação final veio através de um cliente no meu escritório em 2004. Eu acreditava que uma parte de tudo isso ainda não estava claro: Como algumas pessoas poderiam estar cientes de que haviam feito a mudança para a Nova Terra e outras não? Como seria possível mover uma população inteira com apenas uma minoria sabendo que algo havia acontecido? "Eles" deveriam estar conscientes de que eu estava lutando com esse pensamento persistente, então me forneceram a informação. Afinal, como eu poderia escrever e dar uma palestra sobre isso se não tivesse todas as peças?

Bob: A maioria dos planetas, mas especialmente este, foi projetado originalmente para quinhentos e cinquenta mil pessoas. Meio milhão de pessoas. Isso era o máximo a que poderia chegar. Mais pessoas estão reencarnando aqui para experimentar todas essas mudanças importantes. E a Terra foi danificada e mudou além da capacidade de ser reparada. Infelizmente, este planeta foi modificado de tal maneira que não há qualquer sentido de retorno à sua condição primitiva original. Mas, agora, por causa da diretiva principal do Criador, isso precisa acelerar. Porque já faz muito tempo. Existem duas maneiras de fazer isso. Você pode fazer com que o planeta gire e a crosta terrestre mude. E você, literalmente, quando isso acontece, começa tudo de novo do ponto zero. Foi isso que desencadeou a Era do Gelo e matou todos os dinossauros. Não importa como aconteceu, mas basicamente fez a mesma coisa. Uma civilização desaparece, e você começa com a Era do Gelo e o Homem de Neandertal e todo esse tipo de coisa boa acontece de novo. Você perde o controle de toda a sua civilização e acaba sendo uma lenda como a Atlântida e a Lemúria. Isso tudo aconteceu muitas vezes antes. Mas não é o que vai acontecer desta vez. Desta vez, você muda como planeta. E *basicamente* como universo. Você muda toda a dimensão. A dimensão muda. Você vai do 3 ponto 6 (3.6), em que estamos agora, para cinco. E você diz: "Bem, o que acontece com o quatro?" Bem, quatro é meio que aqui de certa forma, mas vai dar um *salto*. Você vai acabar como cinco. Quando a *mudança* dimensional vier, você literalmente irá *pulá*-la. Existem muitas complicações com isso. É por isso que está sendo observado com tanto cuidado. Muitas pessoas que estão espiritualmente preparadas poderão fazer a transição com muita facilidade. Outros estarão literalmente sendo retirados do planeta. Num piscar de olhos, maioria deles nem saberá que isso aconteceu. E vão acabar noutro planeta que está intacto, pronto e esperando que isso aconteça. E suas capacidades estarão muito além do que são agora. Vocês têm basicamente cinco sentidos primários. Terão muito mais do que isso quando a transição for concluída. Vão se tornar automaticamente telepáticos. Eles vão acordar em suas vidinhas no dia seguinte - ou o que poderá fazer, dependendo de como é a mudança. - Já aconteceu antes, a propósito. - Vamos simplesmente desligar tudo. É como entrar em animação suspensa. Nós suspendemos tudo. Pode levar dois ou três dias para transferir a população.

D: *O mundo inteiro, ou apenas o ....*
B: Sim. Todas as pessoas que estão espiritualmente prontas para fazer essa transição. Todas elas serão transferidas. E quando acordarem nesse outro planeta, nem perceberão que isso aconteceu. Houve uma mudança como esta há alguns anos atrás neste planeta, com todos nós. E muitas pessoas não sabiam disso. Apenas *foi*. Foi como uma semana inteira passando no decorrer de uma noite. *Aconteceu* dessa maneira.
D: *Por que isso aconteceu naquele momento?*
B: Precisávamos mudar o sol, tecnicamente, e precisávamos ser capazes de ajustá-lo. E se alguém pudesse ver, todos saberiam o que tinha acontecido. Essa não era uma maneira muito prática de fazer isso. Então, apenas desligamos todo mundo.
D: *Então não saberiam disso?*
B: Sim. Você foi dormir naquela noite e dormiu achando que fosse um período de doze horas. E você acordou. E seu relógio ainda estava funcionando da mesma maneira. Mas, na verdade, você literalmente passou uma semana inteira.
D: *Todo mundo foi colocado em animação suspensa?*
B: Sim. Você desliga a coisa toda ao mesmo tempo.
D: *Enquanto o mundo se movia?*
B: Ah, sim. O planeta se move. Você tem a chamada "noite e dia". Mas nós, na verdade, ajustamos isso. Foi um truque muito interessante de se fazer. Mas funciona mesmo. Este é o ajuste planetário que está chegando. Essa coisa de mudança de frequência está chegando. Você não pode simplesmente fazer isso com todo mundo acordado. Porque você vai ter todo tipo de reações estranhas nas pessoas. Então *acham* que estão todas acordadas. Mas ainda podemos desligá-las. É um truque. É muito complicado tecnicamente.
D: *Então pensariam que estavam tendo sonhos se vissem alguma coisa.*
B: Sim, sim, precisamente. Mas elas podem não ter lembrança consciente disso, porque, não se esqueça, a maioria das pessoas *não* tem lembrança consciente do que sonham de qualquer maneira. E você também pode mudar as coisas nos sonhos com muita facilidade.
D: *Você disse que isso foi feito há alguns anos atrás.*
B: Sim, foi. Tivemos que fazer um ajuste na frequência do sol.

Então, aparentemente, essa seria a resposta. Toda a população do mundo seria desligada e colocada em animação suspensa enquanto a transferência fosse feita.

Isso também é encontrado na Bíblia: *"Naquele dia, aquele que está no telhado e seus bens estão na casa, não desça para levá-los embora. E da mesma forma, aquele que está no campo, que não vire para trás. Eu te digo, naquela **noite**, haverá dois homens em uma cama: um será levado e o outro será deixado. Duas mulheres estarão juntas moendo: uma será tirada e a outra deixada. Dois homens estarão no campo: um será levado e o outro deixado, e eles responderam e disseram-lhe: "Onde Senhor?" Então Ele disse-lhes: "Onde quer que o corpo esteja, ali as águias serão reunidas. "*(Lucas 17: 31-37)

Muitas vezes me perguntaram sobre o calendário Maia que termina em 2012. As pessoas acham que essa é a data para o fim do mundo se os Maias não puderam ver além disso. Foi-me dito que os Maias evoluíram espiritualmente para este ponto em que sua civilização mudou em massa para a próxima dimensão. Eles pararam o calendário em 2012 porque puderam ver que este seria o momento do próximo grande evento: a transição do mundo inteiro para a próxima dimensão.

Nós ascenderemos à outra dimensão elevando nossa consciência, a vibração e a frequência de nosso corpo. No começo, você pode continuar em um corpo físico por um tempo. Então, à medida que você gradualmente descobre que não é mais necessário, o corpo físico se dissolve em Luz, e você vive com um corpo feito de luz ou energia pura. Isso soa muito semelhante a vários casos em meus livros, em que o sujeito viu um ser que brilhava e era composto de pura energia. Eles evoluíram além da necessidade de um corpo físico limitador, e faremos isso também quando chegarmos a esse estágio. Então, em muitos casos, quando o ser ascende, leva o corpo físico consigo. Mas esta é apenas uma situação temporária e a perda e o desapego do corpo dependem do nível de compreensão que o ser alcançou. Nós tendemos a nos apegar ao familiar, mas, eventualmente, vemos que, mesmo que pudéssemos levá-lo conosco, o corpo é muito limitante e restritivo para a nova realidade na nova dimensão. Quando alcançamos esta nova dimensão, o novo corpo de luz ou energia nunca morrerá. Isto é o que a Bíblia quis dizer quando se referiu à "Vida Eterna".

O lado espiritual ou o estado de vidas intermediárias, para onde descobri que vamos, quando morremos nesta vida, é como um centro de reciclagem. Leva de volta para outra vida na Terra, porque ainda há carma a ser trabalhado, ou algo que precisa ser resolvido. As pessoas continuam retornando porque não concluíram suas lições ou seus ciclos. Ao elevar a consciência, a frequência e a vibração, não há necessidade de retornar àquele lugar (o estado intermediário). Pode ser transcendido indo ao lugar onde todos são eternos e não há razão para reciclar. Podemos permanecer lá para sempre. Este é provavelmente o lugar ao qual muitos dos meus pacientes se referem como "lar". O lugar do qual sentem falta e para onde desejam voltar. Quando o veem durante as regressões, se tornam muito emocionados porque têm ansiado profundamente por ele, ainda que conscientemente não saibam que ele existe.

CAPÍTULO TRINTA E SETE

OS QUE FICARAM PARA TRÁS

Em outra parte deste livro e nas séries *The Convoluted Universe*, cobri as histórias de indivíduos que testemunharam a destruição de seu planeta natal. Eles eram novos na Terra, e alguns disseram que só foram enviados para a Terra durante momentos cruciais. A destruição foi uma experiência pessoal, e seriam extremamente valiosos durante esse período para garantir que o mesmo não acontecesse aqui na Terra. Esta foi outra pessoa que viu um planeta inteiro destruído.

D: *Por que Jean decidiu voltar agora? Você disse que ela esteve aqui em outros pontos cruciais da história da Terra.*
J: Esse é o grande momento. Esse é o maior. Está acontecendo agora. E muitos estão lembrando quem realmente são e estão sendo contatados. As novas crianças estão sendo trazidas e ela ama as crianças. Então, ela está ajudando outros a equilibrar as energias. Está sendo uma ponte. Unindo as energias agora. Você é uma ponte. Claro que você é. Então, existem aqueles de vocês que vieram para ajudar a unir as informações, para serem os embaixadores.
D: *Para ajudar essas pessoas a acordarem para quem são?*
J: Absolutamente. E ficarem bem. Aceitar qualquer um deles que tenha experiências que arquivaram. É um grande momento no seu planeta porque esse é o maior deles. É aí que você, como planeta, acorda do sonho de pensar que está sozinho. Que vocês são tudo o que é. Sua Terra está evoluindo. Vocês estão todos evoluindo. De qualquer maneira, todos os olhos estão na Terra agora mesmo. Esse é o grande momento. Muitos lutaram para estar aqui. Até as crianças que chegam, mesmo por algumas

horas. Todos vocês carregam isso, o distintivo de ter estado aqui.
D: *Mesmo por algumas horas?*
J: Com certeza. Ter estado neste planeta numa época desse tipo de evolução. Nenhum planeta evoluiu assim antes, isso é único. Se você tivesse a opção de carregar a identificação de ter estado em um planeta que será conhecido através do multiverso, mesmo que você possa estar aqui por algumas horas, você poderá dizer: "Eu estava na Terra na época da evolução". Por que não?
D: *Isso é o que eu chamo de Nova Terra?* (Sim) *Que haverá uma velha e uma nova, e depois uma separação.* (Sim.) *E que alguns não vão acompanhar a evolução?* (Sim. Sim.) *Ainda estou tentando entender isso.*
J: É difícil para muitos humanos entender esse conceito.
D: *Ainda estou tentando esclarecer isso para mim mesma, para que eu possa explicar isso para outras pessoas.*
J: Tudo bem. Nós lhe daremos essa parte. Para aqueles que escolhem permanecer no carma, eles têm que vivenciar isso em algum lugar. Então, eles ficam com a velha Terra? Eles são levados para algum planeta desconhecido? Não, eles ficam onde eles criaram esse carma.
D: *Entendo. E esses são os que não vão continuar na evolução?*
J: Não neste momento. Não. Eventualmente. Não agora. Mas isso será difícil.
D: *Então a velha Terra continuará a existir?*
J: Sim. Esta aqui.
D: *As pessoas na velha Terra estarão cientes de que alguma coisa aconteceu quando a evolução ocorrer?*
J: Bem.... vamos levá-la de volta ao tempo da Atlântida. Em sua história, a Atlântida teve várias destruições, e as pessoas perceberam que outras pessoas morreram.
D: *Você quer dizer que houve mais de uma destruição?*
J: Sim. Existe uma Atlântida que continuou e existe no tempo e no espaço. Portanto, a partir dessa perspectiva, a Atlântida existe agora em outra dimensão.

Então haverá aqueles, na velha Terra, que experimentarão isto porque se envolvem no medo da morte e destruição e devastação da Terra, e eles estarão lá. Em suas mentes, podem perceber que todos vocês estão mortos ou desaparecidos, ou seja, o que for. E, da mesma forma, você pode percebê-los como mortos, mas, de qualquer forma, haverá duas experiências. Então pense nisso como se já estivesse lá. A orquestração para criar essa experiência é muito maior do que qualquer humano pode perceber neste momento. Esta é uma grande orquestração, não apenas ocorrendo em sua Terra, mas com a ajuda de muitos. Muitos. E nenhum outro planeta fez isso antes.

D: Ouvi dizer que todo o universo está observando.

J: Mais do que apenas o universo. Existem aqueles até mesmo de *outros* universos que estão assistindo.

D: Porque disseram que isso nunca havia acontecido antes, um planeta inteiro se mover para outra dimensão.

J: Nunca, mesmo. Veja também o fato de que, como consciência, vocês se veem como separados. A consciência neste planeta foi criada de uma maneira única para poder experimentar a si mesma como separada. A maioria das outras raças não vê isso. Independentemente de onde estejam, não se sentem separados da sua Fonte. Seu planeta tem essa consciência de separação.

D: Então, aqueles que fazem parte dos conselhos e trabalham nas naves, conhecem sua Fonte e sabem de onde vêm?

J: Claro. E eles amam vocês, humanos. Vocês nem sabem o que fizeram. Eles reconhecem que existem comportamentos primitivos no planeta, mas para alcançar o nível que vocês alcançaram, com base nas restrições com que vocês precisaram trabalhar interiormente. É incrível. Sua capacidade de amar é profunda. Sua capacidade de medo é profunda. Esse é o poder de controle que deixa todos em apuros. Fomentado pelo medo.

D: Eu sei que a Terra foi criada com livre-arbítrio. Mas também foi criada com a ideia de não saber que fazia parte da Fonte?

J: Sim. Foi uma construção interessante de consciência, na medida em que se experimentou como separada. Onde mais poderia haver mais crescimento do que em uma situação em que você realmente se viu separado da sua Fonte?

D: Mas você disse que as outras raças sabem que são todas parte da Fonte.

J: Sim, elas sabem. Então, pode haver mais crescimento da alma na Terra? Sim.

D: Se pensássemos que estávamos sozinhos, e depois teríamos que descobrir isso por nós mesmos.

J: Sim. Precisam descobrir a verdade de quem são por si mesmos. Sim.

D: Com mais nada para ajudá-los. Eu entendo o que você quer dizer.

J: Vocês têm densidade aqui. Vocês têm a beleza. Tem os sentidos.

Tem muita coisa acontecendo aqui, mas vocês também não têm compreensão. Olhe onde vocês estão.
D: *Tive muitas pessoas que, em sessões, voltaram à Fonte. Eles veem como é bonito e não querem sair novamente.*
J: Quando você se conecta com a Fonte, é a experiência mais bela. Então, qual é sua pergunta? As sessões estão acontecendo para eles se conectarem com essa Fonte?
D: *Sim. Por que isso está acontecendo? Então eles saberão como é, ou para lembrá-los ou ...?*
J: Para aqueles que precisam ter essa experiência, sim. Para alguns, seria grande demais, e não seriam capazes de continuar. Logo iriam embora. É diferente para cada um de vocês. Cada pessoa é diferente em termos daquilo que pode e não pode experimentar. E o que desencadeará dentro de seu subconsciente, porque cada um de vocês é uma impressão digital única e individual no planeta. Não há dois de vocês realmente iguais. Pense o quão genial é a maestria disso. Pense nessa beleza e maravilha. E há muitos de vocês, outras vidas agora, trabalhando do outro lado, e todos estão participando também. Você nunca está sozinho, nenhum de vocês.
D: *Temos que redescobrir de onde viemos e por que estamos aqui. Mas havia uma pergunta que as pessoas me fizeram, e acho que você respondeu parte dela. Se alguns forem levados e alguns ficarem para trás, os que vão para o novo mundo não perceberão que os outros membros de sua família desapareceram? Estas são algumas questões que eu ainda estou tentando esclarecer, no nosso modo de pensar. Tenho que ser capaz de explicar isso para as pessoas.*
J: Nós entendemos. Entendemos. Nós entendemos. Nós lhe daremos essa explicação. Esperamos que isso ajude. As pessoas vão começar a sair da vida das pessoas. Vão começar a perceber que estão se afastando. Muito rapidamente agora. Em outras palavras, pessoas, membros da família, quem quer que tenham sido próximos, simplesmente desaparecem. Tudo vai acontecer de repente. Então, até a mudança acontecer, algumas dessas pessoas já terão saído da sua vida, se separarão. Apenas desaparecerão. Não estarão por perto. Fulano mudou para cá, saiu da cidade, fez isso. Você entende?
D: *Sim, mas podemos ir à polícia e tentar encontrar a pessoa, ou ....*
J: Não vai acontecer dessa maneira. Serão eles se afastando, algo aconteceu, distanciamento, distanciamento, distanciamento. No

momento em que realmente ocorre, a distância estará lá. Você não teve pessoas saindo da sua vida ultimamente?

D: *Sim. Claro, nós sempre poderíamos contatá-los se precisássemos.*

J: Mas você não vai. Esse é o nosso ponto. Você não entrará em contato com eles. Será apenas um afastamento natural. As frequências e vibrações não mais coincidirão e, portanto, desaparecerão de sua mente. A necessidade de contatá-los não existirá.

D: *E isso significa que eles estão ficando com a velha Terra, ou estão indo para a nova?*

J: Em alguns casos, houve aqueles que saíram cedo e estão trabalhando do outro lado do véu. Você está ciente disso. Mas alguns daqueles que desaparecem, depois de um período de tempo, você pensa: "Me pergunto o que aconteceu com essa pessoa?" Mas você não tem vontade de contatá-los como faria normalmente. Você não tem esse desejo forte: "Ah, estou preocupada, devo ligar. Preciso entrar em contato". Não é o mesmo. Você percebe que sua necessidade de se conectar com eles não existe mais. Apenas desaparece. Você esquece.

D: *Disseram-me que, a princípio, aqueles que entram no novo mundo terão corpos físicos. Então, não saberemos quando realmente fizemos a mudança, a separação. Isso está correto?*

J: Isso pode ser simplista demais para uma descrição. Para aqueles de vocês que vieram para fazer a ligação ... vamos explicar isso dessa maneira. Enquanto você faz o seu trabalho, você facilita. Você ajuda as pessoas a despertar, a se abrir mais para quem são. Para elevar sua vibração, sua frequência, para poder ressoar nos ciclos mais altos por segundo, para que possam fazer a mudança. Isso faz sentido para você?

D: *Sim. É o que estou tentando ajudar as pessoas a fazer.*

J: Exatamente, o que você está ajudando as pessoas a fazer. Sim. Isso vai acontecer. Isso não vai acontecer da maneira que as pessoas pensam, que haverá um cataclismo ou isso ou aquilo ou outra coisa. Não. Será apenas como quando você acorda uma manhã, e acha que tudo está normal, e está indo em frente, e você *estará lá*. Você notará uma diferença na ressonância, mas já estará lá porque sua ressonância está aumentando a cada dia, como está. E, assim, de repente, um dia, você atingirá os ciclos de pré-requisitos por segundo para levá-lo daqui para lá. Vamos explicar assim. Se alguém voltasse agora do século dezoito para ver você, você iria brilhar para eles. Você já atingiu esses ciclos por segundo que brilhariam para uma forma humana do, digamos, século dezoito. Então, em essência, seus ciclos por segundo estão aumentando.

Comentário: Poderia ser este um motivo pelo qual, quando João e os outros foram visitar Nostradamus *(Conversas com Nostradamus trilogia)*, ele os viu como espíritos de energia incandescente do futuro? Isso era porque eles estavam realmente vibrando em uma frequência mais rápida que os fazia brilhar? Isto é algo para se pensar.

J: Essa é a razão pela qual você é uma ponte para ajudar os outros a aumentar seus ciclos por segundo para que eles possam fazer a mudança. E quanto mais rápido você ativa mais pessoas, elas ativam outras pessoas com suas frequências e vibrações. Então, o que você está fazendo é ativar mais e mais pessoas no planeta, o que ativa outras pessoas, o que aumenta a frequência do planeta. Você entende? Tudo é cíclico. Tudo afeta todo o resto. Tem pessoas que vêm à Terra e não precisam fazer nada, elas são apenas estritamente ativadoras. Seus campos de energia ativam todos os outros. [Veja exemplos neste livro.] Você tem aqueles que estão trabalhando muito e diligentemente, que são como transmissores. Eles transmitem pelo planeta, como um sinal de microondas.

D: *Isso faz sentido para mim. É por isso que me disseram que a idade não faria nenhuma diferença.*

J: Exatamente.

D: *Nós estaremos funcionando em um nível diferente, diferentes vibrações.*

J: Diferente vibração, diferentes ciclos por segundo.

D: *É assim que algumas das outras raças (ETs, alienígenas) funcionam, não é?*

J: Sim. Eles envelhecem a uma taxa totalmente diferente. O objetivo para os seres humanos é uma expectativa de vida mais longa. Muito mais tempo. E também, criando a ponte de entendimento. E se você começar com a saúde, você será capaz de alcançar as pessoas de maneira não invasiva e não ameaçadora.

D: *Neste novo mundo, onde a idade não importará, o corpo eventualmente morrerá? Da maneira como nós consideramos isso na Terra agora, na nossa realidade.*

J: Haverá alguns de vocês que terão a opção de não morrer de jeito nenhum. Apenas para fazer sua transição, apenas para atravessar. Mas nem todo o mundo vai estar exatamente na mesma frequência ao mesmo tempo. Lembre-se disso.

D: Sim. *Eu estava pensando que talvez o corpo chegasse ao ponto de poder se manter até que a alma estivesse pronta para partir.*

J: Isso está exatamente certo. Não para todos, no entanto. Se você tem muitas pessoas fazendo essa transição, digamos que a frequência tenha que ser de aproximadamente 44.000 ciclos por segundo para fazer essa mudança de frequência. Nem todo mundo vai estar nessa frequência de mudança ao mesmo tempo. Você terá variáveis diferentes na frequência de mudança. Ainda haverá aqueles de vocês que estão nessa linha de frente, nessa ponta, mesmo do outro lado. Mesmo no novo mundo. Você entende? Porque sempre haverá. Porque sempre haverá em todos os níveis. Toda raça sempre tem aqueles que estão na vanguarda. Um pouco mais longe, indo um pouco mais longe, porque isso é evolução.

D: *Eu estava pensando que seria assim. Teríamos muito mais tempo para fazer nosso trabalho e ajudar a alcançar pessoas.*

J: Claro.

D: *Não teríamos que nos preocupar com as limitações do corpo.*

J: Ah, as limitações do corpo. Não. Bem, olhe para o seu todo. Você já está mudando. Você está passando por mudanças celulares. Estão fazendo ajustes em você.

D: *Me disseram que estavam fazendo isso em mim.*

J: Sim, estão. (Risos) E porque você é um porta-voz, mais uma vez, uma ponte, quem é mais importante para ter uma boa aparência do que você?

D: *Verdade. Bem, de qualquer maneira, se eu ouvir de um número suficiente de pessoas, talvez eu acredite nisso.*

J: Você precisa acreditar.

D: *Também me disseram que nem todos farão essa mudança para o novo mundo.*

J: Isso está correto. Quando a Terra vai fazer uma mudança, existe a ideia de que muitas almas são admitidas para a experiência porque, como você diz, você experimenta muitas coisas em seu crescimento como alma. E, assim, tem havido muitos, digamos, principiantes vindo ao planeta. Às vezes, estar em uma aula com alunos avançados pode ser útil. Como você sabe, as antigas escolas do campo? *(Sim)* Então você pode ter diferentes níveis de alunos todos na mesma sala, e todos eles se beneficiam. Mas,

finalmente, chega um momento em que os alunos precisam seguir em frente. E isso significa que aqueles que ficarão para trás terão que encontrar seu próprio planeta. Eles serão colocados em outras escolas, em outros lugares.
D: Sempre achei que parecia cruel deixá-los para trás.
J: Ah! Não. Não ficarão para trás. Serão levados para um lugar onde possam crescer.
D: Também entendi assim. Seria como uma separação.
J: É mais natural. É como quando você deixa seu corpo, você vai para outra dimensão e você cresce nessa dimensão, e você pode ou *não* vir como outro corpo aqui. Você pode ir a outro lugar. E se todo o Universo é um corpo, existem muitas galáxias e planetas para onde eles podem ir.

Mais informações sobre como nossos corpos e o mundo inteiro passarão pelo processo de mudança dimensional, e isso não será detectado por aqueles que não fazem a transição ou mudança:
"Nossos corpos e tudo ao nosso redor estão aumentando sua taxa vibratória e se ajustando a uma nova frequência. Cada célula do corpo começa a vibrar em um ritmo tão rápido que se transforma em luz. Quando isso começa, a temperatura do corpo aumenta e o corpo começa a brilhar com a luz. Quando cada célula estiver vibrando a uma taxa muito alta, vocês desaparecerão da visão normal e entrarão em uma realidade dimensional mais elevada. Isso ocorre porque o corpo se moveu em vibração além da terceira dimensão e agora está vibrando em um nível dimensional muito mais elevado. Isto significa então que você não passará pelo processo da morte, pois você então terá um Corpo de Luz. O envelhecimento não existirá para você e você terá entrado na próxima realidade dimensional. Você pode então acessar o próximo estágio da evolução espiritual."
"Eles" enfatizaram que isso aconteceu através do tempo para certos indivíduos e pequenos grupos de pessoas. Mas o que o torna único agora é que será a primeira vez que um planeta inteiro mudará para outra dimensão. Esta será a nova Terra e o novo mundo. Isso é descrito na Bíblia como o novo céu e a nova Terra. Os outros que não estiverem prontos ficarão para trás (como diz a Bíblia) para continuar a viver seu carma. Eles nem sequer saberão que algo aconteceu. Aqueles que não se iluminaram terão que retornar a outro

planeta mais denso, ainda envolvido com a negatividade, para elaborar o carma restante. Eles não serão autorizados a vir para a "nova Terra" porque a vibração deles não será igual. A Terra é um ser vivo. Ela tem evoluído assim como nós, embora a um ritmo muito mais lento. Ela está agora se preparando para entrar em sua próxima encarnação, o que acontecerá quando ela elevar suas vibrações e frequências para levá-la a uma dimensão superior. Ela tem tolerado os seres humanos que vivem nela desde o começo, e não importa para ela se vamos com ela ou não. Ela está se movendo independentemente e, se decidirmos ir, é nossa decisão. Nós criamos tal incômodo que ela preferia que não fossemos com ela. Somos como pulgas em um cão, e é óbvio que causamos grande dano e sofrimento a este belo planeta. Então, se quisermos ir com ela nesta próxima aventura, temos que fazer mudanças em nós mesmos. Nossa frequência e vibração devem ser aumentadas, ou ficaremos para trás.

Há alguns anos, eu estava em um painel em uma conferência com Annie Kirkwood, a autora da *Mensagem de Maria para o Mundo*. Ela contou sobre uma visão que teve que parece retratar a evolução da Nova Terra. Ela viu a Terra como é vista do espaço sideral. Então, começaram a aparecer duas Terras, uma sobreposta à outra. Havia pequenas linhas de luzes piscando entre as duas Terras. Então, enquanto observava, viu que começavam a se separar; da maneira como uma célula faz quando está se dividindo para produzir outra célula. Uma Terra partiu em uma direção e a outra seguiu na direção oposta. Numa Terra, ela e outros exclamavam: "Sim, sim, realmente aconteceu! Nós conseguimos! Realmente *somos* uma nova Terra!" E na outra terra ela ouviu a voz de sua irmã, "Aquela garota era tão maluca! Ela estava contando a todas essas coisas doidas. E nada aconteceu! Ela acabou de morrer!" Então, parece que, quando o evento final ocorrer, haverá algumas pessoas que nem sequer estarão cientes de que algo aconteceu. Esta será a separação daqueles que continuam com a Nova Terra dos que ficarão para trás na Velha Terra e que ainda estarão impregnados de negatividade.

Numa outra ocasião, durante uma palestra, expliquei essa visão e, depois, um homem veio até mim. Ele disse: "Quero que você saiba que sou um homem de negócios. Normalmente não tenho experiências que não possa explicar logicamente. Mas, enquanto você estava descrevendo as duas Terras que se separavam, esse auditório, de repente, desapareceu, e me vi no espaço sideral. Enquanto eu assistia, vi exatamente o que você descreveu". Ele disse que a cena ainda estava muito viva em sua mente. Ele foi para casa e criou a imagem abaixo em seu computador e deu-me permissão para usá-la neste livro. É muito mais impressionante em cores, mas a Nova Terra é a orbe incandescente sobreposta à velha Terra.

Criado por Michael R. Taylor (MT)

Em uma palestra em Chicago em 2006, eu estava discutindo a evolução da Nova Terra. Estava descrevendo a visão que Annie Kirkwood teve da Terra se dividindo em duas Terras. Como, enquanto a Terra se dividia em duas Terras separadas, as pessoas, em cada uma delas, não teriam consciência do que estava acontecendo na outra. Aqueles que elevaram sua frequência e vibração ascenderiam à Nova Terra à medida que esta evoluísse e se elevasse para uma dimensão diferente. Assim, tornando-se invisível para aqueles que "ficaram para trás". Houve várias coisas sobre este conceito que me incomodaram. Eu sempre gosto de ter as respostas; acho que por causa da minha grande curiosidade. Senti que havia lacunas ou buracos que precisavam ser preenchidos. Peças que precisavam ser explicadas. Alguém na plateia fez a pergunta sobre como isso poderia acontecer, e como aqueles que estavam em uma Terra não estariam cientes do que estaria acontecendo na outra. De repente tive uma revelação. Um pensamento veio a mim, que poderia ser o reflexo de uma explicação compreensível. É sempre sábio confiar nesses flashes de intuição e conhecimento porque muitas vezes eles vêm de nossos guias. Neste caso, pode ter vindo da mesma fonte que me fornece todas as informações através dos meus clientes. De repente eu disse: "Uma explicação possível acabou de chegar a mim".

Anteriormente na palestra, eu havia falado brevemente sobre a teoria de universos paralelos e vidas que são criadas por nossos pensamentos e decisões. No *Livro Um*, escrevi sobre uma teoria da qual nunca tinha ouvido falar, e isso me deu dor de cabeça tentando entender. Em resumo, diz que: Sempre que um indivíduo tem que tomar uma decisão, ele geralmente tem mais de uma escolha. Isso é o que eu chamo de "Chegar a uma encruzilhada". Ele tem que decidir ir para um lado ou outro. Pode ser uma decisão sobre um casamento, um divórcio, um emprego, qualquer coisa. Ele reflete sobre cada escolha e dedica muita energia a decidir qual caminho tomar. Então ele toma uma decisão. Todos nós já vivenciamos essas "encruzilhadas". Sabemos que, se tivéssemos escolhido o outro caminho, nossas vidas seriam totalmente diferentes. Nós decidimos seguir uma direção. Mas o que acontece com a energia que enviamos para a outra decisão que não foi escolhida? *Também se torna uma realidade!* Outro universo ou dimensão é criado instantaneamente para representar a outra decisão, e outro "você" também é criado para ser o jogador naquele cenário. Esta foi a explicação *simples*, porque não acontece apenas quando nos deparamos com decisões importantes. Isso pode acontecer toda vez que nos deparamos com escolhas, não importa quão grandes ou pequenas sejam. Cada vez que tomamos uma decisão, outro universo ou dimensão é criado instantaneamente para que a outra escolha também se torne uma realidade, e outro "você" se divide para desempenhar aquela parte. Eles são todos tão *reais* quanto a vida presente em que estamos focados. Nós não estamos cientes dessas outras partes de nós, e é sensato que não estejamos. Nossas mentes humanas nunca seriam capazes de lidar com tudo isso. Disseram-me que o problema não é com o cérebro, é com a mente. Simplesmente não há conceitos dentro de nossa mente humana para nos permitir compreender todas essas complexidades. É por isso que nunca poderemos ter todas as respostas. Não há como entender. Então eles (em sua sabedoria) escolhem quais pequenos pedaços nos darem durante este tempo de despertar, então teremos alguma informação expandida. E, à medida que nossas mentes se expandem para abranger novas ideias e teorias, nos darão mais alguns pequenos pedaços. Pessoalmente, agradeço pelos pedaços que recebo. Isso mostra que nossas mentes estão despertando. Esta é a única maneira pela qual poderemos lidar com o conceito de nossa frequência e vibração de mudança da Terra, a fim de mudar para uma dimensão diferente. As informações que estou recebendo agora, eu nunca poderia ter entendido quando iniciei meu trabalho há mais de trinta anos. Então, sei que cresci e posso ver isso refletido nos livros que escrevi ao longo desses anos.

A revelação que me ocorreu durante a palestra em Chicago foi que talvez a razão pela qual as pessoas em cada Terra não estarão cientes uma da outra, e o que está acontecendo, pode ser semelhante ao conceito de criação de universos paralelos e dimensões. Apenas em uma escala muito maior. Se não estamos cientes de que essas outras partes de nós mesmos estão agindo de acordo com as outras decisões que criamos pela energia que focalizamos nelas, então as pessoas nas duas Terras não teriam consciência umas das outras. Uma Terra estaria indo na direção de uma decisão ou escolha, e a outra Terra estaria indo em outra direção. Cada uma agindo com uma decisão alternativa. Cabe, às pessoas na Terra, no momento atual, tomarem, cada uma, sua decisão pessoal de qual caminho querem seguir. A energia está presente e se tornando mais forte. Está afetando fisicamente nossos corpos. Nossa própria frequência e vibração estão sendo alteradas. Mas acredito que ainda depende de nós o que decidimos, em que Terra ficaremos em relação ao nosso livre-arbítrio. A principal diferença aqui é que "eles" disseram que isso nunca aconteceu em uma escala tão grande antes. Nunca, na história do universo, um planeta inteiro mudou sua frequência e vibração para mudar para outra dimensão. É por isso que se diz que é o maior espetáculo do universo, e todos, de muitas galáxias e dimensões diferentes, estão observando para ver o que vai acontecer. Nós vamos ser capazes de fazer isso? Vamos conseguir?

O trem está saindo da estação. Está nos levando a uma grande aventura que nunca foi experimentada nesta escala antes. Cabe a cada indivíduo embarcar ou permanecer de pé na plataforma. Os voluntários que cumpriram seu propósito estão prontos para ir "para casa". Todos a bordo !! E lembre-se, você nunca está só.

Sobre a Autora

Dolores Cannon, uma hipnoterapeuta regressiva e pesquisadora psíquica que registrou conhecimento "Perdido", nasceu em 1931 em St. Louis, Missouri. Foi educada e viveu em St. Louis até seu casamento em 1951 com um militar de carreira da Marinha. Passou os próximos 20 anos viajando por todo o mundo, como uma esposa típica da Marinha, e criando seus filhos. Em 1970, seu marido foi dispensado como um veterano deficiente, e eles se retiraram para as colinas do Arkansas. Dolores então começou sua carreira de escritora, vendendo seus artigos para várias revistas e jornais. Esteve envolvida com hipnose desde 1968, e exclusivamente com terapia de vidas passadas e trabalho de regressão desde 1979. Estudou os vários métodos de hipnose e assim desenvolveu a sua própria técnica única que lhe permitiu obter a mais eficiente divulgação de informação dos seus clientes. Dolores ensinou sua técnica única de hipnose em todo o mundo.

Em 1986, expandindo suas investigações no campo dos OVNIs, fez estudos em locais de pousos suspeitos de OVNIs, e investigado os Crop Circles (Agroglifos) na Inglaterra. A maior parte de seu trabalho neste campo tem sido o acúmulo de evidências de suspeitos de abduções através da hipnose.

Dolores, uma oradora internacional, deu palestras em todos os continentes do mundo. Seus dezessete livros estão traduzidos em vinte línguas. Falou em audiências de rádio e televisão de todo o mundo. Artigos sobre/por Dolores têm aparecido em várias revistas e jornais americanos e internacionais. Dolores foi a primeira americana e a primeira estrangeira a receber o "Prêmio Orfeu" na Bulgária, pelo maior avanço na pesquisa do fenômeno psíquico. Ela recebeu os prêmios Outstanding Contribution and Lifetime Achievement (Excelente Contribuição e de Conquistas em Vida) de várias organizações de hipnose.

Dolores tinha uma família muito grande que a mantinha solidamente equilibrada entre o mundo "real" da sua família e o mundo "invisível" do seu trabalho.

Se você deseja corresponder-se com Ozark Mountain Publishing sobre o trabalho de Dolores ou suas aulas de treinamento, por favor, envie para o seguinte endereço. (Por favor, anexe um envelope selado e endereçado por você mesmo para sua resposta.) Dolores Cannon, P.O. Box 754, Huntsville, AR, 72740, USA ou envie um e-mail para o escritório em decannon@msn.com ou através do nosso site: www.ozarkmt.com

Dolores Cannon, que fez a transição deste mundo em 18 de outubro de 2014, deixou para trás realizações incríveis nos campos da cura alternativa, hipnose, metafísica e regressão de vidas passadas. O mais impressionante de tudo foi sua compreensão inata de que a coisa mais importante que ela podia fazer era compartilhar informações, para revelar conhecimento oculto ou desconhecido, vital para a iluminação da humanidade e nossas lições aqui na Terra. Compartilhar informação e conhecimento é o que mais importava para ela. É por isso que seus livros, palestras e o seu método único de hipnose QHHT® continuam a surpreender, guiar e informar tantas pessoas em todo o mundo. Dolores explorou todas estas possibilidades e muito mais enquanto nos levava para o passeio de nossas vidas. Ela queria que outros viajantes compartilhassem de suas jornadas ao desconhecido.

Other Books by Ozark Mountain Publishing, Inc.

Dolores Cannon
A Soul Remembers Hiroshima
Between Death and Life
Conversations with Nostradamus,
 Volume I, II, III
The Convoluted Universe -Book One,
 Two, Three, Four, Five
The Custodians
Five Lives Remembered
Jesus and the Essenes
Keepers of the Garden
Legacy from the Stars
The Legend of Starcrash
The Search for Hidden Sacred Knowledge
They Walked with Jesus
The Three Waves of Volunteers and the
 New Earth
Aron Abrahamsen
Holiday in Heaven
Out of the Archives – Earth Changes
James Ream Adams
Little Steps
Justine Alessi & M. E. McMillan
Rebirth of the Oracle
Kathryn/Patrick Andries
Naked in Public
Kathryn Andries
The Big Desire
Dream Doctor
Soul Choices: Six Paths to Find Your Life
 Purpose
Soul Choices: Six Paths to Fulfilling
 Relationships
Patrick Andries
Owners Manual for the Mind
Cat Baldwin
Divine Gifts of Healing
Dan Bird
Finding Your Way in the Spiritual Age
Waking Up in the Spiritual Age
Julia Cannon
Soul Speak – The Language of Your Body
Ronald Chapman
Seeing True
Albert Cheung
The Emperor's Stargate
Jack Churchward
Lifting the Veil on the Lost Continent of
 Mu
The Stone Tablets of Mu
Sherri Cortland

Guide Group Fridays
Raising Our Vibrations for the New Age
Spiritual Tool Box
Windows of Opportunity
Patrick De Haan
The Alien Handbook
Paulinne Delcour-Min
Spiritual Gold
Holly Ice
Divine Fire
Joanne DiMaggio
Edgar Cayce and the Unfulfilled Destiny
 of Thomas Jefferson Reborn
Anthony DeNino
The Power of Giving and Gratitude
Michael Dennis
Morning Coffee with God
God's Many Mansions
Carolyn Greer Daly
Opening to Fullness of Spirit
Anita Holmes
Twidders
Aaron Hoopes
Reconnecting to the Earth
Victoria Hunt
Kiss the Wind
Patricia Irvine
In Light and In Shade
Kevin Killen
Ghosts and Me
Diane Lewis
From Psychic to Soul
Donna Lynn
From Fear to Love
Maureen McGill
Baby It's You
Maureen McGill & Nola Davis
Live from the Other Side
Curt Melliger
Heaven Here on Earth
Henry Michaelson
And Jesus Said – A Conversation
Dennis Milner
Kosmos
Andy Myers
Not Your Average Angel Book
Guy Needler
Avoiding Karma
Beyond the Source – Book 1, Book 2
The Anne Dialogues

For more information about any of the above titles, soon to be released titles,
or other items in our catalog, write, phone or visit our website:
PO Box 754, Huntsville, AR 72740
479-738-2348/800-935-0045
www.ozarkmt.com

Other Books by Ozark Mountain Publishing, Inc.

The Curators
The History of God
The Origin Speaks
James Nussbaumer
And Then I Knew My Abundance
The Master of Everything
Mastering Your Own Spiritual Freedom
Living Your Dram, Not Someone Else's
Sherry O'Brian
Peaks and Valleys
Riet Okken
The Liberating Power of Emotions
Gabrielle Orr
Akashic Records: One True Love
Let Miracles Happen
Victor Parachin
Sit a Bit
Nikki Pattillo
A Spiritual Evolution
Children of the Stars
Rev. Grant H. Pealer
A Funny Thing Happened on the
  Way to Heaven
Worlds Beyond Death
Victoria Pendragon
Born Healers
Feng Shui from the Inside, Out
Sleep Magic
The Sleeping Phoenix
Being In A Body
Michael Perlin
Fantastic Adventures in Metaphysics
Walter Pullen
Evolution of the Spirit
Debra Rayburn
Let's Get Natural with Herbs
Charmian Redwood
A New Earth Rising
Coming Home to Lemuria
David Rivinus
Always Dreaming
Richard Rowe
Imagining the Unimaginable
Exploring the Divine Library
M. Don Schorn
Elder Gods of Antiquity
Legacy of the Elder Gods
Gardens of the Elder Gods
Reincarnation...Stepping Stones of Life
Garnet Schulhauser

Dance of Eternal Rapture
Dance of Heavenly Bliss
Dancing Forever with Spirit
Dancing on a Stamp
Manuella Stoerzer
Headless Chicken
Annie Stillwater Gray
Education of a Guardian Angel
The Dawn Book
Work of a Guardian Angel
Joys of a Guardian Angel
Blair Styra
Don't Change the Channel
Who Catharted
Natalie Sudman
Application of Impossible Things
L.R. Sumpter
Judy's Story
The Old is New
We Are the Creators
Artur Tradevosyan
Croton
Jim Thomas
Tales from the Trance
Jolene and Jason Tierney
A Quest of Transcendence
Nicholas Vesey
Living the Life-Force
Janie Wells
Embracing the Human Journey
Payment for Passage
Dennis Wheatley/ Maria Wheatley
The Essential Dowsing Guide
Maria Wheatley
Druidic Soul Star Astrology
Jacquelyn Wiersma
The Zodiac Recipe
Sherry Wilde
The Forgotten Promise
Lyn Willmoth
A Small Book of Comfort
Stuart Wilson & Joanna Prentis
Atlantis and the New Consciousness
Beyond Limitations
The Essenes -Children of the Light
The Magdalene Version
Power of the Magdalene
Robert Winterhalter
The Healing Christ

For more information about any of the above titles, soon to be released titles,
or other items in our catalog, write, phone or visit our website:
PO Box 754, Huntsville, AR 72740
479-738-2348/800-935-0045
www.ozarkmt.com